课·程·研·究
CURRICULUM RESEARCH

义务教育阶段
拓展性课程的区域行动研究

YIWU JIAOYU JIEDUAN TUOZHANXING
KECHENG DE QUYU XINGDONG YANJIU

主　编：张　虹
副主编：赵　桦　　方　莉　　潘燕莉

浙江工商大学出版社 ZHEJIANG GONGSHANG UNIVERSITY PRESS | 杭州

图书在版编目(CIP)数据

义务教育阶段拓展性课程的区域行动研究 / 张虹主编. — 杭州 ：浙江工商大学出版社，2021.11
ISBN 978-7-5178-4713-7

Ⅰ．①义… Ⅱ．①张… Ⅲ．①义务教育－课程建设－教学研究 Ⅳ．①G632.3

中国版本图书馆CIP数据核字(2021)第219157号

义务教育阶段拓展性课程的区域行动研究

YIWU JIAOYU JIEDUAN TUOZHANXING KECHEGN DE QUYU XINGDONG YANJIU

张 虹主编 赵 桦 方 莉 潘燕莉 副主编

责任编辑	杨 戈	
责任校对	何小玲	
封面设计	沈 婷	
责任印制	包建辉	
出版发行	浙江工商大学出版社	
	（杭州市教工路198号 邮政编码310012）	
	（E-mail：zjgsupress@163.com）	
	（网址：http://www.zjgsupress.com）	
	电话：0571-88904980，88831806（传真）	
排 版	杭州彩地电脑图文有限公司	
印 刷	杭州宏雅印刷有限公司	
开 本	787mm×1092mm 1/16	
印 张	23.75	
字 数	500千	
版 印 次	2021年11月第1版 2021年11月第1次印刷	
书 号	ISBN 978-7-5178-4713-7	
定 价	80.00元	

序
Preface

　　根据《浙江省教育厅关于深化义务教育课程改革的指导意见》文件精神，我们一直秉持区域共享理念，立足区域义务教育阶段的中小学校，从知识拓展、体艺特长、实践活动三个类别，培育区域拓展性课程、打造区域精品课程、构建区域拓展性课程的顶层设计。从一所学校的课程管理与教学到区域课程管理与评价，从一门学科的拓展性课程研究到各学科及至综合类项目化课程的开发，需要有更宏观的课程视野，需要致力于课程研究且具共同目标的工作团队，需要志同道合的骨干教师和良好的群众性研究基础。因此，基于区域统筹考虑，我们提出了"给孩子提供更多的选择"的口号，以提高中小学学生的自我规划和自主选择能力为宗旨，在区域内推行以校本特色、个性色彩为基础的拓展性课程开发与实施，同时以"行走研学"为基本方式培养区域拓展性课程研究的骨干教师队伍，在区域层面选拔、培育、打造、共享精品课程，逐渐养成区域拓展性课程工作团队，计划建立区域内以特色课程学校领衔的片区工作室，以引领义务教育阶段区域拓展性课程建设与实施。

　　2018年9月，编者开始研究和管理区域拓展性课程的建设与实施，迄今为止已有三载。三年的区域行动研究，包含了三年的理论培养与实践探索，期冀本区域义务教育阶段的中小学校在拓展性课程的开发与实施过程中，能够以当下学习科学先进理念为依托，深入探讨"最有价值的知识"，突出拓展性课程与学生生活实际的联系，以合作共享的形式整体规划与推进区域义务教育阶段学校拓展性课程的设计与实施。

　　三年来，义务教育阶段拓展性课程研究得到了区域内中小学校领导和教师的大力支持与配合，在各自学校扎实开展拓展性课程的实践研究活动，并收获了丰硕的研究成果。基于学校成果、个人成果区域共享的理念，实现课程资源与教师资源的区域最大化开发利用，我们从相关研究综述、区域行动研究（包括学校拓展性课程顶层设计示例及区域优师培育）、区域精品课程案例研究等板块，收集提炼国内外相关研究成果，整理归纳区域内学校和教师近三年的实践研究成果，希望能够进一步规范区域内拓展性课程的设计与开发，进一步提炼区域义务教育阶段拓展性课程的研究成果。

　　本研究以浙江省杭州市（原）下城区为样本，以（原）下城区义务教育阶段的中小学校及教师为研究主体，以（原）下城区拓展性课程的开发与实施成果为研究素材，整理汇编并归纳提炼而成。本书由张虹、赵桦、方莉、潘艳莉统稿、审稿，由拓展性课程研究综述、拓展性课程区域行动研究、区域拓展性课程案例研究三大板块组成，其中第一章由单俊、邵宇、崔晨整理编撰，第二章由张虹、赵桦、徐俊整理编撰，第三、四、五章由方莉、潘艳莉整理汇编。我们区域义务教育阶段拓展性课程的实践研究和本书的编撰工作，得到了浙江省教育厅教研室及杭州市基础教育研究室相关部门教研员、浙江大学及杭州师范大学相关教授提供的学术和技术支撑，借本书出版之际，表示由衷的感谢！

张 虹

2021年6月

目 录
Contents

第四章 义务教育阶段知识拓展类课程的精品示例

第五章 义务教育阶段体艺特长类课程的精品示例

第六章　义务教育阶段实践活动类课程的精品示例

第一章

————————

区域拓展性课程建设与实施的研究意义

第一节　拓展性课程的研究背景与价值

一、拓展性课程建设的缘起

1. 社会发展的需求

2014年习近平总书记就指出，实现中华民族伟大复兴，人才越多越好，本事越大越好。知识就是力量，人才就是未来。我国要在科技创新方面走在世界前列，必须在创新实践中发现人才、在创新活动中培育人才、在创新事业中凝聚人才，必须大力培养造就规模宏大、结构合理、素质优良的创新型科技人才。教育作为培养人才的重要手段，顺应时代要求，不仅要培养出高素质人才，更要注重培养多样性和创新性人才。义务教育在基础课程之外需要增加课程的多样性和选择性，初步为学生未来的职业选择打下基础，促进学生个性化和多样性的发展。

2015年，浙江省教育厅发布文件要求在义务教育阶段，增加拓展性课程。几年下来，课程开发不断推进，义务教育学校深化课程改革的重点工作开始更多地关注到拓展性课程的实施。拓展性课程的开发实施有助于提高学生的逻辑性思维结构，发展学科素养，满足个性化需求，丰富课程的可选择性，促使学习范围延伸到各个学科当中。拓展性课程强调"人人都参与，人人有选择"。在进行基础性课程的基础上，更多地强调教育的个性化、层次性发展，接受差异化的教育，更好地发展核心素养。

2. 学生发展的需求

课程是国家对未来人才要求的意志体现，是社会发展和国民素质进步的综合反映，也是特定历史阶段知识体系和价值体系的重要载体。

当前中国社会正处于新型工业化、信息化、城镇化、农业现代化同步发展的历史新时期，中国政府明确提出了加快建设创新型国家的战略决策。学校教育必须以推进改革为抓手，增强服务创新发展的能力，培养更多适应高质量发展的各类人才。创新型社会对人才类型和层次的需求是多样的，既需要一大批拔尖创新人才，也需要数以千万计的各行各业的专门人才，更需要数以亿计的具有较高技能水平、较高创造能力的知识型劳动者。义务教育课程只有增强选择性和灵活性，才能满足学生多样化成才的需求。

3.区域特色发展的要求

拓展性课程是学校课程的重要组成部分，它对落实学校的育人目标、培养学生的主体意识、完善学生的认知结构、拓宽学生的学习渠道、改善学生的学习方式、提高学生的自我管理和选择学习能力、形成学生的自我发展方向具有重要的意义。拓展性课程也赋予学校针对自身特点对国家和地方课程在许可范围内进行补充、发展、提升的职责与权利，为区域、学校特色的形成和持续发展提供了机遇，同时对区域、学校的办学能力提出了更高的要求。[①]

为进一步贯彻落实教育部关于深化义务教育课程改革的指导意见精神，2015年4月浙江省教育厅下发了《关于深化义务教育课程改革的指导意见》。文件指导意见中明确指出：义务教育课改的主要任务之一为加强课程建设，分类建设拓展性课程。课程旨在帮助学生培养兴趣爱好，养成良好的学习、生活和工作的习惯，因此拓展性课程是中小学阶段必须开展的课程之一。

同年浙江省教育厅出台《关于建设义务教育拓展性课程的指导意见》，就拓展性课程建设中的指导思想、课程建设、课程建设基本原则、课程实施、课程评价以及条件保障六大方面提出了相关建议与要求。在围绕立德树人，促进学生全面而有个性地发展的前提下，遵循课程建设的多样性、层次性、综合性与实践性原则；统筹课程资源，制订课程计划，做好课程开发；保证教学时间，体现学段特点，加强选课指导；注重过程评价与结构评价相结合，评价手段多样化；强化师资建设，加强教学研究，重视课程评审。

二、国内外研究概况

（一）国外相关研究概况

拓展性课程源于美国的拓展课程，最开始是作为拓展训练研究，逐步融入学校

---

① 范建原. 拓展性课程的开发建设 [J]. 教学月刊·小学版，2016/7.8 综合：17-20.

课程，成为中小学课程的组成部分。根据美国德克萨斯州在1966年颁布的教育法规，全州的中小幼学校要求开设拓展课程，作为必修课程的一部分。[①]20世纪60年代，美国的一批专家学者对拓展课程研究形成了不同的观点，主要包括横向拓展课程和纵向拓展课程两个维度。横向拓展课程代表人物美国课程学家Joyce，etal认为，拓展课程下设置艺术和体育，补充核心课程，补充学生智力和认知水平的发展，从而改善学生的生活方式。[②]兰祖利（英文姓名）教授从1970年开始研究和推广"全校范围"的拓展教学模式。[③]纵向拓展课程代表人物库里克和罗杰斯通过研究认为采用拓展课程的方式促进天才学生的发展。通过扩大和加深学习，力图把天才教育性质的拓展活动结合进普通教育里进行，根据学生的能力和兴趣进行分班教学[④]。

在澳大利亚，拓展性课程被称为"Extended Curriculun"，是作为补充教科书外的其他知识和开拓学生视野而存在，属于学校范畴的对国家教材的拓展和补充。并对不同年龄阶段的学生提供了三类拓展学业的课程计划：小学阶段是"头三年教育引导项目"；初中阶段是"择入加速学习课程计划"；高中阶段是"拓展学习课程计划"。[⑤]

2004年，由曼彻斯特、纽卡斯尔大学和布莱顿大学的专家组成评估小组对"拓展性学校寻路者"方案作出评估。评估报告认为，"拓展性学校寻路者"方案对各方面都有积极的影响[⑥]。对学生来说，学校提供的服务和活动可以帮助他们提高成就目标和动机以及改善行为举止。对家庭来说，这些活动或服务使得家长积极参与了孩子的教育。对社区来说，拓展性学校提供了一个社区成员共同参与活动的场所。

受此鼓舞，时任拓展性和全纳学校部长的艾诗顿（Catherine Ashton）认为，应该让每一所学校都变成拓展性学校。"我愿意鼓励每一所学校都提供拓展性服务，

---

① 金学成. 美国拓展性课程及其启示 [J]. 新课程研究（教育研究与实验），2004（1）：133-134.

② Joyce S Choate，et al(1992)，Curriculum-based Assessment and Programming，Allyn and Bacon. pp.2-4.

③ 兰祖利、里斯著. 丰富教学模式 [M]. 上海：华东师范大学出版社,2009：246.

④ 王维臣. 为天才学生设置的拓展课程——美国的中小学个案 [J]. 外国中小学教育，2003（02）：29-32.

⑤ 王维臣. 拓展课程的定位与设置——国外经验的启示 [J]. 上海师范大学学报,2002（12）：61-65.

⑥ Department for Education and Skills（2004）EveryChild Matters：Change for Children，http：// www. everychildmatters. gov. uk ／，2005-11-12.

我们也会修改法律以使学校这样做容易些。我们也愿意给每一个地方教育当局提供指导、支持和资金，来帮助所有的学校都提供社区最需要的服务。①让所有的学校都变成拓展性学校成了政府教育策略的一部分。政府坚信：拓展性学校——不管是初等还是中等学校都将在社区服务中处于一种越来越重要的中心地位。2005 年，教育与技能部颁布了《拓展性学校：人人都能获得机会和服务》的计划书，承诺到2010 年，让每一个儿童都能接触正规学习日之外的活动，让每一所学校都变成拓展性学校，英国政府期望所有的儿童和家庭都能获得由学校和其他合作伙伴一起提供的核心服务。

韩国的拓展课程叫做创新体验活动，在小学一二年级的创新体验活动以"安全生活"为核心，从三年级起开发学生的潜能，激发学生的社群意识。通过与家庭和社区合作，实施和开展一系列创新体验活动，如"安全和健康教育、人格教育、职业教育、公民教育、人权教育、多元文化教育、统一教育、独岛教育、经济和金融教育、环境和可持续发展教育"。初中阶段开始，学校会特别开展一些关于职业选择的创新体验活动，让学生得以开始理解和思考自己对职业的兴趣和方向。在这类活动课程的开设过程中，学校会联合社区共同开发和使用社区资源供学生体验各类职业。另外，创新体验活动也可以同学校的其他活动或课程相结合，例如社团类创新体验活动可以通过体育俱乐部活动来组织。高中阶段的创新体验活动更加强调学生的选择性。它既可以是对普通课程的拓展，如英语、数学等科目的拓展性体验，也可以是为学生未来的大学专业选择做准备，还可以是帮助学生进一步了解具体的职业，对将来要从事的具体职业体验和试水。

日本的拓展性课程更接地气，名称也很特别——野外教育。按照日本学者的界定，校外学习是学校外学习的一种形态。日本中小学校外教育经过100多年的发展，已逐渐形成并完善了自己独特的校外教育模式，从政策法规到管理实践都建立了一套完整的校外教育体系，已成为日本中小学校课堂的有益补充与拓展延伸。日本政府十分注重中小学生校外教育，将其纳入法制化的轨道。素有教育"母法"之称的《教育基本法》第二条（教育的目标）明确指出，具体应达成的目标主要包括：广博的知识和教养。培养追求真理的态度，具备丰富的情操和良好的道德，塑造强壮的身体。尊重个人的价值，提高人的能力，培养创造性，养成自主自律的

① Cummings，C，Todd，L and Dyson，（2004）A Evaluationof the Extended Schools Pathfnder Projects，London：Department for Education and Skills. http：//www. dfes. gov. uk / research / data / uploadfiles / RR530. pdf. 7.

精神，并关注职业和生活的关系，培养重视劳动的态度。重视正义与责任，强调男女平等，尊重自我与他人，并以公共精神主动参与社会的构建，培养用发展的眼光看待社会的态度。培育尊重生命、珍爱自然、保护环境的态度。培育尊重传统和文化、热爱祖国和乡土以及为国际和平与发展作出贡献的态度。

随着国际课程改革的发展趋势，国外学者越来越关注学生核心素养在课程改革中的地位，世界各国逐渐建立起以学生核心能力和素养为中心的新课程体系。美国、澳大利亚和我国台湾省将核心素养独立于课程体系之外，芬兰在国家的课程体系当中规定了课程内容与设置，日本、韩国通过课程标准内容设置体现核心素养。在各国研究者的努力下，形成了核心素养与课程体系相结合的国际趋势。[①]

对于拓展性课程的本质是什么，国外的课程改革研究目前尚未达成统一的认识。国外拓展性课程均属于基础课程的从属者，教育行政机构对拓展课程提供课程指南，但课程内容的设定可以由地区和学校自主开发，没有规定统一教学材料，也没有固定的模式。

（二）国内相关研究概述

国内最早关于"拓展性课程"研究的是湖南师范大学附属中学。基于"拓展性课程研究"课题组的实验研究提出拓展性课程是在国家课程、地方课程的基础上，针对不同个性的学生开设的既拓展学生知识又发展潜在能力的校本课程，学习内容与要求有弹性、可变动，不重知识而重独立的自学能力与学习方法的培养，课程类型多样化，鼓励学生按要求分领域选学课程。[②]

2004年，拓展性课程研究逐渐兴起。《上海市普通中小学课程方案》（2004年）中提出基础性课程、拓展性课程、研究性课程三类课程，拓展性课程着力于满足学生的多元化，多层次，差异化的需求，促进学生个性化的发展。制定了拓展型课程指导纲要，明确课程内容与课程实施，构建体现层次性、广域性和选择性的拓展性课程结构，鼓励学校自主开发课程资源，鼓励学生自主选择。

在上海二期课改的基础上，2015年《浙江省教育厅关于深化义务教育课程改革的指导意见》（以下简称《指导意见》）明确规定为完善课程结构，把义务教育分成基础性课程和拓展性课程，其中拓展性课程是指学校提供给学生自主选择的学习

---

① 辛涛，姜宇，王烨辉.基于学生核心素养的课程体系建构 [J].北京师范大学学报，2014（01）：5-11.
② "拓展性课程研究"课题组.拓展性课程研究实验报告 [J].湖南师范大学教育科学学报，2002（3）：53-55.

内容。并将拓展性课程内容分为知识拓展、体艺特长、实践活动三类，满足学生的不同需求，促进学生全面而又个性地发展。这一系列的课程改革，重新建构义务教育课程定义、结构、内容与实施，对各学校课程体系规划、教学管理模式产生了极大的影响。在此之后，各地纷纷围绕拓展性课程，进行尝试，在实践经验上深入思考、分析。从已有研究来看，主要呈现以下三种形式。

一是宏观层面解读，全面介绍拓展性课程的理论、开发与实施。曹宝龙立足课程改革的高度提出要找准拓展性课程的生长点，建设学校特色文化。[①]柯孔标从拓展性课程的理论与实践探索角度谈及拓展性课程的开发与实施，必须要基于学生发展核心素养和学校课程整体规划。[②]陈小华从课程管理、资源开发、教材编写、实施策略、课程评价五个角度介绍了本校拓展性课程的开发与实施。[③]拓展性课程的内在动力指向学生核心素养的发展，学校能依据《指导意见》规划拓展性课程的各项环节，有序开展。

二是微观层面分析，围绕拓展性课程的一个点进行衍射。包新中以拓展性课程目标设计为研究点，挖掘存在的问题，并提出目标设计的必然与基本思路。[④]叶立军、董婷婷针对知识类拓展性课程的内涵与特征，分析了拓展性课程课堂教学特征，并提出了相应的教学策略。[⑤]何文明基于拓展性课程建设的认识，从区域角度探究学校拓展性课程开发的流程与路径。[⑥]王新旺聚焦于拓展性课程评价方式的构建，建议从评价原则、评价方式、评价内容三个方面对拓展性课程实施的效果进行评价。[⑦]研究者从各个角度剖析拓展性课程的目标制定、课程开发与实施、课程评价等，由表及里，从发现问题到实践探究再到提出解决策略，逐步推进拓展型课程的研究深入。

三是对拓展性课程开发与实施现状的调查和分析。顾美丽、熊伟荣通过对J市部分小学教师拓展性课程开发现状的调查数据和分析表明，小学教师在拓展性课程开

---

① 曹宝龙. 深化义务教育课程改革的问题解析 [J]. 教学月刊小学版（综合），2016（10）:3-7.

② 柯孔标. 义务教育拓展性课程的理论与实践探索 [J]. 课程·教材·教法，2019（03）:30-35.

③ 陈小华. 拓展性课程：让每一个孩子精彩绽放——深化课改背景下小学拓展性课程的开发与实施 [J]. 新课程研究（上旬刊），2017(07):52-54.

④ 包新中. 拓展型课程目标设计的异位与矫正 [J]. 教学月刊小学版（综合），2016（10）:11-14.

⑤ 叶立军，董婷婷. 义务教育阶段数学拓展性课程教学特征及策略研究 [J]. 中小学教师培训，2019（04）.

⑥ 何文明. 义务教育拓展性课程开发的路径与实践 [J]. 中国教师（上半月刊），2017(07):63-66.

⑦ 王新旺. 初中自主拓展型课程的学生评价方式之建构 [J]. 上海教育，2015（21）：75-76.

发专业水平、课程质量上存在较大的差异性，需要健全专业协同支持。[①]彬彬、孔凡哲对中小学教师利用与开发课程资源的现状进行了反思性研究，结合数据深入分析，发现教师们逐渐对课程资源的内涵有了一定的了解，但实际操作中却漠视诸多课程资源，缺乏开发和有效利用课程资源的具体技术与评价体系。[②]何萍与章才岔采用随机抽样的调查方法，对温州市城镇、农村共602名初中数学教师在拓展性课程观念的认识、课程资源，课程内容与评价三个维度上进行调查，发现在拓展性课程开发与实施中存在缺乏明确目标、缺乏课程资源开发意识、开发经验浅层次的问题，并提出相应的改善策略。[③]浙江大学教育学院的饶鼎新、刘正伟通过对杭州市深化义务教育课程改革的考察，从内容与形式、方法与策略方面介绍了部分富有特色并切实可行的拓展性课程，并提出拓展性课程的内部建设、外部关系，教师提升方面的改进建议。[④]从调查者的数据和实例可知，拓展性课程从开发到实施，从管理到评价，从教师到学校都处于摸索状态，理念上的更新与行动上的挑战不会在短期内实现同频共振，而是需要不断反思、实践、调整的。

综上所述，以核心素养为导向的拓展性课程的建设，能满足学生个性化成长的需要，能满足课堂教学的需要，更是新时代发展对人才培养的需要。随着新一轮的义务教育课程改革，尤其是上海与浙江省拓展课程，国内教育工作者意识到拓展性课程的自主性与重要性，对其的解读与研究日渐增加。基层学校与教师作为建设的先行者，在摸索中前进，形成了一些有特色的有价值的拓展性课程，教师的课程领导力与研究力的水平日渐提升。

拓展性课程封闭化的开发模式使得不同学校之间出现各自为政、重复开发，缺少交流，视野局限，资源浪费的现象，使得区域、学校之间的教育差距日渐增大，进而阻碍校际交流与区域均衡发展。因此从区域层面采用"共享"模式联通校际，优化课程，联动发展，助力教师成长是拓展性课程进一步深化的必然趋势。

---

① 曹宝龙.深化义务教育课程改革的问题解析 [J].教学月刊小学版（综合），2016（10）:3-7.

② 彬彬，孔凡哲.教师利用与开发课程资源的现状反思与改进对策 [J].教育理论与实践，2015(35-1):56-60.

③ 何萍，章才岔.初中数学拓展性课程开发与实施情况调查研究 [J].中学数学月刊，2018(11):39-40.

④ 饶鼎新，刘正伟.以核心素养为导向的拓展性课程建设探索 [J].上海教育科研，2018(11):45-50.

三、研究价值

共享的义务教育段拓展性课程必须发展资源共享课程，不能忽视基于对学生、教师、学校分析的绩效推进研究。本研究采用对各拓展性课程的分析方法深入研究学习探讨，通过对教育数据挖掘和学习分析促进教与学。所以本研究在当前具有重要的现实意义。

资源共享课以量大面广的拓展性课程为重点，以各个学校的拓展性课程为调查对象，结合各个学科课程的混合式学习做实证研究，能够对区域正在开展的精品资源共享课程建设提供借鉴，使研究成果具有在区域推广的应用价值。

（一）组建区域共同体，助力教育均衡发展

拓展性课程的开发与实施不仅需要政策层面上的规范与引导，还需要从区域角度从教师培训、资源共享、管理优化、课程评估等方面进行有效支持与引领。拓展性课程的开发与实施也是教师专业提升的契机，要注重不同学校、不同发展阶段教师，不同学科的拓展性课程均衡发展。采取跨校、跨学科形成合作共同体的形式，建构校际之间，教师之间的交流对话，形成团队协作、优势互补，资源互通的区域共享平台，从更广阔的层面提升区域拓展性课程开发与实施的专业水平。这样，一所学校的特色课程、特色项目可以成为整个学区的特色课程、特色项目，优质教育资源共享，有助于教育均衡发展[①]。

从区级层面对各校的小学科学、数学拓展性课程建设进行统筹、指导、管理，各校则负责具体的课程开发和实施工作。积极探索拓展性课程的开发、实施、评价和共享机制，体现地域和学校特色。

（二）做好顶层设计，形成学校办学特色

在课程开发过程中，学校根据自身的特点借鉴和吸收其他学校先进的教学经验，做好学校课程顶层设计，形成学校办学特色。孔凡哲指出，设立拓展性课程有利于学校顺应教育改革发展新趋势，有效弥补课程标准的滞后性，将诸如基本思想、基本活动经验、学科核心素养等新概念在国家课程的实施中进行有益探索。

拓展性课程建设要根据学情、校情统筹规划，完善拓展性课程的开发申请、准

---

① 张智丽.学区化办学会给我们带来什么 [N].新闻晨报，2015-12-29.

入与退出制度，明晰实施、评价和保障制度。拓展性课程建设不可能一蹴而就，涉及学生需求调查、学校课程资源分析、教师能力调研、教学场地设备、经费支持、可行性分析等，没有顶层设计和制度保障是很难有效施行的。在各类配套制度中，增加学生选课指导环节十分必要。义务教育阶段儿童的身心特征与认知程度决定了有相当部分的学生不能很好地规划自己的课程，其中从众心理、偷懒心态往往左右儿童的选择，而适当地提供"选课指导"，可避免学生选课的盲目与随意。学校可依据自身优势推出精品课程、特色课程，组织编写与推广有一定质量的拓展性课程教材，建设信息交流平台，优秀教师可建立教师工作坊，与其他学校开展校际交流合作，共享课程资源，并在实践中培养合作素养。

（三）满足学生需求，促进个体的学习与发展

义务教育将课程分为基础性课程和拓展性课程。正是因为拓展性课程的选择性、多样性和生本性等特点，在一定程度上满足了社会对多样化人才培养的需求。柯孔标指出，当今我国社会、经济的发展对人才的需求趋向多样化，要求学校教育不仅要培养数以亿计的具有较高技能水平、较高创造能力的知识型劳动者，还要培养数以千万计的各行各业专门人才以及一大批拔尖创新人才。义务教育课程必须增强灵活性和选择性，才能满足学生个性化学习和多样化成才的需求。

德国教育家雅斯贝尔斯认为教育只能根据人的天分和可能性来促使人的发展，教育不能改变人生而具有的本质。但是，没有一个人能认识到自己天分中沉睡的可能性，因此需要教育来唤醒人所未能意识到的一切。[1]每一个学生都有巨大的潜能，提供更多的、更为丰富的、更符合学生需求的拓展性课程给学生选择，每一种选择都有可能激发他们的潜能。每一个学生都是千差万别的，多样化、不同层次的拓展性课程，促进学生个性化学习与发展。

（四）为教师赋能，打造课程创生的设计者

拓展性课程是对基础性课程的延伸，对教师的专业要求更高。在实施过程中，可以实现教学相长，进一步提升教师专业发展。《拓展性课程实验报告》指出，教师的观念得到了更新，教学策略也发生转变：由重知识传授向重学生发展转变，由统一规格教育向差异性教育转变。教师的素质也得到了提高，积极涉猎自己专业以

---

[1] [德] 雅斯贝尔斯. 什么是教育 [M]. 邹进，译. 北京：生活·读书·新知三联书店，1991：65.

外的其他学科的知识，以改善自己的知识结构，拓宽自己的知识领域，主动开发利用课程资源，为教育教学服务。

杜威在《儿童与课程》一书中提到：作为教师，他考虑的是怎样使教材变成经验的一部分，他自己的教材知识怎样可以帮助解释儿童的需要和行动，并确定儿童应处的环境，以便使他的成长获得适当的指导。教师在拓展性课程开发与实施过程中从一个课程的"局外人"转变为"设计者"，在课程创生的情境中学习主动制定课程目标，挖掘课程资源，设计学习内容，指导学生学习，重建学生本位，厘定评价机制，从而提升教师课程意识，拓宽学科知识边界，重新理解教育的本质是一切回归学生发展。

通过拓展性课程的学习真正转变学生的学习方式，主动探索，合作研究，让孩子的学习真实发生，让孩子的学习更自主、更有效。

第二节　相关概念界定与理论研究概述

一、基于共享的拓展性课程概念界定与特征

（一）拓展性课程概念界定

湖南师范大学附属中学最早提出"拓展性课程"概念，认为是在国家课程、地方课程的基础上，针对不同个性的学生开设的既拓展学生知识又发展潜在能力的校本课程。[①]

2004年《上海市普通中小学课程方案》提出了"拓展型课程"概念，着力于满足学生的多元化、多层次、差异化的需求，促进学生个性化的发展。制定了拓展型课程指导纲要，明确课程内容与课程实施，构建体现层次性、广域性和选择性的拓展型课程结构，鼓励学校自主开发课程资源，鼓励学生自主选择。

在前面两个概念的基础上，2015年《指导意见》明确规定为完善课程结构，把义务教育分成基础性课程和拓展性课程，其中拓展性课程是指学校提供给学生自主选择的学习内容。并将拓展性课程内容分为知识拓展、体艺特长、实践活动三类，满足学生的不同需求，促进学生全面而又个性地发展。

在现有的研究中，学者们对拓展性课程概念主要有这样几种解读。王凯指出从"学校提供""学生自主选择"和"学习内容"等方面对拓展性课程的概念展开进一步追问，可以发现拓展性课程开发对于学校的特色发展、学生的个性培养具有重要的现实意义。[②]学校作为拓展性课程开发与管理的主体，具有完全的自主能力，对创建学校特色课程极具推动力，为区域课程共享积淀丰富的课程资源。王定波、郑东辉认为"拓展性课程"不是一个严格的学术概念，它只表明了课程所要发挥的某些功能。[③]陈静从数学学科角度认为拓展性课程的研发一方面指向数学学科本身的

[①] "拓展性课程研究"课题组.拓展性课程研究实验报告 [J].湖南师范大学教育科学学报，2002(3)：53－55.

[①] 王凯.试析拓展性课程定义 [J].教学月刊小学版 (综合).2017(12).

[②] 王定波，郑东辉.小学拓展性课程的政策分析与开发之道——来自浙江省宁波市江北区中心小学的经验 [J].中小学管理.2018(08).

延伸与拓展，另一方面更关注数学与生活及与其他相关学科领域的交融与整合。①

《指导意见》将拓展性课程定义为"学校提供给学生自主选择的学习内容"。美国学者约翰·古德莱德认为分析概念是检视课程领域的有用起点，有助于研究课程改革中的种种问题。②所以在深入研究拓展性课程之前，我们有必要先来辨析拓展性课程的概念。

因此，就拓展性课程的本质而言，是以经验为前提，对课程资源进行合理开发；以自主、合作、探究的实践活动为主要形式，促进课程内容有效地落地；以满足学生个性化需求为目标，实现学生能力发展和素养提升。

随着拓展性课程概念的逐步发展，它的内涵实际上是越来越宽泛了。拓展性课程不仅仅是知识、技能、方法的拓展，还包括各种情感的体验；拓展性课程不仅仅是一种有计划、有目标的教育方案，也是一种无意识地对学生产生实际影响的隐性课程。

（二）拓展性课程概念辨析

通过一系列的课程改革，重新建构拓展性课程定义、结构、内容与实施，对各学校课程体系规划、教学管理模式产生了极大的影响。在此之后，各地纷纷围绕拓展性课程，进行尝试，在实践经验上深入思考、分析。

1.从课程功能层面对学校课程进行思考，需要厘清基础性课程和拓展性课程的边界。基础性课程是指国家和地方按照国家课程标准规定的统一学习内容，主要培养学生适用终身发展和未来社会发展所需的必备品格和关键能力；拓展性课程是指学校自主开发开设、供学生自主选择的课程，满足学生的个性化学习需求，开发和培育学生的潜能与特长。③将原来的国家课程、地方课程和校本课程重新划分，明晰两类课程开发和管理的主体。功能的不同定位，有利于整体规划区域课程体系，优化学校课程结构，探索特色学校，特色课程路径。

2.从组织方式上，很容易将拓展性课程与社团活动、兴趣小组混为一谈，两者虽在兴趣性、选择性上存在一致性，但属于不同的概念。拓展性课程是对基础性课程的补充，面向全体学生，满足不同学生的不同需求。具有相对独立、完整的课程结构，有规范的课程目标、课程内容、课程实施，课程评价等，学习课时纳入周总

③ 陈静. 解构与重建——小学数学拓展性课程建设的突围之路 [J]. 小学教学研究，2020（02）.

④ March CJ.Key Concepts for Understanding Curriculum(4th ed).London：Routledge,2009:7.

① 柯孔标. 义务教育拓展性课程若干问题之我见 [J]. 教学月刊小学版 (综合),2016(Z1):3-5.

课时中。而社团活动主要是对部分学生已有的兴趣、特长作进一步的提升，组织者可以是教师也可以是学生，进行有计划的团队活动，活动参与性强，时间主要在课外进行，更多关注单次活动的目标，且没有明确的评价指标。

3.在课程内容和方法层面上，拓展性课程与拓展性课堂教学存在交叠部分。两者都围绕核心素养对知识进行延伸、拓展，但拓展课属于基础性课程范畴，是基于学科教材，对知识内容、方法的整合与拓展，使每个学生得到充分的发展。拓展性课程的内容可以将教材作为课程资源，但需要重新思考其他价值，进行合理开发，尊重个体差异基础，为不同学生提供适合的课程，学生具有选择性。

（三）基于区域共享的拓展性课程界定

《国家中长期教育改革和发展规划纲要（2010-2020年）》强调"均衡发展是义务教育的战略性任务"，指出到2020年"基本实现区域内均衡发展，确保适龄儿童少年接受良好义务教育"。[①]实现"优质均衡"发展是新时期义务教育阶段的新目标，"让更多的学生接受更优质的教育"就是基于学生需求与核心素养的发展，进行区域顶层设计，通过最大程度的优势互补与资源共享，实现区域拓展性课程的共享。

基于共享的拓展性课程通过资源和要素的有效汇聚，联通课程主体，充分激发"人才、资源、理念、技术"等建设课程的活力与动力，实现深度合作，最关键在于建立起区域为中心，学校实践，社会协作，面向学生需求与发展的一套拓展性课程共享体系。通过校际、区域层面开展拓展性课程共享活动，激发教育行政部门管理者、教学研究人员、学校管理者和广大教师的课程建设内在动力，形成区域共享拓展性课程建设的操作模式，开发一系列高质量的拓展性课程群和多所课程特色鲜明、扛起区域课程改革旗帜的学校，以此推进区域拓展性课程建设。[②]

杭州市（原）下城区拓展性课程建设主张推进拓展性课程区域共享，鼓励各校团队研发高质量的拓展性课程，推出一系列拓展性课程教师研修活动与基本功比赛，形成以区域为整体的拓展性课程开发和实践模式。拓展性区域共享强调课程结构育人，实现丰富多维有序的课程体验，遴选一批利用校内课程资源开发与实施的拓展性精品课程。积极探索拓展性课程的开发、实施、评价和共享机制，建设以片区为单位的义务教育阶段拓展性课程研究工作室，发挥领衔学校示范辐射作用。

② 联合国教科文组织.教育——财富蕴藏其中[M].北京：教育科学出版社，1996.
① 王文军，柳敏敏，桑丽虹.三向互动 六步导引 多维融合 ★——市域推进拓展性课程建设的实践与思考[J].教学月刊（中学版）2021（1·2）

（四）基于区域共享的拓展性课程特征

浙江省教育厅办公室发布的关于建设拓展课程的意见中指出，拓展性课程应满足趣味性、实践性、层次性和多样性四个基本特点。柯孔标认为在拓展性课程建设中应该体现选择性、层次性和实践性三个特点。叶立军和董婷婷认为义务教育阶段数学拓展性课程在实施过程中具有差异性、前瞻性、综合性和主题性的特征。[①]不同研究者在调查与实践中获得拓展性课程体现的不同特征，立足区域共享视角的拓展性课程是一种开放的、可塑性强的课程体系。综观文献，区域共享的拓展性课程主要具备以下几个特征。

1.选择性。这是拓展性课程最大的特点——将课程的选择权给学生。"兴趣是最好的老师"，也最能激发学生的学习动力，学生依据自身的兴趣选择学校提供的课程，学校依据核心素养开发能激发学生潜能的多样化课程供学生选择，以满足学生的需求。同时，区域的共享资源也给了不同学校的老师很大的选择空间。

2.差异性。有选择性的拓展性课程可以满足学生个性发展、差异发展。每一个学生都是独一无二的，他们有着各自的个性、天赋、兴趣。我们尊重学生的差异，为不同层次、不同阶段的学生提供合适的课程，鼓励学生个性化成长。区域内的不同学校根据自身的实际情况开展有特色、有差异的拓展性课程，形成丰富多彩的区域课程群。

3.实践性。拓展性课程作为基础性课程的补充，与基础性课程的教学目标有一定关联性，但在学习内容、方式上更具有实践性。拓展性课程通过多样化的学习方式，为学生提供动手操作、团队合作、自主探究的丰富体验，充分关注学生潜能的激发，思维的进阶与能力的培养。

4.综合性。新时代对学生综合运用知识的能力要求成为一种趋势。拓展性课程通过横向跨越不同学科知识壁垒，纵向跨越同一学科知识结构的模式，形成系统化、融合性强的知识网络，让学生综合感知、探究，建立对世界多元化、全面性的认识。同时要设计不同的学习活动方式，创设有意义的真实学习情境，增强学生的探究精神和综合素质。

5.系统性。对立足区域角度的拓展性课程进行系统设计，形成不同的范式，可以分为以下几种：同一学校同一学科开发的系列课程；同一学校相关内容的衍生课程；同一学科区域开发的系列课程；同一学校同类课程设计与开发；等等。

---

② 叶立军，董婷婷.义务教育阶段数学拓展性课程教学特征及策略研究 [J]. 中小学教师培训，2019（04）

二、基于区域共享的拓展性课程理论研究

教育与人类社会共生共存。课程与教育共生共存。尽管课程思想源远流长，但课程作为一个独立研究领域从教育中分离出来还是20世纪初的事情。主要有七大课程理论。

（一）博比特的课程理论

1918年，美国著名教育学者博比特出版《课程》。博比特理论认为：教育的本质是为成人生活作准备，是促进儿童的活动与经验发展的过程，教育即生产。课程的本质是儿童及青年为准备完美的成人生活而从事的一系列活动及由此取得的相应的经验。学校教育的课程目标应着眼于社会生活中无法自然获得，而必须由学校教育才能获得的经验。需要对这两种经验进行比较分析，获得课程目标。课程开发的方法——活动分析，就是把人的活动分析为具体的、特定的行为单元的过程与方法。课程开发包括人类经验的分析、具体活动或具体工作的分析、课程目标的获得、课程目标的选择、教育计划的制定。

（二）课程之父拉尔夫·泰勒与泰勒原理

拉尔夫·泰勒于1934年、1949年先后出版了《成绩测试的编制》《课程与教学的基本原理》，泰勒的评价原理和课程基本原理被统称为泰勒原理。《课程与教学的基本原理》被称为现代课程理论的圣经。在书中，他开宗明义地指出，开发任何课程和教学计划都必须回答四个基本问题：第一，学校应该试图达到什么教育目标？第二，提供什么教育体验最有可能达到这些目标？第三，怎样有效组织这些教育体验？第四，我们如何确定这些目标正在得以实现？这四个基本问题，即确定教育目标、选择教育体验（学习经验）、组织教育体验、评价教育体验，构成了著名的"泰勒原理"。

围绕上述四个中心，泰勒提出了如果要从事课程编制活动的话，在课程实施中应考虑的问题：第一，安排课程表，明确各门课程的开设顺序和课时分配；第二，确定并分析教学任务；第三，研究学生的学习活动和个性特征；第四，选择并确定与学生的学习风格和教学任务相适应的教学模式；第五，对具体的教学单元和课的类型与结构进行规划；第六，组织开展教学活动；第七，评价教学活动的过程结果。

（三）布鲁纳的结构主义课程观

布鲁纳1960年版的《教育过程》一书被西方教育界称为"划时代的著作"。布

鲁纳强调，"掌握某一学术领域的基本观念，不但包括掌握一般原理，而且还包括培养对待学习和调查研究、对待推测和预感、对待独立解决难题的可能性态度。布鲁纳的结构主义课程观主要有以下几个观点：

1. "知识是我们为赋予经验中的规律性以意义和结构而构成的一种模式。任何知识体系组织中的观念，都是为了经济和连贯地陈述经验而发明的。"

2. "任何学科中的知识都可引出结构；例如，自然科学就是研究范围广泛但不用多事记忆的各种特性的一种很严谨的方式……物理、化学和动物学方面的进展，从来就要依赖建立一套可据以导出各种特性的基础理论与范例。"

3. "掌握事物的结构，就是以允许许多别的东西与它有意义地联系起来的方式去理解它"，"学习结构就是学习事物是怎样相互关联的"。

（四）施瓦布的实践性课程观

施瓦布提出的实践模式的课程理论强调课程的实践价值和动态过程，追求课程的实践性，重视课程开发中结果与过程、目的与手段的统一，主张用集体审议的方式解决课程问题，同时把教师和学生视为课程的主体和创造者。

施瓦布主张课程研究应当立足于具体的课程实践状况，从课程实践的各种事实出发，而不是用现在的所谓普遍、科学的课程原理出发。施瓦布把课程看做一个相互作用，有机的"生态系统"，注重手段、过程和相互理解、相互作用。施瓦布强调了教师和学生的主体作用：一方面教师是课程的主要设计者，在课程编制中起主导作用，发挥教师的创造性；另一方面，学生虽不能开发、设计课程，但是有权选择课程，并向老师提出质疑，学生将自己的全部生活经验参与到课程的改造中，学生在课程改造过程中得到发展。

施瓦布提出了课程开发的一种新的运作方式——集体审议。

（1）集体审议涵义：是指在特定情境中通过对问题情境的反复权衡而达成一致意见。

（2）具体步骤：确定迫切需要解决的问题 —— 对各事实判断和价值判断形成共识—— 拟定备选的方案 ——权衡各备选的方案，选择最佳方案 ——对确定的方案进行"预演"—— 反思已确定的目标，做出最终的一致性意见。

（3）集体审议的主体是"课程集体"，以学校为基础，由校长、教师、学生、社区代表、课程专家、心理学专家和社会学家等人员组成，选一位主席来领导整个审议过程。

（4）集体审议的特征：形成和选择各种可能的备选解决方案是首要的任务；遵

循的是实践的逻辑；具有集体和教育的特征。

（5）集体审议的主要内容是放在教师、学生、学科内容、环境四个基本要素之间的协调平衡上，它们之间是相互影响、相互作用的。

施瓦布提出了实践模式的方法论——行动研究。

（1）行动研究（action research）：是指由社会情境（包括教育情境）的参与者为提高对所从事的社会或教育实践，该实践活动及其依赖的背景的理性认识而从事的自我反思研究。

（2）在行动研究中，实践者等于研究者，实践过程等于研究过程，课程实践等于课程研究等，而且他非常注重行动研究中的反思。

施瓦布将课程的研究下移到"校本课程"的研究与开发，改变了课程只由专家开发的思想，突出了学校、教师、学生等人员开发课程的地位。施瓦布的实践观带有浓厚的认识论色彩，它基本上是围绕着理论与实践的关系而展开的，实践艺术就是运用理论的艺术，包括修正、调整理论，使抽象理论与实践情境相结合。

（五）斯腾豪斯与"过程模式"课程理论

劳伦斯·斯腾豪斯是英国著名的课程理论家，他在1975年出版的代表作《课程研究与编制导论》中，提出了著名的课程规划"过程模式"。

在批判、反思目标模式的基础上，斯滕豪斯产生了过程模式的最初构想，主要体现在其代表作《课程研究与编制导论》一书中。斯滕豪斯认为，课程的研究和开发应该是一个动态的、持续发展的过程，课程的设计应该是研究、编制、评价合而为一的。人们可以通过详细说明内容和过程中各种原理的方法，来合理地设计课程，而不必用目标预先指定所希望达到的结果。

1.在具体课程设计依据方面，过程模式强调通过详细说明知识内容和过程原则的方法来编制课程。课程内容是指那些能够反映学科领域内在价值的概念、原则和方法；过程原则是指导整个课程活动过程的总要求或总目标。但此总目的不同于目标模式的预定目标，它并不构成最后的评价依据，是非行为性的，主要功能是概述教育过程中可能出现的各种学习结果，并使教师明确教学过程中内在的价值标准及总体要求，而不指向对课程实施的最后结果的控制。

2.在课程内容的选择方面，斯滕豪斯根据其教育目的在于传授知识、发展智力的教育观，认为应该通过分析公共文化价值，研究知识本质，来寻找有关课程内容的选择原则。他认为知识不是一种现成的让学生接受的东西，而是思考的对象，因此赞同赫斯特对"知识形式"的解释和杰罗姆·布鲁纳学科基本结构的思想，认为教学要传授学科结构特有的概念和过程。

3.在课程内容组织和教学方面，斯滕豪斯强调既要使之清楚地反映各学科领域的基本概念、过程和方法，又要能被普通教师教给普通学生，因此，他选择了布鲁纳的螺旋式课程组织。斯滕豪斯认为，这不仅有利于反映知识形式，而且有助于学科知识和能力的统一。在课堂教学中，斯滕豪斯提倡采用讨论法，因为这种方法有助于加深对课程的理解，能够促进知识的个别化，还可以提高学生的思考能力。

（六）派纳与概念重建主义课程观

20世纪50年代末，派纳对传统的"知识课程观"进行了彻底的改造。他认为，当今课程的弊端在于对自我意识的压抑和对个性的扭曲，概念重建后的课程要促使个体对生活体验进行反思与解释，最终将其主体性解放出来。课程内容应该关注学生在生活世界中的体验和生活经验。课程的实施应从儿童的立场出发，充分为学生提供自由表达、主动探究和生成体验的权利和空间。

派纳对课程的重新定义，不仅模糊了课程的边界，大大拓展了课程内涵，同时也激发了课程研究的活力，让我们对"课程"概念的理解更加多元，更具"温暖"。

（七）多尔与后现代主义课程观

小威廉姆E·多尔是路易斯安那州州立大学课程与教学系的教授，课程理论项目主任。多尔称自己是一个后现代主义者，他认为现在我们正处在一个范式转换的时代，即从现代范式转换到后现代范式的时代（多尔采取库恩的说法来解释范式，认为"范式"控制着社区所使用的"方法、问题和标准，及其更广阔的信念、价值、技巧的聚合"）。在这个大范式转变过程中，建立在现代范式基础上的课程无疑会面临很多问题，这时课程该怎么办?这是多尔后现代课程观的核心，一切问题均以此问题为主轴而旋转。

多尔运用宏观的综合视野和理念创造性地运用杜威过程理论及怀特海的有机过程论，皮亚杰"平衡模式"、普利高津的自组织与耗散结构理论为后现代描绘了多元而开放的课程设计蓝图，提出了一种超越现代科学理性的课程观——转变性课程观。这种后现代课程设计思路以4R为标准，以寻求取代现代独白式单向性的权威教育，从而达到对具有工具理性的"泰勒原理"的真正超越。

第三节　我国拓展性课程实施现状

一、近年来我国拓展性课程实施概要

随着我国新一轮基础教育课程改革的推进，地方和学校对课程的决策权逐渐加大，课程的多样化发展趋势日益明显。学校拓展性课程的开设与实施成为新课改的重要目标，全国各地区各学校逐渐意识到开展拓展性课程的积极意义，结合自身特色及优势，充分调动教师的积极性，设计富含个性特色的课程，充分自主行使设置三级课程管理权。

从全国范围的实施情况看，上海、江苏、广东、浙江等省市的中小学走在了全国的前列。湖南师范大学附属中学"拓展性课程研究"课题组早在2002年就发表了拓展性课程实验研究成果。课题组在校内进行了拓展性课程研究实验，开设了兴趣型、研究型、提高型、实践型四类拓展性课程。[①]

（一）北京地区

北京地区将拓展性课程叫作"校本课程"，规范三级课程管理，构建"市级统筹，一体多元"的制度顶层设计，根据"一年一主题，一校一典型"设计，以"三级课程整体建设年度论坛"形式召开研讨评估会。在课时安排上，北京地区向校本课程倾斜，并且积极开发社会实践类课程。北京地区学校开发了丰富的课程教材文本资源，以新京教材为引领，形成了以《中国梦》等地方教材和《三字经》等校本教材为代表的特色精品课程。此外，北京地区还非常重视校本课程资源的共享。根据"课程的本质在于知识资源共享"原则，汇总整理、出版推广实验成果。[②]

---

① "拓展性课程研究"课题组. 拓展性课程研究实验报告 [J]. 湖南师范大学教育科学学报 ,2002(01):53-55.
② 杨德军 , 江峰 . 中小学三级课程整体建设的北京经验 [J]. 教育科学研究 ,2019(10):60-66.

（二）沪苏地区

2010年前后，上海、江苏地区中小学拓展性课程实施成果丰硕。上海市中小学开展拓展性课程开发基本都是"自上而下"路径，主要依托学校行政体系，由校长全面规划、负责，教科研室安排拓展性课程的开发和实施。在这样的背景下，拓展性课程的执行力很强，但一般带有较大的行政动机。[①]江苏省南京市教育科学研究所对南京105所学校校本课程的开发与实施现状进行了调查研究。调查发现，南京大多数中小学开发拓展性课程的动力来自学校内部，能够集中反映学校的办学理念和特色。调查也表明，拓展性课程开发的实际困难是人力资源的匮乏和经费、设施等难以保障。[②]此时，长三角等经济发达地区拓展性课程的研究依赖于杜威经验主义学习理论，一些中小学在设计拓展性课程时，能够以学生兴趣、个性发展为出发点，希望通过拓展性课程激发学生的学习兴趣，锻炼动手、动脑能力。

（三）浙江地区

1.杭州市拓展性课程实施情况

杭州作为浙江省省会城市，在拓展性课程的实施上走在全省领先位置。其中，（原）上城区、西湖区、余杭区等中小学在拓展性课程实施过程中，能够以当下学习科学先进理念为依托，围绕"什么知识最有价值"进行深入探讨，突出拓展性课程与学生生活实际的联系，帮助学生学会学习，以合作的形式迁移运用知识，勾连学生已有经验，解决生活中的各类问题。

杭州市在推进课程改革具体实践中，选择了部分中小学开展为期一年的课程改革试点。试点学校着眼于学生核心素养建构，根据培养目标，结合学校特色、学生需求和可利用资源，在拓展性课程建设上积极探索，开发了许多富有特色并切实可行的拓展性课程，在区域拓展性课程建设上积累了一定的集体经验。不少学校依托"知识拓展类课程"对基础性课程中与学生学业相关的语言素养、科学素养进行了延伸。[③]

2.浙江省其他市区拓展性课程实施情况

近年来，浙江省各地区拓展性课程的开发实践如雨后春笋般涌现。这与2015年

② 杨红林.沪台小学校本课程特点与差异 [D].上海：上海师范大学,2016.

② 姚慧，朱小琥.南京市 105 所学校校本课程开发与实施现状的调研报告 [J].江苏教育研究,2008(11):38—42.

③ 饶鼎新，刘正伟.以核心素养为导向的拓展性课程建设探索——基于杭州市深化义务教育课程改革的考察 [J].上海教育科研,2018(11):45—50.

《指导意见》有紧密相关性。指导意见将拓展性课程的概念、意义、内容分类等进行了具体阐述，为各中小学拓展性课程的开设明确了方向。

在地方政策的鼓励支持下，浙江部分县市区域内几所学校围绕同一主题，进行拓展性课程的开发和实施。台州市天台小学、临海市哲商现代实验学校和天台外国语学校联合举行了"和美教育品质学子"拓展性课程建设优秀成果推广活动。活动围绕"和美学校，品质学子"这一主题，结合拓展性课程建设的实践研究，进行优秀成果的汇报交流。①

浙江省地区学校在设计拓展性课程时，还能紧随现代信息技术发展的时代潮流，利用信息技术手段，开展拓展性课程活动。义乌市群星外国语学校开展了基于创客教育的小学信息技术拓展性课程，学生在教师指导下，利用信息技术进行设计、编程等活动，培养学生自主思考合作交流能力。②根据对知网上的数据进行统计，2015—2020年间，浙江省中小学校共有258篇以"拓展性课程"为题的课程实施案例在期刊中发表，占全国总数的78.7%。

二、拓展性课程资源的开发与共享

拓展性课程作为校本课程，在资源的开发和利用上与传统学科课程相比更具有丰富性和开放性，对学生的发展具有独特的价值。学校在有限的资源条件下，要充分挖掘身边的可用资源，这是保证拓展性课程顺利实施的必要条件。

（一）拓展性课程资源的开发

1.基于教材分析，探寻书本隐性资源

教科书中有很多深层隐性的知识是很好的拓展性课程资源。在开发知识类拓展性课程时，教师经常会对本学科基础教材进行分析，找到学生的兴趣点，或者可以引申的知识点和教学难点，据此开发拓展性课程。基于教材开发拓展性课程时，可以立足于各学科的基础教材，并在教学内容上展开探索，分析当前拓展性课程开发的不足之处并提出优化建议，化零为整，超越教材，多元拓展，从而有利于激发拓展性课程活力。如小学语文统编教材中"和大人一起读"栏目中有很多好的书籍推

① 台州市小学拓展性课程建设优秀成果推广活动在天台举行 [J]. 浙江教育科学 ,2015(06):52.
② 刘金鹏 . 创客教育类拓展性课程体系建设 [J]. 中小学信息技术教育 ,2016(02):67—69.

荐，希望学生能在家与父母共同阅读。教师可以挖掘"和大人一起读"中的阅读资源，找到同作者或同类型的书籍，开发亲子共读课程，进行一系列整本书的阅读。

初中数学教材中的知识经常成为开发数学学科拓展性课程的素材。浙江省温州市第十九中学开展数学学科拓展性课程，以浙教版义务教育课程标准实验教科书《数学》中的"设计题、阅读材料、课题学习、探究活动"等教材内容为出发点，对教科书中建议开展的一些课外活动、旁注的知识等进行分析，发掘潜藏于这些知识内容深层的隐性知识素材。[①]

2.结合文化优势，挖掘乡土人文资源

乡土文化是开展教育和开发课程的重要资源。家乡是学生最熟悉的生活环境，学生对自己家乡的山水、人文、历史等都充满着情感。乡土文化给学生亲切感，对学生有很大的吸引力。浸润在乡土文化中，学生会产生浓厚的爱国热情和民族自信心与自豪感。在知识拓展和实践活动类拓展性课程中，教师经常会结合本地乡土文化资源，引导学生阅读乡土文化书籍，带领学生在真实的乡土情境中，以项目式的学习形式运用所学知识，为家乡的发展建设做出自己的小小贡献。

学校需要充分挖掘地域优势，结合乡土现有资源，帮助学生组成学习小组，围绕乡土人物风情、地理环境等，实施深度学习的跨学科实践性课程。如上海市浦江三中开发的社区乡土地理拓展性课程。教师带领学生研究本社区地理位置、交通情况、风土民俗、自然气候、农业特色等，制作社区乡土地理教材，采用课内讨论和课外调查相结合的形式进行社区乡土地理课程学习。[②]浙江省德清县第二中学开发设计历史与社会拓展性课程。教师挖掘现实生活材料，让学生从贴近历史真实的资源中，有效地丰富历史学习，感知历史。乡土历史资源对学生来说，有些从小就有所接触，非常熟悉。这些带有乡土色彩与感情的社会演进历史，更加容易让学生接受。[③]

3.促进家校合作，充分依托家长资源

随着社会的不断进步发展，学校教育不再是一座孤岛，"学校教育、社会教育、家庭教育"成为现代化教育的三个重要组成部分。家校关系越来越密切，家长也与学校一起走上了共同教育的新路径。发挥优秀家长的辐射作用，为孩子提供更丰富的优质教育资源是学校拓展性课程资源开发的另一种思路。家长是学生认识社

① 何萍.基于教材的初中数学拓展性课程资源开发的途径和方法[J].中学数学杂志,2018(10):5-7.

② 梁杰.社区乡土地理拓展性课程的开发[J].地理教学,2011(22):23-24.

③ 沈利敏.历史与社会拓展性课程学习资源的开发与实践——以"符号德清家乡文史"课程为例[J].教学月刊·中学版(政治教学),2020(09):29-31.

会的一个窗口，可以为学校实施拓展性课程提供多种支持和服务。学校可以充分挖掘家长资源，将各领域专业知识和各项实践带到家长课堂中来，也可以为社会实践性课程提供参观、体验场地，努力开发高质量家校合作课程。

一些学校在充分利用家长资源方面的做法很值得学习。浙江省慈溪市南门小学充分开发和有效利用家长的资源，弥补学校拓展性课程资源的不足，形成家校共育、家校合作的育人机制，与家长齐抓共管，形成教育合力。学校设计的十大节日课程，将课堂上学习的节日知识延伸到生活中，家长则通过各种形式（视频、文字）记录孩子的活动过程，并对孩子的表现做出评价，还要写出孩子的感受。在家长的联络下，孩子们走进敬老院、福利院、环卫站送温暖、送祝福。[①]杭州市青蓝小学在一年级新生进校初，会通过家长会、公众号报道等形式向家长宣传学校"家长课堂"活动的开展情况，鼓励家长们积极参与其中。学校会对家长进行摸底，了解家长的职业、特长和兴趣爱好，充分发掘其中适合孩子学习的感兴趣的内容。最后，各班根据课程主题向家长征集上课内容，并且根据孩子的兴趣和认知水平，确定课堂活动，形成系列主题课程。

（二）拓展性课程资源的共享

优质的拓展性课程资源和成果可以在校际、区域间展开共享，实现拓展性课程区域内的整体推进和均衡发展。共享的内容包括教材、课程纲要、活动手册等。各学校可以根据自己学校的实际情况，进行校本化改造，节约了人力、物力、财力，提高资源利用率。

1.名师工作室推动下的课程资源共享

名师工作室凝聚力强，工作室成员有着共同的发展目标，能够增强校际联动，有利于构建区域共享共同体，实现课程资源的共享。名师工作室团队秉着共同进步、资源互享的原则，将不同资历和教龄的教师集中起来，共同开发拓展性课程群，加大在区域内辐射力度。

浙江省特级教师吴桢映老师领衔吴桢映音乐名师工作室，开展区域共享视野下的音乐拓展性课程群的构建和实施。工作室根据各区域的特点和优势，将区域内众多的音乐拓展性课程进行整合并作深层提炼，共同开发了"三级"递进的"和合"课程内容——《和合育美》。在共享中，采用多层次音乐教师共享，多样化音乐场

[①]孙利群.家长是拓展性课程的优质资源——以浙江省慈溪市南门小学为例[J].家长,2019(03):100-101.

地共享，多元化教材共享的方式，深层提炼区域共享的交流模式，不断推进区域共享视域下的音乐拓展性课程群的建设。①

2.基于网络平台的课程资源共享

随着智能手机、平板电脑等移动设备的迅速普及，各种移动教学平台App不断涌现，促进了拓展性课程网络共享资源形式的创新。"互联网＋教育"的实现与发展在打破传统教育所固有的时空限制和师生面对面教学的不足方面发挥了巨大的作用。学校、教师可利用手机移动教学平台对实施的拓展性课程进行网络互动教学，也可在公众网络共享教学平台上收集教学音视频、微课等资源，以线上线下双管齐下的模式对以往授课、过程考核、平时作业、最终考核等模式进行一体化改进。

"线在漫步"拓展性课程的共享平台是浙江省金华市江滨小学教师依托个人空间作为传播媒介，面向教师、学生、家长，互动对象更有针对性。平台的设计宗旨在于传承中西方线描的理念与技法，实践探究儿童线描课程的多元化开发，拓展延伸线描课堂教学的多方位运用。②教师还可借助浙江公共教育资源平台教师空间及社区平台，让学生自主下载学习线描的相关知识及微课程。每周定时将拓展性课程中的学生作品上传展示，学生与家长能及时了解学习进度和成果。

3.项目任务驱动下的课程资源共享

面对各学校拓展性课程分散研究，缺乏课程开发能力和专业化课程团队建设等问题，由各区县牵头进行的项目化拓展性课程"共建共享"模式应运而生。区县教育管理部门通过展示推广活动，提升优秀课程知名度，利用项目培训式共享，为课程共享提供专业服务，建立校本课程各类管理、评比制度，提升校本课程质量。

上海市金山区教育学院开展了"共建共享共赢"拓展性课程共建模式的实践研究。该区开创设立区域"科目组长"聘任制，由科目组组长负责带领项目组开展课程共建。其间，结合教师培训、课程评比、展示交流推广等方式，通过三年的实践与研究，初步形成了以项目驱动推进区域拓展性课程建设的组织实施策略，形成了"共建共享共同提高"的机制，开创了一个"滚动式"的共建模式。③

① 董吉奕，吴桢映.立足核心素养，守望音乐教育麦田——名师工作室推动区域共享视野下的音乐拓展性课程群的建设 [J].中小学音乐教育,2020(03):16–19.
② 张倩.线在漫步：美术拓展性课程与网络互联共享的机制建设 [J].浙江教育技术,2019(04):47–50.
③ 陈金良."共建共享共赢"：校本课程建设路径 [J].现代教学,2018(Z3):48–51.

三、拓展性课程设置现状

课程安排指的是某一主题课程的具体安排，它是拓展性课程实施的依据，对授课老师和学生起着指导性作用，在它的统一安排下，课程才可以有条不紊地实施。课程安排包括课程实施的具体时间、授课教师、课时量设置、课程内容、授课方式、场地设备等。各中小学进行拓展性课程设置时要严格遵守国家、地方相关政策规定，课程内容安排合理，课时占比符合规定。

（一）三级课程统筹安排

根据相关政策规定，国家、地方、学校三级课程要根据总课时比例规定进行统筹安排。学校在对课程进行整体规划时，可以制定契合本校的课程目标和学生培养目标。通过对国家课程的校本化实施与校本课程及拓展性课程的开发，增强课程对学校和学生的适应性，让学生享受课程，让课程成就学生。

《北京市实施教育部〈义务教育课程设置实验方案〉的课程计划（试行）》规定：规范三级课程管理；课时变成学时，将义务教育1145课时适当向地方校本课程倾斜，创新学科实践活动课程，不低于10%学时开设学科实践活动课程，市、区、校按1：2：2校内外共同实施，开展"开放性科学实践活动"。

在课程安排上，浙江省强调学校要尽可能开发多种类型的拓展性课程，让每个学生都有机会选择自己喜欢的学习科目和活动。浙江省明确小学阶段拓展性课程课时占总课时的比例为15%左右，初中为20%左右。新修订的《浙江省义务教育课程设置和课时安排》对课时设定了两条底线：一是不得增加周总课时和周教学总时间；二是不得挪用音体美、品德、综合实践活动的课时。在此前提下，学校可在国家规定的课时比例范围内，自主安排其他课程课时，增加拓展性课程的课时。[①]

苏州工业园区新城花园小学开展"太阳花课程体系"的三大核心为："土壤课程""阳光课程""雨露课程"。土壤课程就是由国家课程语、数、英等各学科组成，强调基础知识的提升。雨露课程是由各学科的特色项目统整而成，是基础课程的补充和拓展，期间对应语文、数学等七个学科，共同构建了"多元阅读课程""数学日记课程""轮滑特色课程"等七大雨露课程群。阳光课程则以活动为载体，推动了各种知识与能力的综合。依托学生社团建设，整合各种资源，学校开发了"民间工艺课程""艺术花苑课程""体育健康课程"等五大类共42项阳光课

---

① 浙江中小学生可自主选课开发多种类型拓展性课程 [J]. 新课程研究（上旬刊），2015(05):111.

程群。[①]

（二）课时安排现状

根据《指导意见》，1—6年级每学年拓展性课程课时占总课时的15%。浙江师范大学教育硕士王菲对浙江省W市O区的小学英语拓展性课程实施现状进行调查，结果表明，小学拓展性课程在每个学校的开设实施时间都是在每周三下午。教师问卷调查数据统计结果表明，小学英语拓展性课程在W市O区小学里开设的课时数基本有保障，一周开设一节课的学校占40.74%，一周开设两节课的学校也占40.74%，甚至有7.41%的学校一周开设2节以上的英语拓展性课程，只有11.11%的学校不开设小学英语拓展性课程。这一数据客观地显示了该课程在该区开设的课时数有保障，说明其在教育教学课程设置中所占的重要地位。[②]

浙江省台州市教师教育学院陈莹翘等教师对临海市十所小学拓展性课程的"开始实施时间"进行调查，调查显示：其中四所小学在2014年9月开始实施拓展性课程，占总学校的40%；两所学校2015年9月开始实施拓展性课程，占总学校的20%。关于拓展性课程课时安排，仅一所小学符合《关于深化义务教育课程改革的指导意见》要求的"每学年拓展性课程课时占总课时的比例：一至六年级 15%左右"这一要求。XQ小学拓展性课程课时安排占总课时比例最高，为15%，各年级每周安排4.5课时；大部分小学各年级每周设置拓展性课程2课时，占总课时的7.7%（一—二年级）及6.7%（三—六年级）；ZS小学安排的拓展性课程课时较少，占总课时的 5.8%。[③]

四、拓展性课程的内容指向

2014年3月，教育部出台了《关于全面深化课程改革落实立德树人根本任务的意见》，提出要加快构建"核心素养体系"。提出研究制订学生发展核心素养体系和学业质量标准，主要指学生应具备的，能够适应终身发展和社会发展需要的必备品格和关键能力。[④]2016年9月，中国学生发展核心素养研究成果发布会在北师大举行。发布会上提出发展中国学生核心素养，以培养"全面发展的人"为核心，分为

① 马彩芳.发展儿童：回归学校课程建设的"原点"——苏州工业园区新城花园小学课程建设路径剪影[J].华人时刊(校长),2020(11):20-21.
② 王菲.小学英语拓展性课程实施的现状调查——以W市O区为例[D].杭州:浙江师范大学.2019.
③ 陈莹翘,金家伊,程璐,谢冯洁,林艳瑞.小学拓展性课程实施现状及改进建议——以LH市为例[J].课程教育研究,2018(11):15-16.
④ 教基二[2014]4号,教育部关于全面深化课程改革落实立德树人根本任务的意见[S].

文化基础、自主发展、社会参与3个方面，综合表现为人文底蕴、科学精神、学会学习、健康生活、责任担当、实践创新等六大素养，具体细化为国家认同等18个基本要点。[①]

在核心素养理念背景下，全国各中小学以培养学生核心素养为目的，结合学校办学理念，系统开设学校拓展性课程。拓展性课程是对国家和地方课程的补充，三级课程共同指向学生核心素养的培养，拓展性课程进一步促进核心素养的完善和落实。

（一）以传统文化培养"人文底蕴"

核心素养中的"人文底蕴"主要是指学生学习、理解、运用人文领域知识和技能等所形成的基本能力、情感态度和价值取向。我国的传统文化包含了丰富的思想和优良传统，为学生核心素养中"人文底蕴"的培养提供了重要借鉴。

培养学生人文底蕴需要汲取我国延传下来的文化与教育中的精华。中华民族文化悠久源远，很多非物质文化遗产经过多年的积累已经成为中华民族文化的重要组成部分，对我国社会的发展与人民的生活有着深远的影响。教育部、中共中央办公厅、国务院办公厅等部门先后发文，明确指出将中华优秀传统文化按照一体化、分学段、有序推进的原则融入国民教育中。语文、体艺学科是弘扬中华优秀传统文化的重要学科，部分学校进行知识类和体艺特长类拓展性课程开发时，尝试融入中华优秀传统文化内容，努力培养学生的"人文底蕴"。

在弘扬传统文化的拓展性课程开发过程中，我们发现语文学科和民族乐器、棋类、书法等主题与中华传统文化的契合度较高。浙江省余姚市梨洲小学开发了小学语文中华优秀传统文化拓展性课程的"学本"，共3册，分别为《中华传统节日文化》《中华经典主题文化》《主题古诗词》。其中，《中华传统节日文化》在每一节日"活动齐参与"栏目中，有序安排了契合节日主题的10个活动，引入了微信、微博、演讲稿、课本剧等富有时代气息或学生喜闻乐见的语文学习活动，帮助学生得到了传统文化素养与语文素养的双线发展。[②]慈溪市阳光实验学校利用围棋拓展性课程弘扬传统文化，初步完成《围棋校本课程纲要》的编纂，编撰适合学校课堂

[①] 中国学生发展核心素养课题研究组.中国学生发展核心素养研究成果正式发布[N].中国教育报，2016.9.14(9–10).

[②] 陈燕，徐华军.凸显特质 推进活动 提升素养——小学语文中华优秀传统文化拓展性课程的开发及教学策略[J].辽宁教育，2020(15):5–11.

开设围棋课程的普及读本《启蒙篇》《入门篇》和《围棋文化读本》；编写并汇集相关软件，构建学生"围棋水平步步高系统"，汇编《阳光围棋实施手册》，以利于学校"围棋"特色的可持续发展。[①]

（二）以STEM跨学科课程激发"科学精神"

核心素养中的"科学精神"主要是学生在学习、理解、运用科学知识和技能等方面所形成的价值标准、思维方式和行为表现。具体包括理性思维、批判质疑、勇于探究等基本要点。利用STEM跨学科课程可以很好地培养学生的"科学精神"素养。

STEM起源于美国,是传统教育理念的转型。它注重学习与现实世界的联系,强调学习的过程。STEM 理念强调的是科学、技术、工程、数学元素融合起来的跨学科学习，尝试项目式学习方法和学科融合的策略，发展学生的动手实践能力和创新能力，培养学生的探究精神。目前，STEM课程热潮在我国中小学掀起，很多学校加入了课程的探索实践中。

浙江省慈溪市西门初级中学聚焦核心素养中"科学精神"素养，开发初中科学拓展性课程，旨在提高学生综合实践能力、合作能力和创新能力，以全面提高学生科学探究素养。拓展性课程案例"制作浮沉子"涉及的知识有大气压、受力分析、物体浮沉条件，是一个综合性较强的实验活动。[②]杭州市南翔小学在六年级开设"桥梁工程师"STEM课程，是基于教科版小学科学六年级上册"形状与结构"单元教材而开发。拓展性课程借助"桥梁工程师"教具的研发，变浅层次的体验为深层次的探究，让学生化身为小小桥梁工程师，自主探究发现各种桥梁的受力特点。学校自主开发教具，以项目化学习方式开展"我心中的桥"纸桥设计制作比赛，发动全体六年级学生积极参与纸桥设计建造活动。[③]

（三）以实践研学引领"健康生活"

核心素养中的"健康生活"是指能够珍爱生命，理解生命意义和人生价值，具有安全意识与自我保护能力。拥有健全的人格，具有积极的心理品质，自信自爱，坚韧乐观。学会自我管理，能正确认识与评估自我，依据自身个性和潜质选择适合

① 王越杰 , 严利文 . 拓展学生思维　传承优秀民族文化——慈溪阳光实验学校开发拓展性课程的调查研究 [J]. 教育界 (基础教育),2019(11):146-147.
② 胡国芬 . 以拓展性课程培养学生科学探究素养的案例研究 [J]. 中学教学参考 ,2020(11):87-88.
③ 沈雅飞 . 一桥一课程 , 一课一情怀——六上科学《桥梁工程师》STEM 拓展性课程的开发与实施 [J]. 新课程 (小学),2019(11):102-103.

的发展方向。提高健康生活的素养可以利用校内外生命教育、安全教育的实践拓展基地，开展实践研学活动，在亲身经历中丰富对生命和自我的认知，从而完善学生的"健康生活"。

综合性实践研学活动是为学生提供真实的情境，以生命安全、生活健康等为主题，让学生在实践中综合运用已有知识和经验，以小组合作等形式解决真实情景中的复杂问题。研学实践的学习方式充分发挥学生的自主性，让学生在实践中紧扣"健康生活"核心素养，培养学生发现问题、解决问题、勤于实践、用于探索、敢于创新的能力。

绍兴上虞区实验小学以生命教育为主题开展拓展性课程活动。以"培植儿童的生活认知力、生活实践力和生活创造力"为宗旨，系统架构拓展性课程体系，开发并实施"生活力"校本拓展性课程。学校建立校内劳动基地——碧池养殖区、春晖种植园等。学生分成小组，在老师的带领下开展种植养殖，秋季果实采摘，农产品售卖等创意设计活动。①

（四）以志愿服务提升"责任担当"

核心素养中的"责任担当"主要是学生在处理与社会、国家、国际等关系方面所形成的情感态度、价值取向和行为方式。培养学生的"社会责任"，非常重要的一点就是"热心公益和志愿服务"。让学生拥有做志愿者的经历，能够帮助培养公益精神，提高社会责任感和自我担当意识，树立正确的价值观。

志愿服务类拓展性课程注重校内与校外相结合，聚集家长、社区、企业力量，建立志愿服务的生力军，营造起良好的志愿服务大环境。志愿服务课程可以包含了解服务岗位的要求，学习做好志愿服务的相关知识，拓宽知识视野；在志愿服务中增强实践能力和合作分享交流能力；在志愿服务中丰富生活体验。

四川省成都市高新区益州小学积极建设志愿服务实践基地。"多多益善"加油站、"天籁坊"、金融博物馆等财经素养课程，让志愿服务活动真正落地生根，贴近儿童成长。学生自主申报担任"多多益善"加油站志愿服务者，每周五进行加油站兑换加油工作。此外，学校还携手社区、企业，共建财经素养教育基地，建成华西证券投资者教育益州小学服务站；联合高新区残疾人和养老服务中心，建立志愿服务基地。②

---

① 祝浩军．"生活力"校本拓展性课程的构建与实施 [J]. 教学月刊小学版（综合），2019(06):3-6.
② 李玲，朱琴音．着眼整体育人，建构校本化志愿服务课程——以成都高新区益州小学为例 [J]. 四川教育，2021(01):23-24.

第二章

————————

基于义务教育阶段拓展性课程的
区域行动研究

第一节　区域义务教育阶段拓展性课程的实施现状

一、三次调研　层层厘清

（一）2018年9月　第一次调研

随着二期课改目前已进入深化阶段，拓展性课程与基础性课程、研究性课程组成了新课程的三大课程体系。拓展性课程要为学生提供多种学习经历，丰富学习经验；完善学习方式，拓展学习时空；以德育为核心，注重培养学生的创新精神、实践能力和积极的感情。但是以考试成绩评价学生学业、评价教师教学质量、评价学校办学质量乃至评价区域性教育成效的环境，影响着拓展性课程的落实，影响了学校拓展性课程的自主开发与实施，从而影响了"以学生在学习中的主体地位，关注学生个性特长发展"的落实。

2018年9月，我们在（原）下城区区域内开展了拓展性课程实施与建设现状调查。调查的目的是摸清我区拓展性课程实施与建设现状，以便针对性采取积极措施，使我区拓展性课程的实施与建设能够全面地、有质量地开展。

我们请各个学校上交拓展性课程的课表，浅显直观了解学校课程的开展与实施。再召集学校校长及拓展性课程负责人进行现场座谈，畅聊拓展性课程执行效果、主要涉及课程开发的数量、特色课程形成、教师专业发展以及学生参与情况等内容。

从学校拓展性课程建设情况统计来看，我区各校共有160个比较成熟的科目已开发成型，取得了一定的成绩，形成了一定的影响力。

18所小学开设课程种类从多到少分别是：艺术修养类（189门）、学科知识拓展类（188门）、动手技能类（122门）、体育特长类（119门）、社会实践类（29

门）、德育心理类（18门）。

14所中学开设课程种类从多到少分别是：学科知识拓展类（137门）、艺术修养类（121门）、体育特长类（92门）、动手技能类（84门）、德育心理类（23门）；社会实践类（2门）。

经过调研发现，绝大部分学校基本达到科目开设数是学校班级数的100%要求。几乎每位老师都有自己的拓展性课程，部分学校拥有十几门甚至几十门的拓展性课程。有些学校整合和利用社会资源，开展合作拓展，还聘请了校外人员开设课程。很多学校形成以拓展性课程为特色的校本课程，如安吉路实验学校的"管乐队"特色课程在省市区内甚至全国都颇具影响。

通过这一次的调研活动，我们意识到：

1.拓展性课程的体系有待完善。拓展性课程体系有待完善首先表现在科目数量设置相对有限。其次，很多课程设计常常仓促"上马"，科学性难以保证。再次，设计内容缺乏及时更新。

2.拓展性课程调控力度小。课程调控力度直接影响课程执行的效率和可持续性。有的学校没有对课程作全面规划。有的科目选择缺少有效引导，不可避免地产生"热门"和"冷门"科目。

3.拓展性课程的教学设计水平有待提高。很多教师的拓展性课程教学设计水平不高，缺少一个较清晰的理论支持，缺少资源支持；领导重视、支持不够，没有充分认识拓展性课程与学校特色建设的关系以及对人的培养的价值。

（二）2019年9月　第二次调研

2019年9月，为了真实了解区域内拓展性课程的推进和发展，我们第二次进行了拓展性课程的调研，对区域内拓展性课程进行全面调研，并进行归类。

2019年9月区域拓展性课程调查问卷

各区属高中、中小学：

拓展性课程已经在我区进行了五年时间，经过各校精心组织、根据学生的兴趣爱好结合老师个人特长开设形形色色的拓展课程。为了解各校课程开设情况，以便进行区域推广和评优，特设计此问卷。

请各校按实填写。

义务教育阶段拓展性课程的区域行动研究

表2-1

学校名称			学校类别	□小学 □初中 □高中 □九年一贯	
填表人			职务		
邮箱：			手机号码		
贵校各类课程开设数量	知识类		体艺特长类		主题或项目类
学校拓展课程开设情况	附件：2019学年课程总表、已获得区市省精品课程奖状、精品课程简介、学校拟培育课程的课程简介				
贵校仍在实施的特色课程（3-5个）	名称		类别		
	开设时长		课程负责人		
课程简介					
课程发展的瓶颈					
贵校仍在实施的特色课程（3-5个）	名称		类别		
	开设时长		课程负责人		
课程简介					
课程发展的瓶颈					
贵校仍在实施的特色课程（3-5个）	名称		类别		
	开设时长		课程负责人		
课程简介					
课程发展的瓶颈					
是否有意成为区域领衔学校	学校意见： 学校盖章				

为了保持学校拓展性课程的新颖、多样性，贵校根据自己的特色，请填写拟在接下来几年中重点建设的一门特色品牌课程。

学校拟打造的品牌拓展性课程	名称		类别		
	开设时长		课程负责人		
课程简介					
课程发展的瓶颈					
是否有意成为区域加盟学校	学校意见： 学校盖章				

从问卷调查数据来看，全区32所中小学校都开展了拓展性课程，各类拓展课程1000余门。

在全区的拓展课程中，新设课程（1年以内）为226门，2年及以上的课程有265门，10年以上的课程27门。从这个数据可以看出，自2015年浙江省教育厅[2015]36号文件《浙江省教育厅关于深化义务教育课程改革的指导意见》出台后，各所学校秉持"以促进学生可持续发展为目标"，在夯实基础性课程建设的同时，积极探索拓展性课程体系的开发与研究。时至今日，部分学校已经有一批非常成熟的课程，比如青春中学的心情剧场课程、长江实验小学的木版水印课程、文龙巷小学的羽毛球课程、刀茅巷小学的口琴课程等。这些课程不仅是其所属学校的优势项目，彰显了学校的文化和特色，还在全省、全市都有了较大的影响力。同时，各个学校不断开发新的课程，紧跟时代发展的步伐，以满足学生新的需求。比如观成实验学校的STEM课程、启正中学的模拟联合国课程、风帆中学的无人机等课程，让学生们在课程学习中站在了时代的前沿。

从课程类型来看，我区的三类课程大体分布均匀，知识拓展类课程占35.94%，体艺特长类课程40.26%，主题或项目活动类课程23.8%。不难看出，全区拓展课程中属于体艺特长类开设的课程数量最多，占四成。主题或项目活动类课程较少，只有二成多一点。

1.学校拓展性课程的设置需要统筹规划

从以上数据中不难看出，虽然各个学校都已经开发了不少拓展性课程，但是很多课程的设置尚不能满足学生多元化的需求。首先，由于授课班级容纳人数有限，部分学生无法参与心仪的拓展性课程班级学习。其次，因为学校要保证开满开足一定数量和科目的拓展性课程，一些拓展性课程缺乏对学生需求的深入了解，缺乏对课程的精心设计，常常未作规划，匆匆"上马"，因此这些课程的科学性和实效性难以保证。再次，一些拓展性课程的设计内容缺乏更新，一本教材用到老。许多教师教学工作量饱和，还要参与学校各种管理事务等，一天从早忙到晚，没有了对拓展性课程内容的及时补充、调整和创新的热情与动力，课程不更新，内容陈旧也是掣肘拓展性课程发展的一个主要因素。

2.学校对拓展性课程的顶层设计和调控力度需要进一步加强

学校对拓展性课程的顶层设计和调控力度，直接影响着该校拓展性课程建设与发展的有效性和可持续性。从这次调查来看，存在的问题主要表现在以下两个方面。第一，各个学校对拓展性课程的顶层设计存在着差异。我们欣喜地看到，例如刀茅巷小学、大成岳家湾实验学校、求知小学等八所学校拓展性课程的顶层设计走在了全区的前列。它们的顶层设计在课程设置理念、课程设置目标、课程体系结构、课程设置和课程评价上，既有传承，也有二度开发；既有科学分层，也有灵活创新，真正体现了"以学生发展为本"的课程改革的基本理念，让每一个孩子在拓展性课程里面感受"为了每一个学生的终身发展"的核心理念。当然，还有一些学校关注到了拓展性课程的共性，忽略了要结合自身学校的文化突出拓展性课程的个性；关注到了拓展性课程教学的计划安排，忽略了对课程的实施和评价。还有极少数学校仍然固守着国家统一课程和基础型课程，对拓展性课程的开发与建设力度不够。第二，拓展性课程开设的科目相对不平衡。由于学校体育、美术、音乐老师较多，开设拓展课程的几率较大，所以各个学校体艺特长类科目所占比重较多。而主题或项目活动类课程主要由信息技术老师、劳技老师和科技老师开设，这几类教师在各校所占比例相对较少。同时，主题及活动类课程，往往需要比如计算机教室、心理辅导室、实验室、手工教室、创客教室等专用教室，甚至是校外资源的支持，也是开设课程较少的一个主要原因。

（三）2020年6月　第三次调研

2020年6月，我们组织了区域内第三次调研，希望通过这次的调研了解执教拓展性课程教师的需求。

2020年6月拓展性课程负责教师现状调查

为了解我区拓展性课程负责老师教学现状，为教师提供适当的指导和培训，更好地推进拓展性课程建设，特制此表。请老师们认真填写。

表2-2

学校名称		教师姓名	
性别		年龄	
主业学科		联系方式	
教师学历		教师职称	
职务	□校级 □中层 □教研/备课组长 □普通教师 □本校职员 □外聘		
拓展课程名称		开设时长（年）	
开设教室	□专用教室 □普通教室	教材	□采购教材 □自编教材 □无教材

课程类型	□知识拓展类　□体艺特长类　□主题或项目活动类		
课程简介	1、课程基本信息（学时，授课方式） 2、教学目标 3、课程内容 4、评价方式 5、获奖情况		
该课程是否学校指派	□是　□否	该课程是否与你专业相符	□是　□否
该课程是否你的兴趣爱好	□是　□否	承担该课程是否由于工作量不足	□是　□否
该课程是否促进学生发展	□是　□否	该课程是否自己主动开发	□是　□否

参与本次调查的老师平均年龄为33岁。其中35周岁以下老师占58.2%。任教以语文、数学、艺术老师为主，分别占27.97%、19.41%、18.88%。

课程的授课教师主要由各个学校的教师自主开发实践，也有部分课程是聘请专业机构老师带领学校老师一起参与建设和实施的。说明拓展课程的任课老师大多为年轻老师，有活力，有创意，对新生事物接受能力强，开设的课程吸引力大。

在课程的创设上，学校指派与老师自主创设各占一半，即有符合学校拓展性课程顶层设计的主流课程，也有老师根据自己的特长、爱好自主开发的特色性课程。

问卷第9题：该课程与你的专业是否相符？ 绝大多数老师反馈上课内容与自己的专业相符， 有27.16%的老师开设的课程与自己的专业不符。说明老师多才多艺，有自己的兴趣爱好。

问卷第10题：承担该课程建设是否由于工作量不足。有19.3%的老师是因为工作量不足，承担拓展课程教学的。大部分老师是在满工作量的情况下承担拓展课程教学工作。

问卷第11题和第12题：该课程是否你的兴趣爱好？该课程是否你的特长？约有80%的老师回答为自己的兴趣爱好，开设课程能给自己带来快乐，也可以给学生带来快乐。

问卷第11题：该课程是否自己主动开发？自己主动开发的老师占76%，老师都发挥了自己的主观能动性，体现了拓展课程的多样性、新颖性，也从另一方面说明拓展课程需要来自上级更多的关注和指导。

从本次的调查问卷反馈得出：

1.目前拓展性课程各校遍地开花，所有学校都开设了拓展性课程，有些学校一周开设的拓展课程高达六十多节，几乎每位老师都参与到了拓展课程建设和实施中。

2.学校在开设重点培育的拓展性课程前，都经过了相关专家的指导与论证，将学校的办学理念和特长融入学校的顶层设计方案中。因此，学校拓展性课程的三类课程分布较为均衡，其中既有学校规划的代表学校特色的指定性课程，也有老师根据自己专业、爱好、特长开发的自主性课程，做到学校规划性课程为主，老师自主性课程补充的良好局面。授课老师以中青年老师为主，该类老师有激情、有活力，更有创意和开拓精神。

3.有一半的课程开发时间较短，其中不到一年的课程较多。说明这些课程不够成熟，需要学校和相关部门的指导与支持。大多数课程的开发老师以单打独斗为主，既增加了开设其课程的难度，也增加了课程的流失率。往往某位老师开设课程一段时间，甚至已经取得省、市、区的精品课程，由于种种原因本人无法授课或者换学校时，该课程就出现无人可上的情况，导致优质课程流失。学校需要花费大量的人力物力开设新的课程，增加了开课的成本。

4.学校层面要关注拓展课程的生存情况，指导老师贯彻学校的拓展课程的教学理念，对老师新创课程要有政策和经济上的扶持，对获得省市区精品课程的老师要有奖励和保护，对成熟的课程要扩充教学团队，充实教学内容、讨论教学方法、完善教学材料。从一些学校成熟的课程来看，往往都是一个教学团队，其中有老中青三代教师，一代一代传承下来的传统品牌课程。有些学校本身相关课程的老师少，可能只有一位的情况，区域层面可以组成区域团队，以老带新，以新促老，共同发展，打造区域品牌课程。区域层面要有计划地指导学校建设更多的专用教室，满足主题活动类课程的开课需求。

二、统筹规划 切实推进

（原）下城区教育局教师教育学院课程与评价中心本着发现问题、高位统筹、扎实推进的态度，决定从拓展性课程的顶层设计开始辐射，从骨干教师的重点辅导开始衍生，以点带面，将拓展性课程区域工作的开展与骨干教师的培养结合起来，通过专家的引领解读、学校的经验分享、多项目的评比活动，整合专业理论和实践工作，重构理论，提升素养，把工作落地生根。

我们先后邀请专家开设了多场专题讲座，分享了多所学校的课程经验，通过"学校拓展性课程顶层设计方案评比""疫情下学校开展拓展性课程的金点子即实施有效措施的典型案例""区精品课程的评比""区精品课程教学视频（微课）评比""推评杭州市精品课程"的五次有层次、有梯度的活动，更好地"消化"了理论知识，更多地汲取了实践经验，收获了丰硕的区域成果，构思了基于共享的拓展性课程体系。

1.区域内市级精品课程经验分享

我们邀请来自青蓝青华实验小学和朝晖中学给大家带来了拓展性课程的研发与实践经验的分享。通过经验分享，参训老师明晰了开展拓展性课程的目的不仅是拓宽学生的知识面，也要利于学科的融合贯通。在研发过程中，找到拓展性课程和学科学习的结合点很重要，要有规划、有引领，有落实、有细化与改进。要注重把学生的兴趣点和生长点相结合，立足于学生学习能力的发展。

2.区域内学校拓展性课程顶层设计建构讲座

学校如何构建拓展课程体系？校长如何创新拓展课程教学管理？教师如何开发课程？学生如何学会选择？基于解决实际问题，提升区域内学校课程开发能力，我们组织了《课程建设文本若干要点解读》的讲座。

讲座从学校课程建设中的共性问题讲起，提醒老师们要对学校课程进行整体设计；设计理念和实施操作要匹配；不仅要重数量，更要重质量。在开发课程的时候，学校一定要厘清"学生喜欢什么""学校能做什么""学校想要什么"这三个问题。对于课程刚起步的学校，要先把课程开起来，以主题活动为主；对于已经有相对稳定课程的学校，可以进行调研分析，甄选优质课程；对于课程建设有一定经验的学校，要合理建构课程群，规定课程修习要求。

我们希望通过这次活动，让区域内学校对自身发展有较为明确的定位，能够结合办学实际情况及学生发展要求作出有逻辑的理念构想，彻底明晰拓展性课程和社团的区别，更希望学校拓展性课程的顶层设计不仅仅是有课程思考与课程行为，还要有课程迭代发生的积极尝试。

3.区域内疫情下学校开展拓展性课程的金点子即实施有效措施的典型案例

2020年初，疫情下拓展课程金点子活动共收集到来自全区29所中小学共49个案例。

49个案例中既有语文、数学、英语、科学等单个学科的，也有跨学科的，还有新集体主义教育的，可谓是涵盖了学校教育的各个层面。青蓝小学的《生命——成长》、长江实验小学的《小主播在线》等案例，紧密结合疫情、时事和"消费券"等热点，把拓展课程落地生根，让学生真正在学习中习得和发展。

49个案例中，三分之二是年轻教师撰写的。老师们的认真勤学和积极性是难能可贵的，但案例设计缺少一个较清晰的理论支持，没有充分认识拓展性课程与学校特色建设的关系以及对人的培养的价值。

4.区域内市区精品课程的养成之路

为区域推进义务教育阶段拓展性精品课程的开发与实践研究，不断拓宽课程领域，丰富学校校本课程资源，增加学生多维有序的课程体验，增强教育的选择性，（原）下城区拓展性课程建设主张推进拓展性课程区域共享，鼓励各校团队研发高质量的拓展性课程，推出一系列拓展性课程教师研修活动与基本功比赛，形成以区域为整体的拓展性课程开发和实践模式。

全区中小学校的拓展性课程骨干教师经过系统培训，集思广益，精心研制，交出了一份份满意的成绩单。杭州市朝晖实验小学的《走进管乐——"小金号"管乐团》《快乐小书虫阅读课程》、杭州市德天实验小学的《走进杭州话》、杭州长江实验小学《健美操》、杭州市求知小学《瓷言片语》五个短视频微课在区域拓展性课程短视频微课评比中脱颖而出，获得一等奖的佳绩。

有23个学校拓展性课程成功入围（原）下城区义务教育阶段拓展性精品课程，杭州市青蓝青华实验小学《创意西湖绸伞》等8项精品课程更是被推至市义务教育阶段拓展性精品课程评选活动中参与评比。其中，长青小学的精品课程《半音阶口琴》开设线下、线上指导课程，以精品课程的形式打造校园特色品牌，促进口琴教育艺术在少年群体中的再发展；文龙巷小学则开发《小交警实践营》课程，以教学指导材料、自编教学材料、微课资源、课堂教学为授课载体，以"滴滴叭叭城"交通安全主题教育活动为课程特色，培养学生的交通安全意识；刀茅巷小学《口琴博物馆·小小代言人》与青蓝小学的《礼·宾》课程以学生礼仪教育为载体培养具有国际视野的未来人；青蓝青华实验小学《创意西湖绸伞》与江心岛小学《剪韵》以非遗项目作为基本元素开发学校拓展性课程；景成实验学校《奇妙的种子》、胜蓝实验小学《创意纸绳》，以劳动教育为契机，整合学科教育，培养学生综合素养。

三、拓展性课程在区域范围内的实施前景

区域内的小学、初中都有进行拓展性课程探索的典范，明确将拓展性课程作为一门正式课程纳入学校课程框架之中并给予制度保障。我们可以用以下两条线索大体勾勒出拓展性在区域中小学中实施状况的现实图景。

1. "区域+学校"形成课程资源的主体开发和推广模式

学校层面的拓展性课程的开发与实施是一种校本研究和校本管理行为，能充分展现教师的课程开发能力。但是拓展性课程发展到现在，要求改变囿于一所学校范围的封闭学习空间，要求多所学校合力开发丰富多彩的课程基地。

在区课程部门的推动下，经过三年的培育，很多学校的拓展性课程一改以前单打独斗的现象，在借鉴区域内同类型优质课程的基础上，进行了符合自身学校特点特色的二次开发，让课程真正做到了从学生出发，为学生服务。例如，风华中学、春蕾中学、风帆中学、求知小学、青蓝小学、德天小学的足球课程，安吉路实验学校、求知小学、永天实验小学、朝晖中学、青春中学的阅读课程，江心岛小学、永天实验小学、景成实验学校的水墨画课程，长江实验小学、京都小学、文龙巷小学、明珠实验学校、青春中学的Scratch编程课程，都是扎根本校实际、发挥各自条件资源和素材资源优势，推进区域课程实施的典范。

2. 各具特色的拓展性课程活动内容设计模式

区域内部分学校所处地域和社区的环境即课程资源，环境资源的挖掘度和利用率如何，取决于学校能否以研究的眼光来看待它们，并引领学生积极参与其中。刀茅巷小学有自建的"口琴博物馆"，该校开发的"口琴博物馆 小小代言人"就是充分挖掘了这一优势，使之成为独特的教育资源；文龙巷小学走出了王琳等多位羽毛球世界冠军，是浙江省羽毛球运动后备人才基地学校，学校一直以来进行的羽毛球课程让"羽星摇篮"名副其实；启正中学利用民办学校的资源优势，开展的模拟联合国课程，让学生的视野从国内走进了世界，更是扩大了学生思维的宽度和深度。

四、基于共享的拓展性课程的开发与实施策略

拓展性课程由"学校提供"就意味着学校是拓展性课程开发、实施的主体，学校在进行课程规划与设计时，首先要思考的问题是：教育最根本的目的是什么？我们需要什么样的教育？我们想要把孩子培养成什么样？这些问题一直在追问，却没

有一个明确的答案。不同的教育家有自己不同的理解。杜威认为教育无目的，教育本身就是成长。英国哲学家怀特海认为，学生是有血有肉的人，教育的目的是激发和引导他们的自我发展之路。[①]

什么是好的拓展性课程？这不仅仅是对课程目标的思考，还是对课程开发与实施过程的思考，好的拓展性课程是过程与结果的统一。衡量一个学校课程质量高低往往取决于其开发与实施的水平。一个学校进行课程规划时，需要思考应该开发哪些课程；一个教师在进行课程设计时，需要思考怎样开发课程。那拓展性课程开发与实施的策略有哪些呢？

（一）创新管理机制

拓展性课程的开发是一个自下而上的课程行动，学校需要打破原来自上而下的"垂直管理"模式，建立一种基于学校文化共同愿景下，所有成员互动、协商形成的价值观和理念。课程建设是所有成员创生的过程，是每个教师作为课程设计者参与对话的过程。学校从办学理念和培养目标出发，统筹考虑基础性课程和拓展性课程，做好课程顶层设计，在学校课程规划的统率下确定要开发的课程门类和建设进度。学校管理组织呈现"扁平化"。在学校顶层规划下，设立课程项目组，每位教师都有可能是课程领导者，课程团队中的成员都是合作伙伴关系，充分调动每一位教师的积极性，激发内在潜能。

学校为保证拓展性课程有序、有效地开发与实施，还要建立适应新课程改革的课程管理与评价机制，制订学校课程规划、申报、编写与审核制度，成立学校课程管理委员会，审核各类拓展性课程的开发价值与质量，确保拓展性课程开足开好，满足学生多样化发展的需要。建立拓展性课程实施的评价制度，对课程结构内容的合理性、课程实施过程的有效性进行定期评价，促进课程迭代更新，让课程目标得以实现。

（二）丰富课程内容

拓展性课程的课程内容确定是教师在学生需求、课程资源、教师能力三者之间找到平衡点，以培育核心素养为目标，以发展学生持续学力、促进学生个性发展为价值取向的课程。课程资源的开发是一项极富主动性、创造性、挑战性的工作，不

---

① 怀特海.教育目的[M].庄莲平，王立中，译.上海：文汇出版社，2012:1.

限于书本知识，也绝不限于学校内的各种资源。教师可以尝试拓宽课程资源的内涵和外延，最大限度地有效开发和恰当利用地域性的课程资源，深化凸显学科性的课程资源，关注课堂教学中的生成性资源，同时构建课程资源有效开发和恰当利用的评价体系。浸润在区域、学校、学生身边所有有利于课程设计、课程实施、课程目标达成的教育资源都可以成为课程内容。

根据《指导意见》，可以将拓展性课程分成知识拓展、体艺特长、实践活动三类，基于此课程内容的开发主要来源于以下五个途径：区域特色历史文化课程化设计、学校艺术兴趣课程化设计、学校特色资源课程化开发、学科知识的延伸与拓展、学生感兴趣的共性内容课程化。[①]充分发挥本校教师的专业特长和兴趣爱好，统筹校内和校外的教育资源，更好地为学生提供选择。合理整合课程内容，可以促使学生学习兴趣的有效激发。积极创造条件，充分利用网络优质课程资源，多形式引进和借鉴区域优秀课程资源。改变当前拓展性课程开发教师单兵作战的方式，逐步从碎片化、零散化、个体化的拓展性课程走向结构化、区域化和共享化的拓展性课程建设。

（三）提质课程实施

崔允漷认为课程的实施就是将课程规划的"筑梦"愿景与课程设计的"逐梦"方案，转化成为"踏实"的实践过程。学校课程实施的根本价值不是以忠实执行课程方案为评估标准，而是以促进学生个体的学习与发展为宗旨。[②]所以在拓展性课程实施中一方面要及时关注不同类型、不同层次学生的需求，另一方面要采用适合学生的、科学合理的、能促进学生个性化发展的多样化的实施策略。

1.在课程实施中进行课程整合。有意义的学习本身就是一种知识与经验的有机整合过程。瑞士教育家皮亚杰认为所谓的学习就是个体基于自己的认知结构，通过同化、顺应的过程达到认知图式的平衡状态。在现行学科分类教学的模式中，学生很难把所学知识在真实情境中灵活运用，解决具体问题。所以将课程整合的价值就在于引导学生进行深度学习，将割裂的、分散的学科知识有机整合，联结个体生活经验，形成系统的、有生命力的、个性化的认知结构。通过课程整合，学生能创造性地运用"模块"与"联结"的学习方式，深入理解知识本质，拓宽学生视野，提

---

① 万伟.课程的力量[M].上海：华东师范大学出版社，2017:113.
② 崔允漷.学校课程实施过程质量评估[M].上海：华东师范大学出版社，2017:13.

高解决问题的能力，发展学生的兴趣。

2.在课程实施中实现体验和探究。课程目标能否落地，关键在于课程实施的活动组织是否有效。拓展性课程的本质是以核心素养为导向，创设不同于基础性课程的各类学习活动，促进学生全面而有个性地发展。鼓励学生在"活动"中学习，在"体验"中思考，在"合作"中对话，在"探究"中创新。激发学生多感官参与，激活大脑，促进学生创新思维与能力的发展。拓展性课程以学生主动参与为前提，构建教师指导、学生实践的教学程序。这个过程中，教师要为学生的学习设置探究的情境，营造实践的氛围，把握实践的深度，运用评价方式促进学生体验和探究。在体验与探究中，学生获得价值感，能更积极、主动地参与到拓展性课程学习中，成为一名真正的学习者。

3.在课程实施中采用协同学习。课程改革的理念要在具体教学情境中对学生产生影响，教学方式的变革是关键要素之一。在拓展性课程推进中，扩大了社会性情境的参与，协同学习就应运而生。协同学习是以成员之间的异质性、活动的多样性为前提的，通过同异质的其他学习者在实践共同体中交互作用而形成的活动状态。[①]首先营造开放、平等的学习氛围，创设有意图的学习环境，教师发挥模范与向导的作用，学生自身发挥出能动的研究者、指导者与监控者的作用，将主动选择权、学习权归还给学生，让学生有充分自主发展的空间。

（四）建构评价系统

课程评价是依据一定的评价标准，通过系统地收集各类信息，采用定量和定性的方法，对课程的目标、开发、实施、效果等环节进行价值判断，并寻求改进，迭代更新的一种活动。包括对学生、教师、课程本身的评价，主要是对学生的评价。拓展性课程是一个形式多样、开放性的课程体系，这决定了其课程评价目标、主题、方式和内容的多元化。[②]评价系统要形成以核心素养为主的多元评价目标，以学生个性化可持续发展为本，注重过程性评价、表现性评价等多元化评价方式，从学习能力、学习过程、学习态度等不同维度，从教师、同伴、自己等不同主体评价学生的发展可能。

就拓展性课程而言，其课程形态较基础性课程丰富，课程评价呈现多元化。拓

---

① 钟启泉.读懂课堂[M].上海：华东师范大学出版社，2015:116.
② 龚情如，陈碧芬.数学拓展性课程：内涵、实施、评价及展望[J].中学数学月刊，2019（05）.

展性课程要形成以学科核心素养为主的多元评价目标，关注学生是否积极主动地参与学习，是否乐于交流合作，是否能在日常生活中发现并提出问题等。在评价主体上，从单一的教师评价转变为"学生自评、同学互评、家长参评、教师总评"的方法重建评价主体，使得评价视角更加多元，评价收获更加丰富。与基础性课程相比，在评价内容的选择上，拓展性课程更注重对数学学习过程和相关能力的评价．拓展性课程的学业评价可以采用纸笔测试与表现性评价两种方式，评价的结果以定性描述、定量评价相结合的方式呈现。拓展性课程是一个形式多样、开放性的课程体系，这决定了其课程评价目标、主体、方式和内容的多元化。多元激励评价方式的使用，可以让学生体验成功的喜悦，增强学习数学的自信心和热情。

　　《指导意见》中提出课程学习评价要把过程评价和结果评价相结合。过程评价重在激励学生积极主动地参与学习，使他们的个性和潜能得到持续发展。因此要注重对学生进行激励性评价，评价的主要目的不仅是要了解学生学习课程的过程和结果，更在于激励学生进一步主动探究，提升参与课程研究的兴趣。注重对学生进行个性化评价，评价关注学生的个体发展，尤其是关注学生在学习过程中的变化。可以建立学习档案袋，纵向关注学生的成长过程。及时跟学生反馈评价结果，帮助学生更好地学习，同时促进教师更好地引导。注重学习主体自我评价意识的培养，自我评价的准确性制约个体的学习效率。学习者自身的评价线索丰富、真实，比他人评价更加有效地实施，有助于培育学习者的自我监控能力，提升元认知能力。钟启泉认为评价的作用在于改善，改善儿童的学习，改善教师的教学，改善学校的管理。因此评价系统的建构不是终点，而是课程迭代的起点。

第二节　义务教育阶段拓展性课程
顶层设计方案样本示例

在课程开发过程中，学校要根据自身的特点，借鉴和吸收其他先进学校的教学经验，做好学校拓展性课程顶层设计，形成学校办学特色。孔凡哲指出，设立拓展性课程有利于学校顺应教育改革发展新形势，有效弥补课程标准的滞后性，将诸如基本思想、基本活动经验、学科核心素养等新概念在国家课程的实施中进行有益探索。

拓展性课程建设要根据学情、校情统筹规划，完善拓展性课程的开发申请、准入与退出制度，明确实施、评价和保障制度。拓展性课程建设不可能一蹴而就，涉及学生需求调查、学校课程资源分析、教师能力调研、教学场地设备、经费支持、可行性分析等，没有顶层设计和制度保障是很难有效施行的。在各类配套制度中，增加学生选课指导环节十分必要。义务教育阶段儿童的身心特征与认知程度决定了有相当部分学生不能很好地规划自己的课程，其中从众心理、偷懒心态往往左右儿童的选择，而适当地提供"选课指导"，可避免学生选课的盲目与随意。学校可依据自身优势推出精品课程、特色课程，组织编写与推广有一定质量的拓展性课程教材，建设信息交流平台。优秀教师可建立教师工作坊，与其他学校开展校际交流合作，共享课程资源，并在实践中培养合作素养。

基于此，我们在区域内进行了学校拓展性课程顶层设计方案的评比。我们从获得优秀等级的方案里，挑选出了五份，仅供大家参考。

样本一

杭州市大成岳家湾实验学校拓展性课程
顶层设计方案

《浙江省教育事业发展"十四五"规划》中指出：以习近平新时代中国特色社会主义思想为指导，坚持把教育摆在优先发展的战略地位，以打造美好教育为根本出发点，以提高质量和促进公平均衡为重点，以深化改革和扩大开放为动力，以队伍专业化和治理现代化为保障，落实立德树人根本任务，培养担当民族复兴大任的时代新人，全力打造具有全球视域、浙江品质的高质量现代教育体系。

在深化教育课程改革的精神引领下，秉承"善小而大成"的校训，围绕"成长、成才、成人"的育人理念，学校构建了"望岳课程"。在实现课程规范化、特色化、个性化的过程中，推进人才培养模式多样化，满足不同潜质学生的发展需要。结合我校自身办学特点和实际情况，总结学校课改的实践经验，多方征求意见，经过充分讨论，精心制订了《望岳课程建设方案》，并以此为起点，力求我校在育人模式和办学特色方面有新的突破。

一、课程理念解析

望岳课程是基于国家课程和地方课程，结合地域文化特质和学校育人目标，以培养具有"博学、雅德、健行、雄远"特质的"岳家君"为课程育人目标，围绕"家国情怀、民族文化，多元实践、个性成长"的课程理念，依托公民协同，馆校共建，初高衔接，构建的课程体系。

二、课程建设原则

（一）适恰性

立足学校文化传统，发挥学校品牌优势，根据学生身心发展、兴趣爱好和学科专业特点，以螺旋上升的方式架构课程体系。

（二）持续性

注重基础知识、基本能力和核心价值观教学，为全体学生终身学习和可持续发展奠定基础。

（三）选择性

建立多层次、多维度的基础性课程，开发自主选择的拓展性课程，为学生自主学习、个性发展创造条件。

（四）融合性

结合地域文化特质和学校育人目标，设计开发四YUE课程，旨在注重实践性、体验性，变革育人方式，培育学生的兴趣特长。

三、课程建设基础

课程建设需要良好的基础，良好的基础是课程建设的先决条件。首先，学校地理位置优越，坐落在岳飞后裔居住旧址，位临东河，毗邻杭高，周围丝绸城环绕，抓住这一契机融合学校育人特色，以人文特质推进"望岳"课程建设形成框架。在此基础之上，学校还开发了丰富的课程资源，与中国茶叶博物馆、浙江丝绸博物馆、杭州岳庙、心理健康家庭教育馆结为场馆共建单位，充分依托专业场馆的资源，开设花语茶艺、丝路课程和金石书韵课程。其次，学校严格按要求开齐、开足国家规定课程，创造条件开设地方课程和校本课程，有秩序安排教育教学工作，不随意停课，上好体育课、艺术课，保证学生每天有1小时的体育活动时间。再者，学校拓展性课程基础良好。目前，学校已开设20个项目的拓展课程，经历多年的积累和探索，现有三门区精品课程《定向课程》《舞蹈青春》《手撕文言文》，两个区精品社团"博物馆之旅地方文化寻访社团""数学探案社团"，具有一定的课程改革基础，积累了一定的经验和课改成果。

四、课程体系结构

（一）一个育人目标

"一"是指一个育人目标，培养博学、雅德、健行、雄远特质的岳家君。如图2-1所示：

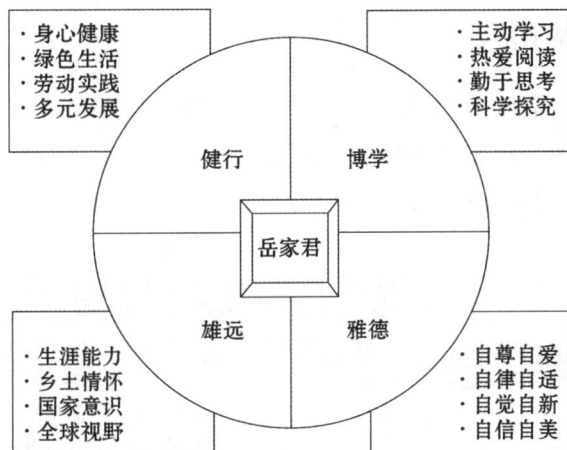

图2-1　"岳家君"核心素养图

（二）两种属性课程

"二"是指两种属性课程，基础性课程和拓展性课程。基础性课程指国家和地方课程标准规定的统一学习内容，分国家课程、地方课程和校本课程，旨在培养学生全面基础素养；拓展性课程指学校提供给学生自主选择的学习内容，分为知识拓展、体艺特长、实践活动三类，旨在培育学生的兴趣特长。如图2-2所示：

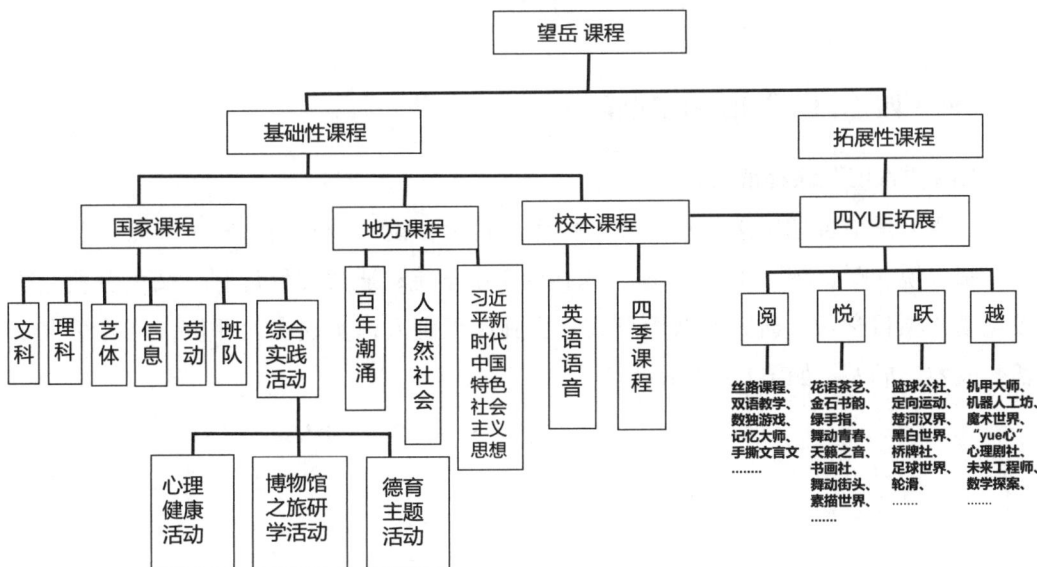

图2-2

（三）三类课程体系

"三"是指根据学校课程理念和课程内容，望岳课程分为三类课程体系，分别是以学科知识为主的学科筑基类课程、以互动实践为主的活动体验类课程、以主题研究为主的项目探究类课程。如图2-3所示：

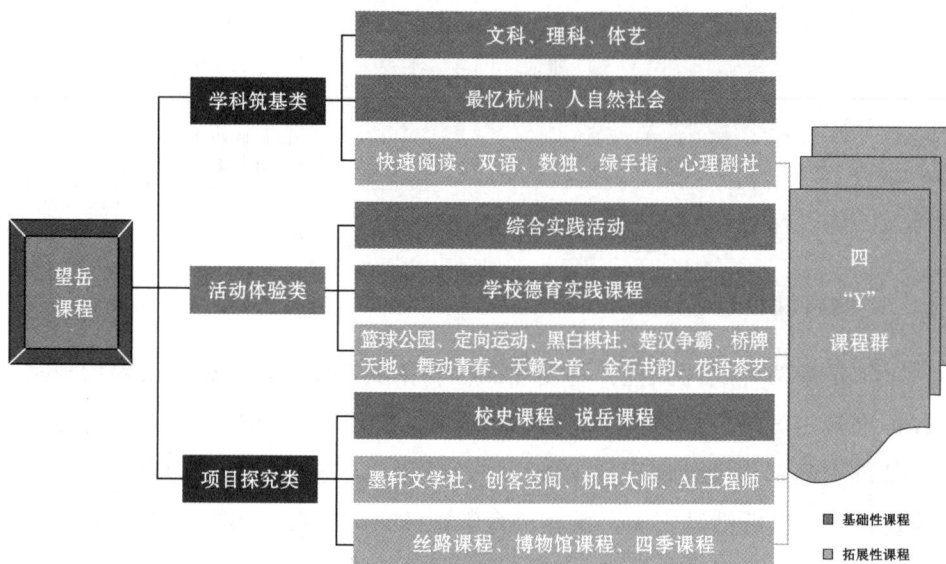

图2-3

（四）四"YUE"拓展课程群

1.四"YUE"课程群架构

"四"是结合地域文化特质和学校育人目标，设计开发四"YUE"课程群，组建"阅、悦、跃、越"模块课程。成立少年星学院，通过课程订制、文化引领，馆校互动，项目学习，研究实践等形式，实施课程育人，实现多元评价，培养学生成长、成才、成人。如图2-4所示：

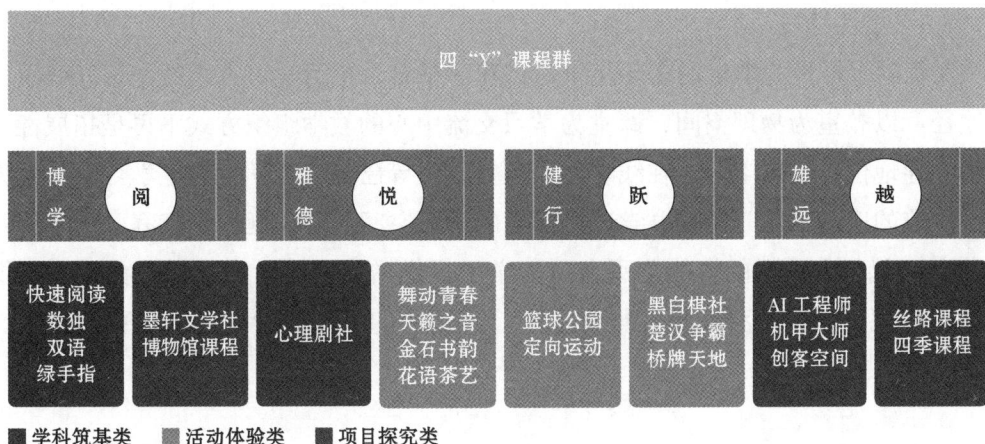

图2-4

2.四"YUE"拓展课程群特点

（1）双向选择

拓展性课程是为了满足学生个性化学习的需求。四"YUE"课程群的选择性主要体现在以下三方面。第一是学生自主选课，学校提前开展课程调研，了解学生的需求，制订符合学生需求的课程目录，学生可以根据自己的兴趣和能力选择学习不同的课程。第二是教师自主选材，教师自主开发设计课程纲要、课程计划、教学计划等，自主选择符合课程目标、具有科学性和时代性的教材内容。第三是课程自主选人，拓展性课程依据学生的学习基础，分为普及型和提高型，例如定向运动是需要有一定的运动基础的，属于提高型，而篮球公园属于普及型，学生只要感兴趣都可以报名参加学习。教师会在课程简介中备注要求，体现课程与学生的自主匹配。

（2）社校共建

教育是学校、家庭、社会三方共育的过程，学校的拓展性课程离不开家、校、社互通的支持。我校的四"YUE"课程群，充分依托家长、社区、结盟学校以及结对第二课堂场馆等资源，为学生打造专业、丰富、多彩的课程平台。如馆校共建，学校与中国茶叶博物馆、浙江丝绸博物馆、杭州岳庙、心理健康家庭教育馆结为场馆共建单位，充分依托专业场馆的资源，开设花语茶艺、丝路课程和金石书韵课程。又如公民结盟，学校与启正中学结为公民协同共同体，依托启正中学的英语特色学科资源，开设双语拓展课程，实现师资共享、课程互通。再如初高衔接，学校依托杭高教育集团成立"少年星"星学院，杭高的文学社、天文社等优质教育资源，为学生订制个性化课程。

（3）个性学习

课程的多样性为学生的多元化学习搭建了平台，也为学习方式的变革开辟了新的途径。以教室为物理空间，课堂为学习交流中心的教学组织方式不再是拓展性课程的主导地位，场馆学习、在线学习、项目学习等已经成为学生自主学习的有效方式。学校的四"YUE"课程群尝试将学生的学习空间从学校延伸到家庭、博物馆乃至社会；基于大数据的智能化平台，为学生提供增值网络学习课程服务；项目探究课程实现了不同学科知识的整合运用，无边界的学习让学生的学习更加自主，更富个性。

五、拓展课程实施与评价

（一）课程实施

1.课程采用短课时、中课时、长课时相结合，并赋予相对应学分。

2.选课制度与流程

选课指导制度的建立旨在为避免学生选课的盲目性，帮助学生形成科学的学习计划。

（1）课程指导制度

①成立学校选课指导小组，编写学生《选课指导手册》。

②每位任课教师给一位学生担任"学生成长导师"。

③成立家校选课沟通平台。在学校发布学期选修课程纲要后，通过家校沟通平台联系家长，动员家长参与指导学生选课。

（2）选课流程

①学校公布预开设课程计划（包括课程纲要、任课教师、选课要求等），分发学生选课手册和选课清单，同时对学生选课进行相关培训。

②学生在导师指导下进行选课。

③学校统计选课结果，并根据学生选课情况制定学校实际开设课程方案（可根据需要对学生选课结果进行微调）。

④学校依据选课情况排出一个学期的课程表。

3.教学管理与基本要求

（1）课程由教务处协同各年级进行管理。

（2）任课教师必须严格执行教学规范，认真做好课堂教学、学生考勤、课程考核等工作，对该课程的教学质量全面负责。

（3）任课教师不得无故停课或随意调课。凡因特殊情况需要调课的，应提前1周向教务处提出。若因为突发事件不能正常上课的，需课前通知学生，并在事后补办手续。

（4）教师应认真执行管理职责。每堂课均应认真做好学生考勤登记工作，严格执行学分管理。

（5）学生请假必须凭有关证明事先办理请假手续。学生病事假累计超过学时三分之一及以上者，或缺交作业累计达三分之一以上者，取消本课程参与资格。

4、拓展课程采用走班制形式，每周五下午2节课。

（二）课程评价

坚持"评价就是为学生健康成长加油，评价就是为教师专业发展助力，评价促进课程质量提升"的理念。将"以学论教"作为一切评价出发点。构建体现过程性、发展性、个性化、多元化评价方案，自评、他评、互评相结合，形成评价与教学过程整合的策略和方法。

望岳课程基于标准（standard）、展现过程(process)、支持成长（mature）的SPM三维评价体系，即基于课程标准的教材评价，对课程本身的品质和实施效果进行评价，展现过程的评价，包括对师生互动、学生参与的情况进行评价，基于课程成果的展示来服务于学生成长，并对学生的获得感进行评价。学校开发了"聚成卡"综合评价体系，对不同类别的课程构建不同评价方法，通过自评、他评、互评相结合的形式，形成评价与教学过程整合的策略和方法。真实记录学习过程，积极探索多维度测评，引导学生自主多元发展。如图2-5所示：

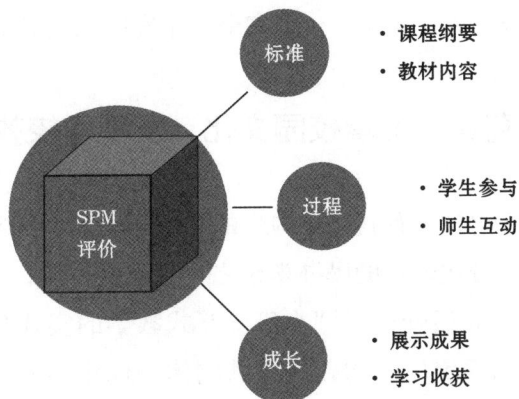

图2-5

样本二

杭州长江实验小学拓展性课程顶层设计方案

一、课程概述

杭州长江实验小学创办至今，在上级教育行政部门及相关部门的关心支持下，办学水平日益提高，成果丰硕，赢得了良好的社会声誉。2015年，学校启动首轮课程改革，发表专著《群落式课程》。2018年，《中小学教与学方式的现状与改革思考》发表于《浙江教育科学》，研究教学方式转变的省规课题《π空间站学习：长江IM课堂的架构与实施》获浙江省优秀科研成果一等奖，省、市、区各级主管部门给予了高度评价。2020年，学校课改进入3.0版，为让科研成果真正服务于学生发展。

依据浙基教〔2015〕36号文件《浙江省教育厅关于深化义务教育课程改革的指导意见》的精神，长江实验小学新一轮深化课程改革的方案面向全体学生，因材施教，保护和培养每一位学生的学习兴趣，充分调动每一位学生的学习积极性，开发和培育每一位学生的学习潜能和特长，刺激和引导学生自我发展，让每一位孩子都能愉快地学习、幸福地成长，让所有的孩子都有机会发展成为具有正常人格、全面发展的人。此项目既顺应了时代发展的要求，也是学校实现跨越式发展的需要，对提升长江实验小学综合实力，实现学校第三个十年发展愿景奠定坚实的基础。

二、课改实施背景：传承校园文化，发现学校教育思想的自由

众所周知，每一所学校都有其文化内生的敏感因子。长江实验小学创办于1999年，是杭城最早实行小班化教育的民办学校之一。建校伊始，学校就以一种新锐的姿态投身于教育改革，先后开展了"小班交互式教学的实践与研究""小班环境下个别化教学的实践与研究""构建成长共同体：优化小班班集体整体效能的研究""优化小班课堂学习效能的路径设计与实践"等课题研究，从不同维度对小班

化教育进行了探索。

办学二十多年来，长江实验小学开启了"一校四部"的办学新篇章。作为现代基础教育的参与者，学校教育的对象正在发生巨大的变化，这些2000年以后出生的孩子，自出生就开始就步入数字化时代，感受到"世界是平的"，置身于民族与世界、传统与创新构成的多元与开放的环境中。面对新的形势和要求，学校如何理解和应对？我们认为，教育的意义在于"成人"：让学生成为个性与潜能得到充分而和谐发展的人，能够为自己的学习担负更多的责任，对自身已知和未知的知识具有更高的敏感性；具有自己的判断能力、新颖的思维方式、独立的思考和见解以及丰富的想象力；在学习中具有自觉性、自主性和创造性，能够主动参与、乐于探究、勤于动手；具有搜集和处理信息的能力、获取新知识的能力、分析和解决问题的能力以及交流与合作的能力。他们不是书本知识的机械识记者，而应该是一个独立的人，一个有尊严的人，是拥有最丰富的文化资源、最广阔的精神自由的人。

三、课程目标

基于这样的"全人"视角，我们提出了"长江学者从这里启蒙"的育人目标，希望学生通过六年的校园浸润，拥有迭代能力的"长江小学者"特质。

在育人理念上，追求从一群人的教育向一个人的教育转变，让每个学生在洋溢温暖和希望的小班教育中发现自己，唤醒自己，成就自己；在教育内容上，从小空间的传统课程向大空间的课程群递进，让每个学生在充满生气和能量的课程体系中，燃烧渴望，唤醒智慧，激发梦想。

四、课程设计原则

1.新常态的思维原则

课改要遵循新常态的思维模式，关注课改的新特征，从整合、提高品质上下功夫，处理好不同的关系。在整体构架的基础上，逐年推出一批精品课程。

2.新载体的协同原则

建立学校、教研组、教师、学生和家长协同的评价组。一方面，通过组建由课程项目负责人、副组长、班级课程质量管理负责人等组成的保障团队落实课程实施；另一方面，结合周评价、课程成果展示和开放日评价及雷达图评价多维度监控课程成效。

3.新起点的超越原则

在前两轮课改中，学校出版了课程改革专著，在省级刊物发表了课改观点，在市级刊物进行了系列报道。在这样的基础上，3.0版的课改需要在传承与创新中，不断超越自己，当好课改的先锋，领跑全省课程改革。

五、课程特征

课程不是一蹴而就的，而是在探索中不断修整、不断完善的。这样的课程具有三个特征：

1."群落式"结构

长江实验小学1.0版"群落式"课程实施建设历时三年，经过学校教师、学生、家长多回合的讨论、调查、尝试、实践，最终将二度开发的国家课程和地方课程、学校课程融合在一起，形成了由语言与文化、科学与技术、公民与道德、艺术与创新、运动与健康五大课程群（共100多门课程），以及基础课程、广域课程、项目课程三个层级组成的课程体系。在这种群落式结构中，学校的课程不再等同于普通意义上的课程，不是一大堆课程的简单堆砌，而是有层级、有核心、有学科群的课程。

2016年，学校进入2.0版"全·视·界"的课程建设阶段。在整个课程群落中，我们新融入"国际理解课程群"。与其他课程群不同的是，它不是一个独立存在的群落，而是渗透在其他5个课程群中，更多地凸显国际理解教育理念，通过不同层级课程的学习，促成学生养成理解基础上的尊重，提升国际理解能力。

这种对课程群落的充实和丰富，使得"长江小学者课程"在兼顾内容与目标的同时，贯通了多门类知识与经验，交融了本土化视野与国际化视野。如图2-6所示：

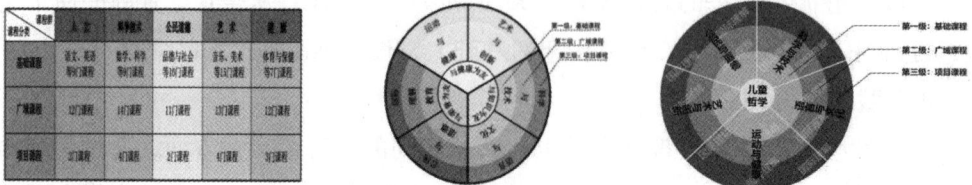

图2-6 课程结构的衍变

2."全·视·界"视角

长江实验小学实行小班化，虽然班级规模缩小了，但仍然实行班级授课制。众所周知，学生是有差异的，即便是小班教学，教师同样要面对学生的差异。心理学研究表明：同样是7岁的儿童，其心理水平在4岁到11岁不等。显然，要为每一个学生提供适合的教育，就必须让学生有所选择。新一轮国家基础教育课程改革确定了国家课程、地方课程、学校课程这三级课程，目的就是希望能够根据学生的发展需求，给学生提供富有地方特色、学校特色的选修课程。

为此，我们设计了丰富的可供学生自由选择的课程，既重视文化基础的扎实养成，也重视优秀传统文化的传承，更提倡以"全视界"的视野认识世界；我们执着地开设思维类课程，既有基于单纯学科的，更有综合性的"儿童哲学"课程，旨在促进学生在对话、问询、探究的过程中形成自己的思想。作为一个整体，课程设计和实施始终注重联系学生的生活实际，引导学生在实践中发现和提出问题，在亲身参与互动中，在遇到问题时，开始思考它是什么，为什么，怎么去做。通过不断的追问，启迪学生在思辨与碰撞中自然地领悟思维的方法，逐步形成探究意识和创新精神，最终成为充满智慧的人。如图2-7所示：

图2-7

3.递进性生成

我们的课程是基于学生发展需要的课程，是以学生为主体的课程。在充分考虑课程内在逻辑体系的同时，我们会依据学生发展的需要不断调整。最终的课程，不仅门类众多，更在基础课程、广域课程和项目课程的交融中，不断递进生成，从而成就学者启蒙的可能。

具体而言，学校一年级的学生首度接触广域选修，可以体验10个套餐的课程内容，通过每次8课时的体验，帮助自己逐渐明确个人的兴趣点。一学年体验结束后，学校会为学生提供相关的选修提高课程。此时，学生可以根据兴趣进行有指向的选择。待第二轮持续性的64课时学习结束后，有的学生会放弃自己原来选择尝试的领域，有的学生会坚持原有选择期望继续学习。针对某些在某一领域表现出持久兴趣且肯钻研的学生，学校会开发提供相应的支持性课程。这一阶段的课程，除了新一轮64课时的广域研究课程外，还配以学年性项目课程供选修，帮助学生在擅长的学习领域走得更广、更远。这一点，与国家教育部2017年高考改革方案、2018年中考"初中学业水平考试成绩＋综合素质评价"模式不谋而合。

仅以"语言与文化"系列为例，学校就开设了不同层级的7门课程。如图2-8所示：

图2-8

六、课程架构

学校课程架构中，保留了2.0版课程中的课程结构。它分基础课程、拓展课程两个层级，具有两大特色。

（一）六大课程群

六大课程群为：公民道德群、科学技术群、语言文化群、艺术创新群、运动健康群和国际理解课程群，前五个课程群显性分类，最后一个国际理解课程群融合在各课程群中。

1.公民道德群——儿童哲学特色

小学阶段是一个人价值观形成的关键时期。道德观的形成，课堂学习是一种间接经验的习得，对于道德的形成只是一种说教。学生只有参与社会实践活动、参与社会学习来获得直接经验，才能更好地塑造个人的社会道德品质，培养社会责任感与公民意识。其中特色课程是长江训练营（幼小衔接）和儿童哲学。

2.科学技术群——STEM项目

我们以培养全体学生的数学、科学素养为宗旨，以科学探究为核心，促使学生学习科学与技术领域课程，使其在态度、知识和探究等方面都获得提高，为学习者未来的社会生活奠定必要的基础。其中特色课程为STEM项目。

3.语言文化群——多版本整合

我们以语文、英语两门基础课程的相关国家课程标准的基本理念与课程总目标为蓝本，确立语言与文化领域课程群的构建基本理念：在自主、合作、探究的学习中，不断开阔学生的视野；在开放的课程建设中，全面提高学生的综合文化素养。

以英语为例。学校一年级Open Club课程在采用人民教育出版社出版、国家教育部审定的英语PEP教材的基础上，增加自主研发的C&C系列，至四年级整合牛津阅读树系列。

4.艺术创新群——非遗项目进校园

艺术教育课程是艺术教育的载体，作为学校课程的重要组成部分，直接决定着艺术教育的广度和深度。它涵盖了艺术表现与创造、了解民族文化、感受欣赏、提高艺术技能、传承民族文化、艺术职业等6个领域。其特色课程如木版水印（省精品课程）、皮影（市精品课程）、越剧。

5.运动健康群——省体育传统学校特色

《国务院关于基础教育改革与发展的决定》明确提出：基础教育要贯彻"健康第一""终身体育"的思想，切实提高学生体质健康水平。根据学校的教育理念，以"体育与健康"课程标准为依据，在对本校学生体育运动及体育锻炼所需要的知识和技能以及对体育运动及体育锻炼的需求进行系统评估的基础上，充分利用学校的课程资源（教师、场地、器材），通过教师与学生参与研讨和设计或与专业人员合作等方式编制出多样性、可供学生选择的健康课程群。其特色课程如艺术体操、健美操、啦啦操、乒乓球、高尔夫、定向运动、少儿武术。以上课程均聘请专业教练执教，本校教师协同管理。

6.传承与创新课程群

随着国际交流的日趋频繁，更多的人通过各种渠道走出国门，或是经常接待来自世界各地的国际友人，社会的公民更是地球的公民，课程开发也应该有全球的、国际的视野。国际理解课程群应此而生。如：C&C系列及中德环保项目。如表2-3所示：

表2-3

层级		领域				
		公民与道德	科学与探索	语言与文化	艺术与审美	运动与心理
第一级:基础课程	国家课程（必修）	道德与法治 少先队活动	数学 科学	语文 外语	美术 音乐	体育
第二级:广域课程	必修 地方课程	我与杭州人·自然·社会劳动与技术				
	必修 学校课程	健康与幸福 儿童哲学	头脑体操 趣味科学	经典诵读	奥尔夫音乐	乒乓球 心灵sap
	选修 一年级	长江训练营	玩转科学 三阶魔方	字母chant 诗文唱演	电脑涂鸦 巧手纸工	模拟高尔夫 艺术体操
	选修 六年级	仿真驾驶室 TED演讲 思辨哲学会	鲁班工坊 电子百拼	水墨书斋 清源书屋	光影摄影 魔术天地	魔幻厨房 安全体验
	选修 二——三年级	衍纸制作、少儿频道小主播、童书与电影绘本读写力、智篮球 儿童画、English Club、国学启蒙、硬笔书法、越剧 π空间站游戏、数学、营养菜、创意玩具动手做、好玩的几何、吟诗 雅对 环保创意、彩陶与定格动画、我纸折我心、小哥白尼科技、排球				
	选修 四——五年级	哥白尼科技、童趣陶艺、少儿健美操、木版水印、哲学探究营 Scratch趣味编程、3D电影、乒乓球提高、烘焙DIY、C&C礼仪文化 STEAM项目——设计思维少儿、武术原创、皮影、择茧织梦、室内乐 小浪花舞蹈、小创客、小小天文家、探索奥秘、π空间站游戏 Film and Writing、羽毛球、我是小导游、趣味软式排球				
第三级:项目课程	年级选修 一年级	入学第一课	数学游戏 嘉年华	花圃 动物园	奥尔夫体验	"马丁·加德纳"数学节 双语节 艺体节 创客节 长江吉尼斯 食物的学问 好玩的哲学
	年级选修 二年级	金苹果值周 趣味乐高屋	校园植物 识别	韩美林艺术馆 俞曲园纪念馆	木流牛马 戏剧	
	年级选修 三年级	公益校外行	教室植物 养护	李叔同纪念馆 西湖博物馆	隔帘说书话 皮影	
	年级选修 四年级	十岁成长礼 校园小导游	好奇实验室	南宋官窑 中国茶博	外国音乐剧 欣赏	
	年级选修 五年级	学农教育周 校服设计秀	π空间站	城市规划馆 气象科普体验	话剧经典	
	年级选修 六年级	国防教育周 感恩毕业礼	时光隧道 探秘	于谦祠 中国美院	名家荟萃戏 剧厅	
	校级选修	金雏鹰评比 志愿者行动 大队委竞选 艺术舞台秀	模拟联合国MMUN、科创STEAM、未来科学家NASA 走近常青藤大学国际课程体验日、茶艺与茶道 与儿童作家面对面、走读西湖、百度数学流动科技馆 与长江学者面对面、国学大讲堂、农庄探秘、气象科普站 与世界冠军面对面、乐高机器屋、红军体验行、土布织染 小学者之社会调查、魔法造型屋团队CS、中国结编织 我为汽车种棵树、我的名人采访记……				

表头标题: 3.0版"长江小学者"课程具体内容架构

（二）实现课程迭代，教育创新

通过学科迭代创新、中外联动，课时整合等各方面，采用迭代思维模式，达到学生能力的最佳效果。

1.加强各学科课程迭代创新。开发一系列迭代创新课程，通过学科之间整合创新，既提高学生学科素养，又培养学生具有迭代思维来解决实际问题的能力。

例如：特色项目STEM，从2013年由科学与信息技术两个组整合，拥有专职科学教师5名，配备信息技术教师2名，助理1名，投资数十万元引入STEM教学设备，以课程迭代整合的理念设计教育活动，以跨学科的方式支持学生认识世界，主要采用基于项目的教学方式，让学生通过团队合作来完成。目前，学校已经是浙江省STEM种子学校，获全国STEM课程平移项目跟进实验奖。

2.各学科教学中外联动。在Open Club课程中加大外教力度，每周至少有1节外教课。艺术创新课程中也将尝试引进外教，使艺术和语言课程进行有机迭代创新。中外教师联动，让国际理解更好地融入艺术课程。

3.有效整合增设运动课程。加大学校运动健康课程的力度，在课时上采用4+1+1，即4课时（基础）+1课时（乒乓）+1（特色），让"长江"的孩子拥有健康的体魄，真正实现与健康为友。

七、课程设置

浙基教〔2015〕36号文件《浙江省教育厅关于深化义务教育课程改革的指导意见》指出，要把义务教育课程分为基础性课程和拓展性课程两大类，明确规定小学阶段拓展性课程占总课时的比例为15%左右。不同学校可以根据自己的特色安排课程，但不得违背两条原则：其一，不得增加周总课时和周教学总时间；其二，不得"挪用"音体美、品德、综合实践活动课的课时。浙教基〔2017〕79号文件《浙江省教育厅关于实施一二年级科学课程的通知》指出，减少浙教基〔2015〕36号文件设置的一、二年级拓展性课程1课时，用于科学课程的实施。2017年9月，教育部推出"综合实践活动指导纲要"综合实践必修课程。1—2年级平均每周不少于1课时，3—6年级平均每周不少于2课时。综合实践活动除了考察探究、社会服务、设计制作、职业体验等外，还有党团队教育活动、博物馆参观等，形式以小组合作为主。

根据以上文件精神，我校一年级每周开设3课时的拓展性课程，每课时35分钟。同时，在重构国家课程的基础上，积极探索长短课、大小课相结合的方式。如表2-4所示：

表2-4

课程、科目 \ 周课时、年级	一	二	三	四	五	六	说明
基础性课程 语文	9	9	7	7	6	6	一年级另开设选修课，4周一体验套餐式轮换。入学最初4周设置"公民道德群"幼小衔接课程——"长江训练营"，侧重倾听、合作及行为习惯的养成教育。第5周起，增加其他课程群精品课程的体验。此外，STEM项目课程以主题形式跨学科整合进行。
数学	5	5	4	4	4	4	
外语	0	0	3	3	3	3	
科学	1	1	2	2	3	3	
道德与法治	2	2	2	2	2	2	
音乐	2	2	2	2	2	2	
美术	2	2	2	2	2	2	
体育与保健	4	4	3	3	3	3	
拓展性课程 综合实践（少先队、信息）	/	/	2	2	2	2	
地方及校本课程	OPEN2 儿童哲学1 户外1 广域（25）	OPEN2 儿童哲学1 户外1 广域（25）	广域2 儿童哲学1 头脑体操1 OPEN1 户外1	广域2 劳技1 头脑体操1 国际理解1 户外1	广域2 劳技1 头脑体操1 国际理解1 户外1	劳技1 头脑体操1 书法1 衔接2 户外1	
实践活动日	/	/	每学年不少于5天		每学年不少于10天		
项目课程	每学年不少于3个主题						
其他	体育锻炼（含体育课、大课间活动、眼保健操等）每天1小时						
周课时	30	30	33	33	33	33	学校为35分钟1课时。
周总教学时间	1040	1040	1155	1155	1155	1155	省规定教学时间40分钟1课时
省规定教学时间	1040		1200				

八、课程保障

1.明确"中国风 国际范 学者范"的长江课程特质

学校集专家、教师、家长之智慧，精心建设了"长江小学者课程"。虽然不同时期略有调整，但始终拥有三方面的特质。

一是中国风。具备扎实的文化基础，传承优秀的中国传统。充分营造传统文化氛围，在引进全国首家非遗的"木版水印体验馆"后，进而聘请中国美院书法系教授面授书法，开设童趣陶艺、原创皮影、择茧织梦等多门大课时的传统文化广域选修课。

二是国际范。丰富视野，双语教学，提高国际理解能力。学校长期聘请专职英语外教，与多所海外学校结对，定期开展游学活动，是首批"中德环境教育"浙江省十所基地学校之一。作为浙江省STEM种子学校，学校在开设模拟联合国、NASA等多门国际理解性课程基础上，以项目为核心，更深入地进行课程整合探索。

三是学者范。辩证的思维，不同的见解，不断地创新。我们希望有这样一门课程，能让孩子们自由思考，成为一个视角更多元、思维更灵活、思想更深邃的思想者，为此，学校专门开设了《儿童哲学》课程。

2.打造"有用、有趣、有温度"的长江课堂范式

在课程结构与体系调整的同时，课改开始直指课堂改革，通过打造"有用、有趣、有温度"的"长江课堂"，引发教学模式的变革，最终让教学过程成为解决问题、思维发展的过程。我们认为，高效的"长江课堂"应该体现三个特征：一是有用，即关注学习内容，让学习在课堂内真实地发生，注重课堂实效，让每一个学习行为产生增量；二是有趣，即关注学习方式，让兴趣成为撬动课堂的支点，运用艺术策略，让每一次学习的过程积淀素养；三是有温度，即关注学习价值，让知识融入生命成长的过程，倾注人文关怀，让课堂拥有丰富、个性的生命质感。

我们积极推进基于技术的新型学习模式，运用微课和网络，创设有利于个性化学习的开放式学习环境，引入更为个性化的全景课堂、TEAM Model，通过IRS即时反馈系统，重新定位教学的起点，推送个性化的学习内容等。在教学设计中，我们尝试"大单元重构""跨学科主题整合"，设置分层教学目标，并根据不同学科特色开展教学研究。

3.推出基于雷达图的"学习护照"

学校革新传统的成绩单，推出基于雷达图的"学习护照"，针对个体建立过程

性评价体系。每个学生的"学习护照"都有若干内页，每一页由雷达图、教师诊断报告、学生愿景、家长辅助教育等组成，能够通过定量与定性描述结合的方式连续、完整地记录学生成长的足迹，全方位、个性化地呈现学生的综合成长状况。在具体实施中，学校设计了三个评价维度：在"健康"维度，设置体质健康、心理健康两项评价指标；在学习品质维度，从学习动力、学习能力、学习毅力三方面评价学生各学科的学习力；在"荣誉"维度，设置行为习惯、兴趣特长、社会实践三项指标。从而较为科学地判断每个被评价者的不同特点及其发展潜力，为被评价者提出适合其发展的个性化意见，提供个性化学习力诊断策略，进而实现基于发展性评价的个性化成长关怀。这种评价方式首先将学校的培养目标分解为众多维度的评价指标，再采集对应的信息，然后借助数形结合的雷达图进行呈现；审阅雷达图，就能够从"全人的角度"清晰地看到一个学生的强弱所在，并以此"对症下药"，开展有针对性的指导和帮扶。每一阶段的评价既是总结，也是起点，学生六年的学习生活相当于一次次的旅行，学习护照就是学生成长的足迹。实践表明，"学习护照"注重过程，着眼发展，为学生的优质成长发挥了导航和助力的重要作用。

课程改革是教育改革的重要一环，需要根据时代需求进行相应的调整、完善和丰富。我们试图在知识中心课程、学习者中心课程和社会中心课程三者之间适度平衡，希望既能像知识中心课程那样培养学生更强的学术能力，又能像学习者中心课程那样培养学生更强的自主能力，还能像社会中心课程那样培养学生更强的社会参与能力。但是，课程不是教育的全部，没有一种特定取向的课程能使教师爱学生，没有一种特定取向的课程能更好地激发和激励学生，教育的关键在教师，只有教师更好地爱学生，更艺术地激发和激励学生，课程才能发挥其应有的功效，孩子才能得到更好的成长，这才是教育的应有之义，也是我们全力以赴的目标。

样本三

云翼课程　梦想启航
——杭州市求知小学拓展性课程顶层设计方案

一、背景与理念

杭州求知小学创办于2000年8月，2008年成立教育集团。学校现有47个班级，学生1841人，在职教师103人，省、市、区优秀教师63人，市区教坛新秀50人。学校秉承"为每个孩子的成长服务，让每个师生的生命更精彩"的办学理念，以"科研兴校、质量立校、特色强校"为抓手，历经蜕变的阵痛，走上了一条化茧成蝶的发展之路。近三年，学校先后获得"国家WHO健康单位""全国科技体育传统校""全国百佳创新学校""全国校园足球特色学校"等几百项荣誉。通过全体教师的不断思考、探索与实践，走出了一条重积淀、塑内涵、创特色的发展之路。重点衍生出三大特色品牌——绿茵足球、科技创新、丝绸扎染。特色文化的发展，是学校发展的动力。我校以"丝绸扎染"、"科技创新"和"绿茵足球"为抓手，通过将近十年的发展，逐渐走出了一条独具求知特色的道路。学校以特色为引领，以学生活动为平台，已成为学校教育的一道亮丽的风景线。

随着课程改革的深入，我们非常明晰地认识到"核心素养"在立德树人中的基础地位。因此，我们以"让每个师生的生命更精彩"作为学校的办学理念，努力将三级课程加以整合，努力将国家课程的校本化、地方课程的整合化以及学校课程的特色化，在实践中进行改革与创新。让每一位学生拥有适合自己发展的空间，深化推进校本多样化的课程建设，适应学生的多元化需求，力求达到学生能个性选择、自主选择，全面发展、和谐发展。课程改革的愿景是：

1. 改变传统课程观念，设置可供学生选择的、灵活安排的选修课程，丰富具有学校特色的课程资源，努力形成具有时代特征、特点鲜明的校本课程体系，创新校本课程建设，促进学校办学特色的形成。

2. 满足学生多样化发展的需要，丰富学生的学习方式，让课程走进学生的内心世界，拉近课程与学生的距离，学生能够自己探求知识、解决问题，在知识、品质、能力、个性等方面得到比较和谐、全面、可持续的发展。

3. 增强教师的课程意识，提高教师研究能力和创新能力，改变教师课程执行者的角色定位和仅把课程当作教科书的狭隘观念，形成一种开放的、民主的、科学的课程意识，从而促进教师的专业化发展。

二、课程目标——关注学生核心素养的培育

为了给学生提供丰富的选择性和自主性课程，力求满足求知学生个性发展需要，我们把"以学生为本位""为了每一个孩子的终身发展"确定为课程研究方向。 把培养全面、和谐、完整的人，指向人的核心素养，让学生追求完整的生活、完整的人生。基于这样的考虑，我们提出衡量学校课程建设品质的三个核心标准：

第一，是否将课程围绕学生的核心素养展开；

第二，是否能够在学生的核心素养和学校课程框架之间建立实质性的联结；

第三，是否能够保证每一门课程的质量为学生的核心素养服务。

在梳理课程建设的基础上，根据小学生的年龄特点和发展规律，我们初步拟定了求知发展的"五大核心素养"，就是身心健康、学会学习、审美雅趣、创新实践、全球意识。最终形成了五大课程领域。希望我们的课程改革更加有"魂"，更加有"根"。

1.身心健康："每天锻炼一小时，健康工作五十年"。希望孩子能养成良好的生活习惯，努力达到发育良好，视力达标，体态匀称，体质强健。学校大力推广校园足球，以足球为龙头，带动所有的体育项目，在体育锻炼中培养学生坚韧、合作、民主、竞争等价值观，既包含强身健体，又包含精神追求、团队意识等。能调节和管理自己的情绪；有积极的心理品质，自信自爱，坚韧乐观；积极交往，有效互动，拥有"精气神"。

2. 学会学习：有积极的学习态度和浓厚的学习兴趣；有良好的学习习惯；具有终身学习的意识。具有信息意识；有数字化生存能力；主动适应"互联网+"等社

会信息化趋势等。

3. 审美雅趣：学习艺术知识、技能与方法；具有发现、感知、欣赏、评价美的意识和基本能力；具有健康的审美价值取向；懂得珍惜美好事物等。具有生成和创造美的能力；能在生活中拓展和升华美，提升生活品质。

4. 创新实践：具有积极的劳动态度和动手操作能力等。具有好奇心和想象力，敢于质疑；善于提出新观点、新方法、新设想，并进行理性分析，做出独立判断等。善于发现和提出问题；选择制定合理解决方案；具有创客意识，能将创新理念生活化、实践化等。

5. 全球视野：具有开放的心态；了解人类文明进程和世界发展动态；了解世界不同文化；理解、尊重和包容文化的多样性和差异性；积极参与多元文化交流等。

落实核心素养，需要以课程为依托，将核心素养转化为学生学习的生产力，这就要求我们必须建立起一个适合学生整体、多元发展的课程体系。当然，每个学科都有多个核心素养的培育，以下主要是在某一学科中着重体现的核心素养作为课程架构的依据之一。

三、课程设计架构

表2-5 杭州市求知小学课程架构一览表

领域 三类课程	身心健康	学会学习	审美雅趣	创新实践	国际视野
国家课程	体育与健康	语文（单元整组教学）	音乐、美术（跨界课程）	数学	英语（单元整组教学）
	品德与生活	信息技术		科学	品德与社会
地方课程	综合实践（整合课程）				我与世界（整合课程）
	少先队活动、心理辅导（含生命教育）				

校本课程（云翼课程）	个性化国家课程	必学课程：绿茵足球每周一节	必学课程：悦读悦写	必学课程：半音阶口琴	必学课程：趣味科学、趣味数学选学课程：小小爱迪生等	必学课程：快乐英语（低段）选学课程：快乐英语（中高段）
	特色校本课程	绿茵足球：选学课程（四个梯度）	丝绸扎染：必学课程（四年级）选学课程（两个梯度）		科技创新：必学课程（三年级），选学课程：车模、海模、空模、无线电、遥控、机器人等	
	拓展选修课程	选学课程：含身体运动类12门课程，生活竞技类13门课程	选学课程：含人文科学类10门课程	选学课程：含艺术修养类7门课程	选学课程：含科学探索类3门课程	选学课程：含人文科学类4门课程、各学科渗透课程
	文化活动课程	我是小小军人、运动会	读书节第二课堂	艺术节毕业篝火晚会	科技节	走进革命圣地足球文化节
	选拔性社团课程	绿茵足球（男子甲、乙组，女子组）	品味三国文学类	管乐团戏曲、丝绸扎染、钢笔画管乐团等艺术类课程	科技类SCRATCH创客编程等	足球与英语（外教）

四、课程特色介绍

我校构建的校本课程，统称"云翼课程"。"云翼"一词出自《庄子·逍遥游》："〔鹏〕怒而飞，其翼若垂天之云。"后因以"云翼"称大鹏的翅膀。比喻远大的志向、抱负。我们借助云翼课程是指开发的校本课程的丰富多彩，同时赋予时代的意义，在云技术领域下的智慧课堂，通过课程让孩子们拥有一双翅膀，让他们的羽翼逐渐丰满，冲破云层到达我们心中所期盼的顶端，从而实现远大的志向与抱负。

根据《浙江省深化义务教育课程改革指导意见》，学校每学期选修课程开设科目应大于班级数1.5倍。在保障完成国家课程、地方课程的基础上，云翼课程分为：个性化国家课程，特色校本课程，拓展选修课程，校园文化活动课程四大类。一是个性化国家课程，是结合国家必修课程，以学生的兴趣为基点，探索国家课程边缘的校本化课程。二是特色校本课程，是结合学校特色发展开设的特色校本课程。三是拓展选修课程，是培养学生兴趣爱好、创新精神和实践能力，发展学生个性特色，提高学生品德修养和审美能力的拓展兴趣选修课程。四是校园文化活动课程，是结合传统节日、文化交流等活动，开发有个性的学生特别感兴趣的活动课程。

云翼课程分为："博学致远"学科延伸课程（个性化国家课程），"云翼寻趣"综合项目选修课程（拓展选修课程），"云翼艺体"必修特色课程（特色固基课程），"履育真爱"德育活动课程（文化活动课程）。如图2-9所示：

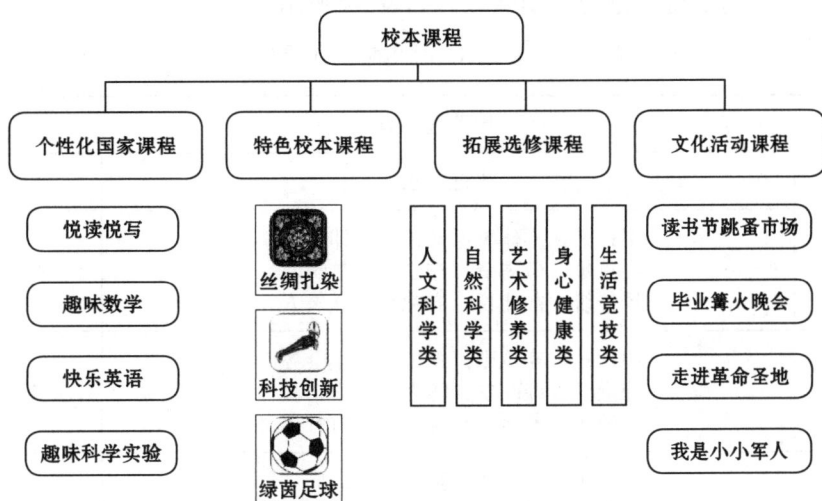

图2-9

（1）"博学致远"学科拓展课程——国家课程个性化

根据学生发展核心素养和国家课程标准的要求，探索以学生兴趣为基点的语文、数学、英语、科学等课程的地方化、校本化实施。建立健全地方课程和校本课程的开发、评价和共享机制，突出课程的选择性、活动性和地方性，满足学生的个性化学习需求。目前，语文校本课程《悦读悦写》已经由辽宁少年儿童出版社出版；学校还引进台湾汉声出版社的《中国最美童话》，结合读书节、导读课等载体，做好书香校园的建设工作。英语校本课程也在英语教研组的带领下逐步实施，2014学年一、二年级开始尝试英语活动课，通过游戏、漫画、歌曲等孩子们喜闻乐见的形式给一、二年级的学生奠定三年级英语教学的基础。本学期数学校本课程也正在编写中，估计2015年第一学期可以正式实施。

（2）"云翼艺体"特色校本课程

经过多年努力，我校三大特色"丝绸扎染"、"科技创新"和"绿茵足球"已硕果累累，与此相关的多项课题立项并顺利结题。结合三大特色，我校组织教师团队开发特色校本课程，以此为契机着力提升学校三大特色品质，使之走向更高的水平。

（3）"云翼寻趣"综合选修课程

拓展类选修课以学校和教师为主体，开发旨在发展学生个性特长、拓展学生视野的课程。课程内容涉及人文科学素养类、自然科学素养类、艺术修养类、身心健康类、生活竞技类等各方面。

（4）"履育真爱"德育活动课程，如表2-6所示：

表2-6　求知小学"履育真爱"课程

履四德、育大爱		
项　目	德育要求	评价
真	不说谎，不作弊；知错误，即改正； 崇英雄，敬先贤；守法纪，禁毒邪； 扬传统，知礼仪；守纯朴，做真人。	微雅少年
知	明六礼，守规则；劲出操，集会齐； 课堂活，课间安；防震灾，学自救； 懂消防，安全行；悦交往；言行美。	美丽班级
和	自己事，懂自律；勤学习，助同学； 讲卫生，美环境；亲乡土，晓风俗； 和睦处，乐向上；讲文明，美自己。	美丽学生
爱	敬生命，勤锻炼；爱集体，美班级； 孝父母，爱劳动；尊长辈，懂关爱； 尊师长，泛爱众；知辛劳，常感恩。	求知少年 文明班级

这类课程不进入课表，但是作为学校课程每年进行统整，结合艺术节、科技节、读书节、体育节和第二课堂活动，设置成校园文化体验课程，每学期学校总体安排，目的是让每个孩子在活动课程中得到更多的涵养与成长体验。

五、课程安排

兴趣选修课在经过教师个人申报、学校分析评估确定后，充分利用学校现有场地，教室、多媒体教室、各功能室、实验室、图书馆、运动场等所有课程资源向学生开放。学校设施物尽其用，教师人尽其才，学生各得其所。

学校定于每周五上午两节课安排学生参加选修课程。课时安排采用长短课、大小课结合的方式，灵活机动，帮助学生合理安排学习时间。

考虑到一年级还尚未形成明晰的兴趣爱好，学校采取教师走班制授课，让学生在全面接触各门课程的基础上形成自己的兴趣爱好。

二至六年级学生自主选择选修课程，学校为每位学生打造个性化课表，学生一人一张课表，让每一位学生成为自主发展的主体。如图2-10所示：

图2-10

六、课程评价

科学而合理的课程评价是促进地方课程发展、完善三级课程体系、提高教育教学质量的重要手段。为促进我校的校本课程走上与时俱进、不断完善之路，学校成立校本课程实施的三级监控评估体系。

1.学生学业成绩评价

对学生校本课程学业成绩的评定，应发挥课程评价的激励导向功能，促进学生发展。评价不仅关注结果，更关注学生的学习过程，关注学生成长发展的过程。操作时应注意以下几点：

（1）校本课程不采用书面的考试或考查方式，但要作考勤评价记录；

（2）教师根据每个学生参加学习的态度进行评价，可分为"优秀"、"良好"、"合格"、"须努力"记录；

（3）学生成果可通过实践操作、作品鉴定、竞赛、评比、汇报演出等形式展示，成绩优秀者可将其成果记入学生学籍档案，作为各项推优的参照依据。同时被评为"优秀学员"。

2.教师教学过程评价

对于参加学校校本课程开发和实施的教师，学校将从绩效考核出发，计入教师工作量，并根据实际情况给予适当的奖励。具体的，学校将从以下几方面对教师课程实施过程进行评价：

（1）教师从教必须有计划、有进度、有教案，有考勤评价记录；

（2）教师应按学校整体教学计划的要求，达到规定的课时与教学目标；

（3）教师应保存学生的作品、资料及在活动、竞赛中取得的成绩资料；

（4）学校通过审查教材、听课、查阅资料、调查访问等形式，每学期对教师考核，并记入业务档案。

3.课程效果评价

课程效果即通过校本课程实施所达到的成效和结果。课程效果有显性和隐性之分。这就要求评价者把显性的评价和隐性的评价结合起来，从师生的行为表现转向主体的内心体验。特别要注意以下两点：（1）教师对校本课程的开发与实施的自我反思性评价；（2）学生对课程的评价，例如喜爱和参与程度。为保证课程质量，学校每学期将对教师开发实施的课程进行星级评价。评价时参照的指标有：

（1）课程选修率和留生率；

（2）学生课程质量、效果及满意度调查；

（3）定期听课审核和评价。

如表2-7所示：

表2-7　杭州市求知小学星级课程评估表

类别	指标	分值	得分
教材开发能力（11分）	围绕课程目标确定合适的教材内容	3	
	教材编写具有科学性	2	
	教材编写具有可操作性	2	
	教材编写具有童趣性	2	
	教材编写具有创新性	2	
教学组织能力（10分）	内容安排上，疏密相间；节奏把握上，舒缓有致	3	
	认真倾听，巧妙点拨；能根据学情与反馈信息对进度、难度进行适当调整	3	
	有民主宽松的对话氛围，信息传递交流能有多向性、互动性	2	
	能巧妙处理临时出现的各种情况，化腐朽为神奇	2	
学生参与程度（10分）	师生共同参与，无歧视、冷落、嘲笑等现象发生	3	
	学习兴趣浓厚，态度积极，积极思考，主动发言	3	
	全员参与，任务与问题让不同层次的学生都能参与进来	2	
	学生能提出有意义的问题或能发表独特见解	2	
课堂效益（9分）	大部分学生能比较顺利地完成学习任务，实现对所学知识的意义建构	3	
	学力层次不同的学生都有不同程度的收获	3	
	能够参与学校各类比赛或者表演、展示等	3	

七、目前课程进展情况

根据课改方案，在2015年6月底前成立了学校拓展性课程开发领导小组，制定了《校本课程开发指南》；通过问卷调查，掌握了课程需求。目前，云翼课程已进入相对成熟期，统一安排在周五下午第一、二节课，学生根据教师的课程设置，建立云翼选课系统，在网上进行自主选课。教导处统筹安排，制定好课程表。

八、课程未来规划

1.深化课程设置，重塑课程结构。梳理学校现有国家课程设置，做好基于学校实际的国家课程整合。同时，根据《浙江省教育厅关于深化义务教育课程改革的指导意见》，完善以个性化国家课程、特色校本课程、拓展选修课程、校园文化活动课程四大类课程为载体的学校云翼课程建设。在此基础上，把学校的国家课程、地方课程、校本课程、活动课程、德育课程、社团课程、综合实践活动等整合为具有鲜明校本特色的"真知特色课程体系"。

2.创建新型空间，促进技术融合。抓住"浙江省中小学新型教学空间建设工作"的契机，结合学校传统特色，即丝绸扎染、绿茵足球、科技创新、信息技术，建立新型教学空间，推进"教育+互联网"应用场景建设，促进技术与拓展性课程教学的深度融合。同时，引导教师开发现代化课堂教学资源，建立完善学校课堂教学资源库，加大信息共享，拓展课堂学习渠道，打造现代化智慧课堂。

样本四

杭州市刀茅巷小学拓展性课程顶层设计方案

为全面贯彻党的教育方针，落实立德树人根本任务，更好地帮助每一位学生实现全面而有个性的发展，现根据省教育厅和区教育局有关文件精神和要求，结合本校实际，就我校拓展性整体课程规划与设置制定如下方案。

第一部分　课程设置理念与目标

一、课程设置理念

课程改革是全面贯彻党的教育方针，落实立德树人，更好地促进学生全面发展和个性发展的重要工作，是在正确教育价值观导向下，顺应现代教育发展趋势和规律的教育大变革。为切实抓好这件大事，我校高度重视并多次组织全体教师认真学习深刻领会，致力于统一思想树立正确的课改价值观，在此基础上，形成了我校"以生为本、问题导向、特色办学"的课程设置理念，达成了五个务必坚持的共识。即务必坚持精准地把握课改的内涵实质和教育局的工作要求；务必坚持以生为本，充分开发和培育每一位学生的学习潜能，促其全面发展的正确教育价值观；务必坚持密切联系学校实际，做到因校制宜，因生制宜，问题导向的有效策略；务必坚持合理规划，清晰目标，科学部署，扎实推进工作作风；务必坚持发挥优势，传承优良，培养特长的艺术教育特色。

二、课程设置目标

以创新育人模式，创新课程体系，创新育人环境，遵循教育规律和学生成长规律，面向全体学生，推进因材施教，保护和培养每一位学生的学习兴趣，充分调动每一位学生的学习积极性，开发和培育每一位学生的学习潜能和特长，让每一位学生愉快学习、幸福成长为课程设置价值导向。以坚持以生为本，坚持问题导向，坚持特色办学为工作方针。以全面构建科学完善的拓展课程体系、全面扎实有序推进课程改革、全面提升办学水平为根本目标。

1.通过知识拓展类基础性课程内容的学习，对基础性课程进行延伸、应用和整合，旨在培养和拓展学生的知识广度、深度，激发学生的学习兴趣。

2.基于学生的学习潜能和兴趣爱好，科学完善拓展性课程体系，培养学生多元化的体艺特长，提升学生的审美格调。

3.借助丰富的实践活动让学生体验生活、探究自然、了解社会，并以增强学生的责任意识、探究精神和实践能力为导向，培养学生动手实践、科学探究、团结合作的能力。

第二部分　课程规划与设置

一、课程规划原则

1.选择性原则

选择性教育思想是课程改革的最核心理念，既是我校坚持"以生为本"积极推进差异化、个性化教育，促进学生全面而有个性发展的重要前提，也是在体现义务教育基础性、全面性和公平性的基础上，进一步完善拓展性课程体系，加强课程建设，创新教学方法，改进教育评价的重要基础。因此，拓展性课程体系必须坚持以"以生为本"的选择性教育为基本原则，确保整个课程体系的全面性、融合性、多样性。经前期调查发现，学生普遍对艺术创作类课程比较感兴趣，比如手工、绘画等，尤其是盘纸这门非物质文化艺术几乎没有孩子接触过，因此学校将尊重学生的兴趣爱好，着力于艺术类课程的建设。

2.问题导向原则

准确把握学校和学生发展主要问题，强化课改的科学性、针对性。我校学生中随迁务工人员子女的比例高达69%。居所不定和生活压力等种种原因，客观上多数流动人口子女家长对家庭教育的重视程度，对孩子的行为习惯、意识素养、礼貌公德、学习意识和行为自律等方面的培养，相比条件优越的城市居民孩子存在较大差距，尤其是孩子的注意力、耐久力和协调性上有很多的提升空间。因此，拓展性课程体系建设必须紧密结合本校实际，突出问题导向，着力于创意手工、盘纸、奇妙纸艺等精细艺术类课程的研发和实施。

3.特色办学原则

我校于1998年开始进行"口琴进课堂"实践研究。2000年始，学校先后参加十多次国际口琴大赛，并圆满承办两届亚太口琴节赛事。2008年，亚太第一家口琴博物馆在我校落成，迄今已接待了海内外数万访者，成为市社会资源国际旅游访问点、市民体验点，成为省艺术教育特色学校。实践证明，特色办学对传承学校优良传统、营造良好校园文化、培养学生德行素养、激发张扬孩子个性、开发潜能、启迪智慧、促进学生全面发展、提升学校办学质量和声誉都起到了十分积极的作用。因此拓展性课程顶层设计方案把着力传承、深化、拓展、创新我校艺术教育特色作为重要原则。力求把"琴技"教学发展到"琴艺"教育，形成"琴韵"校园文化。

二、课程体系架构

我校以"以生为本，问题导向，特色办学"理念为指导，构建满足促进学生全面而有个性发展，满足学生自主选择学习内容需要的课程体系（"236"课程体系）。我校新课程体系设计总体分基础性课程和拓展性课程两部分。其中拓展性课程部分，结合我校实际又将"知识拓展、体艺特长、实践活动"三门类课程有机组合为3个系列、6个模块课程结构——"基本素养、综合能力、口琴特色"3个系列，"人文积累、行为习惯、体艺特长、实践活动、艺术素养、技能训练"等6个模块。如图2-11所示：

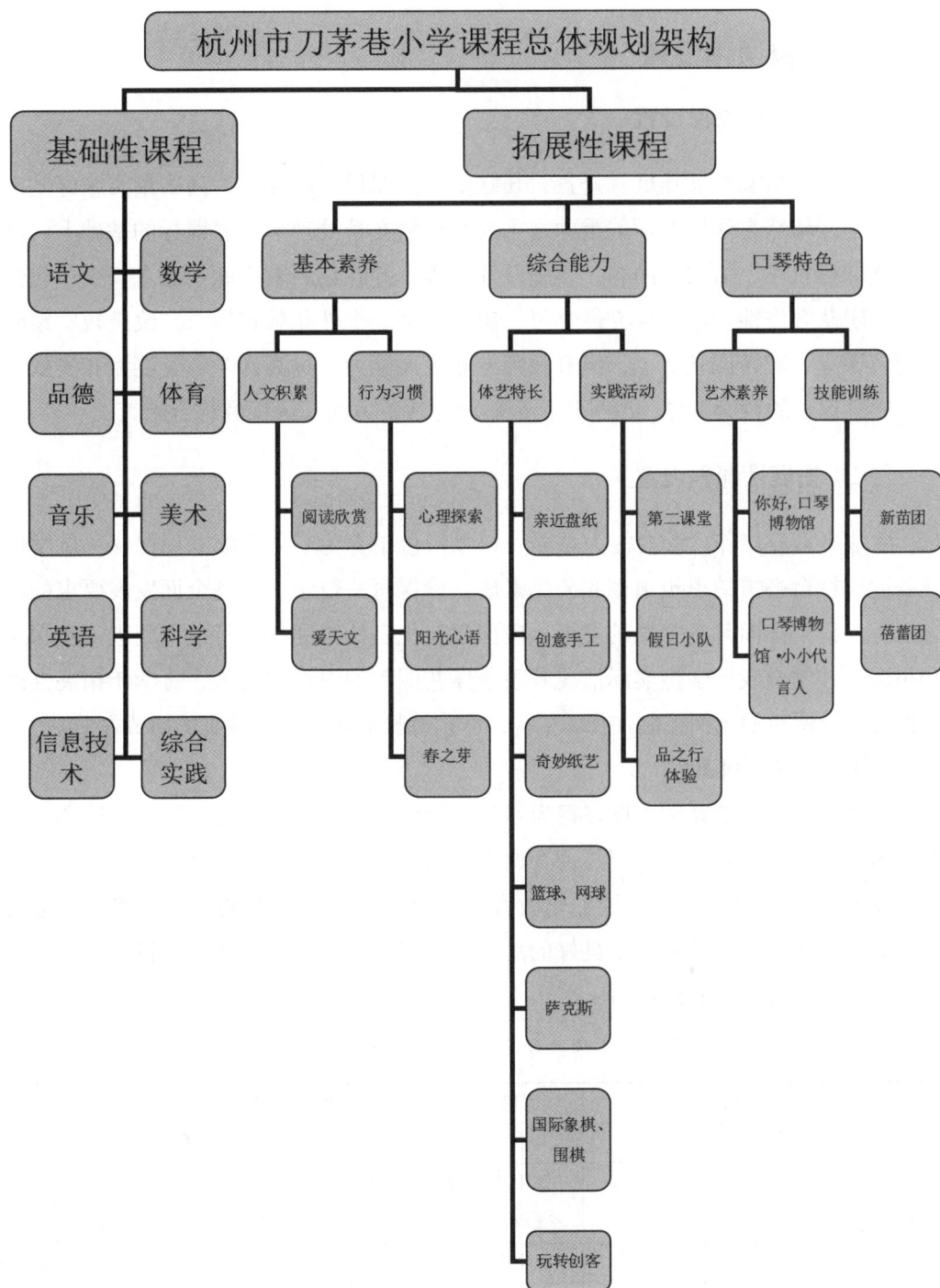

图2-11　课程总体规划架构图

三、学校课程设置

（一）基础性课程设置

严格按照国家要求开足、开齐、开好基础性课程。高标准、高质量实施好基础课程教学，依然是学校办学的重中之重。我校将在精准理解国家课标的基础上，整合优化课程目标、结构、内容、实施及评价等。并在创新教育教学理念，变革教学方式（团队合作性学习、探究性学习、协同教学、个性化教育等），改进教学策略（智慧课堂、翻转课堂等），提升教师专业发展能力，提高课堂教学能力和实效，强化教学评价的科学引导，改进评价策略和方法等方面深入探究综合施策。

（二）拓展性课程设置

以基本素养培养、综合能力培养、口琴特色培养为三条主线，确保每一位学生具备适应社会必需的思想道德和公民素质；确保每一位学生具备全面发展要求的综合能力，得到全面且有个性的发展；确保学校优良传统和办学特色得到进一步深化和拓展，并结合我校学生实际情况着重于体艺课程的设计和实施，每学年拓展性课程课时占总课时的比例控制在15%左右，体艺特长类课程占总课程的四成左右。

1.基本素养系列课程

该系列课程以培养学生良好行为习惯、意识素养、礼貌公德、学习意识和行为自律为重点，并把该专题课程与德育课有机结合。以培育和践行社会主义核心价值观为主线，加强中华优秀传统文化教育和法治教育，突出强调个人修养、社会公德、家国情怀，着重培养学生良好的品行和学习、生活习惯。实现全科育人、全程育人、全员育人。如表2-8所示：

表2-8　基本素养课程安排表

课程模块	课程名称	适用年级	具体学时	教学形式
基本素养课程	阅读欣赏	中年级	1. 低年级占拓展性学时的30% 2. 中年级占拓展性学时的20% 3. 高年级占拓展性学时的20%	课堂教学 社会公益 少先队活动
	爱天文	低中高年级		
	心理探索	低中高年级		
	阳光心语	低中高年级		
	春之芽	低中年级		

2.综合能力系列课程

该系列课程种类最为丰富，涉及的范围也最广，包括美术、音乐、运动、信息、棋艺等，以培养学生德、智、体、艺、美、劳等综合素养和能力，满足学生个性化发展需求为目的，帮助学生拓展知识面，培养学生的兴趣爱好，培养科学探究、团结协作、实践动手能力等。课程设计实施突出艺术类拓展性课程的兴趣性、活动性、层次性和选择性，着力建设盘纸课程、创意手工课程、奇妙纸艺课程这三门美术类课程。在课程的设计中根据年段分层，不同年段安排难易不同的课程，以达成相应的年段目标。如表2-9所示：

表2-9　综合能力课程安排表

课程模块	课程名称	内容分层	适用年级	具体学时	教学形式
综合能力课程	亲近盘纸	初级、中级	低中高年级	1. 低年级占拓展性学时的40% 2. 中年级占拓展性学时的50% 3. 高年级占拓展性学时的50%	课堂教学各类比赛小队活动
	创意手工	初级、中级	低中高年级		
	奇妙纸艺	初级、中级	低中年级		
	网球		低中年级		
	篮球		中高年级		
	萨克斯		低中年级		
	国际象棋围棋	初级、中级	低中年级		
	玩转创客	初级、中级	中高年级		

3.口琴特色系列课程

该系列课程为我校的传统特色课程。将普及口琴艺术教育作为实施素质教育、塑造儿童健康人格的良好载体。以激发学生对音乐的兴趣，增强对音乐艺术的审美感受能力，培养创造性思维，培养丰富的想象力和美好、和谐的情感，提高人的审美格调，塑造健康的人格和心理品质。将学校口琴特色与艺术教育、德行素养、综合能力发展相结合，由口琴校本课程，衍生出口琴礼仪、博物馆宣讲等相关课程，为孩子的全面、多元成长成才拓展更为广阔的发展空间。如表2-10所示：

表2-10 口琴特色课程安排表

课程模块	课程名称	适用年级	具体学时	教学形式
口琴特色课程	你好，口琴博物馆	中高年级	低、中、高 年级均占拓展性学时的30%	课堂教学各类比赛
	口琴博物馆·小小代言人	低中年级		
	新苗团	低中年级		
	蓓蕾团	中高年级		

第三部分　课程建设与实施

一、统筹课程规划建设

1.通过引进、合作和自主开发相结合的方式，有序规划拓展性校本课程建设，加强和完善校本课程体系。

2.充分共享和利用各类资源。挖掘社区内、校内资源，利用好教育实践基地资源，充分共享社会资源（省自然博物馆、科技博物馆、手工馆等）。

3.重视课程实现形式的多样性和有效性。通过课堂教学、技能训练、科学体验、调查探究、社会实践、公益服务等有效体现。

4. 引导广大教师积极参与课程建设。在鼓励有特长的教师积极申报自主开发校本课程的同时，组建部分以学科为单位的课程开发团队，高标准、高质量有序推进课程建设。

5. 建立由校内外专家组成的课改专家小组，切实加强对课改规划、课程开发、教学改革等工作的科学指导。

二、改进课程规划实施

1.统筹开发课程实施

加强各课程的相互衔接，明确各年段的教育功能和课程目标要求。加强各类课程、不同学科之间的联系和整合，组织跨学科教学和主题教育活动。加强与科研机构、社会团体、社会实践基地与其他学校的合作，统筹利用校内外课程资源开发与实施拓展性课程，科学设计和安排课内外、校内外活动，营造协调一致的良好育人环境。

2.传承深化口琴特色

着力于口琴教育师资的以老带新，通过组建艺术团队如"新苗团""蓓蕾团"等，举办音乐节、演奏会，参加省内外和国际艺术交流、口琴大赛、博物馆口琴文化展示等，陶冶学生情操，使学生充满兴趣、激情，更富有情感地接受口琴艺术。形成浓浓的艺术教育校园文化，不断创新、拓展和深化我校艺术教育办学特色。

3.科学引导分层分类

根据学生潜质能力、兴趣爱好、成长阶段，结合学段特点、课程类别特点、课程特点等，分层分类科学实施课程改革。尤其是在学生比较感兴趣的体艺类拓展课程的教学中将兴趣爱好和个人特点相结合，将自主选择和科学引导相结合，尊重差异，个性化科学实施。一是在年段上，低年段学生在自主选择的同时，更注重加强课程的基础启蒙，中高年段学生则以自主选课为主，辅之以方法和技能的专业指导；二是在课程类别上，低年段学生在综合能力培养的同时，更重视加强基本素养和行为习惯教育，中高年段则基本素养、综合能力、培智育优、兴趣爱好并举并重；三是具体内容上逐渐实施分级，如对于学生参与面较广的美术类课程实行内容分层，对低中高不同年段设计难易不同的教学目标，安排不同层级的教学内容，有的放矢，以保证课程的专业化和针对性。

4.强化教学灵活创新

一是强化教学设计和安排的科学性。把拓展性课程与整个课程体系有机结合，与学生德、智、体、美、劳综合素质培养相结合，与学生社会主义核心价值观教育相结合。二是增强课时安排的灵活性，做到坚持标准、统筹考虑、灵活安排。课时安排依据国家课程标准要求，不增加周标准课时数和周教学时间总量，不减少品德、体育与健康、艺术（音乐、美术）、综合实践活动等课程的平均周课时数。在此基础上，努力增加拓展性课程课时，做到长短课、大小课、跨年级、多学期等课时合理安排。三是坚持教学模式的多样性和创新性，在教学组织上充分共享校内外资源，搭建平台载体，如组建兴趣小组、艺术社团、公益活动组织、学习小组等，在教学模式上，通过课堂教学、社会实践、公益劳动、艺术观摩、技能竞赛等方式多样性、创新性生动活泼地展示拓展性课程教学。

三、优化课程规范评价

对于课程评价，在原有的评价原则和方法上进一步优化、细化，对不同种类的课程采取不同的评价方法，使评价的过程成为反思、总结和提升的过程，令师生在评价中都有所获益。

1.建立科学的教育评价体系

根据省教育厅、区教育局课改要求，探索推广过程性评价、表现性评价和发展性评价，探索形成多形式、人本化的学生发展评价机制。同时通过基础性课程规范校内考试评价。原则上不组织期中考试或考查，期末考试仅限语文、数学两门学科，其他学科只组织期末考查；一、二年级期末考试和考查推广非纸笔测试形式。考试和考查突出学科基本素养。

2.完善拓展性课程评价制度

对于拓展性课程的评价以过程性评价为主，完善以学习态度、成果展示为核心指标的评价制度。学习态度包括课前预习、课堂听讲、课后拓展、活动参与度等内容，成果展示包括学习活动册、作品展览、竞赛成果等内容，以自评、同伴互评、老师评价相结合的方式开展，以记录单、作品集等方式呈现评价结果。

3.探索课程本身的定向评价

每学期期中及期末开展拓展性课程交流会，执教课程的老师、学生代表及学校领导共同参与，对课程的实施进行定期交流和汇报，听取师生建议，对课程细节进行优化，为学校的整体课程规划提供参考建议。

第四部分　重点特色与介绍

一、亲近盘纸

1.亲近盘纸——技艺类拓展课程

盘纸作为非物质文化遗产，是一门古老的纸与指尖的璀璨艺术。在课程设计上，前期我们着重于技艺的启蒙和入门，关注学生的兴趣指向，学生的喜好和技艺习得水平是课程设计的重要参数，同时也融入现代化元素；后期我们在传承盘纸这项非遗文化的基础上，融入学科知识，在多学科、多角度的整合开发中着重于培养、提升学生的综合能力和素养。

2.课程特色与成效

盘纸艺术能够启迪儿童智慧，将彩色纸条变成或平面或立体的作品。正如苏霍姆林斯基所说的：儿童的智慧在他的手指尖上。同时整合多门学科知识，拓展课程内容，促进学生综合能力的发展。

（1）传承非遗文化，感受质朴之美

盘纸是剪纸艺术的一个分支，所以课程的学习必然离不开技艺的钻研。盘纸的材料和工具都特别简单质朴，细长的纸条、木质的盘纸笔，有时连胶水都不需要，但其成品却精致玲珑，富有神韵，而这需要盘纸人的静心，卷、捏、压、盘，力度和火候都要把握好，不能有一分性急和浮躁。我们的学生做到了，虽然其中也曾有困难和反复，但在他们的努力下、老师的教导下，他们逐渐学会了平和安静地克服一道道难关，在古老文化的润泽中感受盘纸的质朴和神奇。

（2）夯实基本技法，提升综合素养

在整个课程的学习中，学生的技法提升明显，从泪滴卷、叶形卷、心形卷到鸟兽虫鱼，再到有序拼接的盘纸组画，能力佳的同学还能合作尝试制作立体作品，同时学生将多学科知识整合运用，学生的综合能力和素养也在悄然提升。原本淘气好动的孩子在完成盘纸作品时可以安静地坐上半个小时；上课注意力不集中的学生在盘纸课上分外专注；连完整写一篇作业都困难的孩子可以在两个课时内完成一幅简单的小作品。他们看到自己的作品时脸上洋溢着满足感和成就感。在小组合作中每一个孩子都能参与其中，都能完成自己的那一部分任务，而他们的兴趣和快乐是我们设立课程最大的收获。

（3）辐射课程资源，传播文化魅力

我们的盘纸课程引入了社会工作者为授课教师。不仅校内的学生、老师、家长享用到，我们还将这门充满魅力的艺术传播到校园外的广阔天地：我们的老师曾多次走进社区，为居民介绍盘纸技艺；我们将课程的教材、教案和材料包分享给结对学校的师生们，他们也开启了盘纸课程；我们的盘纸课还接待了来自澳门、安吉等地的老师。我们希望更多的华夏儿女能了解盘纸艺术，能有机会学习和感受它的精妙。

二、创意手工

1.创意手工——艺术类拓展课程

我们坚持"环保、创新、实践"理念，在创新思维、手工实践的同时，更重视对学生环保意识的增强、文明素养的提升。旨在充满创意想象的手工创作过程中，培养学生的探究、创造和实践能力，培养学生发现美、创造美、欣赏美的能力。

2.课程特色与成效

"发现美、创造美、感受美，做创意的小主人！"我们将这种理念深入我们的课程中，培养学生有一双发现美的眼睛，善于发现生活中被人们所忽视、丢弃的"物品"；培养学生有一双创造美的巧手，积极创造各种精美、有趣、实用的物件摆设；培养学生有一颗感受美的心灵，感受、欣赏和分享我们所创造的各种美好事物。

（1）课程，发现美。自课程开设以来，教师在课程实施过程中，边研究，边记录，及时做好课程开发、实施内容和材料的拍照、整理和汇总等工作。结合课程实施的具体情况及实施经验，于2018年初梳理并编制了《杭州市刀茅巷小学创意手工拓展课程教材》（试行本）和《杭州市刀茅巷小学创意手工拓展课程学生活动手册》（试行本），希望课程的实施更规范化、科学化、合理化。在今后的实施过程中，也能够帮助学生立足课程拥有一双发现课程之美的眼睛。

（2）动手，创造美。手工活动能打开通往神经系统的通道而使其不至于萎缩。鼓励学生善于发现、收集生活中的废旧物品，并利用自己的巧手，将废旧物品制作成精美、有趣的作品，如笔筒、书签、贺卡、相框、手工编织包、收纳盒、花瓶等等，让废旧物品再次发挥作用。在发现、收集、创造、制作的过程中，培养学生垃圾分类、废物利用、节约环保的意识，培养学生创造美的能力。

（3）展示，感受美。教师在课程实施过程中重视对学生作品的拍照记录和学生作品的保存。优秀作品由学校收藏，并颁发"收藏证"，在学校元旦迎新暨社团展示活动中展出。同时，部分优秀平面作品装入镜框，装饰在校园的部分楼道走廊，用于校园文化建设，美化校园，让孩子们的作品被更多的人欣赏，让孩子们感受到课程之美、作品之美。

（4）交流，传递美。近年来，创意手工课程社团先后迎接了澳门青州小学代表团、安吉结对小学骨干教师、新加坡结对学校、江山结对学校等学校代表、领导和老师们，并进行了现场参观和交流。代表们参观了创意手工作品展，对孩子们的作品充满兴趣。现场展示中，学生还将自己亲手制作的手工编织包、书签等送给来访的老师，得到了老师们的一致称赞。能将自己的手工作品当作礼物送给远道而来的客人，孩子们感到无比开心。

三、环保品之行

1.环保品之行——项目式实践活动拓展课程

通过开展螺旋上升式环保主题的实践探究，引领学生了解掌握环保基本知识和技能，结合日常生活行为来悦纳绿色生活理念，内化绿色生活方式，乐享绿色生活品质，将绿色生活的概念辐射到更广阔的天地。课程通过项目式实践体验活动由易至难层层推进，引导学生形成较强的环境意识、环境道德品质和行为规范，在潜移默化中更加热爱生活，学会健康而愉悦、自由而负责、智慧而创意地生活。既实现知行转变，能力素养提升，又增强社会责任感，产生一定的社会效应。

2.课程特色与成效

我校的"环保品之行"课程将"绿色"融入"环保"，将实践活动发展为螺旋式上升的项目体验，在体系构架、内容编排、课程实施中有所探索和创新。

（1）多层项目架构，完善绿色品格

在课程项目的架构上我们力求科学、多层、多维，在保障实践活动的基础上融入知识技能的传授和学习，真正将绿色融入学习生活中，助力学生在课程中形成完善的品格。我们的课程项目分为课堂基础学习和课外分类活动两大类。基础学习旨在铺垫绿色理念，如绿色环保常识、环保现象、环保学原理、环保学故事等，引导学生鲜明生动地接触绿色，了解绿色，激发进一步探究的欲望；分类活动是根据学生的个人爱好与兴趣，对活动内容进行具体分类，让学生进行具体的研究和创造活动，培养学生的创造能力和动手能力，学生也可以在自己的生态生活中选择一种研究对象，制订研究计划，在教师的指导下进行研究，最后取得研究成果，写出研究报告。

（2）多样内容编排，丰富生活品味

以多层课程项目架构支撑的课程内容更为丰富多样：既有传统意义上的绿色常识学习，如认识各种环保标志、了解不同的绿色的节日，也有现代化的环保概念渗透，如初识绿色学校、参与"袋暖杭州"等；既有学生喜闻乐见的实践活动，如观察、调查、小组合作讨论，也有独创的探索研究，如水质的测量、街头访问等。丰富的活动内容，个性化的活动方案，激发了学生投身绿色环保实践的热情和兴趣。一件件带着稚气的作品不断地产生，各种各样，千姿百态，无不闪耀着智慧和灵气的光芒，体现出孩子们对自然的认识，对绿色生活的思考，从而形成专属于自己的生活品味。

（3）多元课程实施，乐享人生品质

在课程实施中我们引入了"翻转课堂"理念，课前鼓励学员全面搜集、大胆探索，以他们的知识经验储备为课程起点，形成项目学习的主题；课程中针对他们的疑惑困难来集中教学，引导学生去质疑，去思索，去讨论，去发现，思维的火花在碰撞中不断迸发，思维的深度在交流中不断加深。在课程评价方式上注重多元性，我们认真对待学生的每一处发现，欣赏他们的每一个作品。我们结合学校新年音乐会、对外交流等活动，利用校内外有限的空间展出学生的作品。当绿色生活成为一种态度、一种精神、一种素养积淀在学生内心，其必将成为影响学生终身发展的素质。

第五部分　措施与保障

为保障课程的稳步实施，我校将在建立健全有关制度、改善创设环境等方面落实措施，强化保障，建立长效机制。

一、加强组织领导

切实加强对我校课改工作的领导和指导，成立以校长为组长的深化课程改革领导小组，确定教导处为课改责任部门，建立健全课改工作组织实施体系，明确各部门职责分工，明确每位教师的课改任务和主体责任，有序推进课改工作。

二、建立相关制度

为扎实推进我校课程改革工作，在制定完善《杭州市刀茅巷小学课程规划方案》的同时，根据课程推进的进程和要求，我校将明确课改工作的任务和职责分

工，加强课改工作教学研究，加快校本拓展性课程的开发和实施，逐步建立和完善
"拓展性课程开发的任务与要求""教师课程改革工作的职责和任务""教师课改
绩效考核和成果奖励制度"等相关制度。构建确保课改工作持续顺利实施的长效
机制。

三、强化实施保障

学校把课程实施工作作为较长时期改革和发展的中心工作，积极创设环境营造
氛围。学校将引入盘纸课程、创意手工等课程的专业指导老师，并对学校体艺类拓
展课程的指导老师进行专题培训，建立每周教研培训、每月总结交流的工作制度，
优先设立针对性教研、科研专题项目，在科研、教研、培训、资金、奖励等方面予
以优先保障。

样本五

杭州市京都小学拓展性课程顶层设计方案

为进一步深化我校义务教育课程改革，全面贯彻党的教育方针，落实立德树人根本任务，更好地帮助每一位学生实现全面而有个性的发展目标，现根据《国家教育部关于全面深化课程改革，落实立德树人根本任务的意见》和《浙江省教育厅关于深化义务教育课程改革的指导意见》、学校省级规划立项课题《多元·融合·创新——基于水文化引领的学校课程体系构建研究》的研究成果，对学校课程整体进行顶层设计、系统思考，整体推进课程改革和课程体系建设，制定"水京灵"课程整体规划。

杭州市京都小学位于京杭大运河最南端，在浙江大学教育学院专家团队的合作指导下，以所在学校独特的运河文化和"上善若水"的核心文化理念为基础，积极探讨水文化引领下的学校课程体系。

课程以"水京灵"命名，藉水多元、融合、创新等特质，多元的课程为孩子们提供更多的选择性，满足学生个性化的学习需求；同时，消除学科间的人为割裂，将知识点融合起来，更指向学生的生活实际；实践创新是中国学生发展九大核心素养之一，要求我们创新课程、创新教法、创新学法，培养具有创新精神的学子。具体体现本校课程目标为培养具有水一般智慧聪颖、善良包容、坚忍不拔等优良品质的京都学生，意在课程体验能成为亲近孩子、富有价值、鲜活灵动的学习经验。"水京灵"同时也代表学校的形象标识，寓意与学生共成长。

"水京灵"课程遵循"学校文化内涵提炼——学校课程文化内核解读——基于文化引领的课程体系具体建构——学校文化与课程体系实现融合"的线索，从学校"水文化"内核出发，探讨学校课程文化建设的基本逻辑与框架，并将"水文化"的内核具体化为学校课程建设中的"水之德、水之润和水之色"的逻辑维度，将学校的德育活动、学科教学和校本课程等有意义的学校课程学习经验统一纳入以"水文化"为引领的学校课程逻辑体系之内，构建多层次、高融合、重个性的真正彰显"多元、融合和创新"的水文化特征的新学校课程体系。具体包括：

（一）多元体验的德育活动课程整合——水之德。通过实施基于"上善若水"的文化德育，通过人文环境、校本课程、校外实践、学科渗透等一切具有德育价值的文化资源，通过孩子们对资源的充分有效体验，即"感知、领悟、实践、示范"等多梯次体验，不断唤醒学生的主体道德成长，并积极主观能动实践，用丰富的水文化德育资源，浸润孩子们的心灵，引领儿童德性发展，通过"文化润德"、"文化化人"，实现本校"厚德博识、健体敏行"的育人目的。

（二）融合浸润的跨学科文化主题课程建构——水之润。这是响应《关于深化义务教育课程改革的指导意见》中"加强各类课程、不同学科之间的联系和整合，组织跨学科教学和主题教育活动"的号召，进行跨学科课程整合的尝试。打破课程文化建设同学科课程教学相分离的问题，从学校校本文化的特色和学生发展的需求出发，促成文化主题同学科课程的内在整合。

（三）自主创新的拓展性课程创设——水之色。这是响应《关于深化义务教育课程改革的指导意见》中"分类建设拓展性课程。拓展性课程可分为知识拓展、体艺特长、实践活动等三类"的号召，完善学校课程体系。学校课程体系的建设要服务于学生个性化的发展需要，通过为学生提供更多的课程选择权限和自主空间，提供更多维的实践与体验的方式，实现学生"全面普及——兴趣培养——个性凸显"的发展。

将以上三个方面如图2-12所示：

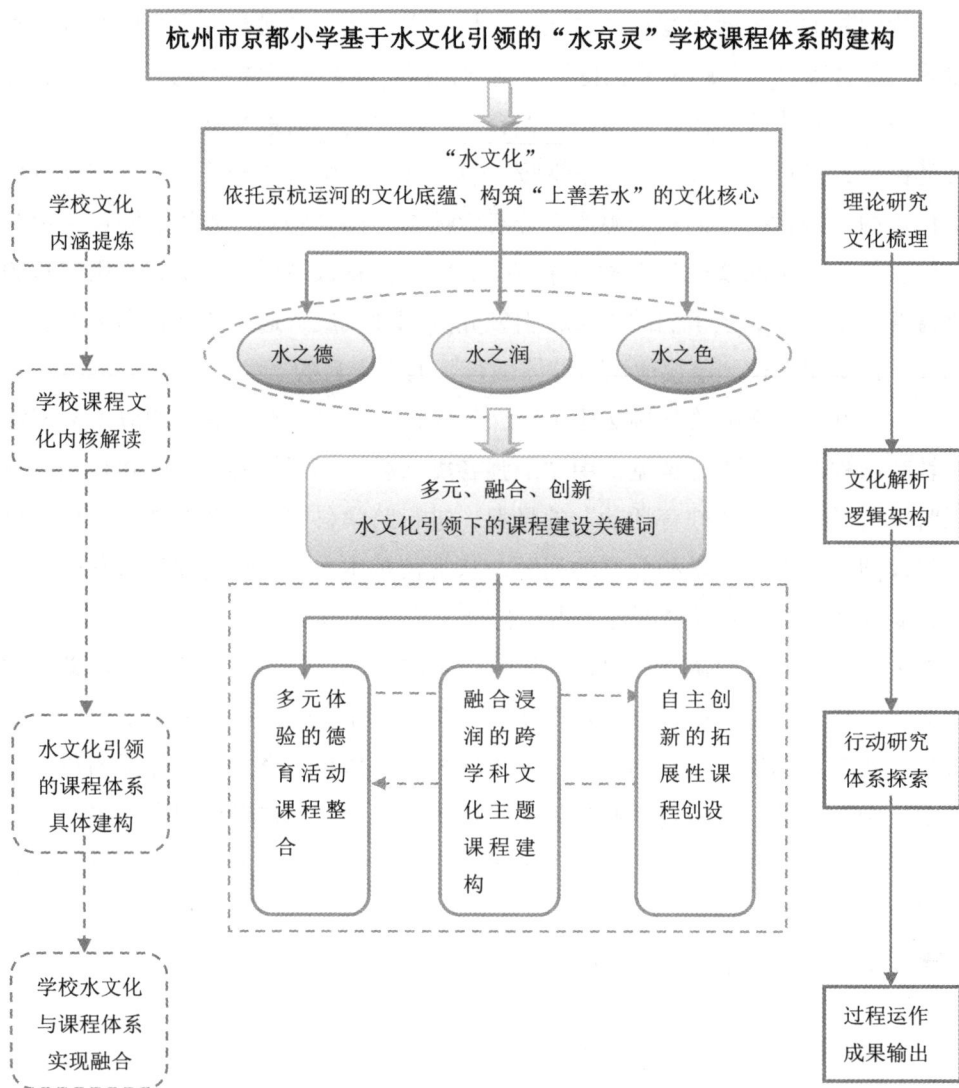

杭州市京都小学基于水文化引领的"水京灵"学校课程体系的建构

"水文化"
依托京杭运河的文化底蕴、构筑"上善若水"的文化核心

| 学校文化 | 理论研究 |
| 内涵提炼 | 文化梳理 |

水之德　　水之润　　水之色

| 学校课程文 |
| 化内核解读 |

多元、融合、创新
水文化引领下的课程建设关键词

| | 文化解析 |
| | 逻辑架构 |

水文化引领	多元体	融合浸	自主创	行动研究
的课程体系	验的德	润的跨	新的拓	体系探索
具体建构	育活动	学科文	展性课	
	课程整	化主题	程创设	
	合	课程建		
		构		

学校水文化	过程运作
与课程体系	成果输出
实现融合	

图2-12

一、立足学生核心素养，构思拓展课程框架

拓展课程设计和实施立足于"让认知与践行同步"的课程理念，通过孩子们对课程资源的充分有效体验，即"感知、领悟、实践、示范"等多梯次体验，不断唤醒学生的主体成长，并积极主观能动实践，用丰富的课程资源，浸润孩子们的心灵，引领儿童发展，通过"课程化人"，实现本校"厚德博识、健体敏行"的育人目的。学校力求做到课程结构多维度、课程类型多层次、学生选择自主性，最大限度地体

现了学生的多样化需求，全方位地落实对学生核心素养的培养。如图2-13所示：

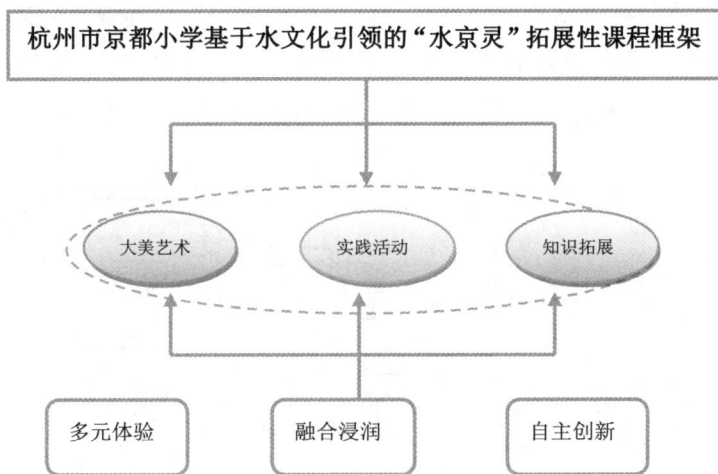

图2-13

二、满足学生个性发展，建立特色课程体系

结合学校文化及办学特色把拓展性课程分为体艺特长、实践活动、知识拓展三类。体艺特长类课程包括体育、艺术、健康教育、生活技艺等课程，旨在帮助学生培养兴趣爱好，养成良好的生活习惯和高雅的生活情趣。实践活动类课程包括信息技术、劳动技术、科技活动、调查探究、社会实践等课程，旨在引导学生探究自然、体验生活、了解社会，着重培养学生动手实践、科学探究、团结协作、服务社会的能力。知识拓展类课程包括学科研究性学习、学科专题教育、地方历史和文化教育等课程，旨在拓展学生的知识面，激发学生的学习兴趣。总体上三类课程相互独立，而在课程目标上又相互交融，全方位发展学生的人文素养、身心素养、交际素养。

拓展课程体系，突出了拓展课程的兴趣性、活动性、层次性和选择性，充分满足不同个性、不同层面学生的差异需求，实现了学生在一定基础上有差异、有个性、有层次地发展。在特色课程体系的构建过程中，借鉴跨学科课程统整理念。跨学科课程旨在解决长期以来存在学科和学生之间的钟摆现象。以学生的发展为基点，统合各门学科，还原被学科人为割裂的真实世界和生活情境，让学科知识的教学服务于学生的解决问题等高层次认知能力的发展。以美国行之有效的综合课程设计模型为基本框架，参考了PYP课程等多项国际上行之有效的跨学科课程设计模型，最终研制出适合本土的跨学科课程模型，并将这种模型镶嵌于课程与教学之中，通过

"知、行、为"三级课程目标的层层提炼，完成从"学科"到"跨学科"的提升，以学生的发展为主线，有机贴合各门学科。同时在教学中以"体验、新知、创造和应用"的四个步骤还原学生学习原本应该有的完整循环，让学生体会到"为什么学"、"学了什么"和"学以致用"，真正体现学习应用的价值。如图2-14所示：

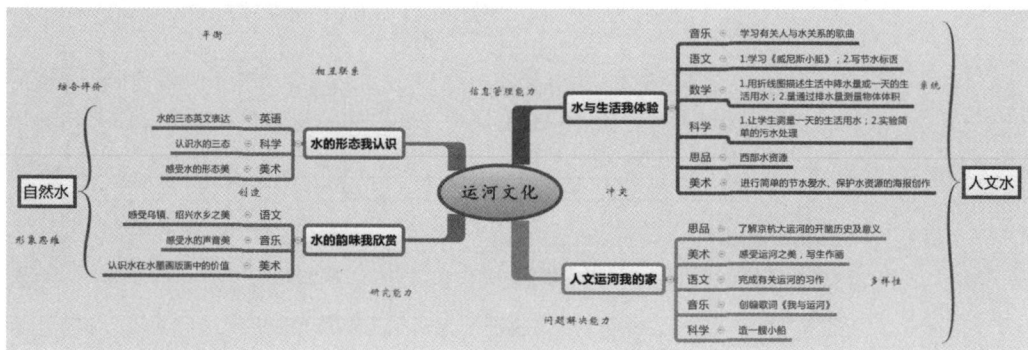

图2-14

图2-14呈现的就是《运河探索家》拓展性课程构建的思维导图，该课程打破课程文化建设同学科课程教学相分离的问题，从学校校本文化的特色和学生发展的需求出发，促成文化主题同学科课程的内在整合。如表2-11所示：

表2-11 杭州市京都小学"水京灵"拓展性课程体系

领域	内容	年级
体艺特长类	儿童版画	四 — 六
	泥塑运河	二 — 三
	铜管乐	二 — 四
	软笔书法	四 — 六
	国画	一 — 三
	跆拳小子	一
	少儿舞蹈	一 — 三
	快乐 DO RE MI	二 — 三
	昆曲	四 — 五
	口琴	四 — 六
	竹竿舞	三
	足球	四 — 六
	象棋	一 — 三
	羽毛球	四 — 六
	灌篮高手	三 — 四
	排球小将	四 — 五
	跳绳能手	四 — 五

续表

实践活动类	小小理财师	一 — 三	
	安全小达人	一 — 三	
	小鲁班	四 — 六	
	杭州话	一 — 二	
	剪报贴贴乐	五 — 六	
	我与法布尔	三 — 四	
	趣味动手做	三	
	电路达人	四	
	scratch 趣味编程	四 — 五	
	魔方		
	运河探索家	四 — 六	
	京都国际娃	四 — 六	
知识拓展类	古诗词戏剧	一 — 六	
	英语舞台剧	四 — 六	
	时间在哪里	一 — 三	
	绘本小达人	一 — 二	
	小书迷	四 — 六	
	阅读银行	一 — 三	
	数学谜语	三 — 四	
	数独	五 — 六	
	数学好好玩	一 — 二	
	心理乐园	一 — 六	
	习字与修身	五 — 六	
	国学经典诵读	一 — 六	

三、管理实施拓展课程，落实核心素养培养

1.设立课时底线。学校结合2015年版《浙江省义务教育课程设置和课时安排》，根据实际情况设计长短课、大小课、跨年级课等课时安排方式，增加拓展课程的课时（增加至每周3—4课时），以此增强学校的课程改革活力，确保拓展课程有效开展。

2.学生自主选课。学校遵循自主性、科学性、发展性原则，指导学生进行自主选课。每个课程项目上限30人，满20人开课，各个项目人满为止。在选课的过程中，教师、家长要做好参谋工作，以避免小学生自主选择时可能出现的盲目与盲从现象，提高选课的科学性与发展性。

3.关注课程实施。学生完成选课后，要按照学校安排，在指定时间到指定教室上课，认真参加拓展课程的学习，不得随意缺课。若学生中途需要退出该课程而参加其他课程的学习，必须向学校提出书面申请，经学校同意后方可改选课程。

4.赢得家校合作。每学期，学校通过家长会、微信公众号和"告家长书"等形式，将学校开设的拓展课程信息告知家长，让家长引导学生正确选择适合自己的课程，同时及时对学生的课程学习进行相应指导与客观评价，让学生在课程学习中获得长足的个性发展。

四、多元多样课程评价，促进核心素养发展

通过多元化的评价目标、多样化的评价方法激发学生的学习兴趣，激活学生的思维能力，进而促进学生核心素养发展。

1.完善评价机制。结合所开设的拓展课程，进一步改变教育评价方式、评价功能的状况，发挥评价的作用，促进每一位学生发展，保护和培养每一位学生的学习兴趣，充分调动每一位学生的学习积极性，开发和培育每一位学生的学习潜能和特长，让每一位学生愉快学习、幸福成长。

2.实施有效课程评价。根据拓展课程内容，给每位学生建立"成长档案袋"，学业成果以"插页"（可以是文字、图片、音频等）形式存入"成长档案袋"。学期结束时，依据"成长档案袋"的记录，分三个层面对学生进行客观的发展性评价，给出学业的发展进步等第。

3.探索互动评价平台。探索拓展课程选课、实施、展示于一体的家长互动管理，记录学生的学习过程、学习表现以及创新能力发展情况，让家长及时了解并作出评价。

4.搭建平台展示学生拓展性课程学习成果。通过艺术节、体育节、读书节、英语节等给学生搭建展示舞台，在活动中激发学习兴趣，同时对学习情况进行评价、反思，促进核心素养发展。

五、保障措施

1.成立深化课程改革工作领导小组，制订课改方案和学校课程规划，结合学校实际，自主进行课程开发、课时安排、课堂教学、教学评价，研究解决深化课改中

遇到的重大问题，及时总结、宣传和推广先进经验，积极争取家长、社会各界对课程改革的重视、理解和支持。

组长：洪俊（校长）

副组长：莫春燕（副校长）、郑建达（副校长）、江涛（总务主任）

组员：杨莉华（教导主任）、董颖（教导处副主任）、骆可青（科研室主任）

2.以校本培训方式为主，帮助教师充分更新教育观念。学校将立足以人为本的理念，建立以课堂为主阵地，以校本教研培训为切入点，以强化教师队伍建设为保障的整体课改方案。借助高校专家力量，加强对教师进行课改专项培训，提高教师的课程开发与开设能力。

3.经费保障

学校管理，不管是国家课程、地方课程的有效实施，还是校本课程的合理开发，都需要必需的设备和经费上的支持。学校会落实课程改革专项资金，用于加强各室的建设、教师培训、课程实施、开发等方面。

第三节　义务教育阶段学校拓展性课程实施亮点

（原）下城区是杭州市的中心城区，学校历史悠久，师资力量雄厚。2015年，依据《指导意见》的具体要求，以促进学生可持续发展为目标，在夯实基础性课程建设的同时，（原）下城区各所学校积极探索拓展性课程体系的开发与研究。紧紧围绕杭州市（原）下城区加快推进"全域中央商务区"建设及区教育局"育人质量高标准、课程文化高品位、专业素养高层次、治理评价高效率、资源整合高附加"的总体目标，凝心聚力，善做善成，继续深入实践教育教学内涵式发展有效运行机制，校本化强势推进义务教育课程改革，质量取胜，着力提升教育质量。

（原）下城区教师教育学院于2018年8月成立了课程与评价中心，对区域拓展性课程进行整体的规划和推进。期冀本区中小学校在拓展性课程开发与实施过程中，能够以当下学习科学先进理念为依托，深入探讨"最有价值的知识"，突出拓展性课程与学生生活实际的联系，以合作共享的形式区域规划与推进特别是义务教育段拓展性课程的开发与实施。

为了理清区域内拓展性课程实施与建设现状，课程与评价中心进行了多次多角度的调查研究，召开座谈会，邀请中小学校长简述学校拓展性课程开展情况，各学校教导处上报学校基础性课程和拓展性课程的总课表，召集学校拓展性课程负责人现场座谈拓展性课程执行效果，分发线上线下的调查问卷，对涉及课程开发的数量、特色课程形成、教师专业发展以及学生参与情况等内容进行了调查，为掌握区域发展现状，发现各校特长和谋求变革提供第一手的材料。

一、课程建设，赢在区域顶层设计

（原）下城区所有学校在建设课程前，都在顶层设计方面做了大量的工作，根据自己学校的情况，组织各科室骨干结合学校特色，撰写了各校的顶层设计方案。（原）下城区教育教师学院课程与评价中心对各校相关负责人及骨干教师进行了大量的培训。以2019年为例，课程与评价中心组织了《区域拓展性课程研究活动讲座》《拓展性课程教材开发与研究研讨活动》《拓展性课程项目研究研讨活动》《组织知识拓展性课程的开发与实施研讨活动》《拓展性课程纲要评比》等不下8场的各类讲座、沙龙和培训活动。

除了将省、市、区专家请进来，我们还组织骨干教师走出去。2019年，（原）下城区教师教育学院组织各校课程建设的骨干教师赴北京、江苏等地实地参观学习，与拓展性课程建构与实践的大咖们面对面，现场聆听各个层面的成功经验。

即使是2020年疫情期间，课程与评价中心也通过网络组织了多场针对顶层设计的指导培训，并在2020年6月对各校顶层设计进行了评选和提出修改意见，形成区域顶层设计。

二、因地制宜，"南精北优"形成亮点特色

（原）下城区位于杭州市中部，昔为江海故地，历史悠久。（原）下城区南部学校都为历史悠久的学校，文化氛围浓厚，但学校规模较小，教学用房紧张。而北部为新开发的地区，发展速度快，所建学校较新，占地面积大，办学规模较大，设施先进，各类专用教室齐全，教师年轻有活力有创造力。

经过五年的深耕，各校因地制宜，根据学校特色、教师特点，取得了不少成绩，并形成本校的亮点和特色。学校克服自身教室紧张、场地小的局限，以传统特色课程为中心，将教学过程融合在整个教学环境和过程之中，打造拓展性课程。

杭州市天水小学围绕"尚美"教育，丰富课程。艺术教育作为一种美的承载和表现，在天水小学一直延续至今。通过"真、善、美、和"的办学理念，彰显天水"尚美"的教育思想，学校开设了丰富多彩的拓展课程：自然课程、团队课程、创造课程和实践课程。杭州市文龙巷小学把交通安全教育纳入学校校本课程，编写了第一个版本的校本教材——《交通安全记在心——文龙娃文明行》。由杭州市交警支队景区大队的交警叔叔担任社团辅导员，参与现场执勤、在西湖风景名胜区宣传交通安全知识等活动，把交通安全植入心中。学校将课程作为学校工作的抓手，成为学校德育工作的支点和杠杆，也是学校开展未成年人普法教育的特色与亮点。通过"徒步走西湖"入学礼、"滴滴叭叭城"主题教育、"交通安全在我心"户外宣传、"交通安全棋"的设计等活动提升学生的交通安全素养。通过三次提升课程、开发教材，让老师对教材的设计和定位有了全局的视野，提高教师的课程素养。杭

州市京都小学位于京杭大运河最南端，学校拓展性课程的内容围绕独特的运河文化和"上善若水"的核心文化理念，以"水京灵"命名，藉水多元、融合、创新等特质，积极探讨水文化引领下的学校拓展性课程体系。学校挖掘并整合了教师、家长、社区和高校等资源，共同参与课程建设研究，努力实施学校、家庭、社会三位一体的教育模式，形成合力，为课程建设提供了人才保障。

（原）下城区北部学校依托充足的场地，先进的设施，发挥年轻教师的创造力，适当引进优质的社会团体、行业企业、社会实践基地的资源，逐步建立家长志愿者队伍，科学设计和安排课内外、校内外活动，利用好现有场地、器材等资源，营造协调一致的良好育人环境。

杭州市景成实验学校，建有独立的实验楼、教学楼、行政楼、室内运动馆等建筑，拥有标准化教室、科学实验室、美术教室、书法教室、音乐教室、舞蹈教室、计算机教室、微格教室等，配套建设心理辅导室、图书阅览室、阶梯教室（研学报告厅）、室内运动馆、演播中心等教辅场所。学校课程根据学生特点，以"懂健康，善学习，会生活"学生培养目标为核心，围绕"会阅读会表达，会提问会探究，会思考会坚持，会锻炼会自理，会合作会参与，会劳动会应用"培养重点，构建拓展性课程体系。力图做到中小衔接系列化。一至六年级主要开设体艺特长类和实践活动类课程。七至九年级主要开设知识拓展类和实践活动类课程。开设的课程可以固定某年级学生选择，也可以不同年段学生混班上课。

杭州市观成实验学校的千人剧场、综合性实验室、多功能一体化的音乐美术场馆，带给学生国际化学校前沿配置的学习体验。学校开设的"X"综合实践课程共计达到了37门，本着生本性、多样性、生成性、成长性的开发原则，开发出了更多为学生所喜爱的"爆款课程"。学校"App Inventor手机开发"课程获得省级精品课程之后，2019年，作为王牌项目的观成"赛艇"课程也进行了系统的梳理和规划。

三、文明传承，培养世界视角

很少有一座城市，能将传统和现代完美融合。杭州不光是一座现代之城，更是一座有历史味道的城市。不少学校不约而同地将传承历史文化作为学校的责任。亲近古老质朴的艺术，体会其中的人生百味，从内心深处激发起对传统文化的热爱。在全面发展的同时，能够具有欣赏美、创造美的个性艺术修养，达到"人文积累、行为习惯、体艺特长、实践活动、艺术素养、美育素养"等的提升。

长江实验小学投资建设350余平方米的全国首个非遗文化馆——"木版水印体验馆",并与"杭州十竹斋"签订课程合作协议,正式开设《木版水印》课程(省级精品课程)。木版水印(古代彩色版画印刷术)字画是中国汉族特有的版画印刷技艺。它集绘画、雕刻和印刷为一体,根据水墨渗透原理显示笔触墨韵,既可用以创作体现自身特点的艺术作品,也可逼真地复制各类中国字画。木版水印字画在我国具有悠久的历史。远在唐代,单色木版印刷已经具有相当水平。明末以十竹斋为代表的"饾版""拱花"等套色叠印,表明技术有了更大的进步。由于这项技艺始终基于手工进行,所以中国目前纯粹作为非物质文化遗产予以继承和发展。2018年长江实验小学的"童趣陶艺"被评为杭州市精品课程。2019年学校推出的"皮影"课程不仅继续传承着祖国的非遗文化,更是融入了传统名著的创作,并借助定格动画等现代技术,在传承中不断创新,被评为杭州市精品课程,正在推评省精品课程。胜蓝实验小学《童韵竹刻》课程《亲近盘纸》课程也是一门基于非遗文化的整合特色课程,让学生在劳动项目实践过程中加深对盘纸艺术的了解,形成美育教育。

有的学校通过观看历史电影、参观非遗、民俗展览及体验互动等形式,让学生了解和学习中国历史、优秀传统文化、地方民俗风情,杭州非遗保护概况、文化遗产价值,从而拓宽视野,开发智力,增加知识面,增强爱国爱家意识。也有的学校致力于开拓学生国际视野,了解最新技术,让学生与世界接轨。

观成实验中学开发的App Inventor安卓手机编程课程成立于2014年3月,该课程在2017年被评为"杭州市第八届义务教育精品课程",入选第六届"浙江省义务教育精品课程"。课堂以项目制为主,学习小组自定手机应用程序主题,由此展开讨论和编程。每个教学任务都按照"任务描述—开发前的准备—任务操作—任务总结—自我实践"的结构组织。每课之间的知识与技能紧密相扣、循序渐进,学生不仅可逐步体验软件工程的编程思想,更能完成从学习到模仿,从模仿到自主创作的转变。如此,学生能更好地自主展开深入研究。在学期末,每个小组会邀请同学、家长来试用他们的成果,优秀成果甚至还被上架到应用商城,免费供人们使用。长寿桥岳帅校区以5G+AI为办学特色,处处是科技的影子,学校开设了面向未来科技的Scratch编程、机器人、科技STEAM等指向学生核心素养的科技创新类拓展课程。

四、共享课程，共享链促进共同发展

共享意思是分享，将一件物品或者信息的使用权或知情权与其他所有人共同拥有。早在1999年，当互联网经济刚刚萌芽的时候，就有人预言了共享经济未来的趋势。而今，我们看到无处不在的共享经济。这也预示着单打独斗的时代终结了，抱团发展的时代到来了。

从学校拓展性课程建设情况统计数据来看，（原）下城区义务段中小学校共有160个比较成熟的拓展性课程。18所小学开设课程种类从多到少分别是：艺术修养类（189门）、学科知识拓展类（188门）、动手技能类（122门）、体育特长类（119门）、社会实践类（29门）、德育心理类（18门）；14所中学开设课程种类从多到少分别是：学科知识拓展类（137门）、艺术修养类（121门）、体育特长类（92门）、动手技能类（84门）、德育心理类（23门）；社会实践类（2门）。

在课程建设上，有的学校没有对课程作全面规划，有的科目选择缺少有效引导，不可避免地产生"热门"和"冷门"科目；拓展性课程教学设计水平不高；教师没有充分认识拓展性课程与学校特色建设的关系、对学生成长的意义价值；缺少一个较清晰的理论支持，缺少课程资源。为了打造区域课程共享链，（原）下城区课程与评价中心主要从以下三方面入手：

1. 队伍建设 统筹调研区域内省市精品课程，遴选拓展性课程研究骨干教师，系统培训培养青年教师的课程开发能力，建设以片区为单位的义务教育阶段拓展性课程研究工作室，发挥领衔学校示范辐射作用；

2. 经费规划 设立专项经费奖励支持拓展性课程项目培育、精品课程区域推广、片区拓展性课程研究工作室、骨干队伍培养、行动研究、成果提炼结集等；

3. 评价预设 计划每年设立省市区级拓展性精品课程奖励及区级拓展性课程培育奖励，每年设立片区拓展性课程研究工作室。

整合区内优质课程，做为牵头学校，组织和推进特色课程的建设，课程与评价中心给予培训和政策的支持。相对薄弱的学校作为加盟单位，学习、参与课程的建设。形成一条共享链。

风华中学、春蕾中学、风帆中学、求知小学、青蓝小学、德天小学的足球课程，安吉路实验学校、求知小学、永天实验小学、朝晖中学、青春中学的阅读课程，江心岛小学、永天实验小学、景成实验学校的水墨画课程，长江实验小学、京都小学、文龙巷小学、明珠实验学校、青春中学的Scratch编程课程，都是扎根本校实际、发挥各自条件资源和素材资源优势，推进区域课程实施的典范。

从关注一所学校创设省、市、区精品课程到打造多校联合的"共享链"课程，发挥多校教师协同开发课程，是推动深化学校课程思政教育教学改革的绝佳契机，标志着（原）下城区精品课程教学改革开辟了全新路径。

五、课题引领，教研有序推进

课题研究是促进教师专业成长，推动学科建设的重要平台。教学与课题研究总是相辅相成的，从教学中来，回到教学中去。通过课题引领，可以让教师构建科学完善的拓展性课程开发体系，与教学过程对接，与教学标准对接，与教学内容与岗位要求对接。

安吉路实验学校以课题引领、实践探究为宗旨，有序推进拓展课程体系建设。目前有省级课题《九年一贯大阅读课程体系的研究与实践》，市级课题《中小衔接英语自然拼读法（Phonics)校本微课程开发的研究》《小学语文"名家经典阅读周"课程构建与实践研究》《小学生短式网球校本课程的开发与实践》《小学童话课程建设的实践研究》等，积极推进拓展性课程深入研究。

杭州市京都小学在课程建设基础上，进一步深化"水之德、水之润和水之色"的逻辑维度，将学校的德育活动、学科教学和校本课程等有意义的学校课程学习经验统一纳入以"水文化"为引领的学校课程逻辑体系之内，打造多学科、超学科的课程整合，强调学科与真实生活的联系，构建多层次、高融合、重个性的真正彰显"多元、融合和创新"的水文化特征的新学校课程体系；同时，积极推广省级课题《多元 融合 创新——基于水文化的学校课程体系建构研究》中"基于国家教材的课程统整实践"的成果，树立"水文化"课程品牌。目前版画、陶艺、昆曲、运河娃综合实践、古诗词戏剧课程、水之秘等多项课程获市、区精品课程。

课程与评价中心通过对拓展性课程开发的方法指导与途径引领，以融理论素养与实践技能、整经验分享与专家指导、集驻校考察与行走研学、汇精品观摩与现场导引等方式，培养我区拓展性课程研究的骨干教师队伍，提升我区拓展性课程实施的有效度，以期形成领域广泛、内容丰富、品牌突出的下城课程精品特色。

六、项目课程，多维度整合

项目化课程是以工作任务（而不是知识）为参照点设置课程的课程模式，是以典型产品或服务为载体让学生学会完成整个工作的课程模式，以某一具体的项目任务的完成为载体，将知识、技能、方法融入学生任务实施的过程，学生在"做中学、学中做"，教师在学生学习的过程中，实现"做中教"。学习的过程是学生主动探究的过程，充分发挥学生的主观能动性，从而培养学生的小组协作精神和自主探究能力。

学生从接到项目任务单开始，首先要明确做什么，即明确学习的目的性，从过去要他们"知道什么"转向为"我要做什么"；其次要思考怎样做，即要完成这一任务，细化为哪些小任务，从而对整个加工的工作过程有所理解，同时培养学生学习、工作的计划、决策能力；最后还要想我做得怎么样，要反思我的收获及存在问题，即在这一项目任务实施的过程中，我学到了什么，掌握了哪些知识、技能，获取知识的途径有哪些，我存在的问题在哪儿，通过哪些途径去解决问题，从而培养学生分析、解决问题的能力。

杭州市大成岳家湾实验学校的《文化，让丝绸飞起来》丝路课程以项目学习的方式开展，课程中学生分为文字探源组、服饰演变组、消费调查组、科学观察组、工艺制作组等，设置不同的探究主题，注重学生思维发展，让探究更加聚焦、更加深入。课程内容涉及语文、英语、社会、历史、科学等多个学科，并请社会老师联合教学，使学习内容更加专业，同时体现了学科整合、融合育人的先进理念。课堂由各项目组学生代表汇报探究成果，展现合作探究过程，充分体现了学生是课堂的主体。在项目学习中，培养了学生多维度整合、多角度思考、多方面研究的综合能力。

杭州市刀茅巷小学盘纸课程项目学习活动，课程通过主题设定，将盘纸运用于故事创编，将盘纸与写作、美术等学习经验结合，提高学生应用已有知识经验的能力,传承非物质文化遗产。学生根据视频学习制作卷纸技能，小组分工完善故事、写童话等展示剧目。在整个项目化学习制作过程中，学生经历从无到有，提升学生独立解决问题的能力；通过项目作品制作和展示，增强制作团队的荣誉感和凝聚力，实现自我价值；增强各学科之间的融合，真正在多方面发展学生思维，提升学生能力，富有趣味性、多元性和创造性。

主题式学习，是以统一的主题、问题、概念、基本学习内容链接不同材料，使学生在此过程中建立传统的思维方式。跨学科项目化学习，是围绕同一主题，超越学科与生活的界限，寻找并培养学生解决问题的多种途径。

七、科学评价，促进多元成长

拓展性课程评价应该遵循"发展、促进与提高"原则，每所学校都采用量化评价和质性评价相结合的评价方式，做到评价指标全面、评价方法灵活、信息收集多元、评价反馈及时。学业评价涉及态度、出勤、纪律、能力等多个维度，部分学校采用学生自评和教师评定相结合。评价结果以书面建议的形式反馈给教师，让教师能够了解课程实施情况，以便作出适度微调，避免拓展教学过于随意、无检测的情况出现。

杭州市景成实验学校所有参加拓展课程的学生都有相应的积分录入学校的"优宝卡学生成长评价系统"。积分九年一贯，长期有效，用数据让学生的成长可见。

杭州市青春中学通过网站进行学生选课和学生评价。在学生选课后，系统会给每位任课老师分配学生名单，老师通过电脑或手持设备对学生在课堂上的表现进行记录。学生的课堂表现占总评价的60%，再结合学生的期末评价，并按一定比例自动生成学生的综合评价及学分，反馈给班主任。拓展课程评价更关注学生的过程性评价。

杭州启正中学通过手机App软件，除了实现学生选课、老师评价，还可以实现学生课堂表现可视化：学生家长可以通过App了解到学生的学习内容，学生的课堂表现，也可以对教师进行综合评价。

八、成果展示，丰富校园生活

学校致力于文化先导、以文化人，将校园节日与分类教育有机结合，设置融人文、艺术、娱乐等元素于一体的一系列校园文化节日课程。

杭州市观成实验学校主要通过参加活动展示自己来评价的。一月一节，还有公益活动。在一月一节中同学们都使用了自己在拓展课中所学到的才艺，活动中同学们展示的都是最好的自己。数学节上同学们解鲁班锁，拼魔方；音乐节上同学们表演街舞，弹奏古筝；艺术节上一幅幅惟妙惟肖的作品，科技节中4驱车比赛，火箭比赛，读书节中同学们化身书中的角色表演书中的情节。每一个节都是为孩子们展示的舞台，同学们呢也用在拓展课中学到的才艺为活动添彩。

杭州市大成实验学校已成功设置8个校园节日课程：三月"园艺节"，四月"读书节"，五月"科技节"，六月"童话节"，九月"国学节"，十月"体育节"，十一月"英语节"，十二月"艺术节"（音乐节与绘画节隔年举行）。每年确定不同的节日主题，固定开展丰富多彩的节日活动，使校园节日常态化、课程化。

总之，目前区域内拓展性课程整体发展势头良好，近三年获得省精品课程6门、市精品课程28门、区精品课程80余门。拓展性课程实现创造性、趣味性和知识性的统一。相对基础课程，拓展性课程更贴近学生生活，更机动灵活，能把复杂的知识趣味化、条理化，让学生更好地掌握，能调动学生的积极性，使学生在身心愉悦中快乐学习。

（原）下城区教师教育学院课程与评价中心将继续深耕课程，推进课程的标准化、区域化，重视课程评价研究，提高课程的含金量和品质。

第三章

――――――

**基于区域共享的拓展性课程
建设与实施**

第一节 "行走研学"——拓展性课程 骨干教师培养纪实

为推进拓展性精品课程的开发与实践研究，构建区域内中小学拓展性课程体系，促进各中小学校拓展性课程的创新发展，通过区课程与评价中心对拓展性课程开发的方法指导与途径引领，以融理论素养与实践技能、整经验分享与专家指导、集驻校考察与行走研学、汇精品观摩与现场导引等多种方式，培养区域内拓展性课程研究的骨干教师队伍，提升区域拓展性课程实施的有效度，以期形成领域广泛、内容丰富、品牌突出的区域课程精品特色。

一、专家引领，研培联动，我们在学习

实践能真正体现理论的价值。为了让实践走向正确的方向，我们多次邀请专家为老师们做理论知识的培训：邀请浙江大学肖海龙教授和唐西胜院长给区内负责精品课程的老师们现场把脉，答疑解惑；邀请杭州市基础教育研究室的俞丽萍老师给大家做了"拓展性课程"专题讲座；邀请杭州市江干区教育发展研究院的曾宣伟老师做"课程建设回头看"培训；在南京，我们上门请教，南京市拉萨路小学校长严瑾和我们娓娓道来"为儿童的学习而设计"话题；江苏省教育科学研究院基础教育研究所倪娟所长和南京市玄武区教科所杨向红所长就江苏育人模式和当下课程所要面临的挑战与我们进行了深入的交流。如图3-1~4所示：

图3-1　（原）下城区课程与评价中心
张虹主任主持"行走研学"开班典礼

图3-2　江苏省教育科学研究院基础教育研
究所倪娟所长《江苏育人模式下的课程研发》

图3-3　南京市玄武区教科所杨向红所
长《当下课程所要面临的挑战》

图3-4　南京市拉萨路小学校长严瑾
《为儿童的学习而设计》

　　通过一次次的培训，老师们逐渐明确了拓展性课程在整个课程体系中的重要性，在大咖名家的引领下开始思考属于自己学校特色的拓展性课程体系，为日后建立全新的拓展性课程打下了良好的理论基础。

二、未来已来，远方不远，我们在路上

　　"纸上得来终觉浅"。我们只有走出去，看看同行们的做法，才能对自身的发展起到促进作用。我们相约来到南京，聆听专家报告，实地考察实践，了解南京的教育文化，感受江苏课程的发展，并自觉自发进行了体会和反思。

在南京市金陵小学，老师们聆听了"走进儿童世界，培养世界儿童"的讲座，参观校园，交流学习，互动学习。在南京师范大学附属中学新城初中，老师们走进课堂倾听学生的发言，近距离接触了中学的课程建设。在南京市夫子庙小学，老师们感受了以儒家孔子思想为核心的拓展性课程。如图3-5、3-6所示：

图3-5　老师们参观南京市金陵小学

图3-6　老师们聆听"走进儿童世界，培养世界儿童"的讲座

南京之行在"看"中"学"，在"学"中"思"，在借鉴江苏省特色课程结构的基础上，各校老师对本校拓展性课程有了新的认识与思考，在之后的讨论交流会上各抒己见，提出了自己的想法与意见，为制定学校拓展性课程提供帮助。

三、精准定位，凸显特色，我们有收获

在理论与实践的双重指引下，（原）下城区中小学对自身的拓展性课程建设进行相应的调整，各学校就自身区位特色、办学理念和学校优势进行综合性的考量，在取其精华去其糟粕后，各学校推出了具有自身特色的拓展性课程体系，并不断进行探索和尝试。

2019年上半年我们从提纲的撰写开始，手把手指导区精品课程的各课程负责人。2019年5月和7月，我们先后两次对精品课程的负责人进行了驻校单独辅导，以求精品课程精益求精。9月，我们又组织课程的分管领导和负责人进行第二次面对面的辅导，进一步规范了课程撰写的内容和深度，为各校参评课程策划了现场展示活动，参评学校积极认真地准备杭州市复评。2019年10月9日，杭州市教研室组织复评专家评委小组先后对我区四所学校所申报的市精品课程进行现场复评。

（1）长江实验小学"原创皮影"课程突出非遗项目的系列化。考评组一行在

校长吴聪慧与教导处沈蕾副主任、美术组组长陈颖老师的带领下，实地考察了长江"精品课程"建设情况，并听取学校情况介绍。考评组参观长江"中国风国际范"校园文化建设，走访校园内的国家非物质文化遗产木版水印馆，走进皮影社团，欣赏了皮影社团的孩子们展示的原创皮影剧《长江哲学日》。校长吴聪慧做了"小学者大课程——长江皮影课程的落地与生根"讲话，美术组组

图 3-7

长陈颖老师做了"长江皮影社团的建设与实践"情况介绍。

考评组称赞长江实验小学在办学中将传统文化融入学校课程建设的举措是对中国文化与中国精神的继承与发扬。皮影社团正是长江学子学习艺术技能、传统文化的优秀园地。这项具有生命力的民族精神培养与传统艺术浸润工作，值得长江人不断创新与长期坚持。

（2）青蓝青华实验小学"形之美——游戏遇见数学"课程强调创新思维训练，将数学知识隐藏在一个个精巧的数学玩具中，把枯燥的公式定理放进一个个有趣的数学游戏里，孩子们在玩中学，乐在其中。青蓝青华实验小学吕晓丽校长首先向专家组介绍了学校办学特色和"博·约"课程群的文化起源，并汇报了学校数个拓展性课程实施情况。随后，课程负责人邵宇老师从课程开发起点、设计与实施、课程的成效、困惑与挑战四个方面介绍了"形之美——游戏遇见数学"课程实施情况。邵老师从儿童的天性切入，立足数学和游戏的特点，阐述为什么开发该课程。结合学校课程群，介

图 3-8

绍数学游戏课程基本设计思路。在具体操作层面，邵老师从课程内容选择、设计策略、组织形式和个性化评价4个维度图文并茂展现课程实施的全过程。

在随后的教师座谈中，复评组组长对学校的数学游戏课程已有研究成果表示赞

赏，肯定课程团队付出的努力与智慧，并激励学校吸引更多的教育资源，丰富课程视野，进一步思考拓展性课程的学、教方式转变及评价方式改革，力求更大程度发挥数学游戏课程的育人价值。

（3）朝晖中学"'生活化'微实验"课程注重动手能力和创新能力培养，让孩子们协同合作，参与到奇妙无比的实验中去，实验与生活相结合的做法更是让孩子们兴趣盎然。刘粉莉副校长以"素养为核 课程为擎 培养好学自信少年"为主题，向专家组介绍了学校拓展性课程改革的探索与实践。课程负责人夏兆省老师从课程内容设计、课程操作实践、课程实施成效、课程改进反思四个方面介绍了"'生活化'微实验"课程实施情况。"生活化"微实验课程设置测量型课程、自制型课程、探究型课程等模块，鼓励学生利用日常生活中的物品

图 3-9

进行实验探究，以激发学生学习科学的兴趣，强化学生科学探究的意识，促进学生学习方式的转变，培养学生的创新精神和实践能力。

专家组还与课程团队教师、选课学生代表进行座谈交流，了解课程实施情况，并观看课程短片《动手动脑 趣味无限》。

（4）胜蓝实验小学"童韵竹刻"课程是生活走向艺术，艺术走向课程的尝试。孩子们拿起刻刀，专注于眼前的竹片，一件件精美的竹雕工艺品无不体现出学校拓展性课程的创新与改变。

考评当天，胜蓝实验小学校长崔建军向大家解读学校"蓝韵课程"的整体架构，随后由童灵莉老师汇报"童韵竹刻"课程的实施情况。竹刻在小学拓展性课程中的开发与实践，不仅陶冶了学生艺术修养，丰富了校园文化，也开启了校园非遗文化的传承教学，取得了一定的成效。复评组成员认真审阅了

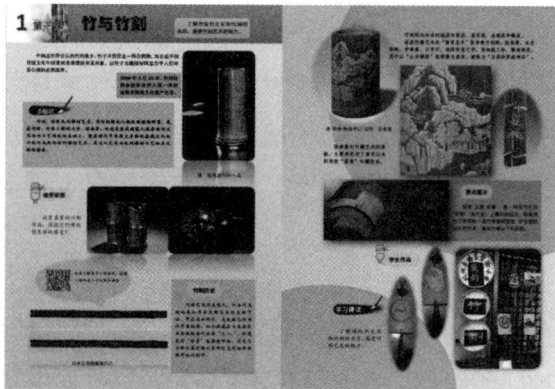

图 3-10

竹刻课程材料，先后参观了竹刻教室、竹刻走廊、航模室、射箭室，观看了孩子们的竹刻作品。在学生座谈会上，孩子们纷纷表达了对竹刻的喜爱，由童老师设计的围棋段位制的教学方式更加激发了孩子们对竹刻艺术的热情。复评组组长充分肯定了胜蓝实验小学在拓展性课程方面取得的成绩，并激励老师们继续努力，将"竹文化"开发为拓展性课程群。

图 3-11

一整天的杭州市中小学精品课程复评结束后，专家组对（原）下城区拓展性课程的建设力度给予了肯定，对课程的落地与实施给予了高度赞赏。

正是因为区内各学校老师的同心协力，共同努力，以上四所学校自主开发的拓展性课程被评为杭州市中小学精品课程。

四、一路辛苦，一身情怀，我们未来可期

通过2019年度的行走研学活动，研训班的学员们参加了校际沙龙活动，以"拓展性课程的研究与实践"为主题，来自不同学校的学员分享了各自主持的拓展性课程的建设成果，展示了课程的亮点，同时也对这一年的学习进行了反思，剖析了其中的不足。

青蓝小学魏榕：这是我第一次听讲座时热泪盈眶。"学程周"的设计实施很辛苦，但老师们抱团成长，团队共进，靠着对教育的热爱和情怀，一路走，一路成长，终于有了我们今天所看到的"学程周"。反观我自己，我常常向外求，求先进技术，求高大上的环境，但我忽略了向内求，忽略了发展文化，忽略了由内向外的浸润。

图 3-12

现代实验小学杨艳玉: 金陵小学的生态课程充分体现了金小如何让课堂教学立足于学生,学生是课堂的主体,老师带着孩子深入思考、科学探究、艺术体验,让学习无处不在。这些都让我深受触动,对比我们的教育,我们目前做的还太少,今后要继续努力。

图 3-13

风华中学胡海林: 参观的三所学校,都能够很好利用学校及周边的资源开发特色课程。金陵小学利用其独有的园林生态,实现了教学环境从课堂到现场的延伸,教学内容从书本到生活的迁移,学习方式从被动到主动的转变。夫子庙小学将孔子的教育思想和智慧融入课程建设中,如在体育课程中加入秦淮老游戏,在英语课程中培养秦淮小导游等。这些学校的课程建设都做得非常好,值得我深思,我想我们的课程也要植根于自身的土壤,发展自身的特色。

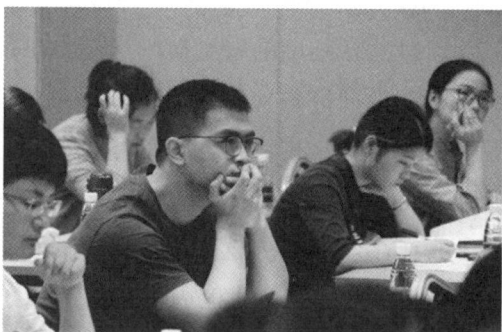

图 3-14

京都小学贾小双: 先做中国儿童,再做世界儿童,让儿童不忘根本,面向世界,走向世界。对于儿童价值观的引导及生命教育在我的教育中是缺乏的,这点值得我深思。为了儿童的成长,我要做的是更新教育理念并将其应用于实践中。此次参观培训给了我很大震撼,

图 3-15

我会努力学习和吸收,并渗透于我校的课程开发中。

研修班学员们的反思与认识,让老师们厘清了拓展性课程的要义。老师们的分享与交流,更加激发了我们的深思。

(1)**玉壶存冰心**。做课程拓展,首先要培养学生的主体意识,完善学生的认知结构,提高学生的自主能力,通过一些开放性、人文性、生活性的课程来激发学

生的兴趣爱好，开发学生的潜能，促进学生个性发展。传道授业解惑之心如初，然传道授业解惑之法存异。此异看似与传统知识性课程关系不大，甚至相悖，然而其共同目的都是发展学生的核心素养。我们应该将两者存放于一个共同的、宏大的背景之下，以长远的目光，静待花开之时。唯有心存冰心，才能将复杂、多维、纷繁的课程体系架构弄清楚。杜绝当前拓展性课程与传统课程整合中的貌合神离现象，杜绝宏大背景框架下的粗线条做法，杜绝育人理念和育人模式相偏差的错误做法。我们唯有怀揣平和之心，静心思考如何创设具有鲜明特色的教学环境，怎样突出核心教学内容的模型建构，怎么开发丰富而有特色的课程资源，如何建设促进自主学习的互动平台等，才能真正从心出发走上拓展性课程之路。

（2）朱心鉴童真。"学生是学习的主体。"相信各科的课程标准上都会针对学生的学习下如此的定义。教师的一片赤诚之心是为了学生发展，然而往往太多的时候我们将成人的这种付出强加给孩子，而孩子未必能够承受，教师忽略了孩童真实的想法。拓展性课程的建设虽然没有固定的教学大纲，很多时候也会与各种类型的课程进行整合。但是整合的同时，我们还是要回归教学大纲，好好研究，对学生而言何为学之本，对教师而言何为教之根。这些未来的社会主义建设者和接班人的童真童心我们理应尊重。以吾铁血丹心，换尔好学笃思真情，同在青青校园，一树一草一花一叶皆是我们一起拓展的素材，都是课程开发的元素。先谈主要课程在学校的实施，在此教学效率基础上，再谈根据地方资源、学校资源开发出来的独特课程资源。如此，我们架构的课程体系才会跟学校的办学理念相契合，才能倡导建设更高层次的校园精神文化。看得见儿童，看得见儿童在真正学习，看得见儿童生命在成长，这才是大家都崇尚的常春藤学校之真谛。我们儿时也曾有过常春藤之梦，如今童年已远去的我们为何不心存冰心，以朱心一片鉴印我们未曾实现的童真呢！

　　这一年的拓展性课程学习，无论是专家讲座还是参观学习，让我们更进一步认识了拓展性课程的本质和开展方式，为今后的工作提供了宝贵的经验。培训活动虽然已经结束，但它不是终点，而是起点，会更好地指导我们。相信在今后，研训班的老师们也将继续努力在实践中学习，将学习所得用于课程实践，吸取智慧，从输入到输出，转化为实实在在的教育生产力，区域内各校也能在拓展性课程建设的道路上展示自己的精彩。

第二节　基于共享的拓展性课程区域实践研究

随着我国新一轮基础教育课程改革的推进，地方和学校对课程的决策权逐渐加大，课程的多样化发展趋势日益明显。学校拓展性课程的开设与实施成为新课改的重要目标，全国各地区各中小学校逐渐意识到开展拓展性课程的积极意义，结合学校特色及优势，充分调动教师的积极性，设计富含个性特色的课程，充分自主行使设置三级课程管理权。

从全国范围的实施情况看，上海、江苏、广州、浙江等省市的中小学率先走在了全国的前列。近年来，浙江省各地区中小学校拓展性课程如雨后春笋般涌现。这与2015年浙江省出台《浙江省教育厅关于深化义务教育课程改革的指导意见》具有紧密相关性。"指导意见"将拓展性课程的概念、意义、内容分类等进行了具体阐述，为各中小学校拓展性课程的开发与建设明确了方向。杭州作为浙江省省会城市，在拓展性课程的实施上走在全省领先位置。

（原）下城区教师教育学院于2018年8月成立了课程与评价中心，对区域拓展性课程进行整体的规划和推进。期冀本区中小学校在拓展性课程开发与实施过程中，能够以当下学习科学先进理念为依托，深入探讨"最有价值的知识"，突出拓展性课程与学生生活实际的联系，以合作共享的形式区域规划与推进特别是义务教育段拓展性课程的开发与实施。

行动研究一：调研摸底　统筹规划

调研（一）2018年9月

我们在区域内开展了拓展性课程实施与建设现状调查，调查的目的是摸清区域内拓展性课程建设与实施现状，以便采取针对性积极措施，促使区域内拓展性课程能够全面而有质量地开发与实施。

我们邀请中小学校长简述学校拓展性课程开展情况，各学校教导处上报学校基础性课程和拓展性课程的总课表，召集学校拓展性课程负责人现场座谈拓展性课程执行效果，主要涉及课程开发的数量、特色课程形成、教师专业发展以及学生参与情况等内容。从学校拓展性课程建设情况统计数据来看，区域内义务段中小学校共有160个比较成熟的拓展性课程。18所小学开设课程种类从多到少分别是：艺术修养类（189门）、学科知识拓展类（188门）、动手技能类（122门）、体育特长类（119门）、社会实践类（29门）、德育心理类（18门）；14所中学开设课程种类从多到少分别是：学科知识拓展类（137门）、艺术修养类（121门）、体育特长类（92门）、动手技能类（84门）、德育心理类（23门）；社会实践类（2门）。从数量上来看，绝大部分学校达到科目开设数是学校班级数的100%要求。

我们意识到存在的问题：学校拓展性课程体系有待完善，表现在科目数量设置相对有限；有的学校没有对课程作全面规划，有的科目选择缺少有效引导，不可避免地产生"热门"和"冷门"科目；拓展性课程教学设计水平不高；教师没有充分认识拓展性课程与学校特色建设的关系、对学生成长的意义价值；缺少一个较清晰的理论支持，缺少课程资源。

调研（二）2019年9月

我们设计了区域拓展性课程的相关调查问卷，以《浙江省教育厅关于深化义务教育课程改革的指导意见》为准则，再次进行了区域内拓展性课程的整体调研。调查发现，我区中小学校秉持"促进学生可持续发展为目标"，在夯实基础性课程建设的同时，积极探索拓展性课程体系的开发与研究，紧跟时代发展的步伐，不断开发新的课程，以满足学生新的需求。全区32所中小学校开设各类拓展性课程1000余门。新设课程（1年以内）226门，2年及以上的课程265门，10年以上的课程27门。从课程类型来看，知识拓展类课程占35.94%，体艺特长类课程40.26%，主题或项目活动类课程23.8%，各类课程相对均衡。

这次调研，我们发现存在的问题主要表现在以下两个方面。第一，区域学校之间学校拓展性课程的顶层设计存在较大的差异。部分学校如长江实验小学、刀茅巷小学、大成岳家湾实验学校、求知小学等学校拓展性课程的顶层设计在课程设置理念、课程设置目标、课程体系结构、课程设置和课程评价上，既有传承，也有二度开发；既有科学分层，也有灵活创新，真正体现了"以学生发展为本"的课程改革的基本理念，让每一个孩子在拓展性课程里面感受着"为了每一个学生的终身发展"的核心理念。但是部分学校忽略了拓展性课程的设计与开发需要结合学校的自身文化特质，突出拓展性课程的个性；部分学校虽然关注到了拓展性课程教学的计划安排，却忽略了对课程实施的评价及后期持续开发完善。还有极少数学校仍然固守着国家基础性课程，对拓展性课程的认识不足，开发力度不够。第二，学校开设拓展性课程的科目类型需要进一步平衡。由于认识上的偏颇，体育、美术、音乐拓展性课程的开出率较大，各个学校体艺特长类科目所占比重较多。而主题或项目活动类课程在各校所占比例相对较少。知识拓展类课程则以培优补弱型的基础性课程的补充为主要存在形式。

调研（三） 2020年6月

为深入了解区域内拓展性课程实施与建设的真实状态，厘清区域内拓展性课程的类别及授课教师情况，促进我区拓展性课程的建设与实施能够真实有效，更有质量。

本次调查发现：参与本次调查的老师平均年龄为33岁。其中35周岁以下老师占58.2%。任教老师以语文、数学、艺术老师为主，分别占27.97%、19.41%、18.88%。课程主要为本校教师自主开发实践，也有部分课程是聘请专业机构老师带领学校老师共同建设和实施的。在课程的创设上，学校指派课程与老师自主创设各占一半，既有符合学校拓展性课程顶层设计的主流课程，也有老师根据自己的特长、爱好自主开发的特色性课程。绝大多数老师反馈开设课程内容与自己的专业相符，有27.16%的老师开设的课程与自己的专业不符。约有80%的老师开设课程内容为自己的兴趣爱好，认为所开设课程能给自己带来教学快乐，也给学生带来学习快乐。绝大多数授课教师能发挥主观能动性，体现拓展性课程的多样性和新颖性。大部分老师是在满工作量的情况下承担拓展课程的教学工作。

三年的工作，三年的调研，随着区域拓展性课程工作的建设与推进，我们从三个不同层面了解到近三年学校开展拓展性课程的整体发展与提升。我们有针对性地进行工作安排，从拓展性课程的顶层设计开始辐射，从骨干教师的重点辅导开始衍生，以点带面，全面夯实和推进区域拓展性课程的发展。

行动研究二：研学一体 扎实推进

2018—2020年度，为区域推进义务教育阶段拓展性精品课程的开发与实践研究，不断拓宽课程领域，丰富学校校本课程资源，增加学生多维有序的课程体验，增强教育的选择性，（原）下城区教师教育学院课程与评价中心将拓展性课程区域工作的开展与骨干教师的培养结合起来，通过行走研学、专家的引领解读、学校的经验分享、多项目的评比活动，整合专业理论和实践工作，重构理论，提升素养，把工作落地生根。（原）下城区拓展性课程建设主张推进拓展性课程区域共享，鼓励各校团队研发高质量的拓展性课程，推出一系列拓展性课程教师研修活动与基本功比赛，形成以区域为整体的拓展性课程开发和实践模式。

我们从拓展性课程顶层设计开始，培养学校领导的课程领导力，以骨干教师的重点专项研修辅导开始衍生，以点带面，全面夯实和推进区域拓展性课程的有效实施。通过对拓展性课程开发的方法指导与途径引领，以融理论素养与实践技能、整经验分享与专家指导、集驻校考察与行走研学、汇精品观摩与现场导引等方式，培养区域拓展性课程研究的骨干教师队伍，提升区域拓展性课程实施的有效度，以期形成领域广泛、内容丰富、品牌突出的区域课程精品特色。

我们先后邀请专家开设了多场专题讲座，分享了多所学校的课程经验，通过"学校拓展性课程顶层设计方案评比""学校拓展性课程亮点活动案例评比""疫情下学校开展拓展性课程的金点子征集即实施有效措施的典型案例"、"区精品课程、培育课程评比""区精品课程教学视频（微课）评比""区拓展课程骨干教师基本功（课程纲要）比赛""推评省市精品课程"等有层次、有梯度的活动，更好地"消化"了理论知识，更多地汲取了实践经验，收获了丰硕的区域成果，构思了基于共享的拓展性课程体系。

2020年全区中小学校的拓展性课程骨干教师经过系统培训，集思广益，精心研制，交出了一份份满意的成绩单。杭州市朝晖实验小学的《走进管乐——"小金号"管乐团》《快乐小书虫阅读课程》、杭州市德天实验小学的《走进杭州话》、杭州长江实验小学《健美操》、杭州市求知小学《瓷言片语》五个短视频微课在（原）下城区拓展性课程短视频微课评比中脱颖而出，获得一等奖的佳绩。天水小学《趣味配音》《"陶"然自得》、德天实验学校《"六道十二礼"仪式育》、胜蓝实验小学《奇妙的微小世界》、永天实验小学《真香·杭帮菜之旅》、大成岳家湾实验学校《八年级"科学工程师"》、景成实验学校《童话剧编演》、青蓝青华实验小学《国韵童心》、传媒实验中学《徽标的艺术设计和制作》、求知小学《创意3D打印》、长寿桥小学《"京韵童声"》的课程纲要在区拓展性课程教师基本功比赛中脱颖而出，荣获一等奖。

"纸上得来终觉浅"。我们组织区内拓展性课程骨干教师"行走研学"南京行活动，聆听专家报告，实地考察实践，了解南京的教育文化，感受江苏课程的发展，骨干教师自觉自发进行了体验和反思。在南京市金陵小学，老师们聆听了《走进儿童世界，培养世界儿童》的讲座，参观课程的实施，主动学习，互动交流。在南京师范大学附属中学新城初中，老师们走进课堂倾听学生的发言，近距离接触了中学的课程建设。在南京市夫子庙小学，老师们感受了以儒家孔子思想为核心的拓展性课程。南京之行在"看"中"学"，在"学"中"思"，在借鉴江苏省特色课程结构的基础上，骨干教师对本校拓展性课程有了新的认识与思考，大家各抒己见，为之后参与学校拓展性课程提供积极的正向引导与帮助。

近三年来，我们邀请专家进行有关拓展性课程理论与实践的专题讲座：

1.浙江大学给区内精品课程的老师们现场把脉，答疑解惑；

2.《拓展性课程的要求与案例》杭州市基础教育研究室；

3.《课程建设回头看》杭州市江干区教育发展研究院；

4.《为儿童的学习而设计》南京市拉萨路小学；

5.《江苏育人模式下的课程研发》江苏省教育科学研究院基础教育研究所；

6.《当下课程所要面临的挑战》南京市玄武区教科所；

7.《对话生命，生态课程建设的实施与思考》南京市金陵小学课程开发部；

8.《促进学生卓越发展的初中校本选修课程建设》南京师大附中新城初中；

9.《课程建设文本若干要点解读》浙江省教育厅教研室；

10.《让我们的课程建设具有持久的生命力》浙江省教育厅教研室；

11.《学校课程顶层设计的问题与改进——基于（原）下城区学校拓展性课程顶层设计方案的思考》杭州师范大学；

12.《拓展性课程中指向核心素养的表现性评价》华东师范大学。

2020年上半年的特别行动："疫情下拓展课程金点子（有效案例）征集活动"

2020年伊始，新型冠状病毒感染肺炎疫情突如其来，疫情之下网络直播教学已成大势，主要以教师的学科教学为主。一段时间以来，如何进行丰富的拓展性课程的在线活动成为值得中小学学校和教师进一步探讨的问题。在前期调研的基础之上，（原）下城区教师教育学院组织开展了疫情之下区域中小学拓展性课程系列研讨活动：组织学校开展学校拓展性课程的顶层设计；重点征集评比并推出疫情之下学校开展拓展性课程的有效举措（金点子）；组织拓展课程骨干教师网络培训，重点指导教师提炼疫情之下拓展性课程网络教学的有效策略（典型案例），分享区内省市精品课程建设的实践案例，指导教师拓展课程课程纲要的撰写并组织评比，鼓励教师拍摄拓展课程的短视频微课并组织评比。我们以直观的文字、图片、视频等方式进行区域推广疫情下拓展课程的金点子与有效实施拓展课程的典型案例，区域共享实施拓展课程活动的有效措施，努力提升区域内中小学校拓展课程的开发与实施能力。

这次征集的疫情下拓展课程金点子活动，共收集到来自全区29所中小学共49个案例。

49个案例中，三分之二是年轻教师撰写的，老师们的认真勤学和积极性是难能可贵的，收集的金点子有效案例中既有语文、数学、英语、科学等单个学科拓展性课程的，也有跨学科的，还有德育主题教育、心理辅导项目的，涵盖了学校教育的各个层面。我们欣喜地看到，青蓝小学的《生命·成长》、长江实验小学的《小主播在线》、观成实验学校《"小小企业家"互联网+创业大会》、京都小学《京都娃花式战疫》、东园小学《疫情下语文微型拓展性课程线上"百家小讲堂"》、传媒实验中学《精准问题巧拓展，抗疫直播化新知》、安吉路实验学校《"防护服"STEM项目的设计与实践》、胜蓝中学《智能口罩》、青春中学《困境下的蜕变》等案例，紧密结合疫情、时事和"互联网""直播""消费券""防护服""口罩"等热点，把拓展课程落地生根，让学生真正在学习中习得和发展。我们征集评审并向省教研室推荐了青蓝小学《生命·成长——疫情背景下PBL拓展性学习课程的开发与实践案例》、风帆中学《以"窗的艺术"系列课程为例的拓展性课程线上教学实践》、明珠实验学校《依托精品课程，激活疫情下的课程拓展——以"诗文传精神携手战疫情"的线上线下联动教学为例》，作为疫情下中小学拓展课程实施的典型案例，进行省域推广。

行动研究三：潜心哺育　终成范式

经过三年的时间，在区域统筹规划、推进指导下，区域义务段中小学校不断探索拓展性课程有效实施路径，不断推出精品与典范，勾勒出区域中小学校拓展性课程实施状况的现实图景："区域+学校"形成课程资源的主体开发和推广模式。

（一）力图形成相似拓展领域的区域课程联盟

学校层面的拓展性课程开发与实施是一种校本研究和校本管理行为，能充分展现教师的课程开发能力。但是拓展性课程发展到现在，要求改变囿于一所学校范围的封闭学习空间，要求多所学校合力开发丰富多彩的课程基地。在区课程部门的推动下，经过三年的培育，很多学校的拓展性课程一改以前单打独斗的现象，在借鉴区域内同类型优质课程的基础上，进行了符合自身学校特点特色的二次开发，让课程真正做到了从学生出发，为学生服务。例如，风华中学、春蕾中学、风帆中学、求知小学、青蓝小学、德天小学的足球课程，安吉路实验学校、求知小学、永天实验小学、朝晖中学、青春中学的阅读课程，江心岛小学、永天实验小学、景成实验学校的水墨画课程，长江实验小学、京都小学、文龙巷小学、明珠实验学校、青春中学的Scratch编程课程，都是扎根本校实际、发挥各自条件资源和素材资源优势，推进区域课程实施的典范。

（二）形成校本特色的拓展性课程活动内容设计模式

区域学校所处地域和社区的环境即课程资源，学校以研究的眼光挖掘和利用环境资源并引领师生积极参与拓展性课程的开发及建设。刀茅巷小学有自建的"口琴博物馆"，该校在传统口琴课程的基础上，迭代开发的"口琴博物馆 小小代言人"就是充分挖掘了优势，成为独特的课程资源；文龙巷小学走出了王琳等多位羽毛球世界冠军，是浙江省羽毛球运动后备人才基地学校，一直以来进行的羽毛球课程让"羽星摇篮"名副其实；启正中学利用民办学校的资源优势，开展的模拟联合国课程，让学生的视野从国内走向世界，更是扩大了学生思维的宽度和深度。大成岳家湾实验学校利用中国丝绸城地域资源，与中国丝绸博物馆开展场馆建设，开发"丝路课程"，引导师生开发身边的课程资源，进行项目化研究性学习。2020年我区获评杭州市义务教育段精品课程的课程各具风采：文龙巷小学开发《小交警实践营》课程，以教学指导材料、自编教学材料、微课资源、课堂教学为授课载体，以"滴滴叭叭城"交通安全主题教育活动为课程特色，培养学生的交通安全意识；刀茅巷小学《口琴博物馆 小小代言人》与青蓝小学的《礼·宾》课程以学生礼仪教育为载体，培养具有国际视野的未来人；青蓝青华实验小学《创意西湖绸伞》与胜蓝实验小学《创意纸绳》以非遗项目作为基本元素，开发学校拓展性课程；景成实验学校《奇妙的种子》以劳动教育为契机，整合学科教育，培养学生综合素养。

（三）形成区域内拓展性课程的几种基本范式

1.同一学校同一学科开发的系列课程，如：
数之乐——玩着游戏学数学 青蓝青华实验小学

　　形之美——游戏遇见数学　青蓝青华实验小学

　　杭州市青蓝青华实验小学冯春飞老师和邵宇老师围绕数学游戏主题分别主持开发了《数之乐——玩着游戏学数学》《形之美——游戏遇见数学》课程。"数之乐"课程主要通过设计和开发棋类和骨牌类思维游戏及相应操作学具，将学生学起来感觉枯燥机械但又有熟练必要的中低段计算融入数学游戏中，使整个学习过程充满乐趣与挑战，从而激发学生的兴趣与学习的内动力，加强锻炼判断与推理能力、逻辑思维能力等问题解决能力的培养，同时学生在对弈过程中获得规则意识、团队意识，培养专注力和延时满足等社会化素养。"形之美"课程尊重儿童天性，基于四、五、六年级的几何图形类知识进行多元化拓展，设计"九色魔方""五连块""创意七巧板"一系列好玩好看又有空间思维含量的数学游戏作为学生思维活动的载体。按照"认识游戏规则—探究游戏方式—游戏闯关挑战—创造游戏新模式"路径展开数学游戏教学。让学生在"做"游戏中收获更多愉快而富有探索性的学习经历，激发学生操作实践、探究规律、发散思维、挑战规则、想象创新，积淀丰富的数学活动经验，实现学习的多点驱动。在2019年杭州市教研室精品课程分享中进行了交流分享，并在区级层面多次进行资源共享。

　　2.同一学校相关内容的衍生课程，如：

　　口琴课程　　刀茅巷小学

　　口琴博物馆·小小代言人　　刀茅巷小学。

　　杭州市刀茅巷小学整体课程规划以"以生为本，问题导向，特色办学"理念为指导，构建促进学生全面而有个性发展，满足学生自主选择和多元发展的课程体系。学校一直秉承着蔡元培先生"易简得理"的办学理念，并持之以恒践行口琴艺术教育。2008年学校建成国内首家口琴博物馆。"口琴博物馆·小小代言人"课程是基于学校传统的特色口琴课程，结合学校口琴博物馆这一特有的活动平台和实践载体，特别打造的培养学生综合能力的一项口琴特色衍生课程，是近年来学校在博物馆礼仪讲解培训基础上逐步成立起来的一项重点课程。"口琴博物馆·小小代言人"课程，旨在通过口琴课程普及校园琴韵礼仪知识、代言人礼仪知识及了解学校口琴的渊源和校口琴博物馆的历史等，为学校口琴博物馆培养一支小小代言人队伍。进而通过培养，逐渐形成自信、锻炼能力，成为学校宣传的新窗口。2019年学校口琴博物馆APP进入线上新时代，以科技的智慧创新、共享口琴课程。我们的课程也将以口琴博物馆·小小代言人的形象，辐射带动周边及社会各界对口琴的热爱。多年来，学校努力探索口琴课程的发展与求新，希望借助口琴特色办学的深厚积淀，以口琴博物馆为契机，衍生出更多的特色课程，让每一位学子都能发展自己的个性，展现自己的特长，感受身为刀茅学子的骄傲自豪和灿烂光辉。

3.同一学校同类课程的设计开发，如：

童韵竹刻　　　胜蓝实验小学；

创意纸绳　　　胜蓝实验小学。

《基础教育课程改革纲要（试行）》提出："学校在执行国家课程和地方课程的同时，应视当地社会、经济发展的具体情况，结合本校的传统和优势，学生的兴趣和需要，开发或选用适合本校的课程。"拓展性课程的开发与实施，给学校发展、给教师专业发展、给学生个性发展提供了新的舞台。杭州市胜蓝实验小学在认真征求教师、学生、家长意见，全面考虑学校发展实际，突出学校办学理念的基础上，确立以"传承传统文化，播撒智慧种子，奠基幸福人生"为学校课程建设总目标，充分利用学校教师、学生家长、行业精英等教育资源，陆续开发了60多门拓展性课程，包括知识拓展、体艺特长和实践活动三类，分别分布在德育博爱、启思益智、国学尚文、乐活向美、国际视野五大课程群。为更好地建设并不断完善拓展性课程，学校每年都进行优秀课程评选，并进行经验总结，推广应用，这也是对教师、对课程的最好评价。其中由美术老师童灵莉为主要负责人开发的"童韵竹刻"课程在学校课程评比中脱颖而出，2018年被评为之江汇网络精品课程，2019被评为杭州市精品课程，2020年参评浙江省精品课程。"独木难成林"。在精品课程的引领下，与"童韵竹刻"同一课程群的其他课程，如"创意纸绳""羲之书法""百灵歌声"等课程也开始走向更为规范的建设和完善。在课程目标设计上，还实现了一个课程对另一个课程的影响和补充。2020年"创意纸绳"课程被评为杭州精品课程，2021年"曾氏剪纸"课程也准备参评区级精品课程。随着课程建设的逐步深入，我们越来越意识到，某一个主题或领域的深入教育，光靠一门课程往往比较单薄，需要整体规划由一定逻辑联系的若干课程在目标、内容、实施方式、评价等方面整合构建而成的有机的课程系统，构建相应的课程群落，从而形成更好的教育生态，发挥更全面有效的育人作用。当然，学校课程的开发是一个持续、动态的过程，是一个逐步完善的过程，也是当前课程建设的难点、热点，需要我们不断地去探索、实践、反思、完善和提高。

4.同一学科区域开发的系列课程，如：

星雨水墨　　　江心岛小学；

原创皮影　　　长江实验小学；

融创西湖绸伞 青蓝青华实验小学。

信息技术飞速发展，多元文化的冲击，传统文化被逐渐冷落。一些传统手工艺逐步淡出人们视野。在国家呼吁保护非物质文化遗产的工作中，"非物质文化遗产进校园"是一种传承方式，但进入校园多是以技艺的展示来传承，较少真正进入学生的课堂，融入教材。（原）下城区美术学科的教师们，通过非遗的探访，依据不同学生的兴趣点和教师自身个性化专业成长的需求，整合非遗教育资源，促使优秀的非遗项目与校园有机融合。许多非遗项目已经直接融入了我区的中小学，扎根校园的课程。如：江心岛小学的《星雨水墨》非遗课程把儿童水墨画作为小学阶段的学习内容引入校本课程，使学生从小接触、了解、继承民族的传统绘画形式，旨在增进学生对传统艺术的理解和热爱，提高学生的传统艺术修养。长江实验小学的《原创皮影》非遗课程是有"中国风"特色，基于学生兴趣、年龄特点，将传统皮影知识与学生生活体验相融合，原创整合美术、文学、音乐、戏剧、表演、信息等多学科，分为"皮影知识""皮影剧本""皮影制作""皮影表演"四个主题，进行原创皮影戏表演的综合性美育课程。杭州市青蓝青华实验小学的《西湖绸伞》非遗课程是从西湖绸伞制作技艺出发，提取其中蕴含的精神价值、独特的工艺技能、巧妙的思维方式为教育资源。从西湖绸伞的构成，如伞面、伞帽和伞柄等，将其转变成教学素材，围绕这些结构进行传承与创新，还能渗透进不同学科的知识点，进行融合教学深度学习。

（四）形成区域拓展性课程分类实施的经验特色

近几年，我区拓展性课程的实施工作在区域的统筹规划、指导下，在各中小学校的不断开发、实施与推进下，逐步规范和完善，形成区域特色和经验。根据省指导意见精神，我区拓展性课程主要从知识拓展、体艺特长、实践活动三大类开展，并结合区域特色、地域环境、校际文化、教师资源等研发创新，推出经典。

知识拓展类课程是对基础性课程的延伸、应用和整合，其主要目的是拓展学生知识面，激发学生学习兴趣，培养学科核心素养。教师以现有教材、课堂知识为出发点，结合自身专长，寻找学科资源，转变学习方式，从学习内容、方法、资源等全方位对知识进行补充和拓展，满足学生学习的需求。如青蓝青华实验小学从数学学科的"数"与"形"两个维度切入，以游戏为教学形式，分别开发了针对低段的"数之乐"课程和针对高段的"形之美"课程，让学生在游戏中实现知识的应用、技能的巩固和思辨能力的提升。再如青蓝小学的"儿童戏剧教育"课程，基于学校办学理念，以学生原有认知、生活经历为基础，理论指导与实践表演双线同步进行，在经历中体验学习，提升学生语言和文字能力的效果。求知小学的"二年级'读+X'绘本创意读写"课程，基于二年级学生的语文课外阅读实际情况，通过丰富的绘本阅读来激发低年级学生的阅读兴趣，采用不同的表现形式来表达阅读体会，多维训练学生的语言表达能力和思维想象能力。青春中学的"小龚DE创意微写作"课程，结合学校红帆船文学社的发展需要和初中写作教学的现状，从"微"入手，微创意、微设计、微写作，鼓励自由阅读、自由表达、自由创作，培养学生的阅读兴趣和创意写作能力。还有基于科学的"奇妙的种子""生活化微试验"课程，基于英语的"英语趣配音"课程等等，以基础性学科的某个知识、某项内容、某种资源或某个能力为切入口，开发研究，拓展延伸，实现核心素养的综合提升。

体艺特长类课程是基于学生多元智能和兴趣特长，结合体育、音乐、美术、健康等相关学科内容的学习和拓展，挖掘学生的艺术个性，展现学生的艺术才华，提升学生的艺术素养。我区多所学校结合校园办学特色开发和创新校本课程，并在区域推动、精心培育下，形成特色经典，与区域同类优质课程形成区域联盟，稳步并进发展。如观成实验学校的"赛艇"课程，将科学锻炼、模式创新、运动礼仪等核心素养融为一体，培养学生赛艇运动能力和团结协作精神，开拓学生的运动视角，提高学生的综合素养。景成实验学校的"摹写大师走进国画"课程，江心岛小学的"水墨画"课程，长江实验小学的"童趣陶艺"课程等，在美术课程的基础上发展和推新，以艺术特色引领学生全面发展。再如胜蓝实验小学的"童韵竹刻"课程，长江实验小学的"木版水印"和"原创皮影"课程，青蓝青华小学的"融创西湖绸伞"课程等，从学习传统文化、保护非遗传承入手，使学生在体验、实践、研究、创造中，感受中国传统艺术的深厚文化底蕴，领略传承艺人精湛的手工技艺，同时让这些濒临失传的非遗技艺得到"活态"传承和创新发展。

实践活动类课程主要是以培养学生责任感、探究精神和实践能力为导向，引导学生在体验生活、探究自然、了解社会中培养动手实践、科学探究、团结协作和服务社会的能力。我区在近几年的实践中不断思考、分类细化、推陈出新，将实践活动类课程分为劳动实践类和主题活动类，项目化、主题化、特色化。如以手工劳动技艺为主的"鲁班课堂""创意纸绳""亲近盘纸"课程，和以信息技术创新为主的"玩转3D""App Inventor安卓手机编程"实践课程，通过多学科融合、项目化实践，引导学生在体验、实践、研究、创造中培养探究能力、合作精神和实践能力。主题活动类课程以拓展学生视野、发展学生特长、激发学习热情、落实校本特色为目标，关注学生的真实体验和生活经历，如"心晴剧场"课程重在完善学生的健全人格，"环保品之行"课程重在培养学生的社会责任感，"口琴博物馆·小小代言人"课程重在提升学生的审美情趣，"小交警实践营"课程重在引导学生珍爱生命，"礼·宾"课程重在培养学生的礼仪文化和责任担当。这些课程从"知识本位"上升到"学生中心"，借助主题活动开辟了立德树人的新载体，形成了协同教学的新机制。

行动研究四：基于区域共享的拓展性课程的深度思考

浙江省深化义务教育课程改革将近五年，在拓展性课程的规划、开发、实施、评价等方面进行了深入的探索。越来越多学校的拓展性课程从无到有，从随意、无序到科学、规范，从重"数量"到提"质量"，从浮于"外在形式"的学校活动到深掘"核心素养"的本质追求。在摸索实践中，学校课程建设理念逐步成形、创新活力得以释放、精品课程脱颖而出，教师课程开发力、领导力与实施力得以充分激活，最重要的是学生学习需求得以满足，探究精神与综合素养得到明显提升。

（一）课程无边界，实现区域共享

课程无边界，关注学科知识的有机融合，打破学科间的壁垒，架构桥梁，将各学科知识巧妙融为一体，提升学生解决真实情境中问题的综合能力、综合素养。学校无边界，关注区域教育资源的整合。无边界的课程将真正实现学生学习时空的无边界，从课堂到课外，从校内到校外，时时处处皆可学习。学校拓展性课程的开发与实施逐步建立开发、交流、共享的模式，学校与学校之间建立常态化、合作化的课程共享平台。在共享交流中，拓展性课程的品质将得到不断的提升。

基于学生核心素养的发展，区域拓展性共享课程需要加强区域与学校的融合。坚持区域顶层设计与学校基层创新、实践相融合，区域整体规划与学校分版块实施想融合，区域文化基石与学校个性发展相融合，实现区域内学校互通有无、联动发展。区域丰富的课程资源可以拓展学习领域，使学生们的学习更开放、更多元、更多选择性。

（二）体现教—学—评，构建课程实施质量评估体系

课程的评估是一项整体工作，能体现拓展性课程与学生需要的适切性，评估方

案与课程目标的一致性、教学实施的策略与课程的一致性等。而课程实施是一个变革的过程，是一个"黑箱"，我们需要对这一"黑箱"操作过程进行研究，并开发出能够评估课程实施水平的有效工具，构建反映拓展性课程真实情况的评估体系。

首先要明确区域、学校课程实施过程质量评估的目的，要了解什么样的现实问题、实践困惑或政策需求等，根据明确的目的和现实需求，才能构建有针对性的评估体系，评估区域、学校课程实施过程质量模型。评估体系的构建需要有充分研究的课程理论分析框架，因为没有严谨而专业的理论分析框架，再大规模的数据也只是一堆乱码。要让数据能"说话"，能说有用的话，必须事先形成基于充分研究的理论分析框架。我们需要对"拓展性课程""拓展性课程实施""区域、学校拓展性课程实施过程质量"有清晰的界定，并对几个核心要素间的关系进行理论探究，形成能反映拓展性课程实施现实的理论分析框架。聚焦学校课程实施的核心：教师—方案—学生的互动，评估互动过程是如何实现的。在明确评估目的、构建理论框架、聚焦评估内容的基础上开发科学、合理、可行的评估工具，使得评估框架、评估办法和评估工具能保持较好的一致性。获得丰富的事实证据，对当前课程改革的实施状况有一个从微观到宏观的确切认识，实现构建课程实施过程质量评估体系的目的，为学校课程实施质量的提升提供实证的支持。

（三）推进拓展性课程，实现教师角色转型

拓展性课程是在基础性课程基础上的拓展延伸，丰富了基础性课程的内容，而基础性课程是拓展性课程的基础，两者应是密切联系、不可割裂的。由以上文献分析可知，立足于基础性课程的拓展性课程不多，忽视了基础性课程和拓展性课程的内在联系。因此，对拓展性课程的研究要进一步加强与基础性课程的关系，首先，从理论上厘清拓展性课程与基础性课程之间的关系；其次，拓展性课程的开发和实施可以建立在基础性课程的基础之上。如借鉴基础性课程的开发和实施策略来开发拓展性课程；再如拓展性课程目标的制定和内容的选择，要与基础性课程有所区别但又有所联系。

随着拓展性课程的推进，大部分教师的课程意识得以唤醒，课程领导力逐步形成，自主发展的意愿变得主动，积极进行更深入的探索和实践。在学校拓展性课程建设过程中，教师实际上身兼课程开发者、实施者、研究者三重角色，因而需要具备多重素养以适应课程改革的需要。作为拓展性课程的实施者，教师应突破以往以知识为本位，以课堂为空间，偏于静态文本知识的传授、理解与运用的教学方式，

转而强调课程实施的情境性与创生性，与学生在具体教学情境中共同合作，创造新的教育经验，培育学生在复杂的不确定的情境中解决问题的关键能力。在这一过程中，教师要警惕在不经意中套用学科教学的模式，而使改革的新颖特征黯然失色。作为拓展性课程的研究者，教师需立足于拓展性课程建设的情境性、生成性和不确定性，从研究者的角度去厘清、反思具体情境中出现的问题，并创新解决方式和策略。教师可运用元认知策略，对课程开展行动研究和理论探索，并扎根于丰富的课程改革实践，通过教学叙事、观察日记、个案分析、论文写作等研究形式，改进课程开发策略，提高课程实施质量，聚焦核心素养在拓展性课程中的落实，实现从"技术熟练者"向"反思性实践家"和学者型、研究型教师转化。

首先进一步解读以生为本的理念。拓展性课程是学生自主选择的学习内容，一切的起点是学生需求，指向的是学生的核心素养。教师要更新教育理念，以研究者的角色对拓展性课程进行解读、分析、实践、评估。其次是学科知识的丰富性。拓展性课程具有跨学科性、活动性、实践性，其内容不能囿于教材、已有的学科专业领域，需要对拓展内容进行全面剖析，跨越学科的界限，打破思维的禁锢，以一个开放的心态开发课程。作为拓展性课程的实施者，需要打破原有的教学模式，不再强调知识的传授，更多的是作为指导者创造有意义的学习空间，让学生探究、体验、思考、创新。

在区域共享模式下，教师还需要作为一名分享者、学习者，通过同一学科教师的联动、不同学科教师的整合，在一定程度上调和师资力量，均衡教育资源，实现资源利用的最大化，在更高层次上提升教师的课程创造力与教学领导力。

第四章

义务教育阶段知识拓展类课程的
精品示例

义务教育学校课程分为基础性课程和拓展性课程两大类。基础性课程指国家和地方课程标准规定的统一的学习内容，旨在培养学生的全面基础素养；拓展性课程指学校提供给学生自主选择的学习内容，旨在培养学生的兴趣特长。

拓展性课程既包括以知识为主的学科课程，也包括以体验为主的活动课程。其中，知识拓展类课程是教师在实施国家课程的过程中，以基础性课程中的知识为生长点，结合现有教材，基于教师的课堂知识延伸和学生的学科素养提升，是教师自己寻找学科教学资源并自主开发的课程。

知识拓展类课程在学习内容上，向社会学习、向网络拓展，使学习内容在更广阔的背景上获得全方位的充实，能极大地满足学生学习的需要；在学习形式上，强调教育教学的开放性，让学生到社会中去，到生活中去，从已有的生活经验出发，亲自接触最实际的问题，亲身经历发现和解决实际问题的过程，并将实际问题抽象成知识模型，进而借助已经掌握的学科知识和能力，对知识模型问题进行解释和解决，将知识转化为能力；在学习方法上，让学生真正拥有自主权。学生可以合作学习，也可以独立思考，还可以实验或模拟，以提升学生的动手能力。

本章节选取了不同学校的几个案例：有探索性学习经历的"形之美"课程；有提升学生语言表达能力的"儿童戏剧教育"课程；有提升英语口语水平和综合素养的"英语趣配音"课程；有开发解决生活问题的应用程序"App Inventor安卓手机编程"课程；有促进学生阅读能力的"'读+X'绘本创意读写"课程；有培养解决实际问题能力的"奇妙的种子"课程；有培养学生探究能力的"'生活化'微实验"课程；有提高创意写作能力的"小龚DE创意微写作"课程。这些课程都不拘泥于传统的学科教材，能极大地满足学生学习的需要，使学生把课堂上所学的知识应用于实践。以学科知识的拓展和延伸，促进学生学习方式的转变，培养学生的创新精神和实践能力。

知识拓展类课程丰富了学习的方式、内容和方法，有利于增强学生的学习兴趣，丰富学习手段，提高学习效率，最终能拓宽学生的知识面，提高学生解决问题的能力，培养学生的思维能力，实现学生核心素养的全面发展。

架构桥梁　深度迁移

——"'读+X'绘本创意读写"课程案例

2018年（原）下城区精品课程
撰稿人：金莉莉　课程负责人：金莉莉
研发团队：张　慧　蔡茜茜　徐　超　杨黎璟

一、课程简介

"'读+X'绘本创意读写"课程是根据国家课程改革要求，结合我校学生发展的实际状况，教师的课程开发能力、兴趣、特长及本校的课程资源等因素而开发设计的课程。本课程以二年级学生为学习对象，遵循学生的身心发展规律和语言习得规律，结合学校校本课程的特点和学生语文课外阅读的实际情况，多维训练学生的语言表达能力、想象能力及思维能力。本课程隶属我校校本课程之个性化国家课程板块中的"悦读悦写"课程群，在学校的校本课程中发挥着十分重要的作用。

二、课程纲要

（一）课程设计背景及理念

绘本是以图画或者以图画为主、辅以简单文字讲述故事的图画书。与一般纯文字的图书相比，绘本内容生动传神，观察角度丰富，语言简洁，充满童趣，富有想象空间，更能激发学生的阅读兴趣，也更适合注意力持续性差、认字有限、以形象思维为主的低年级学生阅读。这正好可以弥补小学语文教材的不足：文字为主，图画较少，内容多偏重知识和教育。

另外，绘本在写话教学中也能发挥一定的作用。以人教版二年级教材为例，其中最常用的写话练习方式是看图写话和仿写句式，教材组织的写话次数较少，所提供的写话材料形式单一，学生的写话欲望无法得以激发。而许多优秀的绘本，语句结构简单，文字叙述流畅，为学生提供了一个可仿照的范本。"图"与"文"两条叙事线索互相作用，学生容易沉浸其间，习得语言，产生读写间的迁移。

值得注意的是，"'读+X'绘本创意读写"课程中的"写"，指的是广义上的写，即儿童在阅读的过程中，教师通过一定的教学模式，促使学生采用各种不同的表现形式来表达自己的阅读体会，从而进一步促进儿童的阅读力、想象力和思维力的发展。

（二）课程目标

《义务教育语文课程标准（2011年版）》对阅读与写话教学做出了科学、准确的能力和目标定位。本课程从"激发兴趣""发展想象力和思维力""提升阅读和写话能力"等方面入手，结合学校二年级学生的特点和现有认知能力，制订如图4-1所示目标。

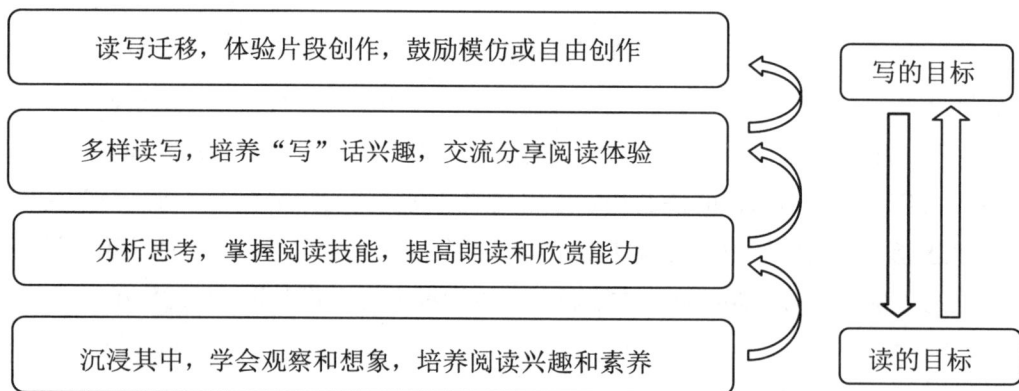

图4-1 "'读＋X'绘本创意读写"课程目标

（三）课程内容

本课程选择适合二年级学生年龄特点和生活经验的优秀中外绘本，来帮助学生习得语言，培养其观察、想象和思维能力。在遵循适应性原则、丰富性原则、系统性原则的基础上，安排如表4-1所示的课程内容。

表4-1　"'读＋X'绘本创意读写"课程内容

学段	主　题	绘本内容	
		精读篇目	选读篇目
二年级上学期	亲亲一家人	《逃家小兔》 《我爸爸》 《爷爷一定有办法》	《猜猜我有多爱你》
	图画真有趣	《母鸡萝丝去散步》 《大卫，不可以》 《蚂蚁和西瓜》	《大卫上学去》
	相信我自己	《鸭子骑车记》 《凯，能行》 《小黑鱼》	《大脚丫跳芭蕾》
	快乐地成长	《小猪变形记》 《蚯蚓的日记》 《是谁嗯嗯在我的头上》	《和甘伯伯去游河》
二年级下学期	走进想象的世界	《小真的长头发》 《100层的巴士》 《月亮，你好吗》	《鸭子农夫》
	爱与生命	《彩虹色的花》 《长大做个好爷爷》 《爱心树》	《花婆婆》
	探索大自然	《世界上最最温馨的家》 《雨点儿去旅行》 《一粒种子的旅行》	《风到哪里去了》
	宫西达也和他的"恐龙们"	《你看起来好像很好吃》 《我是霸王龙》 《遇到你，真好》	《永远永远爱你》

（四）课程实施

1.课程安排

活动时间：本课程共计32个课时，建议每周2课时，每课时35分钟。

授课对象：二年级学生。

选课方式：网络选课平台。

2.实施策略

①"双线并进"，找准读写结合点。教师根据儿童语言学习及理解能力发展的规律进行绘本归类。遵从"双线并进"原则，内容上要兼顾"故事主题"，能力上要关照"语言能力点"。绘本读写不能脱离教材，应尽量与教材"整合""互补"。

②以读为本，鼓励创作。要充分阅读绘本，不仅要在课堂上阅读，还要开展好亲子共读。在读的基础上再开展形式多样的写话活动，鼓励学生进行模仿迁移创作和自由创作。

3.教学模式

根据学生认知特点和绘本学习的基本规律，我们逐渐形成并完善了"读+X"绘本创意读写的几种基本实践模式：读+猜、读+说、读+画、读+演、读+究、读+写等。当然，"读+X"在不同的阅读素材和情境下还有不同的表现方式，还需要在实践研究中进一步总结、积累。

（五）课程评价

1.评价标准

本课程评价标准的制订借鉴了曹爱卫老师的《玩转绘本创意读写》一书中"能推动持续读写的评价"这一内容，从"参与程度和合作态度"和"技能表现和思维发展"两个维度设计了"一星"和"三星"标准（见"评价标准描述"）。如表4-2所示：

表4-2　评价标准描述

评价维度	一星	三星
参与程度和合作态度	1. 愿意参加绘本阅读活动，喜欢阅读绘本 2. 愿意与大家分享自己的发现和感受等	对绘本阅读活动有较浓厚的兴趣，能积极主动地分享自己的发现、想法和观点
技能表现和思维发展	1. 会初步观察绘本图像，能发现绘本画面细节中的"秘密" 2. 能根据图像和故事情节猜测故事的发展。 3. 愿意通过说一说、画一画、写一写、演一演等形式参与绘本读"写"活动，表达自己的想法与感受 4. 学习用一两句语意完整的话表述自己的发现、猜测、想象等，并用文字描述	1. 会观察绘本图像，能根据图像和故事情节，猜测故事的发展，能自觉关注到图像中的细节，联想相关的故事内容 2. 通过说一说、画一画、写一写、演一演等形式参与绘本读"写"活动，会用几句语意完整的话清楚地表达自己的想法与感受，会进行模仿迁移创作和自由创作

2.评价工具与方法

本课程采用多元化的读写评价方式，把过程评价与结果评价结合起来，注重过程评价。鼓励学生在教师的指导下开展多种形式的读写活动，注重学生的日常表现，以鼓励、展示等积极的评价为主，引领学生爱上绘本、爱上绘本读写。具体的评价方式有观察、设计"阅读存折"、建立成长记录档案、开展多彩的绘本剧表演或其他展示活动等。

三、教材示例

图4-2　《小真的长头发》示例

四、教学案例

（一）案例缘起

《小真的长头发》是一个可以带给儿童无限想象空间的绘本。它由日本作家高楼方子创作，于1989年出版，始终深受世界各地儿童的喜爱。在这个绘本故事里，小真天马行空的想象以及天真稚趣的回答，带领我们走进了一个美妙的童趣世界。在这堂课里，学生可以像做游戏一样，想怎么想象就怎么想象，他们在恣意率性甚至荒诞的想象中感受美好、享受欢乐，同时这份奇妙的想象又能激发学生强烈的表达欲望，产生读写间的迁移。

（二）案例描述

板块一　课前热身，激发想象的热情

上课伊始，教师先和学生分享了一个经典的童话故事，故事的主角是格林兄弟笔下的"莴苣姑娘"。"……莴苣姑娘把她的长发抛出窗外，女巫就顺着莴苣姑娘的头发爬了上去。"故事读到这里，学生忍不住惊叹起来：

生1：莴苣姑娘的头发真长啊！

生2：莴苣姑娘的头发梯子肯定比我爷爷家里的梯子还要长。

……

学生兴奋地表达自己的惊讶之情，他们已经跃跃欲试，想象的小宇宙亟待点燃爆发。

板块二　共读绘本，感受想象的奇妙

欣赏《小真的长头发》绘本封面，学生忍不住发出"哇——"的惊叹声。在发辫环绕成的螺旋中，有两个学生和各种各样的小动物在自由奔跑玩耍，茂盛的小草和漂亮的小花在蓬勃生长，小真的头发真长啊！

然而，看到环衬，学生都疑惑了：小真的长头发去哪里了？带着疑问，教师翻开下一页，开始讲述故事……

"正当小叶和小美炫耀自己的长头发的时候，小真会怎么做呢？"教师适时地引导学生进行猜测和表演，接着提问："如果你就是小真，这时你会说些什么？"

生1：我的头发一定会比你们的更长的！

生2：我的头发还能长到地上，比小河还长呢！

学生发言时满脸的骄傲和不甘落后，已然将自己和小真进行了角色替换，逐步将自己融入故事中了。

教师一边翻页，一边继续讲故事……

当黑白的画面在下一页变成了彩色的时候，学生发出一阵惊叹声。穿着长裙的小真站在高高的吊桥上，长长的发辫直直地垂入一条小河，河里的小鱼们正在争先恐后地抢夺发梢上的鱼饵。而小真身边的一个绿水桶里，有一条被钓起来的大鱼正在跃起。

生1：她的头发能做钓鱼线，太长了！

生2：这座桥看起来很高，但是她的头发能从桥上一直挂到河里。

师：你是怎么感觉到这座桥很高的？

生3：我看到桥上的小狗都害怕了，桥肯定特别高。

一条小小的不起眼的狗，正趴在桥上一脸惊恐地往下望，学生甚至能想象到它

此时瑟瑟发抖的模样。多么重要的一个小细节，它实实在在地让学生感受到桥有多高，小真的头发有多长。

教师继续边读边翻页，当翻到第10页的时候，教师故作惊讶状："呀，小真的长头发怎么找不到了？"

学生争抢着回答，那把小真整个儿包裹起来的，就是她的长头发。有了这一头长发，就是在露天地里也能睡大觉，只要把头发像紫菜卷寿司那样卷在身上，就成了香喷喷的被子了。

"小真的长头发除了能钓鱼、拔河、裹成被子，还有神奇的地方呢！"教师和学生继续往下读……

生1：这些晾着的东西都还在滴水呢，小狗都以为天空下雨了呢！

师：是啊，晾的东西太多了，滴下来的水都形成了一场小雨！

生2：小真的长头发上什么都可以晾，毛巾啦、袜子啦、裙子啦、毛绒玩具啦……妈妈再也不用担心没地方晾衣服了。

……

听着学生有声有色地描述故事中的场景，此时的他们，似乎就在讲自己的故事。他们完全进入故事，听着小狗汪汪叫，看着水珠滴答滴答往下落，津津有味地捧着书读……他们为自己的长头发能做各种各样神奇的事情感到无比自豪和惊叹。

板块三　读写结合，展现个性化的想象

故事读到这里，教师趁机提问："那么，她的长头发还能做哪些有趣的事情呢？"学生小组滔滔不绝：

生1：妈妈买了一大堆东西却没有带篮子，小真就把自己的长头发编成一个大篮子，给妈妈装东西用。

生2：小真爬到树上坐着，她的长头发拖在地上，可以给小动物们做滑滑梯。哇，这么高的滑滑梯可真是太刺激了！教师又在黑板上画了一幅滑滑梯的简笔画。

……

篮子、滑滑梯……这些学生日常生活中经常接触的事物，在这一刻都已成为他们独特的个性化的想象。

"现在每个人都有自己的想法了，如果我们把这些想法写下来，再集合装订成册，就可以编成另一个非常有趣的故事了。想不想试一试？"教师趁机引导学生进行模仿创作。学生拿出作业单，自信满满地开始了自己的写话活动。

五分钟后，学生开始在班里交流自己独特的想象。有的把小真的长头发写成了长长的救生梯，有的认为长头发可以用来放风筝，有的把它写成了小真家里柔软的地毯……还有部分学生关注到了绘本中文字表达的特点，在自己的写话中也用上了"要是……就能……"这样的句式。他们在想象的游戏中积累并创造，这应该就是《小真的长头发》这堂绘本读写课体现出的最大价值。

板块四 续讲故事，感受想象的高度

在交流了丰富的想象之后，教师抓住时机引导学生进行思辨："小真的头发这么长，会不会给她带来什么麻烦？"有的说，头发太长，走路的时候会绊倒自己；有的说，这么长的头发怎么洗呢……面对这么多的疑惑，小真会怎么说呢？学生又七嘴八舌讨论开了：小真可以站到瀑布旁边，把头发放到瀑布下面，瀑布会帮她冲洗干净；叫上所有的朋友一起来帮她梳头发，编几个麻花辫绑在一起，这样就不用天天梳头了……他们如此贴近生活而又充满丰富想象力的方法多么令人折服！教师又一次引导学生回到绘本中去寻找小真自己的方法。

生1：哇，这个冰激凌都比小鸟还要高了！

生2：小真的长头发都变成青蛙和小鱼的游乐场了。

学生又一次触摸到了绘本图画中的众多细节，这些看似不起眼的细节，在不断品读中串连成了一张趣味十足的故事网。故事最后说："小真的头发快点儿长长就好了。"其实，这不仅仅是小叶和小美的心声，更是学生的心声，此时，他们已然完全陶醉在自己编织的长发美梦中。

板块五 添加插图，编写班级小绘本

学生编织的梦境如此绚烂，何不让它们跃然纸上呢？于是，在本课的最后一个环节，教师引导学生着手创编一个班级小绘本。他们在作业单的文字边上绘上自己脑海中的画面，再将所有同学的作品汇总，添加封面后装订成册，一本充满着鲜活想象的班级绘本《我们的长头发》诞生了。

在自制绘本的过程中，学生对绘本这一独特的文学样式有了更深入的了解，他们会在图画中添加文字以外的更为丰富的信息，比如那只小花狗，比如空中的一只飞鸟，树上的一只蝉。绘本制作的过程，也是学习分工合作的过程。他们需要有人来设计封面，需要有人来整理成册，需要有人来统筹编排每一个画面、每一个场景的先后顺序……从中学生体会到"游戏"的乐趣，享受获得成果带来的喜悦。

（三）案例研究价值

在阅读《小真的长头发》这一绘本时，学生用手指一圈圈地比画封面上的长头发，就开始为这么长的头发感到惊叹了。在经过全身心投入的品读后，学生对小真

的长头发更是充满了天马行空的想象。这么长的头发还可以干什么？这么长的头发有什么不好的地方呢？怎么解决长头发带来的麻烦呢？这样的想象过程，就是做一次充满欢愉的游戏，更是一个探索和发现的过程。在这样的想象过程中，绘本中具体形象的图画和抽象的文字，通过儿童的想象和再创造，转化成了他们大脑中抽象的语言，从而建构出属于自己的独特的故事。这既是对绘本语言的运用，又潜移默化地让学生体验到想象他们的快乐。

五、课程开发与实施的研究价值

（一）让写话充满趣味

在低年级语文教学过程中，我们常常发现，许多学生把写话看作是一件枯燥而令人厌烦的事情，他们不喜欢被常规的写话标准，什么格式要正确，句子要完整，语意要连贯等所束缚。在这些条条框框的限制下，学生的写话兴趣得不到激发，写话动力自然不足。而在"读＋X"绘本创意读写活动中，学生可以通过说一说、演一演、画一画等形式来"写"自己想说的话，"写"想象中的事物，图、文、符号等都可以成为表达话语的工具。学生甚至可以请父母帮自己做记录。在这样极具创意且自由开放的环境中，写话对学生来说就具有了独特的魅力。

（二）让读写因想象飞扬

绘本用图文结合的方式来讲述故事，在阅读绘本的过程中，学生的思维在图画和文字之间不断穿梭，绘本的"图"和"文"通过学生的想象和再创作连接起来。"读＋X"绘本创意读写活动关注学生对图画的感知，关注由图画引发的想象和再创作，同时也关注他们对文字的理解。"读＋X"绘本创意读写活动让学生学习绘本的过程变成探索和发现的过程。

（三）让阅读成为习惯

在近一年的课堂教学实践中，绘本在儿童心田里撒下的种子渐渐发芽，学生喜欢阅读绘本，在阅读的过程中学会了一系列阅读技巧，并能享受到阅读带来的乐趣，对课外阅读的兴趣有了明显提高。许多曾经不爱看书、一看书就坐不住的学生，在经历了一年的绘本阅读后，慢慢地发生了改变。他们爱跑图书馆了，爱去书店看书购书了，更爱听爸爸妈妈讲故事、和爸爸妈妈一起阅读。当阅读从课堂走向课外，学生的精神就有了成长的方向。

玩转戏剧　创想童年

——"儿童戏剧教育"课程案例

2021年（原）下城区拓展性课程案例评比一等奖

撰稿人：崔　晨　李冰莹　课程负责人：崔　晨

研发团队：李冰莹　彭依珺　李梦婷

一、课程简介

杭州市青蓝小学以"经历伴随学习""经历伴随成长"理念为课程规划指导。"儿童戏剧教育"课程作为学校五大类主干课程领域中的人文类课程，注重以生为本，引导学生学习、理解、运用人文领域的知识和技能，培养正向的情感态度和价值观，使学生具有一定的人文积淀，培养学生的人文情怀。

作为语文学科的拓展和延伸，该课程的开设可提升学生的语言和文字表达能力，是达成"人文涵养"这一核心素养的直接载体。课程积极践行"经历"在儿童课程学习中的作用，基于学生的原有认知、生活经历，在课堂上展开理论指导与实践表演，对促进学生的核心素养发展具有积极意义。

二、课程纲要

（一）课程设计背景及理念

当前的语文课堂学习仍存在重训练轻感悟、重讲授轻活动等问题。如何还语文学科以"活"的学习状态值得探究。目前，没有相关的教材为学生搭建语文学习交流的平台。"戏剧"可以作为语文学习的延伸。戏剧表演不仅可以加强学生的听、说、演的能力，还可以增强语文学科课内外的联系，给学生创造机会，让他们在使用语言中提升语言的表达能力，提升学生的综合能力。因此，学校设计并开设了"儿童戏剧教育"课程。

（二）课程目标

"儿童戏剧教育"课程旨在帮助学生了解与儿童表演相关的理论知识，学习各项戏剧表演技巧，提高声音的多样化呈现能力、肢体动作的协调能力、语言表达能力等，积累实际表演经验，使学生能够在真正的舞台上进行一场完整的表演。通过课程学习，学生能在剧场表演、艺术节展演等真实环境下，大胆展示自我，从而喜爱艺术表演，提升艺术鉴赏能力，陶冶生活情趣并激发艺术潜能，在艺术表演中体会真善美。

（三）课程内容

"儿童戏剧教育"课程共安排六个单元的学习，具体课程内容如表4-3所示：

表4-3 "儿童戏剧教育"课程安排

单 元	章 节	具体内容
第一单元 我与戏剧 做朋友	走进儿童戏剧 亲近戏剧舞台 儿童戏剧欣赏	欣赏经典喜剧， 初步感知戏剧魅力
第二单元 我的声音 有情绪	识别声音中的情绪 回音谷，控制自己的声音 猫狗对话外星语 展示：趣配音	了解分析人物特征， 用声音表达情绪
第三单元 比手画脚 姿态多	图片中的肢体语言 模仿他人的肢体动作 比手画脚大家猜 展示：戏剧表演	在游戏中感受肢体语言， 用动作表达感受
第四单元 即兴创想 来表演	跟着音乐即兴摆动 日常生活表演 公园百态 展示：即兴表演故事多	观察生活百态， 即兴表演中的故事
第五单元 故事剧场 爱表达	讲一个喜欢的故事 故事中的经典定格 名画背后的故事 展示：木偶戏表演	畅谈心中的故事， 在表达中发挥创想
第六单元 戏剧创作 迎公演	人事时地物大拼盘 服装道具的使用 音乐配乐的使用 彩排流程介绍	多样化元素集合， 合作舞台玩转喜剧

（四）课程实施

"儿童戏剧教育"课程于2015年开始实施，利用学校三—五年级学生社团课程学习的课时，采取混龄走班制。课程每周2课时，每学期学习3个单元，每单元3节课，两个学期共6个单元，共计18课。

课程实施过程中，教师充分尊重学生能力的发展，以学生为主体，重点关注参与者经验重建过程中的动作及口语的自发性表达。教师以讲授法、小组合作法、现场实践等授课方式，鼓励学生在肢体律动、即兴默剧、情景对话、课程展演中表现自己，并且探索和解决故事人物或自己面临的问题，提升能力。

（五）课程评价

"儿童戏剧教育"课程评价应通过合理、发展、个性化的评价，引导学生达到基本的戏剧表演技能要求，从而提高学生语言表达、情绪表达的能力。如表4-4所示：

表4-4 "儿童戏剧教育"课程评价标准

模块	标准	分值／分
肢体动作	能够根据情节展现简单的肢体动作	12
	能够运用动作清楚地表达想法，感受自己的角色	16
	能够尝试运用哑剧或者非语言性的信息表达人物特征，并运用于小组合作表演中	20
情绪表现	能够积极感受并回应一些情绪体验	12
	能够注重情绪表现中的一些细节，展现不同的情绪	16
	能够将感官情绪经验有变化地运用到小组合作表演中，并使其恰如其分	20
想象能力	能够通过讲故事或角色的扮演来表达一些意象	12
	能够对一些实际的物品或环境进行知觉和想象的转换	16
	能够运用想象将人物、情绪及物品的意象转化并融入小组戏剧表演之中	20
声音变化	能够探索声音不同的可能性，并用自己的声音表达简单情绪	12
	能够运用自己的声音表达人物的不同思想和感觉	16
	能够通过声音的变化清楚地表达想法、感受和人物的情感	20
语言表达	能够运用语言进行个人探索和社会互动	12
	能够运用语言进行扮演，并表达自己的想法和经验	16
	能够运用语言信息在小组表演中进行清楚有效的沟通	20

三、教材示例

本示例选自教材第五单元《故事剧场》。这一单元的目标是发挥想象，创编故事，表达故事。这是对前四个单元的声音、肢体、姿态等学习成果的一个综合训练。学生在本单元中，学习用自己的方式来展现一个较完整的故事。如图4-2所示：

图4-3

四、教学案例

（一）案例缘起

2018学年初，学校受（原）下城区青少年活动中心的邀请，代表（原）下城区参加2018年杭州市中小学艺术节儿童歌舞剧的比赛。本次比赛时间紧、任务重，课程团队老师需要带领学生在3个月内完成儿童剧的创作和表演，压力很大。但为了让学生有更多的展示和锻炼自己的机会，也为了检验戏剧教育课程能否在真实情境中切实提高学生各方面的能力，老师们决定接受这项任务，并且投入到紧锣密鼓的准备中。

（二）案例描述

1.制订计划

接到任务后，课程团队的老师们第一时间制订了计划表，既要考虑比赛时间，也要与学生的认知过程和学习规律相结合。（1）学生要进行表演技能的学习，学会通过声音和肢体动作等表达情感，将自己和他人的情绪外显出来。（2）老师和学生一起合作创编剧本，剧本要符合学生的兴趣和生活，在老师的帮助下，学生要对剧本进行艺术化处理。（3）根据剧本中的人物特点，经过考核后挑选小演员。（4）指导学生选择合适的服装、道具和配乐，与相关剧本内容匹配，帮助渲染舞台氛围。（5）通过彩排和正式演出来锻炼学生的综合能力，争取在比赛中取得好成绩。

2.声音和肢体动作练习

（1）声音练习的要求和内容

语言对话是戏剧表演最基本的方式，能够让观众听清楚声音，并且能用声音表达剧中人物的情绪。老师进行了三次课的声音练习。首先，教师让学生听戏剧中不同人物的声音，试着识别这些声音所反映出的人物当时的情绪，同时能够说出表现这些情绪时，人物的语音、语调等变化。接着，帮助学生练习如何控制自己的声音，锻炼用腹部的力量发声。从声音的大小、清晰度，到声音的情绪化，让学生学会用正确的语言来表达自己的情绪。最后，利用"猫狗对话"游戏，让学生使用彼此听不懂的语言来代替表意的声音，以此将关注的重点放在体会声音所表达的情绪上。

（2）肢体动作学习的要求和内容

表演与朗诵的区别就在于肢体动作的使用。想要出色地完成戏剧表演，离不开对肢体动作的学习。课程中对肢体动作的练习也分为三个板块进行。首先，指导学生读懂静态图片中的肢体语言，如双手护在胸前反映出人物的害怕，双手叉腰昂头说话，体现出人物的蔑视。接着，让学生以他人为镜，模仿优秀儿童剧中人物的肢体动作，努力让肢体动作做得夸大舒展，让观众能够看清。最后，引导进行默剧表演，只用动作来进行表达，看自己想要表达的事件和人物情绪是否被观众所理解。

3.创编剧本

（1）学习创编剧本

学习创编剧本首先要激发学生的想象力，表达和创造一个新的故事。为了让学生更好地进行剧本创编，老师们带领学生共同学习了课程第五章"故事剧场的内容"。

"故事的经典定格"中，老师带领学生表演经典动画故事，找到故事中最关键、最吸引人的情节，带领学生梳理故事的前因后果，对关键情节中人物的语言、动作进行进一步模仿和表达。"名画背后的故事"中，老师让学生观察名画，想象这幅画中的场景是如何发生的，把静态的画动态地表达成一个完整的故事。"木偶故事剧场"中，老师带领学生将故事的内容以剧场表演的方式呈现，学习如何编写剧本，进行较为正式的展演。

（2）获得创作灵感

在学习过程中，老师也在不断征集好的故事灵感，寻找新颖有趣、符合学生生活且有教育意义的剧本素材。一次课堂上，一位学生给大家讲了一个有趣的绘本故事《调皮鬼恐怖心》：一个调皮鬼如何战胜自己内心的恐惧。老师们发现学生都很喜欢这个故事。生活中胆小的学生不在少数，通过艺术表演的方式，教会学生战胜恐惧是件有意义的事情。于是我们决定以这个绘本故事为基础，对故事内容进行改变和创新，增加人物和场景，创编出一个完整的儿童剧。

4.挑选小演员

接下来，老师们根据剧本中人物的性格特点、外在形象，在班级中进行小演员的挑选。根据前期学习内容，他们制订了以下考核内容：

（1）台词：说台词音量要够大，做到语音清晰、洪亮、有穿透力。声音中要带有饱满的情绪，对台词中体现的情感有准确的把握。

（2）肢体动作：动作的幅度一定要大，自然、优美、得体。能够通过目光、表情、手势、姿势等传达人物的思想、情感和行为。

（3）胆量：不怯场，不紧张，注意力集中，把自己的心放到刻画人物形象上去，能自然地表演。

（4）想象：有丰富的想象力，把自己代入到角色中去，说出来的台词逼真。

（5）交流：能够轻松自如地和对手交流、和台下的演员互动。

通过这五个方面的考核，老师们最终选定了本次儿童剧的最佳人选。

5.选定服装、道具和配乐

（1）制作服装和道具：服装中，蜘蛛的服装最为复杂，为了让蜘蛛更加霸气，老师们将它衣服侧边的八只脚用透明的钓鱼线连在一起，当演员举起双手时，几只小的脚就会悬在空中，威风凛凛。

（2）配乐及歌曲创作：为了让儿童剧在舞台上有更好地呈现效果，他们在很多情节中都加入了特效，如恐怖心上场时，使用了《哈利波特》魔法学校中的配乐。调皮鬼一个人在房间时，使用了恐怖的风声和雷电声。

6.彩排演出

整个彩排过程持续了一个多月的时间，主要分为三个阶段。

第一阶段：读好剧本。演员们拿到剧本后，先练习大声地读出来，老师在这一过程中纠正说话时的气息和发音，确保咬字正确清晰。

第二阶段：整排。排练初期先进行无实物排练，让演员们熟悉自己的走位，熟悉台词和动作。等整部剧能串下来后，再带上道具表演，排练过程中不断推敲细节，争取呈现最完美的舞台表演。

第三阶段：彩排。正式比赛前，老师带着小演员们提前来到比赛场地进行实地彩排，寻找可能出现的差错或问题并加以避免，对现场出现德灯光、音效等进行微调。

7.取得的成绩

通过三个多月的不懈努力，儿童歌舞剧《调皮鬼恐怖心》获得了杭州市中小学艺术节组委会的一致好评，荣获2018杭州市中小学艺术节儿童歌舞剧比赛小学组二等奖。原创剧本也同时获得了小学组戏剧比赛创作二等奖的好成绩。

（三）案例研究价值

本案例详细描述了杭州市青蓝小学戏剧教育课程团队创编儿童歌舞剧《调皮鬼恐怖心》并指导学生参与演出的过程。这一案例的背后蕴含着这些教育理念和价值。

促进学生在儿童戏剧中健康成长。学生在演出的过程中，潜移默化受到剧中主人公的影响，学会换个角度看世界，用合理的方式将平时伤心、害怕、愤怒等负面情绪排解掉，有利于他们的健康成长。

对舞台戏剧产生浓厚的兴趣。《调皮鬼恐怖心》是在魔法学校的背景下展开的故事，这样生动有趣的情节以及歌曲、舞蹈等多种表演形式的加入，非常符合儿童的特点心理。

亲身经历一个公演的过程。学生们参加了杭州市中小学艺术节的比赛，当亲临比赛现场时，学生对如此华丽的灯光、舞台效果惊叹不已，他们也在观看比赛的过程中不断学习、反思自己在演出中的不足。

在演出中锻炼勇气、培养自信。这是学校师生第一次参加如此大型的比赛并获奖。这次经历使我们对继续开展儿童戏剧课程有了更大的信心。学生的表演能力，和自信心也得到了提高。今后，我们将不断努力，丰富和完善课程内容，让学生真正学有所得、学有所乐。

五、课程开发与实施的研究价值

（一）培养学生肢体动觉智能。戏剧的基本活动就是肢体和声音的表达与创作，学生必须学习如何使用和控制自己的身体，以便能灵活自如地表达内心的想法和感觉。

（二）培养创造想象智能。想象与创造是戏剧活动的基本能力，当学生发挥想象力时，即使面对不存在的事物，他们也能运用心中的意象及动作，假装真的看到、听到、吃到、闻到、摸到及感受到周遭的世界。戏剧教育的主要目标就是发展参与者的想象力与创造力。

（三）培养社会交往智能。在戏剧学习过程中，学生会因个别的经验与观点的不同而产生冲突。为了使活动持续进行，学生必须站在不同的角度来处理问题，并应用分享、轮流、接纳及沟通等社交技巧，面对冲突并努力解决问题。

（四）培养语言表达智能。由于戏剧活动着重参与者即兴的口语表达，学生必须在具体的情境中组织、思考并重组创造语言，这对其口语表达能产生很大的促进作用，这也是发展学生语文能力的好方法。

微微创意　青春诗意

——"小龚DE写作微创意"课程案例

2021年（原）下城区拓展性课程案例评比二等奖

撰稿人：龚睿佳　课程负责人：龚睿佳

一、课程简介

依据《指导意见》，结合我校实际情况，将拓展性课程分为知识拓展类、体艺特长类和实践活动类三大类：知识拓展类下设国学经典课，让学生感受国学的魅力，了解祖国传统文化；体艺特长类下设社团活动和科学实验课，学生展现自己的才能，体验动手的快乐；实践活动类下设德育整合课，包括心理辅导课、主题班会课、生理健康课等。

鉴于目前写作教学和学生现状，结合校红帆船文学社的社团课程发展需要，学校开设了"小龚DE写作微创意"拓展课。

如何定义"微创意"是确定这个课程核心价值取向的核心。万变不离其宗，首先抓住课标的要求：写作教学应着重培养学生的观察能力、想象能力和表达能力，重视发展学生的思维能力，发展创造性思维。教师应鼓励学生积极参与生活，体验人生，力求个性、有创意地表达。同时在生活和学习中多方面地积累素材，多想多写，做到有感而发。由此可见，无论如何发挥创意，课程都要注重培养学生对生活的感知力、想象力和对事物的思维力、表达力。在把握这个核心之后，再在课程的内容、时间、创意上进行"微"设计，基本保证在45分钟内，学生能够学到一个写作知识点，并且有所创作。

本课程鼓励自由阅读、自由表达、自由创作，积极倡导自主、合作、探究的学习方式。在自主活动中，重视培养学生对于诗歌等多种体裁文本的阅读兴趣以及由此衍生出来的创意写作能力，培养学生通过多种媒介进行阅读的能力。从模仿写作到创意写作，学会用心观察生活，对作品有自己的情感体验和领悟，感受作品以及生活的诗意，热爱文学，热爱生活。

二、课程纲要

（一）课程设计背景及理念

"口头为语，书面为文，合成一词，就称为语文。"叶圣陶先生曾在《答孙文才》信中对"语文"进行了解释。我们常说"语文"就是"语言文字"，因此伴随着语文课程教学的不断深化和完善，识字与写字、阅读、写作、口语交际、综合性学习等教学内容越来越细化，但阅读和写作始终是语文教学的重中之重，语文教学的最终目的就是阅读和写作。一个会写作的人是一个能自由表达自我的人，是一个能借鉴他人的生活经历来增加自己人生阅历的人，是一个能拓展人生宽度的人。但课内的学习内容使得学生阅读的时间被不断压缩，进而导致面对着稿纸，不知如何下笔的尴尬局面，套作等现象层出不穷。

"心有余而力不足"，写作训练的现状让我们期待着课程改革的突破。提高作文练习频率，充分给予学生情感抒发、流露真情实感的写作时间是目前值得探讨和需要解决的问题。

（二）课程目标

1.提高写作频率，要求学生更清晰地把握事物的特征，学会观察事物，使学生减轻对写作的畏惧感，真正去体验诗歌的意象，思考和关注自己的情感体验。

2.增加模仿创作，让学生在模仿的过程中掌握写作的方法，在与范文对照模仿的过程中找到写作的乐趣。

3.在潜移默化中提升学生的想象力。以短小凝练的诗歌欣赏和创作切入，让学生不再为字数而苦恼、畏惧，同时也培养学生一定的语言表达能力和创作能力，弥补基础性课程中写作教学不足的缺憾。

（三）课程内容

本课程初步开发设计以下内容（授课顺序可交叉融合），如表4-5所示：

表4-5　"儿童戏剧教育"课程安排

参考预期	课题菜单	内容简述
介绍基本写作	雾里看花，水中望月——"虚"与"实"的欣赏与创作	理解"虚""实"的运用，并尝试化实为虚
	淡妆浓抹总相宜——作文中的"详"与"略"	更好地突出中心，运用同样的材料，表达不同的思想感
	梦·想——关于想象力的训练	"哆啦A梦的口袋"、"梦中的故事"、"头脑风暴"，唤醒想象力和创造力。
	揭开真相：破解写作中的离奇事件	作文里总有很多相似的"离奇事件"：下雨送伞，半夜发烧……真情不用编故事，"真"才是"真相"
	清流？泥石流？无所谓！我就是我！	它们都有一个共同点：个人风格强烈
开展创意写作	一条海天线，千万风情种	诗人周粲由一条"海天线"创作出了"海天线25咏"，每一咏都是联想＋情感的高级组合
	"一行诗"的欣赏与创作	由台湾的"一行诗"引进的创意内容
	诗在图像中——"图像诗"的欣赏与创作	创作出来会有一定难度，但确实特殊好玩的创作体验
	尝试新奇，敢于"闻所未闻"	创作不拘泥于形式和内容，重点在于敢"闻所未闻"
多元获取感受	我在这头，遥望彼岸的"余光中"	让学生走近余光中，走近彼岸文学
	如有同感，纯属模仿	选择性进行品析和模仿创作
	虚构诗歌的故事	作为"梦中的故事"的延伸，训练品读能力和文字创作的想象力
	总结分享你我的"创意青春"	有所学、有所悟、有所用；有所得、有所感、有所为
组织走出课堂	杂志铺杂志漂流进校园	与杂志铺联系，书籍漂流，分享交流
	辩文争理，为创作代言	"创作辩论赛"，辩题几乎都跟文学、创作有关
	我与"樱花"有个约	每年跟杭州高级中学的"樱花文会"相合作的项目

（四）课程实施

本课程在开展过程中可以作为学校文学社的活动课程，因此在人数上并不做太多限制，以激发写作兴趣为首要目的。

1.灵活的活动场所。只窝在室内冥思苦想是无法体会真实情感的。所以室内的场所可以设置在阅览室等有书籍资料的地方，室外的场所则可以是学校的操场、小花园等更接近自然的地方。

2.多样的授课方式。本拓展性课程更多地注重活动和学生在活动中的感受，授课形式也不限于教授型。教师在课程中主要扮演引导者的角色，抛出话题，激发学生的创作灵感。

3.丰富的课程资源。除了教授、阅读、尝试写作之外，多多参与文学类的活动也有助于学生在学习中体验。比如各校的文学社活动，文学类社团交流、"作家进校园"、《杂志铺》的杂志漂流"等活动，都可以作为课程的资源。

4.别致的展示方式。这个课程的很多实践写作，优秀的作品可以通过校刊刊登、投稿发表等渠道进行展示。除此之外，像课程中制作的明信片等，也可以作为校园某次活动的展示内容或是校园环境布置的实物。

（五）课程评价

"创意微写作"课程本就具有强烈的主观性，如果对学生的创作作品进行机器式死板批阅评价，那么作品中所包含的人文情怀又该如何定性呢？

拓展性课程的选课并没有学习成绩的前置条件，充分尊重学生的意愿，因此在评价上应该注重以下几个方面：

1.评价融于学生创新活动

在课程活动中，创作的评价不再是教师闭门打分，而是学生在上课的过程中完成了作品评判。简而言之，合理的课程活动设置，可以使上课与评价合二为一，在课程活动中完成课程评价，使课程评价具有一定的灵活性。

2.评价注重学生前进性

课程评价所注重的前进性其实就是指在评价过程中，更注重学生的"前进"程度，并非以单一的标准衡量和评价所有学生。基于这样的前进性评价，教师必须在开课伊始就摸清本课程学生的能力水平。

3.评价注重学生个性化选择

为了更好地表现学生的创作能力，贴合学生的经历感悟，激发学生的真情实感，教师在对学生原创作品进行评价时，必须允许学生进行题目的选择，不要求学生进行所有作品的改编，只选取自己最有灵感的题目，发挥出自己最佳的想象力和创作水平。只有如此，才能更好地评价学生的学习能力和创作水平。

4.评价注重多元化尝试

增加小片段化写作练习，在这样的课堂练习中，可以将片段作文的评价主体转为学生，在每次课堂活动的开展过程中，学生可以分成不同组别：对文字（颜值）、手法、内涵进行"专业"鉴赏，期间可以求助教师一次……总而言之，在坚持"生本"的基础上，开展多元化评价模式，由学生按照各自的兴趣点以及能力选择创作内容，在评价过程中讲求人文情怀，尊重学生个性化选择。

三、教材示例

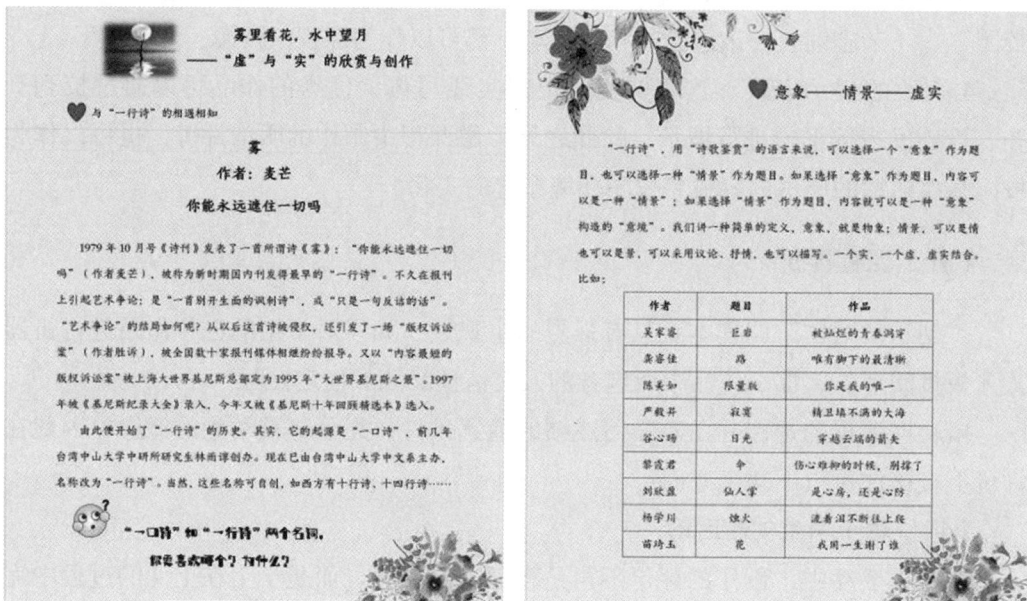

图4-4

四、教学案例

（一）案例缘起

1979年10月号《诗刊》发表了一首诗《雾》（作者麦芒）："你能永远遮住一切吗"，它被称为新时期国内刊发的最早的"一行诗"。不久，这在报刊上引起艺术争论：是"一首别开生面的讽刺诗""只是一句反诘的话"。"艺术争论"的结局如何呢？之后，这首诗被指侵权，还引发了一场"版权诉讼案"（作者胜诉），这件事被全国数十家报刊媒体相继纷纷报道。后此案以"内容最短的版权诉讼案"被上海大世界吉尼斯总部评为1995年"大世界吉尼斯之最"。

"一行诗"的历史由此开启了。前几年，创作"一口诗"的活动由台湾中山大学中研所研究生林雨谆发起。现在已由台湾中山大学中文系主办，名称改为"一行诗"。当然，这些名称可自创，如西方有"十行诗""十四行诗"……

而汉语的文字带着文辞意思之外的内涵。比如"一行诗"和"一排诗",那区别大了。"一口诗"和"一行诗"两个名词,你更喜欢哪个?为什么?

(二)案例描述

每个人对生活的理解各不相同,喜好各不相同。但诗歌就是一种用意象说话的文体。每个人对生活的理解不同,又使得即使选取了同一个意象,所含情景也各不相同。为了让学生更加鲜明地感受到这一点,教师特别选取了电影《非常幸运》的一个片段。

在视频片段中,面对同样的场景,不同身份性格的人会说出完全不一样的感觉。其中,章子怡的描述,用生活中常见的"意象"营造了一种有情有趣的意境,这中间她还展开丰富的联想和想象,甚至想到了多年后的生活场景。由眼前景,联想或想象到心中景(或者情),这种手法叫——虚实结合。她用的就是"诗一般的语言"。

其实,这就是要让学生明白诗歌并不神秘,凡有情而美的东西便是诗。简单地说,"心象(情美)+物象(景美)=诗"。

"一行诗",可以选择一个"意象"作为题目,也可以选择一种"情景"作为题目。如果选择"意象"作为题目,内容可以是一种"情景";如果选择"情景"作为题目,内容就可以是一种"意象"构造的"意境"。我们讲一种简单的定义:意象就是物象;情景,可以是情也可以是景,可以采用议论、抒情,也可以描写。一个实,一个虚,虚实结合。比如表4-6所示:

表4-6

作 者	题 目	作 品
吴家睿	巨岩	被灿烂的青春洞穿
龚睿佳	路	唯有脚下的最清晰
陈美如	限量版	你是我的唯一
严毅昇	寂寞	精卫填不满的大海
谷心旸	日光	穿越云端的箭矢
黎霞君	伞	伤心难抑的时候,别撑了
刘欣盈	仙人掌	是心房,还是心防
杨学川	烛火	流着泪不断往上爬
苗琦玉	花	我用一生谢了谁

那么感受过诗歌的美好,感受到其中"虚实结合"的魅力后,就要让学生明白

如何做到"虚实结合"。这里可以举一些例子进行对比，让学生自发地体会感受，并且总结出实现"虚实结合"的方法，如表4-7所示：

表4-7

非 诗	诗	说 明
①有驼铃垂在颈间的骆驼 有泪水含在眼里的旅客	⑥有命运垂在颈间的骆驼 有寂寞含在眼里的旅客	"命运""寂寞"是虚的，景中含情，实中带虚
②一把古老的水手刀 被抹布磨亮 被用于砍柴，被用于抓鱼	⑦一把古老的水手刀 被离别磨亮 被用于寂寞，被用于欢乐	"离别""寂寞""欢乐"是虚的，"水手刀"是实的，寓情于景，景中含情
③被风雨和靴子磨平的戍楼的石垛啊	⑧被黄昏和望归的靴子磨平的戍楼的石垛啊 （⑥⑦⑧均为郑愁予诗句）	"黄昏"是虚的，"靴子"是实的，实中带虚
④你看到我的焦虑吗? 痛苦得想喊出来	⑨我焦虑，如未被发现的定律 呼之欲出，如大教堂的钟摆 （罗智成诗句）	"焦虑"是虚的，表情意的，"定律""钟摆"都看得到，寓情于景，虚中含实
⑤你的名字我天天念着 五十年都无法忘记	⑩你的名字化作金丝银丝 半世纪将我围缠 （杜虹诗句）	"名字"是虚的，"金丝银丝"是实的，亦虚亦实

从表4-7看出，①②③只有"景"而无"情"，即只有"象"而无"意"，故不能成其为诗；④⑤只有"情"而无"景"，即只有"意"而无"象"，所以也无法说是诗。而⑥⑦⑧⑨⑩均如说明栏所言，情景均具，即意与象均有，才能说是"诗"。清代学者朱庭珍在《筱园诗话》说的"断未有无情之景、无景之情也"，"断"字是说"绝对是这样"！

此时再做小结。诗秉持的原理是"情＋景，意＋象，虚＋实，精神的＋物质的，看不见的＋看得见的，抽象的＋具象的"。

通常在经历过以上两个环节后，学生对于"虚实"的概念就会比较清晰了。所谓，授之以鱼不如授之以渔。学生只有通过亲自实践，才能更好地吸收知识。因此到了这个环节，教师便开始开展一些"虚实结合"的诗歌写作方法的练习。

这里需要特别注意的一点是，方法的练习必须循序渐进、深入浅出，以下这些便是可以根据学生的学情自行选择的训练方法。

先从化实为虚开始，试试转实为虚。

①烫烫的稻谷　　②一片辽阔的草原　　③紫丁香掩住青石上的苔

④青涩的苹果　　⑤挂着的灯　　⑥心中充满了哀恸

⑦与对手拔河　　⑧被车撞了一下　　⑨给他一把梯子

在学生完成之后，用PPT展示，欣赏佳作：

①烫烫的稻谷→烫烫的喜悦　　　　②一片辽阔的草原→一片辽阔的静默

③紫丁香掩住青石上的苔→紫丁香掩住青石上的诗

④青涩的苹果→青涩的苹果和爱情　⑤挂着的灯→挂着的灯和宁静

⑥心中充满了哀恸→心火熬着一锅哀恸　⑦与对手拔河→与永恒拔河（余光中）

⑧被车撞了一下→被青春撞了一下　　⑨给他一把梯子→给梦一把梯子（白灵）

写短短的诗句并不难，只须将日常用语稍予"转化"即成诗，且常常只是一二字之别而已。

学会了这种方法，学生便打下了写诗的基础。此时，教师的教授重点从分解诗歌转向重组诗歌，比如下面这句常听到的句子：窗子打开／让风进来（只是景）。若改一二字即是诗：窗子打开／让爱飘进来（景中含情）。同理可演绎出更多的诗句：

窗子打开／让我的思念住进来／心灵打开／让神住进来

窗子打开／月光一步跨了进来／心房打开／让我的蝴蝶飘进来

窗子打开／雨意溢了进来／天空打开／阳光跌下来

甚至因不断思索而得如下诗句：

推开窗子，伊歪一声

碰得满天星斗一阵乱晃

或是：

风过处，荷花抖擞

整个早晨浮在花香上

这几句看起来好像是纯写景，但事实上是把心情隐藏到景的背后去，前两句是俏皮的，后两句是愉悦的。情宜隐，景宜显，最好是情景交融、亦虚亦实。只要稍微用点心，人人都至少可写出像样子的诗句来。

最终归纳"一行诗"的写作方法，可以说是：善用意象，营造意境；情景交融，虚实相间；语言精练，含义隽永。

当然，我们的教与学绝不只限于课堂，还要让学生在课后有所延续：可以让学生自选题目，写一首优美的一行诗，或者修改上节课上的作品到满意为止；抑或让学生选择合适的图片，配上自己的一行诗，制作一幅"诗画"。最终我们将挑选优秀作品，举办一次小小的"一行诗"作品展示会。

（三）案例研究价值

本案例的研究价值在于新颖且有很强的实操性。首先，对于"一行诗"这个概念很多人都较为陌生，对于学生而言更是新鲜的存在，这样更能激起学生的学习兴趣。其次，从找句子里的某一个词"化实为虚"，再到组合成"有实有虚"的句子，并且可以拥有自己的意境，直到最后完全尝试"一行诗"的创作，浅入深出，完全在学生的能力范围之内，而每一步又设置了新奇的知识点，使学生在玩中有所学。最后，将学生创作的"一行诗"作品配上相关的图片，制作成明信片的模样，以此形式进行保存和流传，对于学生而言更是有所得。

五、课程开发与实施的研究价值

（一）打破常规，将创意写作向基础教育延伸

其实"创意写作"课程并非新鲜事物，几年前，创意写作课程就已经渐渐从国外引入，进入我国高校的课程体系当中，因此我们也时常听闻"创意写作"这个名词。但这门课程仅仅局限于高校，初中阶段几乎没有涉及。如何更好地架构基础教育阶段的创意写作课程体系是很值得研究探讨的。而本课程是作为一种先行实践，以各种创意的话题引入，从写作基础到创新基础，从课堂内走向课堂外，尝试以这样的课堂思路设计打破应试写作的套路，是一种创新。

（二）学科衍生，将创新思维融入日常教学

本课程隶属于学科性的拓展课程。目前课程体系虽还不够完善，但总体思路层次分明，使得其不只是在教学写作，更是一种创新思维和创新能力的培养。创意写作的基础课程重在学习写作基础以及创新基础。课程难度递增，更多地是为了唤醒学生对于事物、对于生活的情感捕捉能力、感知能力以及表达能力，这些都是为了能攀登上顶峰的"山腰"。最终所要达成的是提高学生自由创新、自由创作的能力。

香港中文教育网上总结的创意写作六方法分别是不判断、类比、打破传统、颠倒、发散性思维、革命性疑问。由此可见，以传统写作的形式来培养融入创新思维的能力是创意写作课程的重中之重。在传统的写作背景之下，学生通过独特的全新情感体验，实现语文素养的提升并相信自己是一个能创新、能创造的个体，做到不只是写作自由，更是思维的自由，个体的自由。

当然，目前创意写作课程总体系统性不够，相信在不断地研究探索下，其势必趋于成熟化。

游戏：还儿童真实学习

——"数之乐，数学遇见游戏"
课程案例

2018年杭州市精品课程
撰稿人：冯春飞　课程负责人：冯春飞
研发团队：朱艳婷　金虹波　李　节

一、课程简介

杭州市青蓝青华实验小学以"培养身心健康，既有深厚文化底蕴，又具有国际视野的现代公民"为学生发展目标，融合优秀国学文化，构建"博学于文　约之以礼"的博·约课程群，并在国家课程校本化实施和拓展过程中，将学校课程整合成语言与诗歌、数学与生活、科学与技术、艺术与修养、运动与健康、德育六大主题课程。

我校"数之乐"系列课程属于"数学与生活"板块，是从数学基础性课程出发，以游戏为教学形式开发的学科拓展性课程。课程从"数"与"形"两个维度切入，分别开发了针对低段"数与代数"板块的"数之乐"课程和针对高段"空间图形"板块的"形之美"课程。两个子课程已分别于2018年和2019年被评为杭州市精品课程。

"数之乐，数学遇见游戏"课程本着让学生学好玩的数学、以好玩的方式学数学的设计目标，把低段数学课本中的计算知识、技能等学习任务，通过一个个好玩的思维游戏和一些操作学具，让学生在挑战中实现知识的应用、技能的巩固，同时获得推理、思辨、表达能力的提升。

"形之美，游戏遇见数学（形之美）"课程本着学生的想象无边界的理念，对高段几何图形类知识进行多元化拓展，让学生在动手操作、空间想象与推理中，发现数学学习的乐趣，提升学生空间思维品质。

二、课程纲要

（一）课程设计背景及理念

数学是研究现实世界的空间形式和数量关系的学科，它具有抽象性、逻辑性、严谨性和广泛应用性的特点，正是因为这些特性让学生，特别是低年级学生觉得枯燥、不感兴趣。

数学游戏是一种运用数学知识为学生提供智力和社会刺激的、充满乐趣的娱乐活动，具有高互动性、高协作性、趣味性、直观性、探索性的特点。将数学和游戏整合，是因为游戏具有趣味性、操作性、过程性、解放性和自由性。

在课堂中以游戏的形式学数学，可以营造轻松有趣的学习氛围，充分调动学生的积极性，同时因为游戏中存在数学问题，可鼓励学生通过观察、猜测、计算、推理等进行数学思考。儿童从来都是游戏着的儿童，而游戏的状态也就是儿童的状态。本课程尊重儿童天性，设计了一系列好玩又有思维含量的数学游戏，通过教学的游戏化、练习的游戏化和评价的游戏化，使学生在快乐的游戏中熟练掌握运算技能，灵活运用算法，培养数感，促进学生数学能力的提高，最终促进数学学习。

（二）课程目标

1.理解游戏规则，能运用低段学习的数学计算技能顺利完成初级、中级难度的游戏，达到计算方法得以巩固，熟练度、灵活度得以提高的目标。

2.理解游戏规则，体会游戏规则背后的思想，使学生体会数学的应用性，提高学生的理解和应用能力。

3.学生通过高级难度的游戏设计与闯关练习，增强学习数学的兴趣，提高专注力、表达力、观察力、反应力等综合学习能力以及逻辑推理和创新能力等高阶能力。

4.使学生整个学习过程充满乐趣和挑战，激发学生兴趣和学习内驱力。同时培养学生抗挫折能力，在游戏中学会合作交往，培养游戏精神。

（三）课程内容

课程共分两类游戏，即骨牌类游戏和棋类游戏。骨牌类游戏主要由多米诺骨牌和旋风魔方两个游戏组成。棋类游戏由数字罗盘棋和数字定位棋组成。每个游戏都让学生经历制作游戏器材、掌握游戏规则、完成初级挑战、接受进阶挑战、总结游戏策略、尝试创编游戏的过程，将100以内的计算、混合运算等都通过游戏形式让学生得到训练。具体安排如表4-8所示：

表4-8　"数之乐，数学遇见游戏"课程内容

游戏类别	游戏名称	教学内容	教学资源	课时安排	知识链接	能力链接
烧脑的小骨牌	多米诺骨牌	制作游戏器材	PPT、骨牌、学生手册	3课时	10以内数的认识	理解力、专注力、表达力、推理能力
		掌握游戏规则，开展初级游戏，总结游戏技巧				
		开展中级游戏，突破游戏难点，尝试高级游戏				
	旋风魔方	掌握游戏规则，开展初级游戏，总结游戏技巧		3课时	100以内的加减法	理解力、专注力、表达力、推理能力、计算能力、创新能力
		开展中级游戏，突破游戏难点，尝试高级游戏				
		尝试创编游戏				
另类的棋游戏	数字罗盘棋	制作游戏器材	PPT、棋牌、学生手册	3课时	100以内的加减法、混合运算	理解力、专注力、表达力、推理能力、计算能力、创新能力
		掌握游戏规则，开展初级游戏，总结游戏技巧				
		开展中级游戏，突破游戏难点，尝试高级游戏				
	数字定位棋	制作游戏器材		3课时	100以内加减法、表内乘法、混合运算	理解力、专注力、表达力、推理能力、计算能力、创新能力
		掌握游戏规则，开展初级游戏，总结游戏技巧				
		开展中级游戏，突破游戏难点，尝试高级游戏				
		尝试创编游戏				

（四）课程实施

①活动时间：本课程共12课时，每课时建议60分钟。

②课程对象：二、三年级学生。

③选课方式：通过选课平台自愿选择。

④教学流程与策略：本课程包含4个与数学教材二年级计算内容紧密相关的数学游戏，采用游戏化教学方式，基本采用"制作游戏器材——掌握游戏规则——开展初级游戏——总结游戏技巧——开展中级游戏——突破游戏难点——尝试高级游戏——尝试创编游戏"这一教学路径展开数学游戏教学，教学过程关注学生差异，鼓励尝试和交流，培养创新意识。如表4-9所示：

表4-9 "数之乐，数学遇见游戏"教学设计流程表

教学路径	具体操作	教学策略	学生发展
制作游戏器材	让学生将一些生活物品制作成游戏需要的学具，这是游戏活动的物质基础	让学生经历观察发现、实践操作、创意应用的过程	观察、动手操作能力、创意
掌握游戏规则	让学生清楚游戏的规则，这是游戏活动的必备基础	让学生经历理解、尝试、表达的过程	理解力、表达力
开展初级游戏	让学生挑战初级游戏，尝试破解	让学生经历尝试和应用的过程，鼓励学生表达	应用能力、表达能力
总结游戏技巧	让学生阶段性总结挑战游戏的方法和经验	多用观察对比，鼓励学生反思	表达与交流、反思与总结
开展中级游戏	让学生继续接受挑战，尝试破解更有难度的关卡	提醒学生表达遇到的困难，鼓励学生交流讨论、归纳总结，注重观察引导和思路点拨	表达与交流、专注力、应用能力、解决问题需要的数学能力、反思能力、归纳能力
突破游戏难点	让学生交流遇到的困难和破解的妙招		
尝试高级游戏	让学生参与更高难度的挑战		
尝试创编游戏	让学生尝试创编游戏，改变规则或提高难度等	鼓励学生尝试自由发挥	创造与应用能力

（五）课程评价

本课程采用游戏化评价方式，注重过程性评价，关注学生从制作到闯关再到创编游戏的全过程，同时注重多元评价，力求发挥游戏的激励功能，激发学生的主动性，锻炼多阶数学学习能力。具体评价指标如表4-10所示：

表4-10　"数之乐，数学遇见游戏"评价样表

游戏名称	评价方式	评价指标					
		理解力	专注力	表达力	计算能力	推理能力	创新能力
多米诺骨牌	自评						
	互评						
	师评						
旋风魔方	自评						
	互评						
	师评						
数字罗盘棋	自评						
	互评						
	师评						
数字定位棋	自评						
	互评						
	师评						

分项评价标准：

①理解力：

A级：能准确理解游戏规则和制作方法。

B级：能在老师的提示帮助下理解游戏规则和制作方法。

C级：理解游戏规则时表现出困难，需要多次单独讲解才能完成。

②专注力：

A级：能始终保持对游戏的热情，能专注地挑战和思考。

B级：能比较专注地参与游戏挑战和思考，对游戏有一定的热情。

C级：对游戏的热情不是很高，无法专注完成挑战。

③表达力：

A级：能简洁、完整、准确地表达游戏的分析思路。

B级：能比较简洁地表达游戏的分析思路，内容比较完整，意思也表述得比较准确。

C级：不能很清晰地表达游戏的分析思路，意思表达不清晰，内容不连贯。

④计算能力：

A级：能快速、准确地通过计算完成挑战，且方法灵活，省时省力。

B级：计算速度比较快，错误较少，有时候会选择比较灵活的方法。

C级：计算速度慢，常有错误，方法欠灵活。

⑤推理能力：

A级：能对游戏中的难点用排除、逻辑推理等方法顺利破解。

B级：对游戏中的难点，大致能推理出结果，结果大多数正确。

C级：对游戏中的难点，通常不能找到合适的方法破解。

⑥创新能力：

A级：能根据对游戏的掌握和对知识的掌握程度，创造出新的游戏，或改进规则，或出新的题目。

B级：能根据对游戏的掌握和对知识的掌握程度，对游戏的创新有一定的想法。

C级：不能创造新游戏或改变游戏。

三、教材示例

根据课程内容开发教材，坚持趣味性、互动性合一，版面设计风格活泼，深受低段学生喜爱；关键问题的提示和思路点拨，能及时引导学生思考；实践部分为学生留足自主思考空间。以"数字罗盘"游戏第二课时教材内容为例。

学习园地

找一找

仔细观察数字罗盘，你有什么发现？

① 数字罗盘有 7 个圈组成。

② 每个圈内 3 个数字之和为 26。

③ 提示数字有 6 个。

每个圈内 3 个数字之和为 26

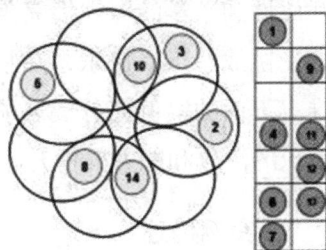

想一想

同学们，其他数字应该怎么填入数字罗盘？

想一想，先填哪
个圈？为什么？

每个圈内 3 个数字之和为 26

（1）

填已知 2 个数字的圈。因为已知 2
个数字，容易算出第 3 个数字。例如：
填10和3 的圈，想：10+3+（13）=26

现在填哪个圈呢？
为什么？

每个圈内 3 个数字之和为 26

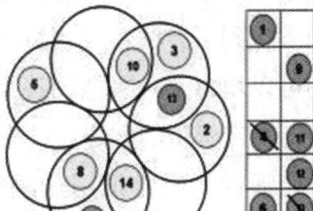

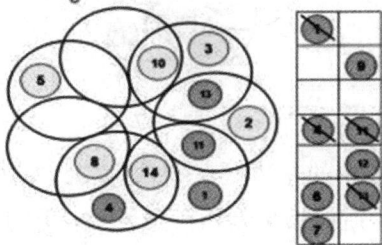

（2）

填 13 和 2 组成的

圈。想：13+2+（11）=26

同理，可填 14 和 11 的组成圈。

想：14+11+（1）=26

图4-5

四、教学案例

（一）案例缘起

将数学与游戏有机整合，用游戏为"冰冷的"数学增添"五彩的外衣"，使游戏的开放性和数学的探究性完美契合，可以使儿童在具有数学因素的游戏中表现自我、接受挑战、感受快乐，在具有游戏成分的数学问题中活化技能、积累经验、提升思维。下面的案例充分展现了游戏化教学如何点燃学生的数学学习兴趣，同时又达成知识的活化和能力的提升。

（二）案例描述

课堂上，冯老师和同学们正在努力破解"数字罗盘"的初级游戏，同学们讨论得热火朝天。老师引导学生思考："像右图这样，当一个圆中有两个数已知，很容易得到第三个数，但是现在剩下的5个圆中，没有一个圆有两个已知数，该怎么解决呢？"

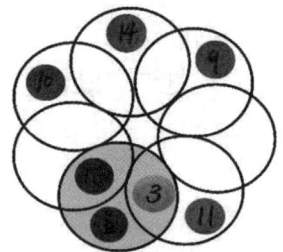

图4-6

学生先沉默了一会，之后小组内就展开了讨论，每个同学都发表自己的意见，或者表达听懂了别人的哪些意见。有同学找到了方法："当每个圈里都只有一个已知数时，是不能马上确定答案的，我们可以填出几种可能的答案，然后和旁边的答案对比一下，就找到答案了。"老师马上肯定学生的方法："先罗列可能的答案，再排除，是非常好的思考方法！"

老师带大家尝试用这种方法解决问题，并带领学生逐一经历思考的完整过程。怎么罗列所有可能性呢？可以有序地列出4种可能；怎么排除答案呢？先看有没有已经填过的数，可以排除3、6，再看有没有出现重复答案，就可以排除4；怎么确定答案1和7的

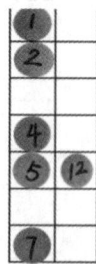

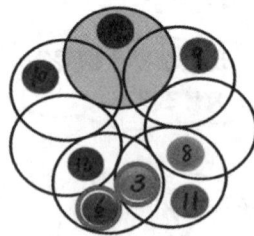

图4-7

位置呢？可以通过试填两种情况来确定：如果14的左边摆1，右边摆7，左边圈里剩下的数应该是22-（10+1）=11，11不能重复，所以14的左边应填7，右边应填1。

最后，老师带学生回顾刚才的破解过程：首先观察罗盘寻找突破口，把同一个圈里有两个已知数的圈先填满；接着找最大或最小数罗列可能性，通过排除重复的

数来确定答案；然后试填答案，把重复的矛盾的答案排除，最终确定答案。

（三）案例研究价值

游戏课程的教学需要将游戏融于数学学习的价值最大程度地发挥出来，因此强调开放的课堂，让学生的思考完整而无上限。经过上述教学过程，学生自觉经历了观察、对比、罗列、排除等数学思考过程，而且整个过程不需要教师多加引导，他们在游戏闯关的过程中就自然地去探索和尝试。与常规数学课堂教学相比，学生获得了更多的规律探寻和技能训练，整个学习过程充满乐趣和挑战，从而激发学生的兴趣和内动力，既兼顾了学习过程的趣味性，又兼顾了游戏法则和法则背后对数学思想的探究。

五、课程开发与实施的研究价值

为什么数学遇见游戏，就能发挥学生的内驱力去主动探索和深度思考？因为这样的设计基于对学生认知理念的分析，同时代表着学生从离身式的数学学习转变为具身式学习，促使学生深度学习。

（一）身体参与：促进多感官感知经验

无论是数字罗盘的学具还是棋类游戏的学具，都能让学生得到很好的身体参与。对低段学生比较有挑战的思辨过程，在可试错的操作学具的支持下，为学生提供过程和思维双重可见的外显媒介，让学生在将学具移来移去的尝试和思考过程中，把困难、犹豫、成功都清晰呈现，使学习过程手动、眼动、口动、脑动，真正实现多感官联动，让实践操作和经验积累丰富而有层次，使基本活动经验成为学习者深度学习的有效基础。

（二）认知关联：获得深度的概念理解

令人愉悦又具挑战性的游戏为儿童游戏表达铺设了道路，再加上教师适时的思路点拨和策略引导，逐渐过渡到数学化表达，在这样的关联基础下，学生的认知才科学、全面、牢固，最重要的是学生概念理解、运用能力和创新能力才能得到不断提高。

（三）全情投入：发展持久学习内驱力

破解游戏过程会不断遇到问题，恰好促使学生以积极的状态全身心投入游戏过程，因为此时学生的技能在一个有预定目标、有规则约束且在学生清楚知道自己做得好的行为系统中充分地应对随时而来的挑战。这样的体验是积极、饱满、主动的，有利于学生产生持久的学习内驱力。

（四）主动反思：构建良性的认知结构

学生会在不断遭遇挑战的过程中努力调用自己的已有知识和能力去解决问题，这个积极思考、主动反思、迁移运用的过程符合深度学习的特征，无疑会有效促进学生头脑中良性认知结构的建构。

在数学游戏课程的学习过程中，具身性（身体参与）、关联性（认知关联）、社会性（全情投入）、元认知（主动反思）被有机整合，共同作用于学习者的学习，此时学习者呈现了最完美的学习状态——还学生自己的学习状态，成为真正的"玩"童。

游戏：走向儿童无限可能

——"形之美，游戏遇见数学"课程案例

2019年杭州市精品课程

撰稿人：邵　宇　课程负责人：邵　宇

研发团队：孟胜君　方凯凯　吕　婷　王宏霞

一、课程简介

本课程属于学校"博·约"课程群中"博识课程"板块，从数学基础性课程出发，结合游戏元素，开发学科拓展性课程"玩着游戏学数学"系列课程。围绕数学学科特点，从"数"与"形"两个维度切入开发了低段"数之乐"课程与高段"形之美"课程。"数之乐"课程与数学教材中的计算内容紧密相连，以游戏化计算为指向，旨在提高学生的计算能力与兴趣；"形之美"课程在高级几何图形类知识的基础上进行多元化拓展，让学生在动手操作、空间想象与推理中，发现数学学习的乐趣，提升学生空间思维能力与空间图形的审美能力。

"形之美"课程尊重儿童天性，将"九色魔方""五连块""创意七巧板"等一系列好玩、好看又具有空间思维含量的数学游戏作为学生思维活动的载体。"九色魔方"游戏课程板块，引导学生用元件拼组出各种各样的立体图形，并用索玛语言记录下来，创造出美妙的空间图形。"五连块"游戏课程板块，学生学习用五连块元件拼组平面图形和立体图形，在空间操作中学会思考、推理，锻炼逻辑思维，培养专注力。"创意七巧板"游戏课程板块，在切割、拼组、计算、联系、创造的学习过程中扩散想象，提升思维灵活度与发散性，体验数学游戏中的智慧。学生在"做"游戏中收获更多愉快而富有探索性的学习经历，积累丰富的数学活动经验，

提升空间能力，培养空间观念，感受空间图形的变化之美，锻炼提升创造性思维。

二、课程纲要

（一）课程设计背景及理念

爱玩游戏、喜欢动手操作是儿童的天性。数学具有挑战、抽象、逻辑、结构、推理等特征，游戏具有挑战、有趣、自主、创造、推理等特征。数学常让孩子们生畏，除了数学学霸乐在其中，而游戏能让所有学生乐此不疲，甚至无法自拔。寻找两者之间的共性，营造学习体验中游戏机制的价值，让游戏与数学相遇，沟通联系，就形成了形之美课程的出发点：游戏遇见数学，构建一个能让生命在场的学习空间，让数学游戏成为一束光，激活生命，让学生成为"玩童"。在"做"游戏中融合数学，激发学生操作实践、探究规律、发散思维、挑战规则，想象创新，实现学习的多点驱动，让学生爱上数学，探寻趣味与理性的微妙关系。

皮亚杰认为，游戏并非独立的活动，而是智力活动的一个方面，正如想象与思维的关系一样。他提出游戏阶段理论，游戏的发展水平与学生的认知发展水平相适应，7—11岁的学生处于规则性游戏阶段，这一阶段可以按照一定的规则让学生进行带有竞赛性质的游戏。

杜威提出，学校教育应当充分利用学生的游戏天性，以游戏活动为中心建构丰富的情境，让学生"从做中学"，在动手操作中学习，以获得丰富的活动经验。学生还可以在与他人的游戏中建构自我意识，通过游戏的组织、规则、秩序、合作，学习社会交往的方式与协调能力。

（二）课程目标

1.引导学生在"做"数学游戏活动中掌握游戏规则，在剪、拼、摆、搭、画、说、想的过程中完成初级、中级、高级的空间游戏，培养学生空间观念和数学素养。

2.设计不同难度的游戏活动与闯关练习，激发学生学习数学的内在动机，初步形成用数学空间的思维方式去开展观察、分析、表达、操作、推理、创造游戏活动，学生能尝试发现游戏中的数学事实，主动探究游戏中的规律，提升思维品质，发展高阶思维。

3.促进学生社会化的发展，在游戏中提高交往、合作、评价的意识和能力，在操作中注重促进自主发展，挖掘潜能，形成良好的数学情感和态度，培养积极主动、有求知欲的学习者。如图4-8所示：

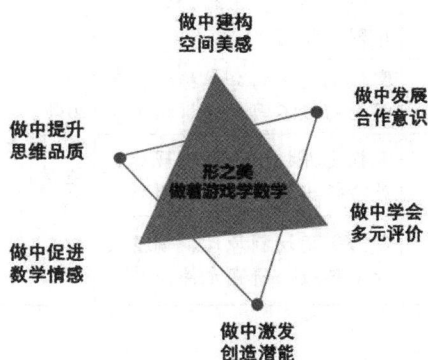

图4-8　"形之美——游戏遇见数学"课程目标导图

（三）课程内容

课程内容立足于教材中数学玩具的拓展化与生活中游戏玩具的数学化，设计了3个板块，共12个课时。如表4-11所示：

表4-11　"形之美——游戏遇见数学"课程内容

课程板块	教学内容	实施建议	课程资源	知识与能力链接
九色魔方	1. 认识九色魔方	认识魔方各元件，画出元件立体图	PPT、九色魔方学具、学生手册、实施材料	1. 正方体的特征；2. 立体图形的空间操作；3. 立体图形的透视；4. 数形结合思想
	2. 玩转九色魔方1	探究拼组方法，掌握游戏规则，寻找规律		
	3. 玩转九色魔方2	运用游戏规则，掌握数字记录语言		
	4. 透视九色魔方	透视立体图形，体验空间图形的美		
五连块	5. 认识五连块	认识五连拼，用元件拼组简单的图形并会计算面积	PPT、五连块学具、学生手册、实施材料	1. 平面几何知识；2. 立体图形的空间操作；3. 平面与立体图形互相转化的方法
	6. 趣味五连块	探究五连块拼组的多样方式		
	7. 字母拼拼乐	掌握五连块拼组字母的规则		
	8. 趣搭立体五连块	掌握五连块拼搭立体图形的规则		

续表

课程板块	教学内容	实施建议	课程资源	知识与能力链接
创意七巧板	9. 乐切七巧板	认识七巧板，掌握切割元件原则、技巧	PPT、七巧板、学生手册、实施材料	1.七巧板组成与特征；2.平面图形特征及面积计算方法；3.分数的意义与运用
	10. 乐拼元件	掌握七巧板的分类标准，了解七巧板不同元件拼组方法		
	11. 乐拼七巧板	掌握元件拼组的变化规律，灵活拼出不同的几何图形		
	12. 创意七巧板	灵活运用切割原理，创意设计七巧板，研究元件关系		

（四）课程实施

课程的组织方式是让学生在"游戏"中学习，在"自主"中发展，在"合作"中增知，在"探究"中创新。教学过程注重方法指导，关注学生差异；鼓励学生实践操作，探究游戏规律，重视表达交流；采用合作学习，开发创意游戏，重视多元评价，让学生在做游戏的快乐中学数学，感受空间图形之美。如图4-9所示：

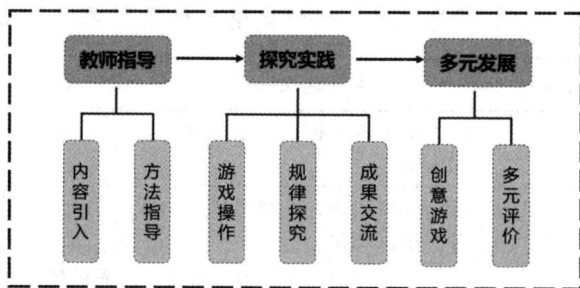

图4-9　"形之美——游戏遇见数学"课程实施过程

（五）课程评价

课程评价以个性化可持续发展为本，立足学生学习能力的发展，注重过程性评价和表现性评价，从理解力、专注力、表达力、操作力、空间能力、创新能力六个维度关注学生从认识到闯关再到创新游戏的全过程，力求发挥游戏的激励功能，激发学生的主动性，全面提升学生的思维品质。评价主体包括教师、同伴、学生自己。针对不同数学游戏内容采用不同形式的评价，其评价反应学生思维品质、能力等级及学生在数学空间游戏方面后续发展的着力点。

三、教材示例

"形之美"课程的教材设计了3个板块，共12个课时，从教学目标到教学过程再到应用拓展都进行了合理规划，突出使用价值、探究性和趣味性三个特点。

1.认识九色魔方
学习园地

认一认

小朋友们，你们好，我是你们的新朋友——九色魔方，也称作立体七巧板。如图4-10所示：

图4-10

游戏配件：2个花色骰子，9个不同颜色、形状的积木块元件，分为红、橙、黄、绿、蓝、灰、黑、白、原木色。除了原木色元件，另外8个元件上的颜色与骰子上的颜色对应。

想一想

这是9个积木块元件的编号、形状、颜色与名称。

观察元件的特点，你有好办法快速记住它们吗？

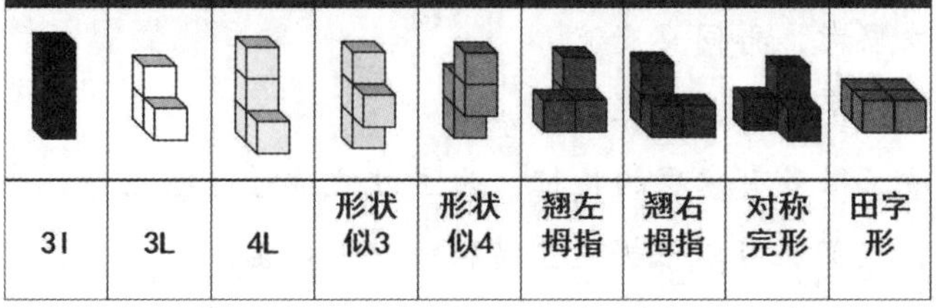

0	1	2	3	4	5	6	7	8
3I	3L	4L	形状似3	形状似4	翘左拇指	翘右拇指	对称完形	田字形

图4-11

画一画

仔细观察，用"正Y"和"倒Y"画正方体的方法。

①先画一个正六边形，标出中心点；

②连接中心点和三个不相邻的顶点；

③相邻的三个面分别涂上红、黄、蓝三原色

（或其他对比鲜明的颜色）。

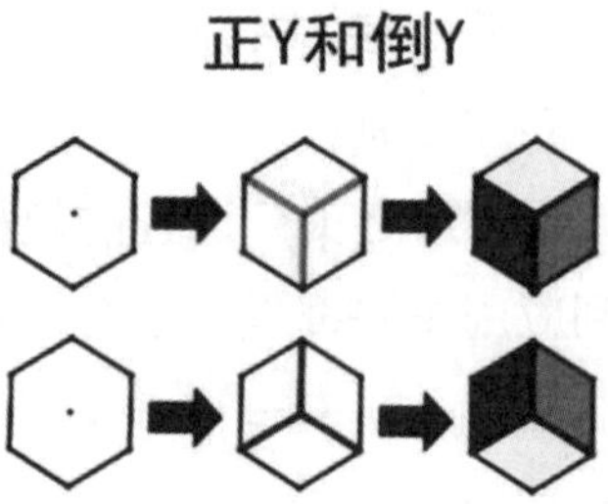

正Y和倒Y

图4-12

四、教学案例

（一）案例缘起

好奇、好玩、好动是儿童的天性，自主玩游戏是理解世界的有效途径。而数学游戏集知识性、趣味性、操作性于一体，可以有效调动儿童学习数学的积极性，激发儿童探究数学的兴趣。游戏与数学在逻辑思维和线性规则的相似性，为两者的融合以及"在做中学"奠定了基础。数学游戏为儿童学习数学提供直观的感性材料，以助于思维活动的进行。

课程从学生感兴趣的内容出发，五年级的学生在学习了长方体和正方体后，对立体图形的拼、摆、画等产生了浓厚的兴趣。课程组结合学生的兴趣生长点，在每周五拓展性课程时间段开设九色魔方课程，在动手操作、小组交流中使学生增进对立体图形的理解。

（二）案例描述

长方体和正方体都属于三维立体图形，五年级学生的空间操作能力还处于浅层次的阶段，对于画正方体的三维图存在一定的困难，因此课程组从九色魔方中分割出一个画正方体的环节，以便学生学习立体透视，激发空间想象潜能。

片段一：学习画正方体。

师：首先我们来认识九色魔方中形状各异的元件吧。仔细观察各元件，它们有什么特点？先独立思考，再同桌交流。

生动手操作，观察特点，全班交流。

师：你们发现了很多有意思的特征，为了方便称呼这些元件，我们把这9个元件编上0—8的编号，我们还可以根据这些特征给它们命名。

师：我们刚认识了九色魔方的各个元件，每个元件都是由3个或4个正方体组成的，现在我们先学习用正Y和倒Y法画正方体。观察一下，你能说说它的步骤吗？

生：先画一个正六边形，正中心取一点，与三个顶点连接成一个Y，就是一个正方体。

师：描述得很清楚，我们还可以按照这样的方法画倒Y，获得一个正方体。画完后，我们还可以用三种不同的颜色涂在正方体上。想一想，正方体有六个面，为什么只涂三个面呢？

生：因为从一个角度看过去，我们最多只能看到三个面。

师：是的，另外三个面是这三个面的相对面，大小是一样的。

学生活动：先尝试在点子图中画一个正方体，再涂上相应的颜色。

这是教学的第一课时，先引导学生认识九色魔方的9个元件及特点，再结合正方体面的特点画出基础的立体透视图，突破学生画三维图的难点。捷克教育家夸美纽斯说过：一切知识都是从感官开始的，在可能的一切范围内，一切事物应尽量地运用感官去触及……通过看、说、摸、画等操作，进一步增加数学空间学习的深度，提高学习质量。

片段二：学习画简单立体视图。

师：我们任取九色魔方中的一个元件，用正Y或倒Y的画法将立体视图画在点子图中，再涂上三原色。以2号元件为例。

师：比较这12个立体视图，你发现了什么？

生：我发现观察的角度有的是从左看，有的是从右看，还有的是从上面往下看。

生：我发现2号元件摆放的方法也不同。

师：是呀，每次观察的角度不同，元件摆放方法不同，得到的立体视图也不一样。再仔细观察，透视图的涂色有什么特点？

生：同一个方向颜色一样，不同方向颜色不一样。

师：为了方便区别，能清楚表示图形的透视感。同学们可以从9个元件中选择一个元件，从不同角度观察这个元件，然后在点子图中画出这个元件，并且涂上你喜欢的三原色。

生先动手摆，再在点子图中画元件。

这一环节引导学生从不同角度观察元件，让他们意识到在不同的角度会看到不一样的面，但无论从哪个角度观察，都只能看到三个面，感受视觉三维感。引导学生画出在不同角度观察到的元件，帮助在头脑中建立动态的立体视图，为后续探究更复杂的立体视图做铺垫。

（三）案例研究价值

教师提供空间，让学生自主创作，从更大程度上激发了学生探究的欲望。在创作中，有利于培养学生的空间想象力、创造力、审美力，同时在分享交流环节，促进学生学会欣赏，发现美好的事物，并从中感受到数学之美。

在学习九色魔方的过程中，课程组通过过程性评价及时、全方位地展示学生在活动过程中的成长，不同层次的学生在课程中绽放不一样的光芒。

五、课程开发与实施的研究价值

随着"形之美"课程的开展，课程组从多维度不断探索拓展性课程，挖掘课程的生命力，思考课程内容的深度设计，课程目标的科学规划，课程实施的循序渐进，课程评价的有效精准，师生成长的清晰路径……

首先是学科无边界，打破学科间的壁垒。后期，课程组邀请美术老师参与其中，融通不同学科知识，从多角度给学生提供脚手架，关注学生综合素养的提升。比如在学习九色魔方立体视图时，美术老师从美术学科角度介绍了透视的原理与构造方法。在3年多的课程开发与实施过程中，课程组不断思考与探究各种策略，不断挖掘游戏中的数学元素，不断研究学科整合，教师课程开发力、融合力、领导力、评价力获得发展，并形成了数学校本教材与学生活动手册。

其次是空间无边界，数学游戏课程延伸至课堂外、学校外。每次学习完课程后，学生回到班级能积极主动与其他同学交流、探究，甚至自发组织同学一起进行游戏比赛，兴趣盎然。暑假期间，学生自主研究各式各样的数学游戏，其中有一位同学学习了三阶魔方后，自主研发三阶魔方的拼法并录制成视频与全班同学分享。课程组结合学生的兴趣，开学后在学校进行三阶魔方比赛，更进一步扩大学生参与的空间，感受课程的魅力。

本课程聚焦生长，充分尊重学生的天性、兴趣与经验，在"做游戏"中多维度地满足学生的学习需求；激发动机，以游戏为载体，将"游戏动机"转变为"学习动机"，将学习的"外部动机"转变为"内部动机"；关注思维，在实践性活动中让学生"做"起来，在"做"的过程中，引发学生"思考"；感受形之美，通过空间图形的平移、旋转、翻转、叠加、组合等操作活动，激发学生"美感"体验，重视评价，主要采用表现性评价、形成性评价以及自我评价和同伴评价，引导学生充分了解自己的学习状态，进一步提升自我，从中找到学习数学的兴趣。

活动引领　玩转经典

——"玩转数学经典"课程案例

2017年杭州市精品课程

撰稿人　徐元昕　课程负责人：徐元昕

研发团队：楼　磊　王曦玫

一、课程简介

"玩转数学经典"课程表属于长寿桥小学拓展课程四大课程群"体育与健康""人文与艺术""生活与技能""数学与智慧"中的"数学与智慧"板块。课程立足于学校的实际，旨在着重体现学校拓展性课程"健康生活、乐于学习、懂得责任"的目标。数学活动课程的终极目标是让学生乐于学习，善于学习，更有智慧。

"玩转数学经典"课程是适合小学一、二年级学生开展的活动课程，它的学习素材主要是一些经典的数学问题，比如鸡兔同笼、植树问题等。课程以数学活动的形式让低年级的学生接触经典数学问题，接受基本数学思想的滋养，并积累基本的数学活动经验和表象。

二、课程纲要

（一）课程设计背景及理念

"植树问题"是人教版数学教材五年级上册"数学广角"的教学内容，但是我们发现，低年级的学生经常有机会碰到此类题目。然而，在指导低年级学生解决此类问题时，普遍存在没有针对低段特点的专门指导，而只是把高年级的要求简单下移到低年级，使低年级孩子失去了解决此类问题的兴趣和信心。

以上问题引起了我们的思考，对于诸如"植树问题"的经典数学问题，既然低年级的学生已早早接触，何不充分挖掘它们的价值，以数学活动课的形式开展学习，并以此为载体，让低年级学生在操作、观察、交流活动中感受经典问题的魅力，积累丰富的数学表象和基本活动经验，获得一些基本的数学思想和方法。

课程研究的基本理念是以活动的形式让低年级的学生接触这些经典的数学问题，在适应低年级学生年龄特点的活动中让学生得到经典数学问题的熏陶，得到数学思想方法的滋养。

（二）课程目标

1.经历操作、观察、游戏等活动，理解一一对应、枚举法、数形结合的含义，在数学情境和生活实际中会运用以上思想方法。

2.在数学活动中感受对应、数形结合等思想方法，在解决问题的过程中有策略优化的意识。为以后的数学学习积累丰富的表象经验和活动经验。

3.经历操作、观察、游戏等活动，激发学习数学的好奇心，培养学习数学的兴趣。和同伴交流讨论后，能更清楚、大胆地表达自己的想法。

（三）课程内容

"玩转数学经典"课程内容主要源于人教版教材"数学广角"部分，但我们的侧重点是围绕其思想方法开展活动，而不是解题。

我们选择每个经典数学问题时，都会分析其背后所蕴含的数学思想方法，精心设计适合低年级学生的活动课程。经过两年时间的教学实践，我们为一、二年级设计了4个专题的活动课程，平均每个学期1个课程（一年级上册除外），分7个单元，28个课时完成教学，每个单元一节新授课，外加三节练习课。如表4-12所示：

表4-12　"玩转数学经典"课程单元安排

时间	课题	对应的高年级经典数学问题	渗透的数学思想方法
一上	游戏：抢小棒	烙饼问题、抢数（四年级上册）	策略优化
一下	游戏：付钱游戏	鸡兔同笼（四年级下册）	枚举
一下	操作：有趣的七巧板	数与形（六年级上册）	数形结合
二上	操作：给绳子打结	植树问题（五年级上册）	一一对应
二上	魔术：数和纸牌算法	找次品（五年级下册）	策略优化
二下	魔术：未卜先知的奥秘	烙饼问题、抢数（四年级上册）	策略优化
二下	计算机操作：我们来画图	数与形（六年级上册）	数形结合

（四）课程实施

本课程自2017年9月开始实施，经过两年时间的实践研究，确定了"玩转数学经典"课程的基本形式、步骤、类型、方式。

1. **"玩转数学经典"课程组织形式**

课程的课时安排：一、二年级每周一课时（周一的社团活动课），四个课时为一个主题单元。

课程的师资安排：每个年级由一位数学骨干教师负责本课程。

2. **"玩转数学经典"课程的基本步骤**

低年级经典数学问题的活动课可以有以下几个步骤：

（1）提出问题；

（2）猜想和假设；

（3）活动（操作、游戏等）；

（4）分析总结；

（5）再次活动；

（6）得出结论；

（7）交流总结。

3. **"玩转数学经典"课程的三种类型和学习方式**

经过两年的实践研究，我们总结提炼了适合"玩转数学经典"课程的三种类型，分别是操作类、魔术类和游戏类。

（1）操作类的活动课

这一类型的活动课，以动手操作为主要活动形式。它的主要流程是：提出问题—猜想—操作活动—总结交流—第二次操作—总结交流—得出结论。

（2）魔术类的活动课

魔术类的活动课，以师生玩魔术为主要活动形式，通过玩魔术讨论魔术背后的秘密。它的主要活动流程是：提出问题—猜想—玩魔术—总结交流—再次玩魔术—得出结论。这类活动课比较适用于"烙饼问题""抢20"等渗透优化策略等数学思想方法的数学问题，让学生在玩的过程中不停地思考魔术玩成功背后的本质，自主总结策略，有利于学生解决问题策略意识的培养。

（3）游戏类的活动课

游戏类的活动课，课堂上以数学游戏为主要活动形式，通过玩游戏，习得一些基本的数学思想方法。它的主要活动流程是：提出问题—猜想—玩游戏—总结交流—再次玩游戏。

（五）课程评价

评价标准的制订主要是为了检验教学效果。一方面，考查学生在经过一段时期的学习之后，在多大程度上完成了教学预先设定的目标；另一方面，帮助教师检视预定目标及生成目标的合理程度，以便在重新设计课程时，进行适度调整。

本课程的评价标准如表4-13所示：

表4-13　"玩转数学经典"课程评价标准

年级	评价维度	合格标准	优秀表现
一年级上册	参与程度和合作态度	1. 愿意参加数学游戏活动，对数学游戏活动有兴趣 2. 在数学活动课中愿意与同学交流和分享自己的发现和想法	1. 对数学活动课有较浓厚的兴趣，乐意参与数学活动，乐于分享自己的发现想法和观点等 2. 能比较好地玩抢小棒游戏；明白游戏背后的数学原理 3. 有策略意识，并能在解决其他数学问题时运用
	技能表现和思维发展	懂得玩小棒游戏时怎样才玩得好，具有初步的策略意识	

续表

年级	评价维度	合格标准	优秀表现
一年级下册	参与程度和合作态度	1. 乐于参加数学活动课，对数学游戏活动有兴趣 2. 在数学活动课中愿意与同学交流和分享自己的发现和想法	1. 对数学活动课有较浓厚的兴趣，乐意参与数学活动，乐于分享自己的发现、想法和观点等 2. 能有序地玩付钱游戏，体会枚举的优势。熟练地玩七巧板游戏，体会数与形的变化 3. 具有枚举和数形结合的思想，并能运用
	技能表现和思维发展	1. 在付钱游戏中初步学会遵守秩序，在七巧板游戏中体会形的变化 2. 初步具有枚举和数形结合的思想	
二年级上册	参与程度和合作态度	1. 乐于参加数学活动课，对数学游戏活动有兴趣 2. 在数学活动课中愿意与同学交流和分享自己的发现和想法	1. 对数学活动课有较浓厚的兴趣，乐意参与数学活动，乐于分享自己的发现、想法和观点等 2. 在打结和魔术活动中体会意义对应和策略优化的思想方法 3. 能在解决其他数学问题时进行灵活运用
	技能表现和思维发展	1. 在打结活动中体会结数和段数的关系，初步体会一一对应 2. 在魔术活动中体会策略的优化	
二年级下册	参与程度和合作态度	1. 乐于参加数学活动课，对数学游戏活动有兴趣 2. 在数学活动课中愿意与同学交流和分享自己的发现和想法	1. 对数学活动课有较浓厚的兴趣，乐意参与数学活动，乐于分享自己的发现、想法和观点等 2. 在魔术活动中发现背后蕴含的原理，根据原理能把魔术玩成功。建立初步的策略意识 根据规律来玩画图游戏，建立数形结合的思想方法 3. 解决其他数学问题时有策略意识，能将数形结合
	技能表现和思维发展	1. 能在玩魔术的过程中思考魔术背后的原理，具有初步的策略意识 2. 在画图游戏中找到背后蕴含的规律，具有初步的数形结合的思想	

三、教材示例

图4-13

四、教学案例

（一）案例缘起

"植树问题"的教学总是令人头疼不已，尤其是"两端都种""两端都不种""一端种一端不种""环形跑道"问题混合在一起时，部分凭机械记忆学习植树问题的学生就应付不过来了。"植树问题"的本质是什么？怎样教学才能避免到了五年级面对这个问题时出现措手不及？

植树问题的知识基础是除法，本质的思想方法是一一对应。学生在二年级就学习了除法，所以理解起来不难，出现困惑的原因是——对应的思想方法储备不够。能不能在二年级除法上完之后，就开始相应的学习，以渗透一一对应的思想方法呢？经过几位骨干老师的集体讨论、备课，一节目的在于渗透一一对应思想，《给绳子打结》一课就有了雏形。

（二）案例描述

在做了充分的准备之后，我们开启了"玩转经典"课程的第一节课——《给绳子打结》。

上课一开始，老师先出示了一组图形（○□○□○□○），请学生比较哪种图形多。"数一数就知道了。""一个圆对应一个正方形，圆多了一个，所以圆形多。"学生热烈地讨论了起来。老师根据学生们的讨论，把一个圆和一个正方形为一组圈成一圈，再出示几组同样的图形，让学生很快说出哪种图形多。最后，学生自然而然就总结出可以用一一对应的方法比较两种图形的多少。然后请同学们找找教室里的一一对应。

"在这根绳子上，你看到一一对应了吗？"老师拿出准备好的绳子，熟练地打了两个结（两结三段）。"结数和段数对应！"学生马上回答。"如果在绳子上每隔一段任意打1个结，一共打3个结，可能会是什么结果？"在提出这个问题之后，老师请学生拿出准备好的绳子，四人小组动手打结。

在小组合作之后，学生上台展示了研究结果。第一小组的胡同学边展示自己的绳子边汇报："我们是这样打结的：两头分别打一个结，中间打一个结。这样有3个结，2个段，结数比段数多1。"老师追问："如果按这种方式打结，打4个结，有几段？5个结、100个结呢？"学生深刻的体会到了当两端都打结的时候，结数永远比段数多1。

接下来，另一个小组的方同学汇报："我们在绳子的中间打了三个结，这样有3个结4个段，结数比段数少1。""我们在一头打结，另一头不打结，这样有3个结和3个段，结数和段数一样。"还有更会想的小组说："老师，我们先在绳子的中间打两个结，再把绳子的两头合起来打一个结，这样也是3个结和3个段。"这时，

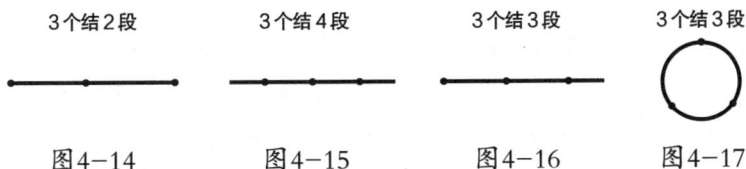

3个结2段　　3个结4段　　3个结3段　　3个结3段

图4-14　　图4-15　　图4-16　　图4-17

-181-

老师引导学生用材料摆出或者用图画出以上三种打结方法。

从动手打结再抽象到图形表达，学生的思维得到了一个提升。接下来，老师要求学生用对应的方法在图上解释一下结数和段数的关系。这样经过动手操作、图形表达、语言表达，一节课下来，学生对于一一对应的思想方法已经了然于胸了。

（三）案例研究价值

在"给绳子打结"活动中，学生不仅在情感态度上收获很大，更重要的是活动中渗透的数学思想方法形成了学生的数学素养。本节活动课所蕴含的一一对应的数学思想方法，为后面植树问题以及平移等数学问题的解决，打好了基础。

五、课程开发与实施的研究价值

"玩转数学经典"活动课程，激发学生的学习兴趣，渗透重要的数学思想方法，同时课程研究为小学不同学段数学学习之间的衔接提供良好的范例。

（一）提升了学生的数学素养和学习品质

数学思想方法属于默会知识，需要长期渗透和不断体验来感悟。课程内容从经典的数学问题中选取，渗透重要的数学思想方法，为以后的学习打下良好的基础。我们发现，学习了"玩转数学经典"课程的学生习得了数学思想方法，在运用数学思想方法解决问题时相比其他学生更胜一筹。

（二）提高了学生学习数学的积极性和主动性

本课程以活动课的形式开展低年级的学生经历操作、游戏、魔术等活动，激发学习兴趣，培养实践能力。课程组教师在每次教学实践活动中都会对课堂进行观察记录，从一个个鲜活的个案中我们可以明显感受到，学生学习了"玩转数学经典"课程后，学习数学的积极性高涨，专注力等学习品质有所提升。

（三）开发了一套低年级经典数学问题活动课的教材

课程组编写了一、二年级"玩转数学经典"课程的简易教材，主要通过"我想知道""我来试一试""我们来分享"几个栏目来体现活动过程。课程组还编写了活动课教案，共7个课时，分别在一、二年级的各册使用。

（四）促进了教师在研究中实现"转化性学习"

从"一点研究"到区级小课题，再到市精品课程，课程组带着务实求真的理念（信念）走进实践，检验研究假设，在实践、反思、再实践中实现深层次的质变性学习。

1.教师的教育教学理念转型。"玩转数学经典"课程的基本理念就是让学生在各种体验活动中习得基本的数学思想方法。课程组的教师把教学的中心从原先的讲授转到了引导学生体验、感悟上面。说明课程组的教师教育教学理念得到了转变。

2.教师的个人业务水平提高。课程研究使课程组教师的个人业务水平得到很大提高，课程组陈金晶、王曦玫老师的论文获市级一等奖，陈金晶老师的案例获区三等奖，楼磊老师执教的《未卜先知的奥秘》一课在"两岸三地"活动中进行展示，获得与会教师的好评。

动手动脑　实验探究

——"'生活化'微实验"课程案例

2019年杭州市精品课程

撰稿人　夏兆省　课程负责人：夏兆省

研发团队：黄成浪　徐　俊　杨　阳　张叶琴　项金燕

一、课程简介

杭州市朝晖中学积极探索拓展性课程的开发、实施、评价和共享机制，体现地域和学校特色，突出拓展性课程的兴趣性、活动性、层次性和选择性，满足学生的个性化学习需求。拓展性课程分为知识拓展类、体艺特长类、实践活动类三类。其中知识拓展类课程包括学科研究性学习、学科专题教育、地方历史和文化教育等课程，旨在拓展学生的知识面，激发学生的学习兴趣。"'生活化'微实验"属于学科专题教育课程。

本课程是以浙教版科学教材为基础和参照点，以学校自编的教材为基本内容，是国家课程校本化的一种尝试。"'生活化'微实验"是指利用日常生活物品进行的"短小"实验，其结构简单，操作、取材方便，具有极强的"亲民性"，学生易于参与。本课程由教师设置测量型课程、自制型课程、探究型课程模块，学生利用日常生活物品进行实验，强调要开展多种探究活动，以激发学生学习科学的兴趣。课程利用身边的物品设计微实验，强化学生科学探究的意识，促进学生学习方式的转变，培养学生的创新精神和实践能力。

二、课程纲要

（一）课程设计背景及理念

初中科学是一门以实验为基础的综合理科课程，实验是科学课程的重要组成部分，是落实科学课程目标、全面提高学生科学核心素养的重要途径，也是科学新课程改革的重要资源。目前，初中科学实验教学大多在实验室进行，有不少实验情境与真实情境相脱离，实验教学重结果，轻实验过程；重现象结论的记忆，轻实验操作；多黑板及多媒体演示实验，少动手操作；学生多"照方抓药"实验，少自主探究尝试。这些都不利于培养学生的实验兴趣和创新意识。

科学来源于生活，学生身边的日常生活物品其实可成为重要的实验资源。在此背景下，我们以建构主义理论、PBL教学法、陶行知的生活教育理论和STEM教育思想为指导，整合生活化实验资源，开发"'生活化'微实验"，力求在初中科学教材建设与日常生活资源利用之间寻找一条通道，打造实用性、亲和性、拓展性、探究性的"生活化"微实验配套体系，形成具有生活特色的初中科学微实验拓展性课程，为学生提供更加丰富的课程资源。

（二）课程目标

通过"生活化"微实验研究，激发学生设计"生活化"微实验的兴趣，通过讨论和交流，帮助学生学习科学知识与实验技能，培养学生的创新精神和实践能力。

通过"生活化"微实验研究，激发学生利用日常生活中的物品自制微实验器材，形成"生活化"微实验系列作品，培养学生科学探究意识和能力，培养学生精益求精的实验态度和尊重事实、探求真理的科学态度。

（三）课程内容

"'生活化'微实验"课程内容直接来源于学生熟悉的日常物品甚至废弃物，学生易于参与，更能打破学生对科学的神秘感，感受科学就在自己的身边。"生活化"微实验课程具有实用性、亲和性、拓展性、探究性等基本特征。

"生活化"微实验课程设置分别为测量型课程、自制型课程、探究型课程。具体内容如表4-14所示。

表4-14 "生活化"微实验课程内容

学期	分类	内 容	课时
七年级上册	测量型课程	第一讲 探究硬币的厚度和直径 第二讲 测量农夫山泉瓶的体积 第三讲 探究硬币的密度 第四讲 测量鸡蛋的密度 第五讲 有趣的制造——隐形药水	5课时
七年级下册	探究型课程	第六讲 探究小孔成像实验 第七讲 探究平面镜成像规律 第八讲 探究光的折射 第九讲 探究凸透镜成像规律 第十讲 测量人平躺时对地面的压强	5课时
八年级上册	测量型课程	第十一讲 用弹簧测力计测量浮力大小 第十二讲 探究新鲜的鸡蛋如何挑选 第十三讲 测量小茶杯的密度 第十四讲 巧用注射器之大气压强的测定 第十五讲 电阻特殊测量方法	5课时
八年级下册	自制型课程	第十六讲 自制吸尘器 第十七讲 有趣的颜色 第十八讲 自制指南针 第十九讲 自制简易电动机 第二十讲 自制迷你温室大棚	5课时

（四）课程实施

1.活动时间

本课程活动每周二16：00—17：00进行，共12个课时。

2.课程对象

七、八年级学生。

3.选课方式

学生现场自主选课。

4.教学流程与策略

（1）测量型课程。测量型课程以PBL教学法为指导，以问题为中心，通过某一主题创设情境有目的地提出问题，引导学生设计实验方案，通过实验探究、实践体验、解决问题等活动，使其对科学知识与方法达到深层次理解，实现不同情境中的迁移运用，让学生学习科学研究的基本方法，增强创新精神和实践能力。教学一般按图4-18所示的流程进行。

| 创设情境
激发问题 | → | 师生讨论
提出问题 | → | 实验探究
解决问题 | → | 应用活化
理解问题 | → | 交流反思
评价问题 |

图4-18　测量型课程教学流程

（2）自制型课程。自制型课程以STEM教育思想为指导，以任务来驱动，流程为"项目学习—设计方案—制作装置—检测深化—交流并评价"。在完成项目的过程中学生的探究能力、小组合作能力、创新能力等不断得到提高，STEM素养也逐渐增强。教学一般按图4-19所示的流程进行。

| 创设情境
提出任务 | → | 师生讨论
设计方案 | → | 装置制作
作品测试 | → | 装置再设
计与制作 | → | 作品展示
与评价 |

图4-19　自制型课程教学流程

（3）探究型课程。探究型课程以建构主义理论为指导，学生经历提出问题、建立猜想、设计实验、设计实验表格、分析与论证、实验结论得出、感悟科学方法等流程。学生在此过程中有充足的时间去动手实验，设计实验表格、分析与论证，得出实验结论，学生就能从实验过程中提炼出实验的方法，获得实验成功的乐趣，培养学生的探究能力。一般按图4-20所示的流程进行。

| 创设情境
发现问题 | → | 师生讨论
猜想假设 | → | 设计实验
实验探究 | → | 分析论证
得出结论 | → | 交流反思
评价问题 |

图4-20　探究型课程教学流程

（五）课程评价

1.评价原则

"'生活化'微实验"课程评价遵循着眼核心素养、评价主体多元、评价方式多样的原则。

2.制订分类评价量表

"'生活化'微实验"课程坚持评价目标的多元化和评价方式的多样化，坚持学生自评、同伴互评与教师评价相结合，将评价贯穿课程学习的全过程。

测量型课程评价量表如表4-15所示。

表4-15　测量型课程评价量表

评价要点	素养指向	评价	学生自评	组内互评	教师评价
出现需要测量的量	自主、科学知识	2			
语言的准确性	表达、科学语言	2			
叙述的科学性	严谨、科学态度	2			
步骤的可行性	操作、科学方法	2			
方案的创新性	创意、科学精神	2			

自制型课程评价量表如表4-16所示。

表4-16　自制型课程评价量表

评价维度	分值	学生自评	组内互评	教师评价
实用性（效果明显）	2			
经济性（省材料）	2			
稳固性（不易损坏）	2			
创意性（造型独特）	2			
便携性（便于携带）	2			

探究型课程评价量表如表4-17所示。

表4-17　探究型课程评价量表

探究过程	评价内容			学生自评	组内互评
	A	B	C		
提出问题	根据探究内容提问题；新颖	借鉴他人或雷同	提不出		
建立猜想	能；理由充分；可检验性	能；猜测；对可检验性估计不足	不能；缺少生活经验		
设计实验	装置简单；日常物品简单，步骤清晰明确；逻辑性强	装置烦琐；步骤不完善；变量选择不当	找不出适当的探究方法；缺少控制变量法		
实施实验	操作有条不紊；注意到安全、环境等因素；实事求是	步骤有遗漏；有安全隐患；数据不全或有改动	无从下手；编造数据		

续表

探究过程	评价内容			学生自评	组内互评
	A	B	C		
得出结论	科学分析数据，论述详细；推断力强	描述现象；处理数据方法不当	罗列数据；分析处理能力欠缺		
表达交流	代表小组发言；有合作意识	组内发言；各干各的，缺少协作精神	不参与交流；捣乱，影响他人活动		
评定等级					

在评价形式上，教师不易观察的以学生科学探究为主的活动，以学生自评、同伴互评的方式为主，采用《探究型课程评价量表》进行评价。如果四人小组，开展组内互评，可以从提出问题、建立猜想、设计实验、实施实验、得出结论、表达交流六个探究过程打分，如获得1个A、4个B、1个C，则成绩为（1×90+4×75+1×60）÷6=75分。教师易于观察的行为和教师有判断能力的任务环节，以教师评价为主，如设计实验方案。评定等级分为优（90分以上）、良（75—89分）、合格（60—74分）、不合格（60分以下）。

虽然课程评价的方式多样，但始终都要围绕"帮助学生学习科学知识与技能，培养科学探究能力，使其逐步形成科学态度与科学精神，有利于提高全体学生的科学素养"这一中心而展开。

三、教材示例

本课程教材编写分活动—探究—思考与讨论三大板块。"'生活化'微实验"课程具有实用性、拓展性、探究性等特点。下面以浙江教育出版社出版的义务教育课程标准实验教科书《科学》第二册第二章第4节《光和颜色》为例。

蓝天丽日，白云悠悠，鲜花遍布草地，有红的，黄的，紫的，白的……大自然用它的各种色彩陶冶着我们的情操。为什么世界如此色彩斑斓？

光　源

太阳给我们带来了光明，色彩斑斓的霓虹灯把城市的夜景装扮得如此美丽，令人心旷神怡。那么，在我们的周围有哪些物体能发光？

太阳、电灯等物体会发光，一些生物（如萤火虫、发光的水母等）也会发光。这些自身会发光的物体叫作光源。

光的传播

光源发出的光能在空气、水、玻璃等物质中传播，它的传播路线是怎样的？

通过实验可以得出：光在同一种均匀物质中是沿直线传播的。

图4-21

地面上的圆形光斑就是太阳经过小孔形成的像。在茂密的树林里，地面上的一些圆形光斑也是太阳通过树叶间隙形成的像。小孔成像现象说明光在均匀物质中是沿直线传播的。

四、教学案例

（一）案例缘起

本案例以浙教版《科学》第二册第二章第4节为例，在"光和颜色"的教学中安排了"探究小孔成像的规律"活动。

笔者在教学中碰到了以下问题：

首先，课本中的光源为阳光，有时碰到多雨的天气，有时甚至可持续十多天，难以开展活动。其次，课本只让学生了解身边小孔成像的现象，但是没有说明像的大小与哪些因素有关，也没有讲述其成像的本质原因，导致学生对小孔成像的知识一知半解，只知其然而不知其所以然。

为了解决以上问题，笔者将课本仪器改进为F光源、带小孔的黑板、白屏，从探究物体与小孔之间的距离跟物体经小孔所成像的大小、正倒有什么关系入手，引导学生参与问题的探究，使学生亲身体验科学探究的过程。

（二）案例描述

下面重点介绍通过日常物品来引导学生探究小孔成像的规律。

1.创设情境，发现问题

在枝叶茂密的大树下，由于阳光的照射，地面上会有许多小光斑，这不是枝叶间缝隙的影子，而是太阳的像。它是阳光通过枝叶间的缝隙发生小孔成像而形成的。物体与小孔之间的距离跟物体经小孔所成像的大小、正倒有什么关系？

2.师生讨论，猜想假设

物体与小孔之间的距离可能跟物体经小孔所成像的大小、正倒有关系。

3.设计实验，实验探究

在比较暗的环境中，用F光源、带小孔的黑板，白屏依次摆放在水平桌面上，然后调节F光源、小孔和白屏的中心在同一高度上。

当小孔板和白屏之间距离不变，F光源距小孔越近，观察白屏是否有像？像比物大还是比物小？像是正立的还是倒立的？

当小孔板和白屏之间距离不变，F光源距小孔越远，观察白屏是否有像、像比物大还是比物小、像是正立的还是倒立的。

当小孔板和白屏之间距离与F光源距小孔板距离相等时，观察白屏是否有像、像比物大还是比物小。像是正立的还是倒立的。

将实验的结果记录在表4-18中。

表4-18 探究小孔成像的规律记录表

改变物体与小孔之间的距离	实验次数	白屏是否有像	像比物大还是比物小	像正立的还是倒立的
小孔板和白屏之间距离不变，F光源距小孔越近	1			
	2			
小孔板和白屏之间距离不变，F光源距小孔越远	3			
	4			
小孔板和白屏之间距离与F光源距小孔板距离相等	5			
	6			

4.分析论证，得出结论

分析上述实验的结果，归纳光的小孔成像的规律。

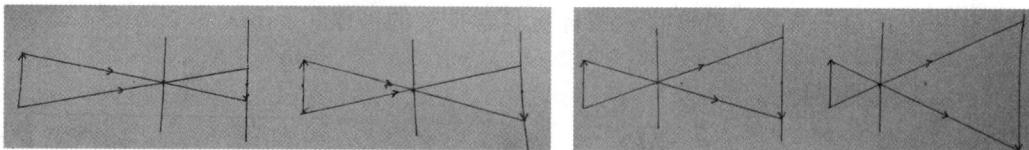

图4-22

从以上图中得出结论，小孔成像的规律是倒立等大、缩小、放大的实像。

5.交流反思，评价问题

笔者以培养学生核心素养为指向，用探究小孔成像的规律探究活动评价表进行评价。针对教师不易观察且以学生科学探究为主的活动，以学生自评、同伴互评的方式为主；教师易于观察的行为和教师有判断能力的任务环节，如设计实验方案，以教师评价为主。

（三）案例研究价值

"探究小孔成像的规律"这一案例，从探究物体与小孔之间的距离跟物体经小孔所成像的大小、正倒有什么关系入手，以问题为线索，要求学生设计实验方案，通过实验探究、解决问题、实践体验等活动，对科学知识与方法进行深度学习，有效地提高学生发现问题、解决问题的能力。

1.突出教学探究性

《义务教育科学课程标准（2011年版）》指出："通过科学探究，使学生经历基本的科学探究过程，学习科学探究方法，发展初步的科学探究能力，形成尊重事实、探索真理的科学态度。"在探究小孔成像的规律过程中，教师要求学生设计一个"探究小孔成像的规律"的探究方案。学生利用身边随手可得的物品进行实验，学生经历了提出问题、建立猜想、设计实验、设计实验探究表格、分析与论证实验现象、得出实验结论、感悟科学方法，通过这个完整的科学探究过程归纳出小孔成像的规律。学生在此过程中有充足的时间去动手实验，设计实验表格、分析与论证，得出实验结论。学生从实验过程中提炼出实验的方法，获得实验成功的乐趣，培养学生探究能力，同时提升了核心素养。

2.注重教学实用性

《义务教育科学课程标准（2011年版）》指出，使用身边随手可得的物品进行实验可拉近科学与生活的距离，让学生深切感受到科学的真实性，感受到科学与社会、科学与日常生活的关系。学生利用身边随手可得的物品进行实验，将课本仪器改进为F光源、带小孔的黑板、白屏来探究小孔成像的规律，增强了学生学习科学的积极性，体验了探究科学过程，有助于突破小孔成像规律的知识点，最终使学生达成深度学习。

3.强化教学评价性

本案例教学评价以培养学生核心素养为指向，针对教师不易观察且以学生科学探究为主的活动，采用学生自评、同伴互评的方式为主，利用《探究小孔成像的规律探究活动评价表》进行评价；针对教师易于观察的行为和教师有判断能力的任务环节，如设计实验方案以教师评价为主。

五、课程开发与实施的研究价值

本课程由教师设置测量型课程、自制型课程、探究型课程模块，以实用性、亲和性、拓展性、探究性为基本特征，形成具有生活特色的初中科学微实验拓展性课程，为学生提供更加丰富的课程资源。

本课程学生利用日常生活物品进行实验，在丰富多彩的实验探究活动中，深度学习科学知识与方法，激发学生学习科学的兴趣，充分体现"从生活走向科学，从科学走向社会"的新课程理念，促进学生学习方式的转变，培养学生的创新精神和实践能力。

感受生命　收获成长

——"奇妙的种子"课程案例

2020年杭州市精品课程

撰写人：章雅菁　课程负责人：章雅菁

研发团队：邵　攀　郑　英　管海跃　吕　健

一、课程简介

杭州市景成实验学校拓展性课程主要满足学生的个性化学习需求，促进学生全面而有个性的发展。在学校课程规划的指导下，为了落实德育教育，学校开设"奇妙的种子"课程，旨在引导学生通过细心观察、动手实践和准确生动的语言表述，把课本知识和社会实践结合起来，让学生热爱科学并提高解决实际问题的能力，促进学生全面发展。

该课程的校本教材已成为学校的经典校本教材，并在实践中不断完善充实，引领学生不断成长。教材的编整、教具的开发、教案的规范，为课程更新奠定了坚实的基础。本课程设立的初衷不是培养专业种植员，而是把种植观察作为素质教育的一种有效手段，在潜移默化中培养学生的责任意识，提高动手能力，激发对大自然的热情。

二、课程纲要

（一）课程设计背景及理念

我校于2006年建校，地处当时杭城最北端，学生多以城乡接合部的学生为主。

学校以"崇实·尚品"为校训，以"懂健康、善学习、会生活"为培养目标。为了落实学校的德育教育，让学生更好地进行学科知识整合，与"种子"共成长，学校于2007年成立了"种子俱乐部"，并开设"奇妙的种子"课程。课程实施中引导教师、学生关注环境问题，树立忧患意识和可持续发展的理念。

为积极响应国家构建德智体美劳全面培养的教育体系的号召，加强对学生的劳育、德育和美育的融合教育，本课程不断改进整合，丰富课程学习形式，引导学生进行创造性的学习劳动，以增强学生观察能力和创新思维能力。"奇妙的种子"课程以日益完善的组织形式、多姿多彩的活动内容、坚定的公益信念，为学校环保公益事业增添了一股蓬勃的朝气。

（二）课程目标

1.科学知识目标

（1）初步了解物质科学、生命科学领域所涉及的部分内容。

（2）能利用科学知识解释部分生活中常见的现象。

（3）意识到使用工具可以更加精确、便利、快捷。

2.科学探究目标

（1）初步了解分析、综合、比较、推理等思维方法，发展学习能力、思维能力、实践能力和创新能力。

（2）在教师引导下，能基于所学的知识，制订比较完整的种植研究计划。

（3）在教师引导下，能用科学语言、图表等记录整理信息，表述探究结果。

3.科学态度目标

（1）能在好奇心的驱使下，表现出对事物的结构、功能、变化及相互关系进行科学探究的兴趣。

（2）在科学探究中能以事实为依据，不从众，当多人实验结果出现不一致时。不急于下结论，而是分析原因，再次观察实验，以事实为依据做出判断。

（3）树立劳动精神，崇尚劳动、尊重劳动、热爱劳动。

4.科学、技术、社会与环境目标

（1）了解科学技术对人类生活方式和思维方式的影响。

（2）掌握一些作物的种植技术，体会农业科技人员的辛劳。

（3）了解人类的好奇和社会的需求是科学技术发展的动力，技术的发展和应用影响着社会的发展。

（三）课程内容

"奇妙的种子"课程在编制过程中紧紧围绕种子的生命周期这条主线，对科学教材进行拓展与延伸，使理论与实践结合。本课程开发的价值追求体现在三个方面：学生个性的发展、教师专业的成长和学校特色品牌课程的形成。课程的学习内容由六个单元组成，详见表4-19所示。

表4-19　"奇妙的种子"课程学习内容

单元设计	课程内容	课时安排	设计意图
第一章 我给种子找个家	（1）考察种植地	1	帮助学生从地理和环境角度剖析学校的环境条件，从作物所需营养等角度剖析种植地的栽培条件
	（2）校园植物大搜索	1	了解校园绿化规划，知道选择需种的植物时，要考虑其生长条件。认识校园常见的植物，并学会对校园植物进行分类
	（3）介绍和使用农具	2	了解常见农具的使用方法，并进行简单的尝试操作
第二章 我可以种什么呢	（1）观察种子的结构	1	知道植物新生命的起点是从种子开始的。通过对种子的解剖，掌握种子的结构
	（2）了解植物的习性	1	了解常见植物的生活习性及养护要求。根据自己种植地的实际情况选择合适的植物进行种植
	（3）我的活动记录本	1	根据种植规划，设计和改进具有个性化的活动记录本，既培养良好的科学观察习惯，又为自己的学习总结评价提供依据
第三章 我的种子在成长	（1）种子的萌发	1	选择合适的工具进行种植。并根据自己设计的观察记录表进行种子萌发的跟踪记录
	（2）植物的营养器官——根、茎、叶	1	学生通过测量植物根、茎、叶的长度等，对植物的营养器官进行较为深入的学习和研究
	（3）植物的繁殖器官——花、果实、种子	1	学生看着亲自种植的植物，开花结果，并收获种子预备下一轮种植活动，感受生命的魅力
第四章 我给植物来看病	（1）植物缺少营养会怎样	1	学生尝试根据植物在实际种植过程中表现出来的症状，判断植物缺乏的营养元素，并进行合理施肥
	（2）如何应对植物的病虫害	1	本课引导学生了解常见的植物病虫害及其防治的方法。引导学生学习解决实际问题
	（3）认识常见的化肥和农药	1	本课主要帮助学生认识常见的化肥和农药，并知道什么时候使用化肥和农药，如何使用等

单元设计	课程内容	课时安排	设计意图
第五章 我的劳动成果展	（1）快来快来认一认	1	本课主要从植物分类的角度，带学生先从校园植物开始辨识，并对校园植物进行分类
	（2）采摘果实和蔬菜	1	本课是学生最喜爱的活动课，学生经历了漫长的养护过程后，即将收获属于自己的劳动果实
	（3）劳动成果交流会	2	学生在本节课回顾自己的整个种植过程，进行交流和汇报
第六章 我和种子共成长	（1）生命的延续——标本	2	本单元基本以 STEM 教育理念为主线开展
	（2）阅读的伙伴——书签	2	植物的标本主要用于科学研究，引导学生将标本制作延伸到生活中，让标本成为艺术品
	（3）生命的色彩——种子画	3	依据 STEM 教育理念开展项目式学习，让学生在动手实践和创作中更加热爱科学、热爱劳动

（四）课程实施

1.组织形式

时间安排：本课程共30课时，每课时40分钟，在每周固定拓展课时间开展。

实施对象：小学——六年级学生。

选课方式：通过学校选课系统，学生自主报名。

2.教学流程与策略

"奇妙的种子"课程以实践操作为主，教师先帮助学生明确要研究的问题，然后围绕需要研究的问题进行深入分析，引导学生自主探索，多种途径获取自己需要的信息，并通过组内和组间合作讨论，将信息内化整合，找出解决问题的方法。

本课程实施以来，除了课内外学习，还通过播种仪式、校园丰收节等活动，让学生体验劳动的快乐。学生在活动中发现问题，解决问题。同时，我们根据实施情况不断总结，对教材进行改编与整合，专门设计课程配套的评价量表。日益规范的课程受到学生和家长的喜爱。疫情之下，课程积极开发多样化的平台，保证课程在新冠肺炎疫情期间，依然能及时顺利地开展云端教学。

（五）课程评价

本课程采用课程学习评价量表，从多个方面对学生进行评价。教师需在实施课程的过程中，不断关注学生的表现和变化，对学生的学习成果、个性发展等方面进行判断，并把判断结果及时反馈给学生。具体评价量表如表4-20所示。

表4-20　"奇妙的种子"课程学习评价表

班级　　　　　　姓名

指标	序号	评价标准			评价等第		
		★★★标准	★★标准	★标准	自评	互评	师评
参与程度	1	主动积极参与活动	能与大家一起活动	能与大家一起玩			
	2	有符合要求的作品（3件及以上）	有符合要求的作品（2件）	没有符合要求的作品			
	3	有浓厚的拓展兴趣	有较浓的拓展兴趣	有拓展兴趣			
合作精神	4	能积极大胆地表达自己的想法	能经常表达自己的想法	有时能表达自己的想法			
	5	能合理安排分工并完成任务	能服从分工并完成任务	基本能服从分工			
	6	能热心帮助别人	有时能帮助别人	很少帮助别人			
拓展能力	7	有较好的观察和思考能力	有一定的观察和思考能力	有一定的观察能力			
	8	有发现和提出具有探究价值的问题的能力	有发现和提出问题的能力	有一定的发现问题的能力			
	9	有收集和整理分析信息的能力	有收集和整理信息的能力	有收集信息的能力			
其他	10	每次按时参加学习，严格遵守纪律	基本按时参加课程学习，遵守纪律	基本按时参加课程学习			
	11	用具清洁，放置有序，不浪费材料	用具清洁，放置有序	用具清洁			
	12	及时清理实验用品，认真做好值日	及时清理实验用品	能清理实验用品			
评语	学生自评：						
	同伴互评：						
	教师评：						
说明	1.定量评价等第设三星级、二星级、一星级等。在三星级与一星级之间评二星级，若低于一星级则画一个"○"。 2.定性评价指对主要问题、突出问题或某些特长写出描述性评论。 3.本评价适合于中高年级学生，对低年级学生可选择其中几条标准。						

　　教师在实际课程评价中过程性评价也是不可或缺的，教师可以和学生共同探讨每节课的评价标准，不规定量表的内容，根据课堂实际情况随时对评价标准做出调整。

三、教材示例

本课程教材参考教科版小学科学教材，在聚焦、探索、研讨、拓展四大板块基础上进行编写，同时参考最新版课标，主要从生命科学领域对教材进行拓展与延伸。本课程的教材在编写过程中，从科学教育的原则和大概念角度，不断渗透保护生物多样性的理念。

本案例选取的教材内容为课程第1单元第2课《校园植物大搜索》。

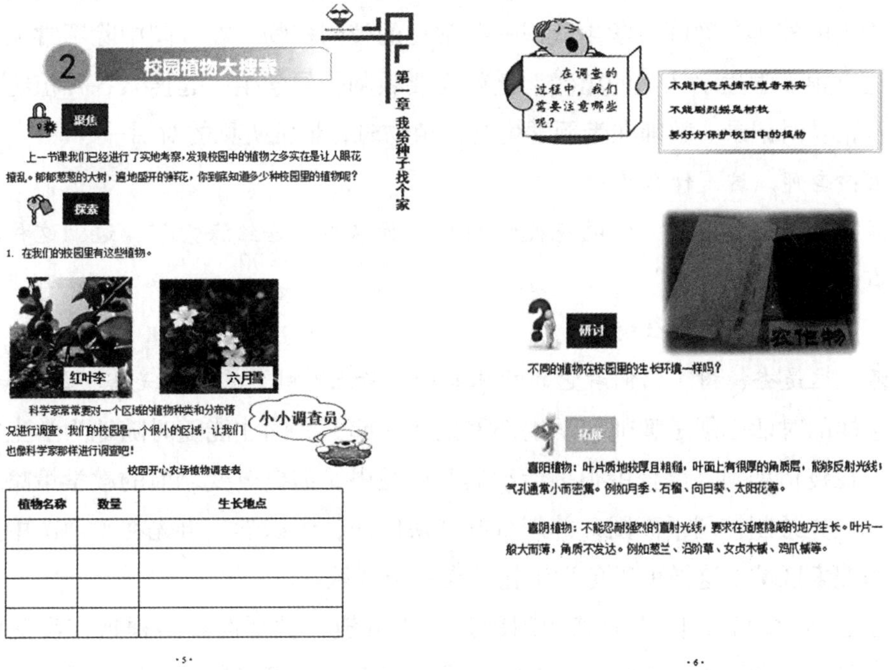

第一章 我给种子找个家

2 校园植物大搜索

聚焦

上一节课我们已经进行了实地考察，发现校园中的植物之多实在是让人眼花撩乱。郁郁葱葱的大树，遍地盛开的鲜花，你到底知道多少种校园里的植物呢？

探索

1. 在我们的校园里有这些植物。

红叶李　六月雪

小小调查员

科学家常常要对一个区域的植物种类和分布情况进行调查。我们的校园是一个很小的区域，让我们也像科学家那样进行调查吧！

校园开心农场植物调查表

植物名称	数量	生长地点

·5·

在调查的过程中，我们需要注意哪些呢？

不能随意采摘花或者果实

不能剧烈摇晃树枝

要好好保护校园中的植物

研讨

不同的植物在校园里的生长环境一样吗？

拓展

喜阳植物：叶片质地较厚且粗糙，叶面上有很厚的角质层，能够反射光线；气孔通常小而密集。例如月季、石榴、向日葵、太阳花等。

喜阴植物：不能忍耐强烈的直射光线，要求在适度隐蔽的地方生长。叶片一般大而薄，角质不发达。例如葱兰、沿阶草、女贞木槭、鸡爪槭等。

·6·

图4－23

四、教学案例

（一）案例缘起

2020年，新冠肺炎疫情带来众多社会影响，给全社会上了一堂“生命大课”，促使我们教育工作者做出新思考。我们如何看待环境、自然和生态？教师应该引导学生更深刻地意识到必须遵循自然规律，必须与自然界和谐相处。

本课内容原先的设计是让学生在辨认校园植物的基础上，了解不同植物的生活环境是不同的，由此关注自己即将种植的植物需要什么样的环境。鉴于新冠疫情这一背景，若是教师能恰到好处地渗透维护生态平衡这一理念，定能引发学生强烈的思考和感触。这样的课程调整也是我们拓展课程的特色之一，不断地与时俱进，不断地优化改进，使课程的设置更加契合学生的实际需求，为基础课程做好充分的拓展。

（二）案例描述

本课是对教科版科学教材六年级下册"校园植物大搜索"一课的补充拓展。按教材原先的安排，教师带学生认识一些常见的校园植物。在校园中除了常见的植物外，还有很多学生不认识的植物，这就需要教师带领学生一起搜索各种植物，并适时讲解，及时记录。教师在带领学生辨认植物时，最常听见的对话——

生：老师，这是什么花？

师：这是垂丝海棠，它的花梗特别长，所以叫"垂丝海棠"，边上这种花梗几乎没有的叫"贴梗海棠"。

生：哦，那这是什么树？

师：这是香樟树。你们看它的叶脉有什么特点？叶片三基脉是香樟的特点。

这样的对话必须是教师和学生都聚集在一起，教师才能随时随地为学生答疑解惑。但在疫情期间，课程中很多活动的开展受限，需要改变之前的教学策略。教师安排学生先绘制校园平面图，并划分好几块区域，组织学生事先在平面图中选定好自己的搜索区域，这样可避免学生扎堆在一个区域。

分区域活动后，随之而来的问题是学生分散，教师巡视路程远，没法同时顾及。于是"形色"App被引入课堂中，成为学生自我探究学习的好助手。每组学生只需配备一台电子设备，并连接无线网络，用软件对着自己想了解的植物拍照，植物的名称就会显示。软件识图不能保证百分之百的正确率，这就为小组合作与自主探究提供了良好的契机。部分师生对话如下：

生1：这里怎么显示两个名称，到底是哪种啊？

生2：来看它的描述。小叶黄杨叶柄上有毛，这个植物好像没有毛。

生3：那应该就是"小叶女贞"了。

生2：看看它写的特征。叶片对生，树枝表面有皮孔。咦，什么是"对生"？"皮孔"又是什么？

生1：我们来"百度一下"。

（学生自行搜索百度资料。）

生1：像这样两片叶片刚好对上的叫"对生"，这样交错的叫"互生"。"皮孔"就是这种小点点，长在树皮上。

生2：快看，皮孔！叶片也是对生的，这就是"小叶女贞"。

这番对话让我们惊喜地发现学生自主学习的收获之大。参与课程建设的全体教师同心协力，疫情期间遇到的课程教学困难在大家的共同努力下得到了解决。本节课的教学内容调整如表4-21所示。

表4-21　"校园植物大搜索"在新冠疫情期间的教学调整

遇到问题	解决策略	实施效果
学生过多聚集	事先分组并划分区域	收集信息更齐全、更高效
教师巡视范围大	使用电子设备，结合信息技术	学生辨识植物能力提升，自我学习热情激发
对整个校园的生态环境关注不够	从实际经历的新冠疫情入手，引导学生观察植物，还要观察周围的生物与非生物条件	树立维护生态平衡的意识

（三）案例研究价值

本案例体现的是在新冠状肺炎疫情影响下，对原有教学设计的改进。在之前几轮教学实施过程中，我们发现学生在观察搜寻植物的过程中，只关注植物的生长环境，而忽视了整体的生态环境。还有一些学生难免会被漂亮的花或者有趣的小动物吸引，情不自禁地摘花果或抓小动物。

教师抓住疫情契机，适时引导学生思考生态平衡的问题。维护校园生态环境，首先要了解校园生态环境的现状，这一任务的布置，引导学生关注植物生活环境的同时，还注意观察植物周围的其他生物和非生物环境，润物无声地提醒学生不要破坏校园的生态平衡，激发学生对大自然的敬畏之情。

五、课程开发与实施的研究价值

本课程顺应时代对学生素养的要求，结合SETM的教学理念，为学生设计能培养合作能力的项目；结合学生现代化学习需求，不断改进课程，使课程实施更加符合学生的认知规律，培养学生在实际生活中解决问题的能力。课程引领学生的学是自发的，有趣的探究活动极大地激发了学生学习的热情。这样的学习状态是学生自主学习的起点。学习能力的培养本就不是一蹴而就，培养学生学习的能力也是我们设计本课程的目标之一。

此外，本课程的设计注重学生技术的习得。在小学科学新课程标准中新增了对技术设计的教学要求，这不仅是教师的需求，也是学生的需求，更是课程改革的需求。我们希望学生在学习课程后，逐渐养成用科学原理解决生活问题的思维习惯，学生会在设计、制作、测试、再设计、再制作中不断改进，在技术设计的体验中完成自己的任务，体验科技创作的快乐，习得技术设计的必备素养。

绘声绘影 Enjoy English
——"英语趣配音"课程案例

2021年杭州市（原）下城区精品课程
撰稿人：冯 柳 课程负责人：冯 柳

一、课程简介

杭州市天水小学秉承"真、善、美、和"的办学理念，开设丰富多彩的拓展性课程，有自然课程、团队课程、创造课程和实践课程等。"英语趣配音"属于学校的团队课程。课程面向四、五年级学生，并要求学生有一定的英语知识积累，学习兴趣浓厚，愿意展示其英语能力。课程寓教于乐，依托"英语趣配音"App进行，关注学生口语发展，给学生提供全面的口语学习体验，点燃学习英语热情，提升口语水平和综合素养，将语言运用上升到有意义的交流层面，让英语课"动"起来。

学生通过"英语趣配音"课程练习口语，提升配音技巧，积极参加各种配音比赛。在"抗击疫情，音你不凡"英语配音比赛中，多人获得浙江省一、二、三等奖。课程负责教师撰写的英语课题也已立项。

二、课程纲要

（一）课程设计背景及理念

《义务教育小学英语课程标准（2011年版）》要求六年级学生应达到二级标准：对英语学习有持续的兴趣和爱好。能用简单的英语互致问候、交换个人、家庭和朋友的简单信息。能根据所学内容表演小对话和歌谣。能在图片的帮助下听懂、读懂并讲述简单的故事。传统英语教学重讲授语言知识，以跟读记忆为主，更多是一问一答的单线教学模式，学生缺乏真实语境；讨论话题与学生的实际生活脱节，学生无法获得真正交互的语言体验和运用。因此，教师要为学生开设真实的情境式口语课程。

"英语趣配音"课程旨在利用信息技术，借助"英语趣配音"App提供具有时代感的口语教材，使学习内容变得生动、直观、有趣。课程选取英语电影作为教学补充素材，创设真实情境，贴近学生生活，拓展口语学习和运用渠道，帮助学生以轻松愉悦的方式练习、表达地道的英语，达到课程标准的要求。

美国教育家杜威提出"学生为中心，从做中学"的教育模式。"英语趣配音"课程教学以学生需求为中心，学生"从做中学，学中做"。教师根据学生年龄和认知水平选择合适的视频材料，引导学生自主跟读学习。

提升学生英语运用能力，"英语趣配音"课程所授教学内容或配音视频基本都是"原汁原味"的英语，极具趣味性、直观性及生动性，有利于缓解学生口语学习的焦虑情绪。学生在模仿时纠正自己的发音，学习口语技巧，提升口语能力，更好地用英语表达自己，同时可形象直观地感受西方文化，了解并掌握跨文化交际知识，将语言用于真实交流。

促进学生多元智能发展。课程重视学生视听学习，以欣赏评析视频，模仿表演视频，合作配音等方式，为学生创造良好的口语学习环境，学生感知视频传递的主旨和人物情感，体验自己配好一段视频的成就感和自豪感，培养学生多元智能。

（二）课程目标

基于发展学生学科核心素养的目标，课程教学目标主要包括以下四个方面：

1.语言能力目标

（1）在学生已有的学习基础上拓展知识，延伸至课外有趣视频，通过欣赏相关的短视频或影视剧、动漫及演讲片段，学生体验真实的语言交际情境。

（2）通过梳理剧本台词，拓展学生学习的广度和深度，学生能掌握地道的语言表达，为表达自己的观点积累丰富的语言素材。

（3）通过模仿经典原声，学生能逐渐形成良好的语感，提升口语表达能力。

2.文化意识目标

通过学习，了解中西文化差异，培养学生跨文化交际的能力。能更深入体会剧中人物的情感、思想以及话题所涉及的文化内涵。

3.思维品质目标

（1）评判视频片段或剧中人物的思想观点。

（2）针对中心话题创造性地表达自己的观点。

（3）激发学生学习英语的兴趣，并将之逐渐转化为稳定的学习动机，提升学生学习英语的自信心。

（4）在配音过程中学会团结合作，明白其重要性，互相学习。

（5）通过中西文化的学习和对比，开阔学生的国际视野。

4.学习能力目标

（1）课堂小组展示，提升自信，让学生敢于开口。

（2）熟练运用"英语趣配音"App这一学习平台，自主选择感兴趣的配音片段。

（三）课程内容

"英语趣配音"课程基于学生的认知特点和PEP教材内容，在"英语趣配音"App中选择相关绘本、电影、歌曲等，作为校内英语教材的拓展和补充，为学生创设更真实的教学情境，提升学生的口语能力。具体的课程内容见表4-22所示。

表4-22 课程内容

单元	课程内容	单元	课程内容
Unit 1	My classroom A let's talk 绘本：Where is the cat？ 视频：Classroom 片段	Unit 2	My schoolbag A let's talk 动画视频：神奇的书包城堡 In my bag
	My classroom B let's talk 绘本：Where are the cats？ 视频：In the classroom		My schoolbag B let's talk 电影：《小王子》 动画：《豌豆公主》公主和豌豆片段 视频：Our school subjects
Unit 3	My friends A let's talk 电影：《功夫熊猫》 绘本：My new friends is so fun	Unit 4	My home A let's talk 电影：《熊出没》光头强也回家了片段 电影：迪士尼动画片段《在家真好》 电影：《冰雪奇缘》
	My friends B let's talk 电影：《海绵宝宝》 动画：Humf 片段 BBC 睡前故事：Bear's best friend		My home B let's talk 电影：《疯狂动物城》片段 视频：Home，sweet home BBC 睡前故事：A new home for little fox

续表

单元	课程内容	单元	课程内容
Unit 5	Dinner's ready A let's talk 绘本：Dinner for Maisy 视频：Dinner time Dinner's ready B let's talk	Unit 6	Meet my family A let's talk 电影：《狮子王》　视频：Family pictures，《数猴子》
			Meet my family B let's talk 电影：《灰姑娘》 歌曲：《吸血鬼之歌》

（四）课程实施

组织形式：面向四、五年级学生，总人数25人左右。

活动时间：本课程共计12课时，每周1课时，每次1小时。

选课方式：学生通过选课平台自愿选课。

实施方法：教师讲授、学生视听、学生交流、合作研究、实践应用。

实施步骤：具体的教学实施步骤可参考图4-24。

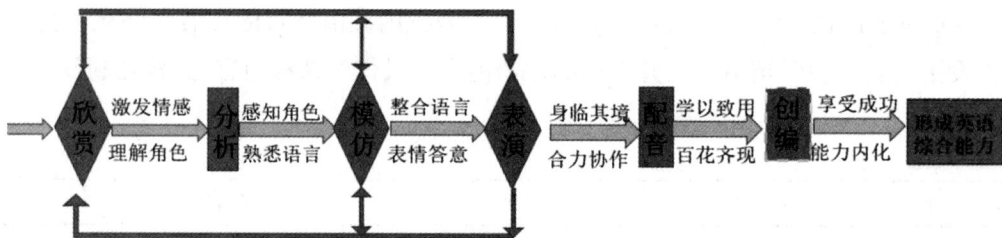

图4-24　教学实施步骤

1.欣赏

教师分析教材内容，利用"英语趣配音"App选取难度适宜的视频，从画面、音乐、情节、英文对白等方面引导学生欣赏。学生在审美体验与审美享受中接受英语信息，学有所乐。这一环节中，"英语趣配音"App的使用能很好地创设英语学习环境，并让学生温故知新，充分地激发学生学习动力与兴趣。

2.分析

教师与学生交换意见，讨论分析视频中角色的语言、心理和神情动作及文化背景，帮助学生扫除英语学习障碍，认识中西文化背景上的差异，学习地道的英语。

3.模仿

教师播放视频，学生逐句模仿，力求发音准确。在模仿时，教师结合动作和神态引导学生体验角色情感与内心活动，融入角色，模仿语音语调。教师针对性地讲解视频中的生词和配音技巧，选取代表性句子让学生模仿，帮助学生克服可能遇到的困难。对高年级的学生，教师可无画面播放，提升学生信息获取的策略能力和信息转述的语篇能力。

4.表演与点评

（1）分配角色。视频通常选取2—3分钟的片段，2人一组或3—4人一组表演练习。

（2）小组练习。学生利用"英语趣配音"App，跟随原声同步练习语音语调和节奏感、停顿。人物口型、语速及情感与原视频保持一致。

（3）表演点评。学生在熟练掌握文本内容后，分小组表演。同伴和老师依据评价标准点评。

（4）配音比赛。通过师生点评及与原音对比，纠正学生发音，在演练中更好地理解和巩固。利用"英语趣配音"App开展小组配音比赛，更具趣味性。

5.配音

（1）抽查学生配音。教师抽查1—2组学生。学生选取自己的角色，观看视频进行配音。

（2）全体学生配音。学生利用"英语趣配音"App进行配音。教师预览学生配音。

6.创编

学有余力的学生可编写英文剧本，并进行编排和表演。学生通过活动内化成准确的输出语言，学以致用，使创造力以发挥，同时，学生可真实地复现运用已学的英语知识。

（五）课程评价

1.评价方式是过程评价与结果评价相结合。从学生课堂参与度、学生课内配音完成度、课外自主配音作品数量、配音比赛等多方面开展过程评价。

2.评价目的是激发学生学习激情，提高学生口语表达能力，促使学生了解西方文化和历史。

3.评价主体多元。课程评价面向所有的学生，注重个性评价。小组互评、教师评价、学生代表评价相结合。

4.评价内容：按照作品难度、语音语调、配音表现、台词文本长度等将学生作品分为五个等级。具体评分标准如表4—23所示。

表4-23　课程评分标准

等级	作品难度	语音语调	配音表现	台词文本长度
优秀	作品语言难，语速快	发音标准，无口音，流畅	感情表达到位，语音语调符合作品情境	每个人配音部分的文本字数在200个单词以上
良好	作品语言较难，语速较快	发音基本标准，无明显口音和口误，比较流畅	感情表达不够到位，语音语调符合作品情境	每人配音部分的文本单词在151—200个之间
一般	作品语言难度一般，语速适中	个别单词发音不准确，口音不明显，无口误，流畅性一般	感情表达欠缺，语音语调比较符合作品情境	每人配音部分的文本字数在80—150个之间
合格	作品语言不难，语速较慢	发音不准确，口音较明显，表达有误，不太流畅	感情表达不到位，语音语调比较符合作品情境	每人配音部分的文本字数在81—149个之间
不合格	作品语言容易，语速非常慢	发音非常不准确，口音明显，表达错误多，不流畅	感情表达不到位，语音语调不符合作品情境	每人配音部分文字低于80个单词

三、教材示例

教材编写围绕单元主情景，将校内教材与视频资源有效结合，按照"赏析与学习—模仿—探究与运用"展开，将英语学习的趣味性与实用性相结合。如图4-25、4-26所示：

图4-25

After watching the film, you should answer two questions.

Question 1: How many people are there in Simba's family?

Question 2: Who are they?

（二）温故而知新　Family pictures

There are three people in Simba's family. Do you have any other members in the family? Let's watch the video, Family Pictures.

PEP 四上 Unit 6 Meet my family　Part A　Let's talk

How many people in Chen Jie's family?

你是最佳导演，最佳剧本，还是最佳演员呢？

请你和小伙伴开动脑筋，创造你们的精彩吧！

图4-26

四、教学案例

本案例以PEP 四年级下册Unit 6 *Meet my family*为主题。学生经过前几个单元的学习，易于深入拓展、创编对话，这既能体现教学循序渐进、由易到难的策略，也符合学生的知识及认知水平。

（一）案例缘起

学生对话题Family较感兴趣，课间常讨论家庭成员间的趣事。学生在三年级已学习*My family*，能简单描述家庭成员特征，但描述时常会忽略家里的宠物。西方国家将动物当作家庭一员，选择这个话题，可帮助学生逐渐形成中西文化差异意识。学习语言，更要了解语言背后的文化。在实际教学过程中，通过电影呈现出新句型，再利用视频和新句型引向新知，便于学生掌握接受。

（二）案例描述

教师先播放电影《狮子王》片段。影片围绕Simba一家展开故事。学生被绚丽的画面吸引。观看之后，教师提问："How many people are there in Simba's family? Who are they?"学生基于视频内容回答："There are three people in the family. They are the father, the mother and Simba."接下来，教师以动态的形式呈现Family Pictures。学生通过观看视频复习家庭称谓词汇，积极性比较高，教师追问："How many people are there in her family? Who are they?"学生回答："There are eight. They are her mother, her dad, her brother, her sister, her grandma, her grandpa, her cat and her."有的学生忘记把猫算作家庭成员。此时，教师补充讲解中西文化差异："西方国家将宠物作为家庭成员，所以在算家庭成员时要包括her cat. Now let's listen and repeat the video."教师播放录音、学生模仿之后，对学生说："Open your App and try to dub."学生配音之后，教师说："Who can share your video？"学生展示自己的配音作品。同伴根据评价标准点评"配音很流利，情感到位""语速适中，节奏比较准确"。

教师呈现PEP教材四年级下册Unit 6 *Meet my family* A Let's talk插图并提问："Look! Who are they？"学生回答："They are Amy and Chen Jie."教师追问："Guess how many people are there in Chen Jie's family? How many people are there in Amy's family？"学生猜测："May be four/ five/three…"教师播放动画："Now let's watch the video and check your answers."学生观看后发现答案："There are three people in Chen Jie's family. There are six people in Amy's family. "教师追问，再次渗透文化差异："Why does Chen Jie think there are five people in Amy's family? "学生回答："She forgets the puppy."

接着，学生利用"英语趣配音"App跟读模仿语音语调，教师倾听并给予必要帮助。学生两人一组进行表演，同伴之间点评："他们的发音很到位，比较流利。""他们两个男生扮演女生神态到位，太会演啦！"表演过后，学生利用英语趣配音App进行配音，同伴点评。教师总结："You should pay attention to the mouth shapes and rhythm in the video."

"Let's enjoy a picture, how many monkeys are there? "教师利用图画提问示例后，鼓励学生创编对话："There are not only monkeys but also other animals. You can make a new dialogue in group of 4 by using the key sentences and the tips."学生编写剧本后，热火朝天地进行彩排、表演。最后，根据学生的表演和语音语调选出"最佳演员"，根据编写的对话文本完整度和长度选择最佳剧本。最后，教师总结，并鼓励学生课后可以在'英语趣配音'App中搜索相关的视频进行配音，分享在微信群里，互相学习提高。

（三）案例研究价值

学生身临其境。在本案例中，教师利用"英语趣配音"App播放了4个视频片段，使学生身临其境。学生在欣赏动画过程中，领悟并习得生活化、口语化的语言，提升语用能力。利用App聆听、跟读模仿、配音对比、再模仿，反复"磨"耳朵和嘴巴，多感官交融，可更好地理解和记忆本案例的重点内容，并对所学知识真实运用。

激发学生热情，降低焦虑，提高学习效率。电影《狮子王》与教材主题契合且有趣，能激发学生学习热情，调动学习积极性。学生欣赏*Family pictures*视频时，领悟复习家庭成员称谓，教师逐步呈现本课时重点单词和句型，为后续学习打下基础，减轻学生畏难心理和焦虑感，使学生逐渐树立自信，主动尝试运用英语，提升学习效率。

给学生提供创造空间，提升学生英语综合运用能力。叶圣陶先生说过："教是为了不教，学是为了创造。"为实现此教育理念，安排大量时间进行小组合作学习，借助App展开小组配音竞赛，鼓励学生树立主体意识。拓展活动，教师由"扶""帮"到"放"，对学生口语能力要求逐步提升，在文本学习基础上，学生发散思维，发挥着自己的创造力。创编对话，不仅考查学生对视频文本的识读能力，也锻炼学生语言组织能力和口头表达能力。且在此过程中，"后进生"也能找到自己的舞台：为了本组活动顺利开展，一定要"合作""协商"，用小组智慧完成任务，主动习得英语，"做中学"。小组配音竞赛中几位"后进生"在组成员帮助下，能流利说出台词并演技到位，获得"最佳表演奖"，增强学习英语的信心。学生在合作过程中获取知识，解决问题，积累经验，将知识转化为技能。

基于教材，又高于教材。教师选择英语素材，不仅仅为了欣赏视频中的精彩情节和优美画面。英语视频内容的选择要基于学生的学习基础。本案例的几个视频基于四年级的学习内容，但又在此基础上有所提升，较好地检测学生的学习效果，扩大学生知识的广度和深度，做到有效教学，使配音教学更好地为英语教学服务。

五、课程开发与实施的研究价值

在口语教学中应用"英语趣配音"App符合第二语言学习理论的语言输入假说和情感过滤理论。"英语趣配音"课程中有大量有意义的、生动形象的、关联性的资源，可为学生提供大量有意义的语言输入，并创造有利于学习者情感过滤的环境，帮助学生减轻口语学习中的焦虑感，便于学生提升口语能力，做到自然输入。

英语新课标提出要积极利用信息技术为学生提供贴近生活实际的课程资源，丰富学生学习内容、拓宽学习渠道。本课程通过视听结合、声图并茂、动静相宜的表现形式，生动形象地展现教学内容，扩大学生视野，开阔学生眼界，极大地活跃课堂气氛并充实和丰富课堂内容，创建了有趣的对话情境，丰富了课堂口语练习的形式，充分激发了学生的学习兴趣，验证了在口语教学中应用"英语趣配音"App，能有效提升学生学习和练习英语口语的积极性。学生个体在课后主动搜索自己感兴趣的资源，模仿配音，在微信群分享自己的配音，教师和同伴会欣赏。其他学生受其影响也会产生兴趣和动力，积极模仿自己喜欢的作品，这大概就是一朵云推动另一朵云吧！

第五章

————————

义务教育阶段体艺特长类课程的
精品示例

拓展课程主要是由基础课程延伸的学科课程内容和满足学生个性发展需要的其他学习活动组成，是学生自主选择修习的课程，以培育学生的主体意识、完善学生的认知结构、提高学生自我规划和自主选择能力为宗旨，着眼于培育、激发和发展学生的兴趣爱好，开发学生的潜能，促进学生个性发展和学校办学特色的形成，是一种体现不同基础要求、具有一定开放性的课程。

体艺特长类拓展课程以体育、音乐、美术等特长发展为重点，兼顾创新能力、劳动技能和阅读习惯在内的各种体艺活动，创造性地丰富了体艺特长类校本课程。在开发和实践中，着眼于学生的全面发展，培养终身体育意识和提高艺术素养，提高学习能力，促使知识、情感、行为和谐发展。开阔学生的文化体艺视野，挖掘学生潜能，张扬学生个性，发展学生特长，提升学生综合素养。让教师参与校本课程开发，既增强教师的课程意识，又促进教师的专业发展，还提高教师课程教学的能力，最终实现师生共同发展及个性发展的双赢。

对于体艺特长类拓展课程，在课程内容的设计上，研发团队以儿童视角，在生活经验、个性情感、兴趣爱好等方面开发体艺特长类校本课程，通过仿、写、画、说、演、唱、跳等形式进行自主、合作、探究式学习活动。在参与体育、艺术活动中学习中华传统文化，充分利用社会资源，创设与学校有机对接的体艺特长类课程，通过体验式、研究性、项目式、游戏化、主题式等学习方式，培养学生发现美、欣赏美、表现美、追求美、创造美的能力，从中感受乡土文化之美，领略传承人精湛的手艺和对艺术的热爱之情。

本篇章选取了几所学校的一些特色案例：有非物质文化遗产进校园，非遗传承人进课堂，传播传统木版水印的绘、刻、印等技艺的"木版水印"课程；有以西湖绸伞为载体，传承西湖绸伞技艺与工匠创新精神的"融创西湖绸伞"课程；有以刀代笔，以竹为载体，将书法、绘画、篆刻、剪纸、卡通等艺术样式融入竹刻的"童韵竹刻"课程；有将传统皮影知识与学生生活体验相融合，原创整合美术、文学、音乐、戏剧、表演、信息等多学科的综合性课程"原创皮影"。这些让濒临失传的非遗技艺得到"活态"传承和创新发展的课程都承担了传承优秀传统文化的使命。还有小乐器"半音阶口琴进阶"课程和提高运动团队意识的"赛艇"课程等，凸显体艺特长的重要作用。

学生在体艺特长类拓展性课程中感受到中国传统艺术的深厚文化底蕴，强劲的文化张力，产生了学习兴趣，萌发了传承的使命感、责任感，增强了文化自信，这便是开设和加强体艺特长类拓展课程的初衷和意义。

学校以体艺立校，以美育人，以课程为核心，以文化为纽带，以体艺特色引领学生全面发展。在课程建设过程中，学校以体艺特色项目为基础打造特色校本课程，将特色项目升华为校本课程中的明星课程，对学校内涵发展与特色形成起到积极推进作用，形成了国家课程与校本课程相互促进、共同发展的良好局面。

小乐器进课堂　小音符润童心
——"半音阶口琴进阶"课程案例

2019年杭州市精品课程
撰稿人：史丹青　课程负责人：陈云峰
研发团队：朱　颖　刘炫伶

一、课程简介

　　"半音阶口琴进阶"课程是在学校"器乐进课堂"活动倡议的基础上开发设计，与学校精品社团建设相融合的特色课程。将课程学员对口琴音乐的热情辐射到全校，学员的音乐表现能力得到专业人士的普遍认可，集体节目多次获省市艺术节器乐类一、二等奖和区一等奖，课程学员近3年在国际口琴节和全国华夏口琴节上获得冠、亚、季军17项。课程学员受邀参加杭州市市民中心举办的2018"五一"口琴专场音乐会、2019"淘宝造物节"口琴专场演出、浙江省口琴艺术联盟专场演出等。课程的实施提升了"器乐进课堂"的质量推动了学校办学特色品牌的形成。该课程是一门在社会上具有较大影响力和较高美誉度。课程完全由学校在职教师开发实践，拥有丰富的多层次课程资源（线下：多套教材、完整教学设计和PPT、名家和校本音视频资源。线上：微课视频，"陈老师教口琴"QQ群，音视频网站教师示范音视频50多份、学生作品80多份）立体支撑，是一门既根植于深厚的校本土壤，又具备良好的专业视野的优秀校本特色课程。

二、课程纲要

（一）课程设计背景及理念

半音阶口琴被称为"放在口袋里的钢琴"，它拥有3个八度以上丰富的半音，而且可以实现灵活转调，是口琴家族中唯一列入正规乐器的成员。陈云峰老师带领的长青小学音乐组的7位教师人人都学会了半音阶口琴基本技巧，2010年，"半音阶口琴进课堂"开始在长青小学顺利实施。

多年来，由于坚持实施和推进半音阶口琴进音乐课堂，长青小学已经具备了口琴学习的良好氛围和口琴艺术文化的丰厚土壤，培养了一批演奏能力较强的喜爱半音阶口琴的学生，这些学生迫切希望在口琴演奏上能得到更好的发展。作为学校口琴进课堂的延伸，"半音阶口琴进阶"课程应运而生。

"半音阶口琴进阶"课程是杭州市长青小学选修课程体系中一门有独创性的体艺特长课程，适合有半音阶演奏基础的小学高段学生参加。

（二）课程目标

课程总体目标：提高学生的识谱能力和半音阶口琴的演奏技能，积淀音乐素养；充分利用学校现有口琴艺术文化资源，鼓励学生进行体验性和合作性学习，丰富学生艺术生活，发展学生个性特长；在培养学生实践能力和合作能力的同时，让学生获得丰富的审美体验，激发爱乐情怀，培养健全人格；提升教师专业水平，掌握校本课程内涵，凸显学校特色。

学生发展目标：通过本课程学习熟练运用乐谱知识，掌握半音阶口琴演奏的一般技巧，能演奏有一定难度的包括流行、ACG动漫、古典等各种音乐作品；通过合奏重奏学习能在团队中独立承担各自声部，并与队友默契配合；通过口琴演奏和口琴音乐的欣赏学习，感受口琴艺术经典文化内涵，热爱口琴艺术，激发爱乐情怀；通过"互动式、鼓励性"的评价方式，培养学生认真倾听、尊重他人的习惯，形成自信、乐观的人格。

教师发展目标：促进教师转变观念，更新知识，具有比较厚实的音乐素养和口琴音乐文化素养；提升教师创造性地理解、使用教材的能力以及积极开发课程资源、灵活运用多种教学策略的能力和科研能力；在实践中理解和运用课程理论，具备科学的课程意识和合作精神，促进专业水平的提高。

学校发展目标：营造推广口琴艺术的良好环境，利用口琴教学活动的优势，促进学校艺术文化特色的形成，提升办学品位，打造办学品牌。

（三）课程内容

第一单元 半音阶口琴的基本认识和气息要求（2课时）

【技能要点】气息控制与音孔移动 【学琴锦囊】"蛤蟆功""上坡下坡"

【乐曲实践】《别哭学生》

【名家名作】阿德勒三重奏《马刀舞》

第二单元 半音阶口琴的连奏技巧（6课时）

【技能要点】音与音的无缝连接 【学琴锦囊】"救护车"

【乐曲实践】《送别》《爱尔兰画眉》《追光者》

【名家名作】Fresco重奏团《Just the way you are》、《走进莎莉花园》

第三单元 半音阶口琴的吐音断奏（6课时）

【技能要点】吐音技巧 【学琴锦囊】"舌头之舞"

【乐曲实践】《匆匆那年》《威廉退尔序曲》

【名家名作】朱蒂口琴《威廉退尔》、天狼星口琴《马刀舞》、长青口琴《匆匆那年》

第四单元 如何演奏出优美的低音（10课时）

【技能要点】柔和的气息支持 【学琴锦囊】"腹式呼吸"

【乐曲实践】《月亮代表我的心》《那些花儿》《里奥多民谣》《夜空中最亮的星》

【名家名作】南里沙《查尔达斯》、西格蒙《里奥多民谣》《夜空中最亮的星》（合唱版、长青口琴版）

第五单元 如何掌握按键技巧（10课时）

【技能要点】变化音与替代音 【学琴锦囊】"魔幻按键"

【乐曲实践】《Secret Base》《加沃特舞曲》《凉凉》《弦乐小夜曲K525》

【名家名作】李让《Secret Base》、汤米雷利《快速圆舞曲》、和谷泰扶《TOLEDO》、长青口琴三重奏《莫扎特小夜曲K525-2》

第六单元 重奏与合奏练习（16课时）

【技能要点】声部合作、音乐情绪的表达

【乐曲实践】《雪绒花》《山楂树》《千与千寻》《你笑起来真好看》

【名家名作】黄文胜《千与千寻》、口琴重奏《新年组曲》、口琴合奏《命运》

复习考核（8课时）

（四）课程实施

1.教学方法建议

本课程主要是让学生通过学习掌握半音阶演奏技能，提高音乐素养。此类学习中模仿占了比较重的分量，所以要提供高质量的示范。一方面，教师现场示范演奏；另一方面，教师可以通过录制音视频的方式呈现演奏示范，当然也可以通过视听手段提供专业演奏家的演奏视频。这些提供给学生模仿的高质量的示范，不仅能加深学生对口琴音乐表现力的认识和理解，更能进一步增强学生学习半音阶口琴的热情。

教师要特别关注对学生音乐感觉的培养：第一要培养敏锐的听觉，音高、节奏、乐句感等；第二要合作演奏，几个人的配合有速度快慢、力度强弱的配合，还有音乐情绪的配合；第三要多比较，在比较中发现音乐的异同，体会音乐真正的魅力。

同时还要关注学生创造能力的培养。创造能力不一定在乐曲创作中培养，教师更要关注的是学生在演奏实践中的创造性音乐表达。比如，在乐曲《你笑起来真好看》的演奏学习中，师生一起探讨演奏的断与连，旋律中灵巧的断奏可以给人轻快活泼感，断中有连则会让音乐更加灵动。《匆匆那年》、Secret Base等乐曲旋律中似断非断的感觉如何准确把握？对于细微之处体会，就是教师要让学生学会的对音乐的创造性表达。而这正是本课程中培养学生创造能力的最好着力点。

关于六个单元教学内容，其中一至五单元有一定的逻辑顺序，一般不打乱，第六单元是相对独立的重奏合奏部分，跟前五个单元没有严格的逻辑顺序关系，所以第六单元的课程可以分散进行，一般建议结合前五个单元的内容作化整为零的安排。

2.组织形式建议

本课程实施过程中多采用合作的方式进行。一是全体合作，在教师统一带领下进行某些基础性学习和全体大合奏的练习；二是分声部的合作学习，一般分为旋律一部、旋律二部、和弦、贝司等四大声部，很多时候是四个声部各自练习作品；三是重奏小合奏的合作模式，四个声部分别由一两位同学完成，各自进行小合奏重奏排练。在分组合作中老师人数毕竟有限，所以要善于发现需要帮助的声部、团队或个人并适时介入，个别有困难的同学就需要单独辅导。

3.课时安排

60课时。具体实施时间为每周一下午学校开展拓展性课程的时间。

4.场地安排

一楼排练厅。内有比较完备的视听设备，也有比较宽敞的活动场域，视听相关的学习和实际操作性授课没有问题，集体教学和分组练习也都可以胜任。

5.设备准备

谱架30个、多媒体视听系统、钢琴；合奏口琴（贝司、和弦各5把），半音阶口琴学生每人自备。

（五）课程评价

评价方式有过程性评价和终结性评价。其中过程性评价占据60%的分值，终结性评价占据40%的分值比例。过程性评价主要有学生互评和老师评价，各占30%，主要从中学生的演奏能力、对音乐作品的理解以及对此课程的喜爱程度方面进行评价。终结性评价主要是对学生演奏的作品进行评价。作品分两类，一类是独奏作品，考查作品是否准确完整，演奏是否有一定的表现力。另一类是重奏小合奏等合作演奏作品，考查各自声部的完成度以及合作演奏的配合能力。

三、教材示例

《夜空中最亮的星》

【技能要点】柔和的气息支持
【学琴锦囊】"腹式呼吸"
【乐曲实践】《夜空中最亮的星》

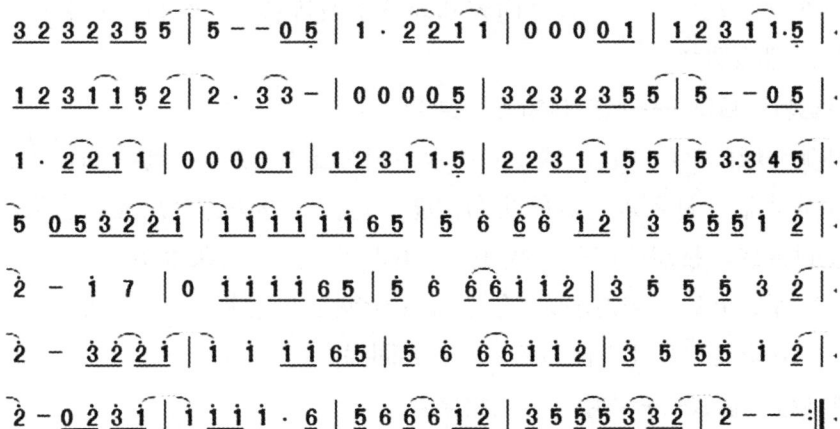

图5-1

【名家名作】《夜空中最亮的星》（合唱版、口琴版）

图5-2　　　　　　　　　　　　　　图5-3

四、教学案例

（一）案例缘起

目前大部分的器乐课堂普遍呈现出这样的现状：教学方法单一，练习方式机械，从曲目内容到演奏音质都缺乏应有的美感，学生在课堂上学会的仅仅是乐器演奏的皮毛之技，而对器乐艺术的态度却由开始时的满腔热情逐渐变得冷若冰霜。从显性的角度看，学生确实是学会了一些演奏技能，但是如果演奏出来的是毫无美感的声音，而且这些技能的获得以失去对音乐的兴趣为代价，这样的器乐课堂，其有效性在哪里？从隐性的角度看，学生在演奏学习的过程中，对音乐的感受、理解和体验没有因此而深入，通过小小的乐器走进音乐的目标没有实现，这对他们审美素质的提升，对每个学生个体生命的发展，更无有效性可言。要改变器乐教学有效性低的现状，应根据课程标准关于演奏教学的定位，在教学目标、教学模式、教学方法、教学内容和评价手段等各方面加以改进和优化，全面建构有效的器乐课堂。

1.明确教学目标——技能与审美相结合

跟其他领域的学习相比，器乐的技术性相对要强一些。口琴、口风琴、竖笛等简易的课堂乐器，都需求一定的演奏技能，包括吹吸法、气息控制、指法或手位等，想绕过或忽略技能谈审美，不可能也不现实。因此，课堂器乐教学的目标是技能与审美并举，并以审美追求为主。器乐教学就是在追求审美中学习技能，在技能的基础上深化审美，如此良性循环，两者共同提高。

2.改变教学模式——集中与分散相结合

器乐学习有它的自身规律，通常需要学生长期坚持，在不断的练习中逐渐进步，每一件乐器演奏技能的掌握都需要学生付出艰辛的劳动。课堂乐器尽管都是简易乐器，无一例外地大多数时候需要集中授课的形式来教授学生掌握正确的技法。但因为课堂器乐小巧、易携带的特点，因此在课后学生也能随时随地进行口琴练习，教师也可以利用午间和课余时间对学生进行有针对性的指导教学，及时纠正和反馈其口琴演奏时的问题和进步。如此一来，既有集中教学的高效性，也有分散教学的针对性，环环相扣，从而提升教学效果。

3.改进教学方法——演奏与歌唱、欣赏和创作相结合

演奏教学并不是孤立的。音乐课本身课时有限，在音乐审美的要求下，各个领域可以有机融合，共同实现提升学生审美能力和音乐素养的目标。在这里，乐器演奏作为学习音乐的一种方式，它可以与聆听、歌唱、创作等其他学习方式相辅相成。同时，作为音乐的一种表现形式，它又可以与不同形式的声乐演唱、不同种类和规模的乐器演奏相得益彰。

（二）案例描述

在"半音阶口琴进阶"课程的学习过程中，学生对口琴和吹奏技巧有了一定感性认识，并能稍加熟练地吹奏，为了进一步呈现乐器演奏的特点，达成器乐学习对学生音乐素养的塑造，教师拓展演奏曲目，结合不同的表现形式将口琴演奏融入其中。

1.与歌唱教学融合

歌曲重点乐句的学习可尝试加入器乐演奏，如此，演奏与演唱相得益彰，既能较好地解决识谱问题，又能为感受乐句旋律特点服务。学生学会歌曲之后则可以通过演奏进行巩固，以进一步体验和表现音乐作品之美。

晚　风

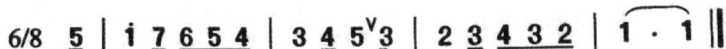

图5-4

这几乎是一条器乐八度练习，对气息的控制、表现弱起和连贯的旋律线条非常有训练价值。学生学唱乐句时，通过唱与奏协同，体会6/8拍子和弱起乐句的柔和与宁静之美。歌曲唱会后则可以演奏歌曲两声部旋律，学生就能在乐器演奏中进一步感受人声合唱和乐器合奏因音色不同而产生的不同美感。

2.与欣赏教学融合

欣赏教学中演奏相应乐句或乐段，既是演奏技能的学习和训练，又能帮助学生加深对音乐的感受和理解。如：

晨 景

6/8 5 3 2 1 2 3 | 5 3 2 1 2 3 2 3 | 5 3 5 6 3 6 | 5 3 2 1 0 ‖

图5-5

通过主题乐句演奏（可改用中音区）的三种力度p/mp/mf表现晨曦微露、太阳初升、红日高悬的不同画面，学生学习了演奏时力度变化的演奏技能，也会感受到课堂乐器的表现力。

3.与音乐创作融合

音乐创作需要有所凭借，人声毕竟还有音准问题，固定音高的乐器是最佳选择。具体方式可以是按一定规则创作旋律，也可以是接续乐句等。学生通过课堂乐器演奏出来的音是准确的，创作的成功体验更容易达成。创造的乐趣将激励他们在器乐学习和音乐创作活动中继续探索。而不知不觉中，学生演奏的准确性、灵活性、表现力和创造力均得到了锻炼。

4.教材曲目与流行曲目结合，齐奏曲与合奏曲结合

教材曲目指音乐教科书和专门的器乐教材的曲目，这类曲目往往具有经典性，可以保证器乐学习一定的技能含量和审美含量，而流行曲目对学生来说更加生活化，具有亲切感。两者结合既能保证器乐学习的质量要求，又广受学生欢迎。

齐奏曲便于集体学习中共同解决某个技术难点，合奏曲则更能感受丰富的多层次的音乐之美，同时体验音乐合作的乐趣。但是教师必须考虑学生的实际情况，选择难度适当的曲目。此外，也可以根据学生的学习程度，让他们创编乐曲。

学生在学习演奏6个基本音级时，教师可以选《闪烁的小星》和《念故乡》的A乐段，也可以选用《菊花台》（周杰伦曲）的A乐段，学习一个八度演奏时可选《送别》和人音版第9册音乐教科书中两声部的《晚风》，学习低音演奏可选《小白船》，也可选用《童话》（光良曲）。创编曲目则可进行各种变式，如：

闪烁的小星

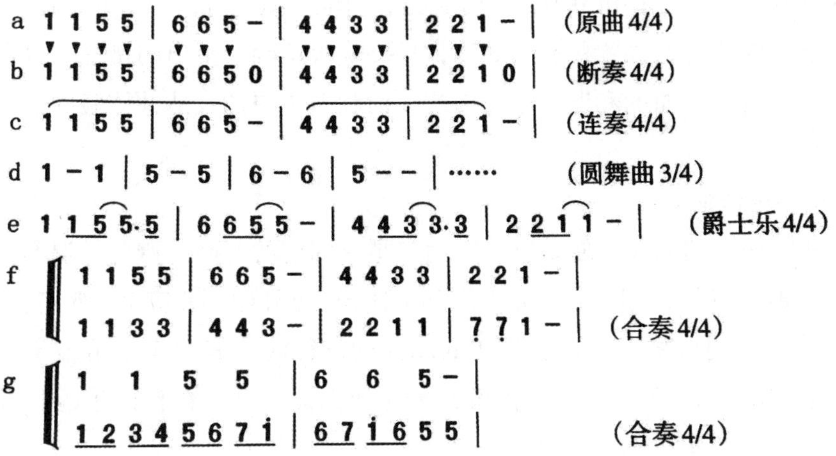

```
a  1 1 5 5 | 6 6 5 - | 4 4 3 3 | 2 2 1 - |    （原曲4/4）
b  1 1 5 5 | 6 6 5 0 | 4 4 3 3 | 2 2 1 0 |    （断奏4/4）
c  1 1 5 5 | 6 6 5 - | 4 4 3 3 | 2 2 1 - |    （连奏4/4）
d  1 - 1 | 5 - 5 | 6 - 6 | 5 - - | ……        （圆舞曲3/4）
e  1 1 5 5·5 | 6 6 5 5 - | 4 4 3 3·3 | 2 2 1 1 - |   （爵士乐4/4）
f ⎰ 1 1 5 5 | 6 6 5 - | 4 4 3 3 | 2 2 1 - |
  ⎱ 1 1 3 3 | 4 4 3 - | 2 2 1 1 | 7 7 1 - |   （合奏4/4）
g ⎰ 1   1  5  5 | 6 6  5 - |
  ⎱ 1 2 3 4 5 6 7 i | 6 7 i 6 5 5 |            （合奏4/4）
```

图5-6

通过一首小乐曲的变式训练，学生既可以学习断与连的不同演奏法，又能体验圆舞曲和爵士乐的不同风格，还能感受两种不同方式的合奏，内容丰富又紧密联系，学习效率自然就高了。

（三）案例研究价值

1.体验口琴音色的美

口琴的音色清脆悦耳、优美动人，尤其是半音阶口琴的音色非常纯净柔美。普通复音口琴由于构造上的特点，比较适合演奏大调式的旋律，所以还给人明朗向上的音乐感觉。对口琴音色美的体验要与口琴的教学同时进行，并且应贯穿课程教学始终。音色美的体验将对以后的学习会产生重要的影响，只有体验到了口琴的音色之美，学生才可能真正喜欢口琴。

2.体验口琴演奏技法的美

口琴的演奏技法一般有连音、顿音、振音、压音等，复音口琴还有提琴奏法、伴奏法等，在小学阶段可以视学生实际情况介绍学习，其中连音、顿音技法可以在开始吹奏旋律时即作要求，其他演奏法一般在一年以后再作要求，但始终应围绕着对口琴音乐之美的体验来进行。

3.体验口琴声部合作的美

体验口琴声部合作的美，可以在学生能够吹奏简单的旋律后开始，并贯穿以后学习的全程。合奏（重奏）是课堂教学的重要形式，在合奏中可以感受到音乐丰富的和声，体验到口琴特有的和声美，同时还有着与他人默契合作带来的乐趣。

乐曲合奏中即使有人位置移动不准确，只要吹吸正确，奏出的错音一般也是三度、四度关系的音，乐曲的和谐性不受影响，而和谐中更能表达并体验到乐曲宁静的美。

4.体验口琴创作的美

用口琴进行简单的创作方便易行，因为口琴有固定的音高，避免了唱不准音给创作带来的困难。在学生会吹几个简单音符后创作即可开始，并应全程坚持。

当学生第一次用口琴奏出自己创作的动人的旋律时，其兴奋之情溢于言表。口琴创作带给他们的一次次成功的喜悦，更让他们体验到了创作的乐趣和音乐的美妙。

这样，学生在美的体验中学习口琴，不仅口琴的演奏能力不断增强，学生对音乐美的感受能力、欣赏能力和创造能力也迅速提高。而且，不断地体验到口琴音乐之美，学生自然会更喜欢学习口琴，把它当作自己心爱的朋友，口琴声甚至能成为他们表达情感的又一种"语言"。

五、课程开发与实施的研究价值

口琴课程激发了学生的音乐兴趣，满足了学生对于音乐技能学习的需求，培养了学生的人文主义思想观，提高了自身的艺术人文素养，这也使教师得以发挥自身主观能动性，课堂教学更为专业化，教师课堂教学水平不断提高。与此同时，"半音阶口琴进阶"课程也为学生提供了自主创作的空间，从更大程度上激发了学生探究的欲望。在口琴排练中，学生的感受力、创造力、审美力不断激发，学生学会了欣赏，发现音乐的美好，并从中感受到艺术的魅力。

团队配合 默契前行

——"赛艇"课程案例

2018年杭州市（原）下城区精品课程

撰稿人：赵彦杰 课程负责人：赵彦杰

研发团队：李 洁 张 岚 王双一

一、课程简介

赛艇是一项集力量、技巧、团队意识和美感于一体的古老而优雅的体育运动，不仅有利于提高参赛者的身体机能水平，也是广大体育爱好者体验运动魅力的绝佳载体。

杭州观成实验学校赛艇队成立于2017年3月，赛艇课程同时被纳入学校"1+X"课程。"1+X"课程结合学生成长需要和杭州观成实验学校自身的办学定位，在前期课程改革实践探索的基础上，听取多方意见开发并实施的校本拓展性课程，以大力促进学校特色发展，帮助学生个性成长。"1"课程指教学大纲规定的国家基础性课程，是学生成长和升学的必修课程。"X"课程是指围绕基础性课程补充、延伸而来的拓展性选修课程。从2016学年起至今，学校开设的"X"课程共计达到37门，赛艇课程便是其中之一。

二、课程纲要

（一）课程设计背景及理念

赛艇运动起源于17世纪的英国，被称为"工业文明之花"。现如今，国内很多高校都已经开始开展赛艇运动。赛艇不仅仅是一项运动，也是一种有历史底蕴的体育文化，其中蕴含着一种积极向上的生活态度。青少年时期是学习赛艇的黄金时期，学校有责任和义务让学生接触到更多优秀的体育运动项目。

赛艇课程作为学校"1+X"课程中的特色课程之一，着力于学生的个性成长。赛艇课程的讲授对象不仅局限于运动队。学校以一系列讲座、赛事推广等活动，拓宽学生对体育运动视野。

本课程定位为整个"1+X"课程中的金牌课程，在国内中学生赛艇运动发展中也是首屈一指的。赛艇队将科学锻炼、模式创新、运动礼仪等核心素养融为一体，培养学生赛艇运动能力，激发学生的锻炼兴趣，开阔学生的运动视野，提高学生的综合素养。学校希望将赛艇作为一门特色课程去普及和发展。

（二）课程目标

本课程围绕教育部基础教育课程教材改革提出的核心素养展开。将科学健身、终身体育、拓宽视野等核心素养融为一体，培养学生新兴体育运动能力，激发学生的锻炼兴趣，开阔学生的运动视野，培养高雅的运动礼仪，提高学生的综合素养。

（三）课程内容

赛艇课程分为理论学习、陆上训练、水上训练、求生演练、竞赛等方面。具体内容见表5-1。

表5-1　"赛艇"课程内容

理论学习	1. 赛艇历史及知识
	2. 赛艇器械
	3. 赛艇运动技战分析
	4. 赛事规划
	5. 学习优势分析
陆上训练	1. 测功仪分解－连贯动作练习
	2. 测功仪团队动作协作
	3. 测功仪测试及数据分析

水上训练	1. 水上平衡训练
	2. 紧急情况应对训练
	3. 心肺复苏急救培训
	4. 水上动作分解定位
	5. 水上动作连贯实践
	6. 水上中程距离强化
	7. 水上团队配合强化
	8. 水上中长距离常规训练
	9. 水上应赛技战术训练
	10. 水上测试及分析
	11. 测功仪和水上考核
实战参赛	1. 浙江省青少年赛艇公开赛
	2. 全国中学生赛艇公开赛
	3. 世界高校赛艇挑战赛中学赛艇友谊赛
	4. 各类室内划船器比赛

（四）课程实施

赛艇课程每学期至少需要40节课，每节课在2个半小时左右。除此之外，暑假，我们还会在千岛湖国家水上训练中心组织为期1个月的集训。在训练中，王双一教练和助教全程指导学生进行热身、划艇、体能等训练。赵彦杰老师也会根据队员们的训练状态进行记录，并适时反馈给教练和队员。

（五）课程评价

1.对课程的评价：采用教师评、学生评、家长评等多种评价方式，对赛艇课程的安排是否合理等进行评估，提出改进建议，便于及时改进。

2.对学生的评价：学校建有网上选课平台及学生评价平台，可以对学生的到课情况、训练表现情况、比赛成绩等进行跟踪记录，生成过程性评价。终结性评价既包括各种形式的训练成效，也包括综合体育素质的提高、急救知识的掌握、运动礼仪的学习、赛艇文化的知晓、运动比赛的成绩等。结合期末的评价按一定比例折算出学生的最终评价等第及学分。评价结果将作为学生期末评奖评优、学生综合素质评定、毕业升学的重要依据。

3.对教师的评价：根据学校的实际情况，记入教师工作量，纳入教师的业绩考核，作为评优、评先的重要条件之一。

三、教材示例

第三章 赛艇团队协作能力培养

一、技术巩固和体能加强

1. 技术巩固

通过提高学生的技术基本功，强化学生动作稳定性，对于保持队伍在运动中能够保持持久有效的划行非常有帮助，此外还可应对各种恶劣的水面环境，因此，队员们在平时训练中，要特别注重动作的基本功是否扎实，通过陆上划船器和大量水上训练，提高动作的准确性和稳定性，进而提高整体水平。

2.体能加强

体能是运动员的基础。在赛艇运动中，划行后期对体能消耗非常大，体能不好，很容易导致桨频跟不上，动作变形，影响船速。尤其是核心体能，关系到动作稳定，身体控制，在平时训练中一定要保证每周的体能训练，对于提高赛艇水平达到事半功倍的效果。

二、队伍建设与心理疏导

团队建设关系到队伍能否走得长远。要在一开始明确队长职责，明确艇上主导人员，明确不同艇位任务，同时结合赛艇礼仪文化，渗透到训练的点点滴滴，塑造良好的训练风气，并定期给队员们进行心理疏导。

三、赛事参与

赛场是检验一支队伍最好的地方。每一次比赛都能够暴露出运动员存在的问题，在平时训练中，队员们对一些细节可能并不重视，但在比赛中会直接影响。

图5-7

四、教学案例

（一）案例缘起

杭州观成实验学校赛艇队是一支青少年赛艇队，是由体育老师赵彦杰负责管理，同时聘请江南体育水上运动中心王双一教练任队伍的主教练。这支队伍的很多队员都是零起步，因此对于队员的基本功、体能、团队协作能力等的培养至关重要。尤其是团队协作，更是作为赛艇课的一个非常重要的教学内容。在青少年赛艇中，队伍是否能有长足的发展，团队精神是关键因素，例如八人艇，除了对队员的技术和体能有一定要求外，对于整条赛艇上9人（8名队员+1名舵手）的默契和团队合作要求非常严格，只要出现桨频不一致，很容易出现"失速"，严重时会出现"别桨"，甚至翻艇。

（二）案例描述

2018年冬天，在西溪湿地的一次训练过程中，一条男子4人艇因队员之间配合不当导致赛艇侧翻，4人全部落入冰水中，好在有救生艇在附近，队员第一时间被救上岸，无人受伤。2019年9月，观成第三批赛艇新队员加入，观成体育老师赵彦杰作为队伍建设负责人，结合赛艇运动的特点以及第一批老队员出现的问题，着重对赛艇精神的培养进行教学。赵老师结合教材中关于团队协作能力培养这一章节，进行了长达一个学期的强化训练。希望通过队员之间的配合练习，使队员们之间的默契程度越来越深。

赛艇团队协作能力培养是赛艇教材中最重要的部分，赵彦杰根据前期经验，总结了以下几个方面，作为此章的内容：技术巩固（陆上划船器）和体能加强（核心力量）、队伍建设（赛艇规则、礼仪）与心理疏导、赛事参与。

1.技术巩固与核心体能加强

通过两年的青少年赛艇管理教学，赵彦杰发现在赛艇运动中，队员们如果技术不扎实、体能跟不上，在水上很容易不稳定。观成赛艇队是在西溪湿地训练，水面相对比较平静，队员之间划艇时配合还不错。但当暑期在千岛湖国家水上训练中心训练时，湖面有较大的风浪，上下起伏会导致队员们动作变形，严重影响船速，划行体验非常差。青少年还处于心理发展阶段，情绪不如成人稳定，尤其是训练后期出现"别桨"的时候，会自乱阵脚，彼此之间会有一些语言上的摩擦。这种情况的出现，不仅让队员之间的团队配合荡然无存，对团队的信任度和凝聚力都有一定的影响。因此，当这种情况出现后，赵彦杰老师及时和王教练商量对策，解决如何提高技术动作的稳定性问题。

根据队员们出现的问题，赵彦杰老师和王教练发现，基本功和体能是决定动作稳定性的因素。基本功扎实，在不稳定的时候动作也可以保持不变形；同样，核心力量强，就能够很好地控制身体继而控制船的稳定性。结合这两方面思考，赵老师和王教练决定增加训练次数和时间，之前赛艇队的训练时间是每周1次，每次3小时。这3小时包括热身、拉伸、测功仪训练、水上训练、训后拉伸等内容，因此技术动作教学时间并不多。这对于一支赛艇队伍建设来说，远远不够。赵老师和学校进行反映，学校领导也在第一时间配备了观成赛艇室内训练基地，采购了10台划船机和大量体能训练设备，在保证学生正常学习的情况下，增加了每周四晚上2个小时的划船机定型训练和核心体能训练。每周2次的训练虽然还是比较少，但时间安排合理。周四基本是体能训练，周日主要是水机技术配合训练。经过几个月的训练，学生的动作和体能有明显改观，冬季千岛湖集训时，很少出现"别桨"的情况。学生体能增加了，划到后期依旧动力十足。

2.队伍建设（赛艇规则、礼仪）与心理疏导

在技术基本功与核心力量提升的同时，赵老师和王教练也根据学生心理状况，采取了一系列队伍建设方案。学生在青春期，情绪容易失控，在紧急情况下，由于缺乏经验很难做出正确的判断，因此在队伍建设中，首先明确了队长的职责和每条艇主力的地位，明确在划行中，一切指令听二号位（双人艇）、四号位（四人艇无舵）和舵手（八人艇）的指令，即便指令错误，只要不是危险动作，所有成员必须执行。同时也对主力和舵手进行更加严格的训练和培训，这样当出现紧急情况时，整条艇才能在第一时间保持意见统一，最快地做出调整。同样，在平时训练中，队长也具有协助教练管理整个队伍，监控队员训练的职责。在明确职责后，赵老师发现，整个队伍的风气和队长关系很大，因此要定期对队长进行心理疏导和业务培训。时间久了，也同样需要对每一位成员进行心理干预，及时和家长沟通，和队员交流，第一时间解决训练中出现的问题，避免队员在训练时发泄情绪。

赛艇起源于英国，200年的积淀使得赛艇不仅在英国广受欢迎，更是一项国际化的运动。作为西方贵族运动，有着非常健全的赛艇礼仪和文化，比如队员们整齐快速的执行力、赛前战术安排、情绪调整、抬艇的配合、鞋子摆放整齐、上艇动作统一、赛事宴会穿着等等。通过训练，慢慢让整个队伍的凝聚力增强。同样，在杭州青少年队伍中，也有来自建兰中学和云谷学校的赛艇队，每年也会进行学校之间的赛艇对抗赛。每年一次的青少年赛艇对抗赛对于青少年赛艇运动发展是非常有帮助的，不仅继承了名校赛艇对抗的文化，同时也很好地促进了学校之间赛艇的发展和队员们彼此间的关系。

3.赛事参与

观成实验学校是国内少数开展赛艇运动的学校之一，其赛艇队在国内中学生赛艇运动发展中也是首屈一指。成立不到3年，就获得6项全国冠军，5项全国亚军和5项市冠军。

①2019年全国青少年赛艇俱乐部联赛中获得四人艇全国冠军、双人艇全国冠军、个人陆上划船器全国冠军。

②2019年全国中学生赛艇锦标赛暨U系列赛事总决赛中获得男女混合八人艇全国亚军、四人艇获得全国第四名。

③在2020年中国赛艇大师赛暨全国青少年赛艇俱乐部联赛中，获得青少年C组男子四人艇全国冠军、青少年C组混合四人艇全国亚军、青少年A组男女混合四人艇冠军、青少年B组女子四人艇全国季军、青少年A组男子四人艇季军、青少年B组男女混合四人艇全国第四名。

……

以上是这几年观成赛艇队参加的比赛，虽然比赛过程很艰难，北京、成都、南京、南昌……全国各地比赛，但是每一次比赛对于学生的成长和历练都是非常大的。在2019年成都举办的全国中学生赛艇锦标赛暨U系列赛事总决赛中，观成赛艇队整体实力并不是很出众，但所有学员非常认真，没有一丝松懈，赛前分析对手、战术安排、物资准备、试划调艇、心理疏导等等。比赛中，并不是每一场比赛都有好的战绩，队员们也会伤心哭泣，但这是提高的最好时机。为什么会输掉，是因为配合不好、技术不到位，还是体能不行？进入第二场比赛，该如何调整战术，如何分配体力？以及最后的车轮战中，如何给自己打气，咬牙坚持等等，这些都是队员们需要面对的，也是老师和教练需要引导的。因此，每一次比赛，不管输赢，都是一次很好的自我教育、自我成长的机会，也是团队凝聚力提升的时刻。所有平时对队员们的教育，很多时候队员们是听不进去的，只有当面对比赛的时候，队员们才知道自己的不足和优势，经过比赛的洗礼之后的训练，效果往往会比以前好很多，效率也提高很多，这就是比赛给队员们带来的一些影响和成长。因此，赵老师会根据队员们的学习时间以及比赛的正规性，尽可能地为队员们安排比赛，既是对赛艇队伍的历练，也是通过比赛获奖，给每位队员的付出争取应有的回报。每一次比赛结束后，赵老师都会让队员们谈谈赛后感想，这个时候，是队员们敞开心扉的时刻。

（三）案例研究价值

"赛艇"课程在我校已经开展了3年多，课程教学的管理模式也在不断优化中。通过分析，找出培养方式的不足之处，深究不足原因，进一步改进和优化团队培养，为现在和今后的新生队伍发展积累经验；也可通过举一反三，将本案例中所运用的模式，迁移到其他内容的教学中，作为一种教学经验的分享，这对赛艇队未来的发展是非常有帮助的。

五、课程开发与实施的研究价值

拓展性课程相对于传统课程，有较多的自主性和创新性，可以很好地结合学生、学校情况进行调整。体育类拓展课程的教学和其他学科有所不同，特别注重技术实践，因此对学生的技术训练方法、体能训练手段、赛事战术安排等比较重视。除此之外，课程的开发者还应注重队伍的精神培养，包括团队精神、体育精神、奉献精神，等等。所以课程教学不再单纯是技术教学，应该是全方位的综合教学指导，涉及身体、心理、意志品质等方面，这也是培养一个综合性人才所必须要具备的培养模式。因此，本课程的研究，虽针对的是体育类课程的研究，但根据其特有的体育团队培养需求所总结出来的团队精神的培养方式、理念等，也可借鉴到其他学科，也是本课程研究的价值所在。

传承文化　艺润人心

——"木版水印"课程案例

2017年浙江省精品课程

撰稿人：韦　婧　课程负责人：吴聪慧

研发团队：蔡红霞　韦　婧　魏立中

一、课程简介

中华优秀传统文化是习近平总书记在党的十八大以来治国理念的重要来源。作为承载教育重任的义务教育阶段也应该重视传统文化教育。基于"长江学者从这里启蒙"的培养目标，学校集专家、教师、家长之智慧，精心建设了"长江小学者课程"。它的特质之一就是中国风：长江的学生不仅具备扎实的文化基础，更要传承优秀的中国传统。

学校设立全国首家非遗文化进校园的"木版水印体验馆"，为学生提供非物质文化遗产的实践活动类课程，让学生了解体验感受传统文化，其最终目的就是非物质文化遗产的传承发展，继承传统、研习传统、弘扬传统，要使其扎根在中华文化的土壤里，将传统文化扎根在学生的心中，让学生以新的思维方式和创新理念，重新认识和挖掘优秀传统文化中的精髓和美学情感。

在科技、信息高度发达的今天，新的艺术形式不断涌现，充斥着我们的眼球，而非物质文化遗产却是一个民族留在历史中的足印，不知古则难以知今，更难以知道未来。杭州长江实验小学"木版水印"体验课，以传统木版水印技艺的传承、传播为依托，在非遗传人的指导下，以实践方式带领学生体验绘、刻、印的技艺，在体验之中感受传统文化中所蕴含的深深哲理。

二、课程纲要

（一）课程设计背景及理念

1.课程设计背景

木版水印技艺在中国有着悠久的历史传统。早在唐代咸通九年(公元868年)，有一名叫王阶的人便用此技术刻《金刚经》扉页插图，现尚流传于世。唐以来，书籍多附插图，16世纪始有彩色套印。

中华人民共和国成立后，木版水印由原来只能印大不及尺的诗笺、信笺发展到能惟妙惟肖、神形兼备地印制笔墨淋漓、气势豪放的《奔马图》及唐代周昉的《簪花仕女图》、宋代马远的《踏歌图》等大幅艺术作品，标志着雕版印刷术已发展到了巅峰，也说明荣宝斋木版水印技术已真正成熟。

20世纪50年代初期，时任中央美术学院华东分院版画系主任的张漾兮先生，在建系之初，便分别派专人到北京荣宝斋、上海朵云轩学习全套的传统木版水印技艺，赴江南各地大量收集民间年画、蓝印花布等原始资料。随后，又在版画系成立了国内最早的木版水印工作室，传统文化艺术资源进入专业教学。

2012年，杭州长江实验小学就在省规课题引领下进行深化课程的改革，尝试将传承优秀传统文化作为课程重构的重要内容之一。2014年，学校投资建设350余平方米的全国首个非遗文化馆——"木版水印体验馆"，并与"杭州十竹斋"签订课程合作协议，正式开设此课程。2015年，作为省、市深化课改的基地学校，杭州长江实验小学进行课程架构，再次凸显传统文化的价值，增设"国际理解课程群"。至此，"木版水印"成为"国际理解课程群"中最重要的一门课程，承担优秀传统文化传承的使命。

学校希望在课程的开发与建设中，依托专用场馆，从课程的设置、教学目标的陈述、教学方案的编写、实践活动的参与及组织等方面入手，探寻传承传统文化的基本路径和方法，以主题方式构建在义务教育阶段具有应用推广价值的实践活动类课程。

2.课程理念

（1）习传统技术，悟非遗文化。中国的印刷文化在"木版水印"课程中得以体现。学生通过参观、观影等方式了解木版水印的历史，欣赏雕版刻印的作品，在提高审美能力的同时，经专业教师悉心教导，学习木版水印各种刀具的使用，掌握刻、铲、洗、印4种步骤技能。学习结束后，每个学生都拥有了自己创作的作品。这些作品，线条流畅、木工细致、主题意趣盎然。

（2）传非遗文化，营中国之风。"木版水印"课程回应学校"长江学者从这里启蒙"的办学理念，通过"木版水印体验馆"及对应课程的开设，不仅培养了一批技艺小能手，更重要的是在校园中扩大了传统文化的影响力。

（3）扬中国之风，开世界之门

木版水印课程属于拓展性实践活动课程，也是学校"国际理解课程群"中的重要课程。课程传承的不仅是中国的传统文化，更打开与世界交流的文化之门，促进中外文化交流。

（二）课程目标

通过实践操作，认识雁皮纸、耙子、圆刷等基本工具，掌握刻、铲、洗、印4种技能，熟悉勾描、刻版、水印的基本流程，掌握简单水印的技能，在作品创作中，体验非遗文化创作的成就感。

通过参观、观影等活动，使学生初步了解木版水印在版画简史中的发展历史与现状，从文化传承的视角去赏析生活中的雕版作品，萌发传承与发展非物质文化遗产的责任感。

在主题展示及互访活动中，进行资料搜集、故事交流、合作刻印，使学生学会用木版水印作品表达自己对传统文化的理解，在传统技艺融合贯通中，产生对国际理解更为深刻的领悟。

（三）课程内容

"木版水印"课程不是单一的技艺学习课程，而是在传承优秀传统文化的背景下，为帮助学生了解、体验、感受传统文化，选择木版水印为载体实施的一门主题实践类课程。每个主题活动一般由2—4个活动内容组成，它包括资料的搜集、交流和作品的创作、展示，自然地将文化故事融于作品创作中。

第一学期主要以了解木版水印的历史及学习木版水印的印刻技能为主，第二学期则更多地侧重运用技能表现不同的文化内涵。具体活动内容见表5-2。

表5-2　"木版水印"课程内容列表

时间	主题与内容															
第一学期	木版水印的过去和现在			鱼传尺素寄情手札				描摹刻印从"我"开始			春节文化福字春联				花鸟鱼虫初试创意	
	晓历史	明流程	赏作品	手札文化	红八行笺	誊写手札	诵读编印	描姓名	刻姓名	印姓名	说春节	刻福字	拟春联	营氛围	自选创意	刻印创作
第二学期	时政新闻与藏书票创作		丰子恺与漫画				二十四孝与传统礼仪				西湖美景与二十四节气				创意与展示	
	访藏书票文化	晓新闻刻人物	赏漫画识人物	选作品初铲刻	刻作品揣技艺	展作品说故事	看视频知礼仪	选作品初铲刻	刻作品揣技艺	展作品学礼仪	听传说知节气	认景色选模板	刻作品揣技艺	展示作品晓文化	评作品筹展览	展作品享经验

（四）课程实施

1.课时安排：64个课时，分两学期学完。每学期32个课时，每次2个课时。

2.教师配备：韦婧（专职美术教师）、魏立中（国家级非遗传承人，特聘教师）。

3.设施条件：校内建有350平方米的"木版水印体验馆"，是全国首家非遗文化进校园的教育基地。选修学生由学校统一配备工作箱1个/人，内含完整刻刀工具。

4.选修人数：20—22人/年。

5.体验人数：1000人及以上/年。

6.实施第一阶段：开馆，全校学生均知晓木版水印并参观体验1次及以上。

7.实施第二阶段：课程开设。每年选修的学生能掌握刻、印等基本技艺，并模仿、创作出自己的木版水印作品。

8.实施第三阶段：通过网上选课系统，秒杀课程，尝试从最初的一个校部体验，逐渐扩展到多校部体验联动。与此同时，课程与语文、科学等多学科尝试整合，探索开发相关主题展示课。

（五）课程评价

1.技能考核（形成性评价）。

2.木版水印工具的管理（形成性评价与终结性评价相结合）。

3.作品评价。

三、教材示例

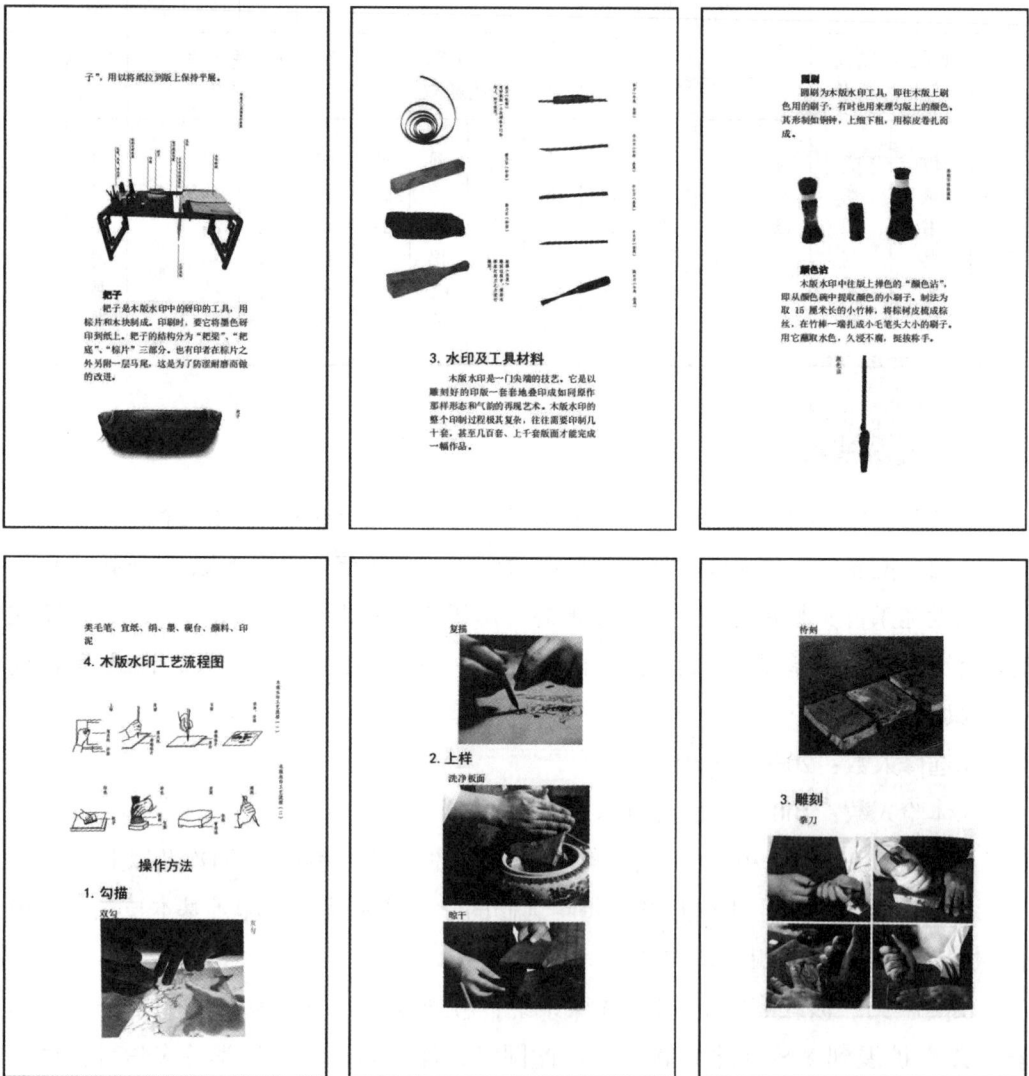

图5-8

四、教学案例

（一）案例源起

二十四节气是上古农耕文明的产物，它在我国传统农耕文化中占有极其重要的位，其背后蕴含着中华民族悠久的文化内涵和历史积淀。二十四节气科学地揭示了天文气象变化的规律，它将天文、农事、物候和民俗巧妙结合，衍生了大量与之相关的岁时节令文化，成为中华民族传统文化的重要组成部分。2016年11月30日，二十四节气被正式列入《联合国教科文组织人类非物质文化遗产代表作名录》。二十四节气被誉为"中国的第五大发明"。

当前，学生多数生于城中，远离农村，甚少农作，对农耕事宜一概不知。对于二十四节气，知道的更是寥寥无几。作为同样有着传统文化历史内涵的非物质文化遗产"木版水印"，能将其作为创作题材，既是对文化的传承，也是对艺术的创新，为当代传统文化学习与继承赋予了更深的一层含义。

（二）案例描述

为了让学生学习认识二十四节气，并通过讨论探究感受西湖三十景与二十四节气的关系，亲手设计并制作一幅以西湖景色为原型的二十四节气图。让学生从联想感受中体验生活，从设计创新中感受艺术创作的价值，从亲手制作中体会传统文化的艺术魅力，特开设"木版水印"课程。

课的开始，通过图片向学生介绍二十四节气，让学生了解二十四节气作为中国创造的独特魅力；通过教师对二十四节气的介绍，让学生感知木版水印与二十四节气都作为中国非物质文化遗产的艺术价值，萌发学习热情与创作欲望。接着，通过杭州的二十四节气给自身带来的感受，想象西湖的景色受二十四节气影响产生的变化，谈谈西湖三十景与二十四节气的关系等环节，让学生在层层递进的思考与讨论，进一步的展开对杭州西湖三十景与二十四节气关系的探究，感受二十四节气影响下，西湖景色变化的魅力，为后期创作设计奠定基础。

在此基础上，学生设计样稿，用手绘线描稿的形式完成一幅以西湖景色为原型的二十四节气图，并通过小组和教师总结的形式，欣赏与评价其他同学的样稿作品，为之后在课程中能顺利完成刻版作品奠定基础。小组讨论的形式让学生能够相互评价并给出设计意见，教师对作品的细节和问题指出，帮助学生能够较高效地完成样稿的设计。

完成样稿之后，教师通过示范教学如何勾描、复描，并指导学生进行操作。之后，再示范上样过程：洗净板面、晾干（吹干）、上浆糊、反贴、挫平、待刻。学生合作学习完成。接着运刀刻版，用拳刀倾斜45°，沿设计图的边缘线外侧2mm左右处刻下，将木板上下旋转，在原刀口的对侧紧贴边缘线再次45°倾斜下刀，完成一刀的刻制。重复动作刻制整个设计图的轮廓线。最后，铲底收尾，根据留空空间选择大小不同的平口刀将多余底铲除、刮平，直至完成。如图5-9、5-10所示：

图5-9

图5-10

学生完成作品后，帮助学生复习已有的水印操作方法，通过学生自己回忆和相互补充，让学生对水印操作过程进行自我总结经验和方法，让学生以小组形式合作完成作品水印、盖章，编写作品注释。

课后，教师将作品整理汇总，合成完整的二十四节气图。学生自主形成若干小组，编制一本《西湖二十四节气图》，并进行期末展览。

（三）案例研究价值

"木版水印"课程以实践性操作为主，在活动中充分发挥学生的创意思维，将他们纯净的创作出发点与"手艺"二字高度契合，在传承集绘、刻、印于一身的印刷业"活化石"——木版水印技能中，传承文化，凸显杭州长江实验小学"中国风"的课程特质。"二十四节气"课程是艺术价值、实践价值和文化价值的高度结合体。

五、课程开发与实施的研究价值

（一）习得技艺

经专业老师悉心教导，学生学习木版水印各种刀具的使用，掌握刻、铲、洗、印四种步骤技能。学习结束后，每个学员都拥有了自己创作的作品，如：丰子恺系列，自画像系列、G20各国首相系列……作品线条流畅、木工细致、主题意趣盎然，木版水印体验馆内设立多个主题的学生作品展。

图5-11 刻版实践　　　　图5-12　互动访问　　　　图5-13　中外交流

（二）传承文化

学生通过参观、观影等方式了解木版水印的历史，欣赏雕版刻印的作品，在提高审美能力的同时，了解中国印文化的发展史，知晓优秀的传统文化。如："鱼传尺素寄情手札"活动，让学生在科技社会快速发展的节奏中体会亲笔书信的魅力，在传统与现代之间成长；"时政新闻与藏书票创作"选取G20峰会在杭召开的热点，让学生在了解、学习传统的藏书票文化中，主动收集参会各国元首资料，并选取肖像进行创作，作品被选送为峰会礼品。

"木版水印"课程的开设，不仅培养了一批技艺小能手，更重要的是在校园中扩大了传统文化的影响力。继此课程后，学校陆续完善陶艺工坊、书法教室等传统文化学习场馆，并聘请中国美院书法系主任沈浩教授面授书法，开设陶艺、皮影等多门大课时的传统文化广域选修课。校园内"中国风"特质明显。

（三）促进交融

2015—2020年，学校"木版水印体验馆"及课程展示对外接待来访参观团500批次及以上，其中国外访问学者及学术团队每学期5批次及以上；2016年，学校又将"木版水印"课程与语文、科学整合，相继推出省级展示课各1节。5年中，课程相关新闻在新华网、《钱江晚报》《都市快报》、杭州市少儿频道等各级各类媒体报道数十则，"十竹斋"的木版水印在校园推广及新闻宣传的助力下，陆续在北京联合大学、国家图书馆开设相关专业课，在复旦大学成立木版水印工作室，"十竹斋木版水印艺术人才培养项目"正式由国家艺术基金设立。

图5-14

竹情刀趣　传技承艺

——"童韵竹刻"课程案例

2019年杭州市精品课程

撰稿人：童灵莉　课程负责人：童灵莉

研发团队：崔建军　杨森毅　刘琴霞　李嘉茜　孙　悦

一、课程简介

在学校"蓝韵"课程体系的架构下，拓展性课程"童韵竹刻"应势而生，适合三年级以上学生学习，2019年被评为杭州市第十二届义务教育精品课程。在传承"非遗"竹刻的背景下，课程立足学生素养发展、身心发展的教育观，对竹刻资源进行梳理和创意设计，形成具有"活态"传承特色的拓展性课程。课程根据小学生的年龄特点，以刀代笔，以竹为载体，将书法、绘画、篆刻、剪纸、卡通等艺术样式融入竹刻，让濒临失传的传统技艺"竹刻"得到"活态"传承。

二、课程纲要

（一）课程设计背景及理念

1. 背景分析

（1）传统艺术面临"人走技失"的困局

竹刻是我国特有的一种雕刻艺术，艺术家以刀代笔，以竹为载体，将书法、绘画、篆刻等多种艺术样式融为一体，艺术特色"简朴高雅"，是中国工艺美术史上的一朵淡雅的奇葩。2006年5月20日，竹刻经国务院批准列入第一批国家级非物质文化遗产名录。十多年过去了，竹刻艺术和很多非遗项目一样，面临着"人走技失"的困局。

（2）课程资源及教学实践缺乏

《义务教育美术课程标准（2011年版）》提出"崇尚文明，珍视优秀的民族、民间美术与文化遗产，增强民族自豪感，养成尊重世界多元文化的态度"的课程目标。目前，美术基础课程里涉及"竹刻"艺术的只有浙美版美术六年级第11课《竹》中的简单讲解。如果能形成与国家规定的美术基础课程互补的，以传承创新为主的竹刻拓展性课程，则将更有效地促进学校美术教育的深入开展。

2．课程设计的意义

（1）传承传统文化，推进课程改革

习近平总书记给8位美院老教授的回信中，对弘扬中华美育精神提出殷切期望，要求做好美育工作弘扬中华美育精神，让祖国青年一代身心健康成长。竹刻艺术是中华民族传统文化宝库中的一朵奇葩，蕴含着传统的审美情趣与艺术风格。作为一线的美术教师面对宝贵的传统技艺即将失传的现状，有责任去挖掘与达成竹刻工艺教学中的美育功能，让"竹刻"技艺通过学校的拓展性课程得到有效传承。

（2）发掘学生的个性潜能，形成良好的审美素养

《义务教育美术课程标准（2011年版）》提出："运用各种工具、媒材进行创作，表达情感与思想，改善环境与生活、学习美术欣赏评论的方法、提高审美能力，了解美术对文化生活和社会发展的独特作用。"竹刻可以兼容篆刻、雕刻、书画等艺术样式，表现力强，能够让学生理解美术文化的多元性，形成人文素养。竹刻作品可以美化学生生活，陶冶学生的审美情操，为学生审美素养的提升打下基础。

（二）课程目标

1．通过练习，了解竹刻的基本方法和步骤，掌握竹刻的基本技能，了解竹刻艺术。

2．通过艺术知识与竹刻技法相结合，讲解技法和学生动手操作相结合的方式，学生带着强烈的创作欲望，在浓厚的文化情境中学习竹刻技艺，在动脑和动手的同时获得成就感。

3．学生以竹刻为载体，在欣赏、创作中发现艺术之美，再将民间美术教育延伸到其他领域，从而提高自信心，树立对民族传统文化的正确态度，让濒临失传的传统技艺"竹刻"获得一定程度的传承和发展。

（三）课程内容

"童韵竹刻"课程从易到难，并穿插竹刻文化介绍、竹刻名家介绍、竹刻名作赏析和竹刻综合实践活动等内容，共分为4个主题单元14个课时，每一单元都围绕一个主题开展教学。详见表5-3。

表5-3　"童韵竹刻"课程主题内容

主题单元	课题	教学目标和内容
走进竹刻	1. 竹与竹刻	了解传统竹文化和竹刻的关系，欣赏不同竹刻流派的特点，感受竹刻艺术的魅力
	2. 竹刻技法	了解竹刻的基本步骤，练习将竹片熏黑，感受刻刀在竹片上刻下的效果
竹渐生趣	3. 竹上留名	欣赏竹刻艺术品的落款，了解阴刻和阳刻，尝试在竹片上刻自己的名字
	4. 猪年大吉	了解生肖猪的民俗文化，学习用阴刻和阳刻相结合的方法进行装饰
	5. 人物肖像	观察人物的特征，用黑白竹刻的形式表现人物肖像，表现人物的神态
	6. 最忆杭州	了解家乡杭州的自然与人文景观，用竹刻的形式表现最忆杭州
竹承古韵	7. 秦汉瓦当	感受瓦当纹蕴含的艺术魅力与文化内涵，用竹刻的形式演绎瓦当纹样
	8. 汉画像石	了解汉画像石的艺术特征和文化内涵，借鉴汉画像石的剪影式进行表现
	9. 青铜纹饰	了解青铜器的纹饰意蕴，借鉴青铜纹饰对称、均衡、节奏感等规则进行表现
	10. 敦煌印象	感悟敦煌飞天造型艺术的魅力，借鉴传统的飞天形象，用竹刻的形式表现
竹放异彩	11. 神秘埃及	感受古埃及壁画魅力，借鉴埃及壁画的"正面律"，丰富竹刻的表现形式
	12. 希腊陶盆	借鉴古希腊瓶画的黑绘风格和红绘风格，感受其与竹刻形式的相通之处
	13. 非洲面具	感受非洲艺术独特的魅力，用竹刻的形式表现非洲印象。
	14. 异国风情	了解世界各国文化具有的独特性，用竹刻的形式表现异国的风情

（四）课程实施

1.合理安排时间

结合学校"蓝韵"课程实施的实际要求，统一安排上课时间，每课1小时，每学期16个课时。

2.合理安排师资

学生根据自己的兴趣与特长，通过学校网站或微信公众平台自主选课。竹刻拓展性课程以三年级以上的学生为主，人数不超过30人。学校聘请了市工艺美术大师为校外辅导教师，任课教师也利用课余时间向竹刻大师学习相关技能。

3.挖掘场馆资源

学校充分挖掘周边博物馆的资源，组织学生现场参观各种竹刻艺术品，开阔眼界，提高欣赏水平。周末，学校还可以组织学生参观安吉竹子博物馆。

4.借助网络平台

借助微信平台强大的分享能力，学校把有用的竹刻资源整合起来，在各微信群内分享。通过线上线下的互动，学生对竹刻艺术也有所感悟。

（五）课程评价

针对该拓展性课程，我们采用了参与评价、效果评价与作品评价，以学生互相评价为主，教师、家长参与评价。评价的方式上，借鉴围棋段位制的形式，制订了《校园竹刻之星段位制评价方案》，将整个竹刻学习评价分为4个段位，每学期考评一次，并发放考评段位证书，见表5-4。

表5-4　校园竹刻之星段位制评价方案

评价	知识技能	作品呈现	情感态度
竹刻大师	能主动研究竹刻作品，创造性地完成具有独特风格的竹刻作品，表现出生活中的趣与美	能将竹刻和生活实际相结合，竹刻作品在日常生活中使用，美化生活	能将竹刻艺术之美延伸到其他领域，有开拓创新、传承传播的愿望；胸有成竹，独具匠心
竹刻巧匠	能够融合美术的有关知识寻找自己喜欢的主题，独立完成比较复杂的竹刻作品	能将竹刻作品制作成挂件，进行全校范围的汇报展。介绍竹刻作品时能用上专业术语	了解竹的美学意象，能理解竹刻的技和艺、审美特征，在实践过程中自信冷静
竹刻小匠	在教师指导帮助下，基本完成每节课的课堂练习任务，能够完成竹刻作品	能雕刻臂搁等作品，进行简单图案的作品呈现	能在求知和探索中领略竹刻美，能在实践中追求创新美
竹刻学徒	了解简单的竹刻工具，会简单处理竹片，掌握几种常用刻刀的使用方法	能在简单的竹片上雕刻出简单的造型	能从不同角度去慢慢领悟和欣赏竹刻之美。能坚持，能效仿

三、教材示例

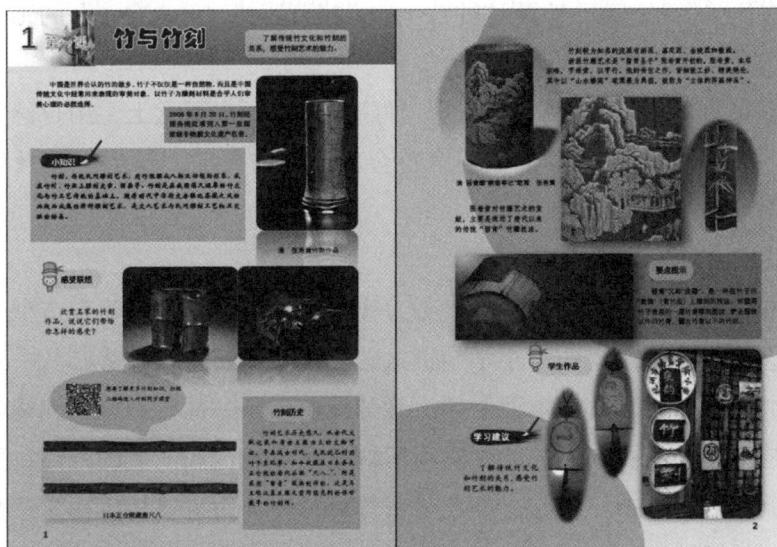

图5-15

四、教学案例

（一）案例缘起

中国的传统艺术历史悠久。"童韵竹刻"课程是立足传统文化的美术拓展性课程。尹少淳先生认为："美术既是文化的载体，也是文化的一种类型，因此美术学习不仅仅是美术技巧的学习，也不应该仅仅是美术知识的学习，而应该是在一种文化观下的学习，应该让学生在一种文化情境中理解美术。"如何挖掘竹刻课程的育人价值，使学生通过课程学习，增进文化的理解，而不仅仅停留在竹刻技法的学习上，是需要被一直思考的问题。下面呈现"童韵竹刻"课程的第一单元第一课《竹与竹刻》的教学。教学对象是胜蓝实验小学四、五年级参与"童韵竹刻"拓展课程的学生。在第一节课中，教师的主要任务是把学生领进竹文化的大门，对照竹文化。

（二）案例描述

作为"童韵竹刻"拓展课程的开篇，在进行教学设计时，需要思考如何让学生去理解《竹与竹刻》一课涉及的"大概念""竹"。许江在《竹之韵》中写道：竹为中国人提供了一种意涵深长的气韵，让中国人陶然相忘在其中，竹格即人格，竹韵写心韵，竹与人通，人与竹化。竹，即成为中国人独特的、生生不息的精神境界。所以，本课旨在让学生理解甚至唤醒这种竹化的人格背后的"天人合一"的感受。

1.营造环境，创设氛围

环境是一种氛围、一种智慧，更是一种隐性课堂。在课堂上，用自然之竹、竹制品营造一种"竹"环境，对学生理解竹会有很大的帮助。学生置于教学情境之中，激发了学习的兴趣。

2.观物联想，引入学习

学生在初学"竹刻"的时候，是以刻刀代替原先习惯使用的笔来造型，如果教师采用"技艺为先"的观念作为小学生进入竹刻学习的切入点，势必从一开始就忽略了他们对竹刻艺术的理解。本课伊始，教师就出示了一件竹制玩具，请学生玩一玩，猜一猜它是由什么材料制成的？它不但拉近了"竹"和学生的距离，更让学生通过观察了解了竹子有节、空心、颜色常青等外形特征，也让学生初步感受到古人就地取材造物的智慧。

3.整体感受，文化理解

在学生近距离接触了"竹"制品、对竹子有了初步的感受之后，教师通过一段和"竹"有关的微视频，让学生在悠悠竹韵中分享了自己的感受。教师在这时进行总结，并借机提出了新的问题："英国学者李约瑟把我们中国称为竹子文明的国度，竹子不但在物质生活上满足了人们的需要，更在精神上熏陶了人们的情操，你还知道哪些和竹有关的人和事？"这是对学生认知"竹"的一种引导，努力让学生在记忆中寻找曾经看过或听过的和竹有关的人和事，目的是引导学生把对竹的认识深入文化和精神的层面，从而逐步理解"竹与人通，人与竹化"带来的"天人合一"这一中国古典的美学思想。

4.综合探索，深入学习

在该教学过程中，教师提出本课的基本问题：苏东坡有一句名言，"宁可食无肉，不可居无竹"，竹子为什么会有这么大的魅力？教师在这一基本问题后面设计了4个小主题，以抽竹签的形式让学生按小组完成学习任务单。

（1）看自然之竹

教师提供一段竹子实物，请学生观察：竹子的外形特征是怎样的？从竹子的外形你想到了竹子怎样的精神？通过对竹子外形特征的观察，学生总结出竹子具有"虚心""宁折不屈""正直"的精神。图5-16为课堂教学剪影。

图5-16

（2）猜功用之竹

教师呈现各种竹刻艺术品，提出问题：苏东坡说"宁可食无肉，不可居无竹"，请你想象一下苏东坡会如何与竹相伴而居？学生说出自己的观点。随后教师总结：苏东波是一个文人，文人对竹的特殊情怀始于各种文化器具，"食者竹笋，居者竹瓦，载者竹筏，炊者竹薪，衣者竹皮，书者竹纸，履者竹鞋，可谓不可一日无此君也"。通过欣赏分析，学生对古人就地取材造物的智慧有了更深刻的认识。

（3）品艺术之竹

教师给学生提供图片和相关文字资料，请学生欣赏、解读苏东坡的《潇湘竹石图》。画作中的竹子和自然界中的竹子有什么不同？画家为什么要这么表现？有什么含义？通过品艺术之竹，学生对竹成为中国人独特的、生生而不息的精神境界有了进一步的理解。

（4）解爱竹之人

这一环节教学的目的是让学生通过了解苏东坡坎坷的一生，理解画家爱竹的情感。教师提出问题：苏东坡一生的经历是怎样的？结合他的生平说一说苏东坡是怎样的人？学生了解到苏轼一生风雅刚直，不见风使舵，不俯仰权势，这和他诗画中的君子境界是合辙一致的。苏轼爱竹、画竹、赋竹，多因竹所具有的秉性，正是他个人精神气节的写照。

5.书写表达，展示升华

教师让学生用毛笔在竹片上书写表达对竹的感受。之后，将学生写的竹片装订成竹简加以呈现（见图5-17）。竹简是中国历史上使用时间最长的书籍形式，对中国文化的传播起到了至关重要的作用，竹作为中国文化传播积累的载体，对保存人类知识，形成中华民族源远流长、光辉灿烂的历史文化起到了直接和间接的作用。学生从中了解到竹制书写工具和书写材料渗透着中华文化的审美趣味和文化观念。

图5-17

（三）案例研究价值

教师领着学生从生活中的食物、器物、地名、人物等，初感竹的千姿百态，同时通过"你对竹有多少了解？"的提问，唤醒学生对竹的生活经验和视觉记忆。4个小组，4个不同主题的竹文化探寻，在优秀诗词的小结与提升中，走向哲思与辨析。最后，每一个学生利用书简表达出各自对竹的精神理解。在视觉文化的浸润、诗词文化的熏陶、哲思文化的引领下，师生对竹这一中华文化的物性代表有了更深的理解和判断，这也为本课程的推进奠定了基调。

五、课程开发与实施的研究价值

随着本课理论探索和实践研究的深入，"竹刻"拓展性课程的优势越来越明显，不仅能陶冶了学生艺术修养，丰富校园文化，也开启了校园非遗文化传承的教学之旅。

（一）促进了学生能力的提升

学生通过竹刻拓展性课程的学习，亲身经历了竹刻作品的创作与制作过程，完成了一件件造型优美且能展现文化内涵的竹刻作品。无论是从学生的报名情况、上课的专注度、竹材准备的积极程度，还是从家长的反馈中，都可以感受到学生对竹刻的喜爱和热情。其竹刻作品不仅体现了他们本人对前一阶段学习的认可，也是他们自我实现的一种形式。

（二）提高了教师的课程意识和专业素养

作为课程的研究者和开发者，美术教师可以自主决策，这为他们个人的专业发展提供了广阔的空间。教师在研究过程中必须科学地收集、整理和分析资料，使研究过程和方法更科学，这有利于教师课程意识的提高。在课程的实施过程中，教师也与学生一同学习竹刻知识、技艺、文化内涵、安全事故处理方法等，教师的专业素质有了长足的进步。

（三）增加了学校的艺术氛围

在教室内设竹刻角、在校园中举办学生竹刻作品展，不但加强了竹刻的宣传力度，让更多学生了解了竹刻，还激发了学生的兴趣，丰富了校园艺术氛围。通过竹刻拓展性课程的开发研究，将中华优秀传统文化中的精华萃取出来，融入校园文化，进行更深层次的传承，有利于丰富学校的特色教学。

（四）保护竹刻技艺有效传承

通过拓展性课程的形式，学生了解并接触了竹刻艺术，也让这种非物质文化遗产得到了一定程度的传承与保护。走入竹刻拓展课课堂，学生熟练的技能告诉我们"竹刻"已经深深地埋入他们的心底。"竹刻"原来是师父亲手传授给徒弟的传统技艺，现在成了浅显易懂的课程，使"竹刻"这一非物质文化遗产有了传承。

体验装杆技艺　用心传承非遗
——"原创皮影"课程案例

2019年杭州市精品课程
撰稿人：陈　颖　课程负责人：陈　颖
研发团队：吴聪慧　陈　群　钱余娴　陈　岚　沈　蕾

一、课程简介

"原创皮影"课程隶属于杭州长江实验小学"长江小学者课程"六大课程群之一的艺术创新群，是一门适合四—五年级学生的校本美育课程。该课程具有"中国风"特色，是一门整合了美术、文学、音乐、戏剧、表演、信息等多学科知识的综合性课程。主要内容分为皮影知识、皮影剧本、皮影制作、皮影表演4个主题，将皮影艺术与学生的生活紧密结合。

二、课程纲要

（一）课程设计背景及理念

杭州长江实验小学一直以"学校文化立场，通过课程媒介根植学生心中"为课程理念，基于"长江学者从这里启蒙"的培养目标，精心建设了"长江小学者课程"。2012年，学校在省规划课题引领下深化课程改革，尝试将传承优秀传统文化作为课程重构的重要内容之一。皮影是中华民族优秀民间传统文化，将皮影知识引入小学课堂是对传统文化的继承与发展，对于提高学生的艺术修养和审美素质，培养创新精神和实践能力，促进德、智、体、美、劳全面发展具有重要的作用。"原创皮影"课程的开发源于一次课程整合。在（原）下城区一次教学研讨活动中，

"动漫皮影戏"整合课得到专家和同行的好评、学生的喜欢。在浙江省、杭州市"一师一优课 一课一名师"的优质课评比活动中均获一等奖。2015年，皮影课程成为学校非遗项目进校园的特色校本课程。

"原创皮影"课程是依据《义务教育美术课程标准（2011年版）》设计和实施的，以激发学生兴趣，培养学生想象力和创造力为目的，并培养学生正确的价值观，促其身心健康发展。具体如下：

1.基于学生认知规律和生活经验，激发兴趣

开发时要基于学生的认知规律和生活经验进行统筹规划，设计教学目标、教学内容及教学方式和评价手段等；在讲授时应注意将他们丰富的想象力融入皮影戏创编中，有效激发学习兴趣。

2.培养学生动手能力和综合能力

"原创皮影"课程给学生创设了更多的动手机会，如在设计制作影人、团队表演中，提高动手操作能力、想象力、创新能力、组织协调能力、表达能力、合作意识等。

3.注重学科融合

"原创皮影"课程教学包括美术鉴赏、历史文化鉴赏、剧本写作、工艺制作等多项内容，综合了语文、美术、历史等多门学科知识。

（二）课程目标

"原创皮影"课程的目标，可以从"知识与技能""过程与方法""情感、态度与价值观"3个维度进行设定描述。

1.知识与技能

通过学习皮影的发展史，了解其艺术特色和制作工序，学习剧本知识，参与表演，提高学生的实践能力、写作能力、表演技艺等综合能力。

2.过程与方法

通过搜集皮影相关资料，发挥团队智慧创编剧本，设计皮影形象，掌握制作方法，合作表演皮影戏，体验创作中的乐趣，交流经验，取长补短。

3.情感、态度与价值观

能主动参与、勤于动手、乐于探究，具有创新精神和实践能力；能够博采众长，吸收老艺人及同学们的作品创意等，理解美术文化的多元性，陶冶审美情操，形成人文修养，感受中国传统文化的博大精深的同时，尊重世界文化的多样性。

（三）课程内容

"原创皮影"课程丰富多彩，具体如表5-5所示。

表5-5 "原创皮影"课程内容

主题单元	活动内容	课时数	教学组织形式
皮影知识	皮影的起源	1	教师：讲述传说故事、播视频、互对话 学生：听、看、说，交流观点
	皮影戏的戏俗	1	教师：借助道具介绍戏俗 学生：倾听、交流、互动
	皮影戏的流派	1	教师：介绍皮影不同流派特点 学生：学习不同流派的艺术特点
	皮影的艺术表现形式	1	教师：讲授皮影戏的成像原理 学生：观看影人造型，说感受
	皮影人物的造型	1	教师：出示头茬等图片，分析其特点 学生：欣赏图片，了解影人造型特点
	皮影的制作与操纵	1	教师：播放视频，对重难点部分讲解示范 学生：观看视频，学习制作工序
皮影剧本	皮影剧本的历史演变	1	教师：介绍皮影剧本的演变 学生：欣赏代代相传的手抄本，谈感受
	剧本学习	1	教师：讲授剧本创作和撰写方法 学生：学习撰写剧本方法
	剧本构思	1	教师：启发学生构思剧本内容 学生：围绕主题展开讨论
	剧本撰写	3	教师：指导学生撰写剧本 学生：根据指导进行原创剧本的撰写
	剧本完善与唱词修改	1	教师：讲解唱词的格式特点，点评剧本亮点 学生：学习并修改唱词，逐步完善剧本
皮影制作	影人的设计	2	教师：指导学生设计影人形象。 学生：设计并绘制影人造型
	影人的透稿	1	教师：指导学生修改画稿。 学生：将修改后的图稿拷贝在透明磨砂片上
	影人的敷彩	1	教师：讲授色彩知识和着色方法。 学生：先设计色彩小稿再涂色
	影人的装订	1	教师：讲解装订方法和注意事项。 学生：剪下影人的11个部件进行组装
	影人的装杆	2	教师：讲解装杆方法，强调位置和缝制方法。 学生：根据要领进行装杆缝制
	道具的制作	3	教师：指导情境设计道具。 学生：确定情境，绘制道具，分工合作
皮影表演	声腔的模仿	1	教师：分析传统与当代唱腔的不同。 学生：学习并模仿唱腔，感受其风格
	皮影操纵手法的学习	1	教师：播放视频，结合图解，讲授操纵方法。 学生：观看并模仿，练习操纵手法
	皮影戏的表演	3	教师：组织小组进行展演，在语调、动态上进行指导。 学生：分角色操纵影人，串台词，反复配戏。 师生：最后小组展演原创皮影戏，进行评价交流

（四）课程实施

1.实施原则

（1）教学内容要符合学生身心发展的规律。

校本教材的内容要符合课标要求和学生身心发展特点。教师要思考和筛选适合学生学习的相关知识内容，因人而异、因材施教。

（2）教学形式要结合学生的审美情感。

学习传统皮影艺术，有利于培养学生的创造力和想象力。表现形式上，尊重学生的绘画风格和审美趋向，鼓励学生创作具有儿童味的皮影造型、充满童趣的新皮影戏等；思维方式上，尊重学生的自然表述，以其独特的美感和形式把皮影戏演绎得童趣飞扬。

2.实施过程

（1）组织健全，明确分工。

由校长负责全校课程顶层设计与建设，由教导处负责课程方案、课程管理。课程实施者：美术老师负责皮影课程；语文老师负责剧本撰写、唱词的指导；音乐老师负责声腔、舞蹈动作指导。

（2）确定对象，优化形式。

采用混龄走班制。全校四、五年级学生通过网上平台自主选课，由专职老师组织教学；小组合作完成皮影创作；实行自主菜单、分层教学制。教师根据课程难易程度分为初级班菜单、高级班菜单、精英班菜单3个层级；实行汇报展演制，课程结束后，以小组为单位进行原创皮影戏展演。

（3）精选内容，合理安排。

第一阶段：了解皮影艺术起源、材料和工艺，影人造型特点及表演艺术等。学生自选喜欢的动画片作为剧本，利用厚卡纸等材料制作影人，小组合作表演。

第二阶段：剧本内容转向改编或原创。在影人设计上更凸显儿童化特征，材料换成透明磨砂片。

第三阶段：开始实行课程分层教学模式。初级班是新生，学习第一、二阶段内容。高级班着重提升操纵影人的表演技巧，指导念白、说唱，提升演技。

第四阶段：开设培优精英班，原创故事，进行皮影戏制作、表演。

第五阶段：在2020年新冠肺炎疫情期间，开设网课教学，教师创建了"原创皮影"微信群、QQ群，创建了长江原创皮影社团抖音账号，利用多种线上平台展示宣传学生作品。

（4）多元评价，促进发展。

在建立教学评价标准时把学生的学习态度、参与度和对民间文化的了解程度作为主要评价标准，兼顾学生作业成绩和掌握技能技巧情况。评价以学生互评和自我评价为主。

（五）课程评价

1.学生自评

学生自我评价最能直观发现存在的问题，学生会主动思考，理清思路。

2.同伴互评

互评能真实反映学生的优点和不足。对存在不足、表现欠佳的学生，教师应引导，避免伤害学生自尊心，促使形成借鉴学习、共同进步的学风。

3.教师评价

编写《原创皮影活动手册》，记录过程性评价，记录学习心得与思考，记录活动过程、活动成果、评价等。教师评价的内容多样化，如注重课堂表现，学生"学习迁移"、问题反思等能力的生成。

三、教材示例

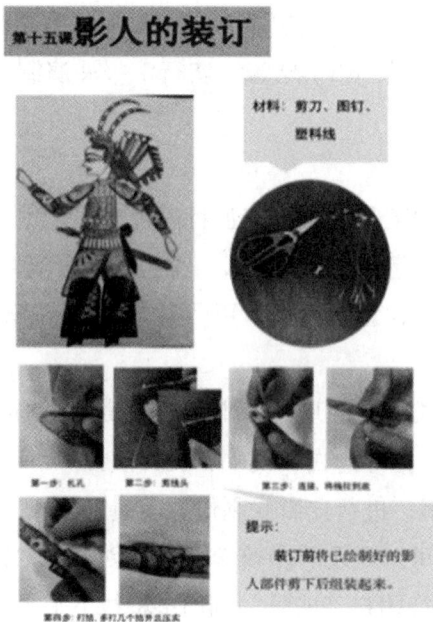

图5-18

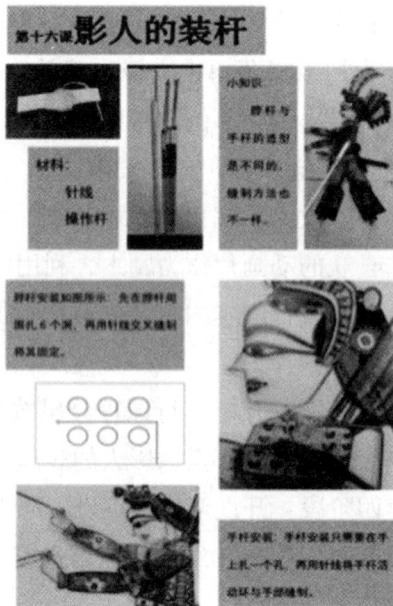

图5-19

四、教学案例

（一）案例缘起

"原创皮影"课程实施初期，当学生操纵长杆表演皮影戏时，发现幕布上影人形象不够清晰，手臂的影子会投射在幕布上，影响观看效果。为此，师生请教了北京的"京西皮影"第五代传承人王熙，她建议，将操纵杆换成专用手杆会改善手臂阴影问题，但装杆方法有难度，长杆是用针线缝制来连接影人的。于是，课程引入专业长杆，并将针线活编入教学内容。

（二）案例描述

通过上节课的学习，学生学会了运用透明塑料线来连接影人身体的各个部件，在与同伴相互协作下完成打结、组装任务。教师请学生展示了每个小组的影人作品，并设计了几个短小的故事情境，请他们发挥想象，相互合作摆动影人，配上语言即兴表演，感受影人动起来的乐趣和满满的成就感。

随后，教师播放皮影戏《西游记》片段，让学生了解皮影艺人们是怎样操纵影人，表演出千姿百态、活灵活现、富有情趣的人物形象的。之后，教师摆动着一个已经装好手杆的孙悟空影人给大家传看："这个孙悟空影人就是北京皮影艺术团的艺人们做的，和你们手中的影人有什么不同？今天，我们就来学习给影人装手杆。装杆技艺可比组装部件要难，艺人们为了操纵影人更灵活生动，动足了脑筋，最后选用针线，将每个手杆与部件缝起来。这针线活可是细心活，要考验大家的耐心了！"

"我们先来认识一下操纵杆，说说这几根杆子有什么特点和不同？"教师把几根杆子递到学生手中。学生几人一组进行观察、触摸、交流。

之后，教师请每组派一名代表说说杆子的特点。有的说，短杆是由一根铁丝和圆木棒组成，在铁丝的顶端拗了一个小圆形，里面套了一个小铁环；有的说，长杆是由一根超长的筷子和一根自行车轮子上的辐条组成；还有的说，长杆的辐条顶端也不一样，有拗成圆形的，有拗成直角的。教师表扬学生观察得非常仔细。

怎么来装操纵杆？教师播放装杆的两段视频，讲解两种装杆方法。短杆的连接方法有两种：一种用棉线连接；一种用铁环连接。长杆的连接方法：先把最长杆子的铁丝顶端折成直角，再用针线把它缝在影人脖子的位置，最后将两根短杆的顶端用针线缝在手背位置。

教师提问：谁来说说两种方法有什么不同，难点在哪里？有名女生举手说："看了第一种装杆视频，我觉得短杆连接中用到的棉线接触不多，棉线穿洞和打结有点难；如果用铁环直接与部件连接，既要撑开铁环口，又要对准部件上的洞穿过去，这也有难度。"一名男生说："看了第二种方法，我感觉长杆都是靠一针一针缝制的。针和线都没有接触过，怎么学得会呀？"

教师向大家介绍了两种杆的不同："短杆适合年龄偏小的学生，操纵方便，其中一根杆子与影人的头部相连接，其他两杆与手部连接，连接方法是用棉线打结或用铁环连接。而长杆更适合年龄大一些的学生或者成年人，其中一根长杆是与影人的脖子部位连接，其他两杆与短杆一样与影人的手部连接，在连接方法上是用针线缝制固定，操纵起来更服帖牢固，比短杆有难度。"

之后，教师请学生根据自己的喜好，结合自己的动手能力，选择一种装杆方法进行尝试体验，建议两人一组合作完成。

在体验过程中，教师看到有的男生穿针穿了很久耐心和毅力得到了磨练；还有的男生在缝的时候，棉线因为太长相互缠绕打结了，只好剪断重来，这时旁边的女生看到就主动教他，男生非常感谢，也主动帮女生做涂色等工作。经过一针一线的反复练习，学生的针线活进步很大，同时也磨炼了耐心和毅力。

教师将学生缝制好杆的影人作品进行展示，表扬学生非常细心、用心，以及在学习针线活的过程中，遇到困难能互帮互助、充满爱心。

教师提出："今天我们第一次接触针和线，谁愿意和大家分享学习针线活的小故事及感受？"

一位女生说："我拿针时比较紧张，担心扎到手，就缝得很慢，虽然缝得一般，但还是比较开心。"一位男生说："我穿针穿了好久都没有穿进针孔，特别着急，一位女生主动教我，让我觉得很温暖。"

教师说："今天大家通过学针线活，感受到了同学间的温暖、手艺人的辛苦，更感受到皮影艺人的聪明才智和精湛技艺。传承中国传统文化，从学针线活开始！"

最后，教师请每个小组轮流在幕布后面尝试用手杆操纵影人，进行即兴表演，感受其乐趣。学生在合作互动中，获得成就感。

（三）案例研究价值

开设皮影课程，学生能感受中国文化的丰富多样和深厚底蕴，增强文化自信，懂得传统民间艺术的现实意义，知道文化保护与传承的价值及自己的使命。通过皮影课程的学习，延伸到对其他非遗文化的关注与传承，促进学生的全面发展。

五、课程开发与实施的研究价值

（一）继承发扬传统文化，创新艺术表现形式

"原创皮影"课程为学生提供了与中国传统艺术近距离接触的平台，使学生了解体悟皮影戏的拙朴、醇厚、华丽、优雅等独特魅力。课程学习中，学生在艺术表现形式上进行传承和创新。如影人形象设计上学生发散思维，彰显童趣；剧本编写上，学生积极创想。

（二）提升学生审美情趣，提高学生综合素养

学习皮影可以受到多种文化的熏陶。学生在赏析中可以感受中华民族丰厚的文化底蕴，受到文明礼仪、爱祖国、爱人民、爱家乡的教育；在创编剧本中，可以提高想象力，语言表达与写作等能力；在制作影人与皮影表演中，培养其感受美、鉴赏美、表现美、创造美的能力。

（三）助益教师专业技能，提升教师综合素养

特色课程的开发与实施为教师发展提供了良好机会，并对教师综合素养提出更高要求。为了保证教学效果，教师在课前会做足功课，精心学习皮影制作方法、缝制技巧等，做到言传身教。

一门综合性艺术课程，离不开相关学科教师的配合，这样的教学形式更能促进各科教师之间的交流，也更有利于传统皮影戏的创新发展。

学科融合　创意非遗

——"融创西湖绸伞"课程案例

2020年杭州市精品课程

撰稿人　陈茜茜　课程负责人：吕晓丽

研发团队：陈茜茜　郭宇晴　邵　宇　申屠坚　骆倩云

一、课程简介

杭州市青蓝青华实验小学的办学目标源自"博学以文，约之以礼"，学校整体规划"博·约"课程群。学校除了扎实基础性课程外，还将基础性课程与国学文化、艺术修养、创造发明等相结合，分成博识课程、博艺课程、博创课程三项，旨在拓展各科知识，丰富学生学识，开阔学生视野，厚植学生文化积淀，助力学生自主发展。

"融创西湖绸伞"课程依托学校的国学文化，以国家级非物质文化遗产西湖绸伞为载体，尊重传统，以创新的思维发扬传统。它以学科融合为设计角度，融合校内各个学科和校外的各种资源，联通学科特色，引导学生在认识、制作、欣赏西湖绸伞的过程中，体验知识的整合性、系统性、应用性与创新性。

二、课程纲要

（一）课程设计背景及理念

西湖绸伞全称"西湖竹骨绸伞"，创始于20世纪30年代初，是浙江省杭州地区特有的传统手工艺品，凝聚着杭州先辈造物文化的智慧和结晶。它因"撑开一把伞，收拢一节竹"的独特工艺，被列入国家级非物质文化遗产。但是随着时代的发展，西湖绸伞逐渐淡出了人们的视线，很多技艺得不到传承和创新，面临着"人走技失"的困局。

学校的发展因为结合了非物质文化遗产而增添了文化特色，突出地表现为课程文化竞争力的增强。学生在感知、体验拓展学习"融创西湖绸伞"课程中，理解西湖文化的价值，加强对民族文化的情感，让非遗的传承与创新与学生的个性化发展关联，最终促进学生综合素养的提升。

（二）课程目标

通过对西湖绸伞传统技艺的实践，传承西湖绸伞的工艺。融合STEAM理念，联通多学科特色，通过学科知识点归类、整合、应用，促进学生学习知识的系统性和完整性，为学生的全面发展打下基础，实现非物质文化遗产的"活态传承"。让学生从不同角度自主学习探究，进一步深入理解传统文化，增强民族自豪感。

（三）课程内容

3年时间里，"融创西湖绸伞"课程从课程的开发、落实、发展到后期规划，在课程的学科融合和创新技艺方面逐步完善。目前已从艺术、文学、数学、科学、信息技术角度进行了整合，分为以下几个板块，如表5-6所示：

板块一："探究西湖绸伞的渊源"。从伞的文化着眼，逐步定位到西湖绸伞，再多角度剖析西湖绸伞，是一个由面到点再到面的课程构成形式。

板块二："创新西湖绸伞的技艺"。帮助学生解决西湖绸伞传统制作技艺中的难点，融合了STEAM理念，让学生用带着问题探究活动的方式，设计出解决问题的方法。

板块三："拓展西湖绸伞的运用"。围绕西湖绸伞的多元发展，从文创产品、动态展示等视角，丰厚西湖绸伞的呈现形式和运用途径，实现"活态传承"。

表5-6　"融创西湖绸伞"课程内容

活动名称	课时	教学内容	学习方式	能力侧重	整合方向
探究西湖绸伞的渊源	1	走近伞	伞博物馆探访	解读材料 文化理解	科学角度 文学角度
	2	走进西湖绸伞	探访大师工作室	解读材料 文化理解	艺术角度
	3	西湖绸伞的文化	竹园观察记录 参观丝绸博物馆	观察鉴赏 文化理解	文学角度
	以上属于探访体验式课程				

活动名称		课时	教学内容	学习方式	能力侧重	整合方向
创新西湖绸伞的技艺	以竹为骨	4	探究西湖绸伞——独特工艺	课堂小组观察自主探究讨论	观察理解鉴赏领悟	文学角度艺术角度
		5	创新西湖绸伞——伞骨加工技艺	测量与计算动手实践	测量估算创意实践	数学角度艺术角度科学角度
		6	创新西湖绸伞——穿花线技艺》	测量与估算动手实践	推理估算创意实践	数学角度艺术角度
	以绸张面	7	《科学观察西湖绸伞——材料的由来	观察记录	科学观察创意思维	科学角度
		8	创新西湖绸伞——剪伞边技艺	测量与计算动手实践	测量估算创意实践	数学角度
		9	创新西湖绸伞——刷花工艺	体验刷花工序创新表达	图像识读艺术表现	艺术角度
		10	创新西湖绸伞——伞面纹样设计	轴对称平移与旋转	空间运动创意想象	数学角度艺术角度
		11	创新西湖绸伞——伞面诗配画	赏析诗歌回忆学习生活	文化领悟创意思维	文学角度艺术角度
以上属于创新传习式课程						
拓展西湖绸伞的运用		12	西湖绸伞的文创产品	文创产品的欣赏理解	设计应用创意思维	艺术角度
		13	西湖绸伞的舞蹈——校园伞影	小组排练互动交流	交流合作创造求新	艺术角度
		14	西湖绸伞的伞型设计	观察想象讨论探究	设计应用绘画表现	艺术角度
		15	西湖绸伞的绘本创想	小组探究绘本创作	绘画创新文学表现	文学角度艺术角度
		16	西湖绸伞的展示设计	布置展览团队合作商讨对策	团队协作综合探究	艺术角度科学角度
以上属于深度渗透式课程						

（四）课程实施

"融创西湖绸伞"课程开设时间为周五下午一点到两点半，学生通过选课平台自主选课，按照"参观了解伞的文化——探访西湖绸伞的独特工艺——融合学科创新西湖绸伞——拓展运用西湖绸伞"的学习顺序，引导学生在切实的拓展学习中自主探究。

（五）课程评价

本课程评价观照学生核心素养的提升，教学活动形式多样，注重学习主体评价意识的培养。围绕学生的能力素养提升情况，制订评价方案，从一课一小节进行反思，到单元性评价。实行梯度的评价方式，注重评价的客观性、增长性和宽容性，评价分别从态度行动、知识理解、技能掌握、思考创新、拓展实践、非遗情感6个维度出发，关注学生的成长过程。"融创西湖绸伞"课程单元性学习评价量表如表5-7所示：

表5-7　"融创西湖绸伞"课程单元性学习评价量表

课程名称	评价方式	六维评价（　　　　　　　）					
		态度行动	知识理解	技能掌握	思考创新	拓展实践	非遗情感
探究西湖绸伞的渊源	自评						
	互评						
	师评						
	专家评						
创新西湖绸伞的技艺	自评						
	互评						
	师评						
	专家评						
拓展西湖绸伞的运用	自评						
	互评						
	师评						
	专家评						

三、教材示例

"创新西湖绸伞——伞骨加工技艺"，如图5-20所示：

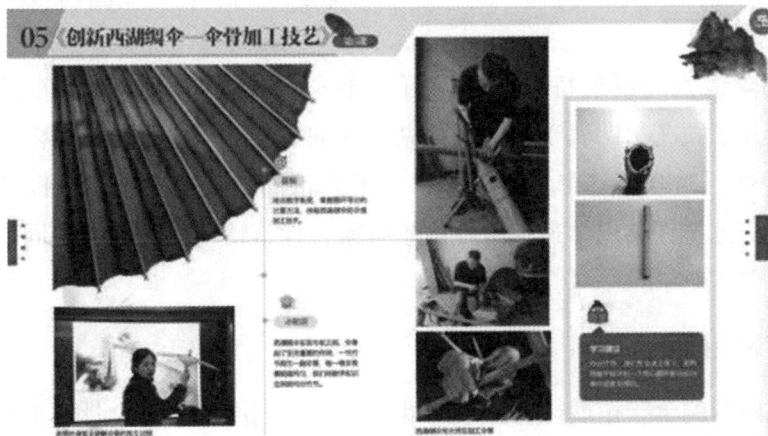

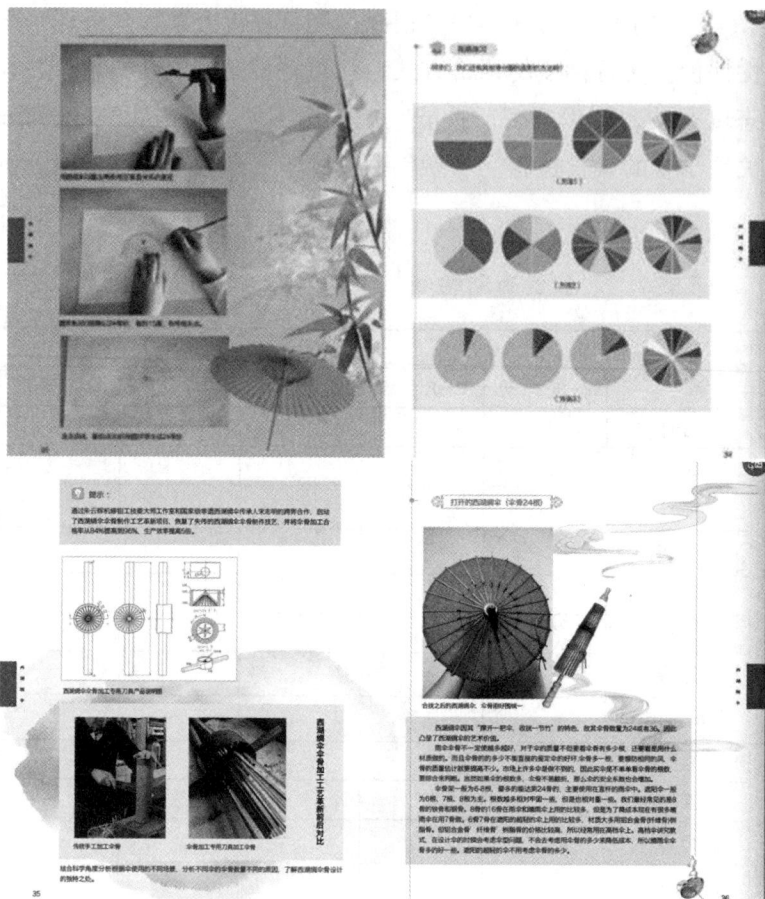

图5-20

四、教学案例

（一）案例缘起

西湖绸伞最大的技艺特点是"撑开一把伞，收拢一节竹"。《创新西湖绸伞——伞骨加工技艺》课属于"创新西湖绸伞的技艺"板块最核心的内容，极具代表性和融合性，结合了各个学科的知识，可以帮助学生解决难点，提升综合解决问题的能力。这节课突出体现了课程的学科融合性、情境体验性、协同合作性、设计实践性。

（二）案例描述

"融创西湖绸伞"拓展性课程第五课《创新西湖绸伞——伞骨加工技艺》是以

西湖绸伞为核心，围绕伞骨"平均分"展开探究。从教学目标上看，是要从美学的角度，引导学生赏析对称均衡的美感；从数学的角度，引导学生实际运用测量和计算的方法；从科学的角度，引导学生对比与实用伞伞骨材质和数量的区别。

上课铃声响起，教师开门见山地引出主要内容，请同学们观察西湖绸伞的伞骨。记录对伞骨感兴趣的地方。学生4人为一个小组，开始观察。伞在学生的手中被撑开收拢，他们多角度地仔细观察。3分钟后，同学们分享对伞骨的观察结果。教师把学生的问题收集起来，进行归类整理，有序地张贴在黑板上。

有58%的学生记录了伞耳的结构。教师强调伞耳的关键性。学生小组开始仔细观察伞耳，观察它在不同状态下的变化，还对比分析了不同伞的伞耳结构。还有小组学生记录了伞骨的数量，有人记录了24根，有人记录了36根，有人记录了42根。有位学生提出自己的观察结果，说道："西湖绸伞的伞骨数量是有什么的规律吗？好像都是6的倍数。"教师立即表扬这位同学："真是一个小数学家，对伞骨的数量非常敏锐。"教师抓住了这位同学提出的问题，紧接着抛出了对伞骨数量的一系列问题，引起学生对西湖绸伞伞骨数量的讨论。

问题一：我们生活中常见的伞，伞骨的数量是多少？

问题二：为什么西湖绸伞的伞骨这么多？

问题三：伞骨越多越好吗？

问题四：西湖绸伞的伞骨数量是偶数吗？

针对这些问题，学生开始以小组为单位继续深入观察、对比西湖绸伞的伞骨，分析不同伞的伞骨数量不同的原因，讨论利弊。

讨论"问题一"的小组成员回答了自己对于伞骨数量的理解，老师播放了采访科学老师的视频。科学老师针对伞骨是不是越多越好的问题，给出了答案："雨伞伞骨不一定是越多越好，伞骨的多少不能直接鉴定伞的好坏，这取决于伞骨的材质，但从某种角度上来说伞骨多一根，防风系数提高很多。"

讨论"问题二"的小组回答了为什么西湖绸伞的伞骨这么多。"西湖绸伞是工艺伞，它的独特工艺是'撑开一把伞，收拢一节竹'，即将一节竹筒均匀等分成竹条，这个竹条如果太粗，每根竹条的宽度会非常宽，比较笨重，还会遮挡伞面的图案。"

这时候，有一个小组的一位学生发现了另外一个问题，他观察到伞收拢的横截面，是还原成竹筒的圆环形。教师抓住了该生的提问，引导其余学生围绕这个问题继续深入思考。"一个圆环如何等分成24等份呢？"教师让学生模拟情境，并下发竹筒的横截面图纸，请他们尝试将竹筒等分成24份。学生利用桌面的工具箱，开始测量、计算，运用各种方法把圆环进行等分。

各小组总结方法。方法一：过圆心画一条直径，可将圆环2等分，再画一条与其垂直的直径，便可将圆环4等分，如此下去便可以将圆环等分成需要的等份数。有其他小组的学生提出异议，他们发现这种方法是行不通的，因为类似于对折的方法，它只能表达成2的几次方形式，不是3的立方次，所以采用对折计算的方法比较难达到24份。方法二：先进行计算，用圆周角360°去除以24，得到每份是15°。方法三：用圆规可以很方便地将圆进行6等分，再用量角器精确度量或者用圆规进行角平分线的方法得到需要的等份数。教师肯定了每个小组的等分方法，也鼓励大家去发现更多的方法。

接着，教师播放大师等分伞骨的视频。视频中，大师右手握着劈竹刀，左手握着竹筒，没有任何测量的工具，先将竹筒对半劈开，再将对半的竹筒等分成3份，3份中再继续等分。最后，24根伞骨被分得非常均匀。

看了视频后，学生发现大师的方法和他们想到的方法一样，肯定了自己的方法，也都不禁感叹大师熟能生巧的技艺。

视频中的伞骨制作师傅介绍，现在这个伞骨加工的技艺已经没有人会了。除了他之外，只有几个80多岁的老师傅还会这门技艺。这个技艺面临着"人走技失"的困局。

教师继续介绍：国家级非遗西湖绸伞代表性传承人宋志明大师也为这个技艺失传忧心忡忡，他与钳工技师学院经过数年的努力，针对西湖绸伞制作工艺机械化改造开展深入探究，通过两个工作室的跨界合作，恢复了失传的西湖绸伞伞骨制作技艺，并将伞骨加工合格率从84%提高到96%，生产效率提高5倍，并获得国家专利。

最后，领到"问题四"的小组讨论：西湖绸伞的伞骨数量是偶数吗？小组成员观察后总结：西湖绸伞比起现在的伞，多了伞的花线部分，伞的花线是对称纹样，如果是单数的伞骨，伞的花线就不能对称。双数的伞骨是否寓意着好事成双。

课尾，教师肯定学生能从各个角度来综合考虑问题的思路。教师把黑板上剩下的问题逐个拍成照片，上传到西湖绸伞线上互动小程序，让学生在线上积极留言，发表自己的观点，持续讨论。

（三）案例研究价值

《创新西湖绸伞——伞骨加工技艺》，是"融创西湖绸伞"课程的典型课例，能体现"融创西湖绸伞"课程的教学理念和教学方式。课例融合3个学科的知识点，以伞骨为中心，从艺术角度来观察伞骨，从科学角度来讨论伞骨数量和材质，从数学角度来计算测量伞骨。开放式的课堂讨论形式，把自主权交给学生。教师起到引导学生提出问题、鼓励学生解决问题的作用。该课例的设计与教学有利于提升学生的综合素养，提高教师的专业发展水平。

五、课程开发与实施的研究价值

"融创西湖绸伞"课程是非物质文化遗产进校园的系列课程。一方面，它有助于培养学生珍惜民族传统文化的态度和工匠精神、爱国情怀等；另一方面，它利于培养学生的创新实践、自主管理等能力，提高了学生的综合素养，也提升了教师专业成长能力，便于学校从更深入的角度重新解读校园文化。

"融创西湖绸伞"课程，结合不同学科进行实践融合，为学生的成长和教师的专业发展找到了文化的落脚点。

（一）促进师生的自主发展

"融创西湖绸伞"课程，在教学活动设计和实施过程中，给予师生更多的自主权，让教师成为自我的领导者，认知到自己的风格特点，强化教师专业的自主发展，提升了教师专业发展的自主性。

（二）促进师生理论与实践的融合

"融创西湖绸伞"课程，通过理论走向实践，让教师把关注的中心从书本的知识体系转向实践过程，感受到实践的意义；激发教师的研究意识，确立"教、学、研"合一的核心目标，让专业发展指向专业实践后的反思与改进，促进教师由经验型向反思型转变。

（三）促进线下与线上教学的融合

"融创西湖绸伞"课程，给予师生更多的学习实践方式。课程开展线上的翻转课堂和教学评价，让课堂教学和评价的方式更加多元化。

水墨绘江山　童眼赏古瓷

——"水墨画"课程案例

2018年杭州市精品课程

撰稿人：周海舟　课程负责人：周海舟

研发团队：周海舟　陈　丹　尹　玲　汪悦捷

一、课程简介

　　本课程结合我校的学生水墨特色教学，以美术的人文性为教育目标，以学生的生活和学习为切入点，以传统国画为技法媒介，为具备国画特长或对传统文化有兴趣的学生提供适合小学生的水墨画学习平台。课程强调国画与生活、国画与情感、国画与历史等方面的联系，立足传统，面向未来。

　　课程推出后，首先在全校范围内利用美术课时间普及，继而利用周五的精品课程时间，在中、高段展开。水墨画课堂教学引导学生放松大胆地表达感受，帮助学生寻找属于自己的独特的艺术风格和艺术语言，让学生接触、了解、继承传统绘画艺术形式。开设水墨画课程能更有利地结合地方文化资源，使学生通过水墨画的学习走到自然中去，关注家乡的山水，了解历史与人文。

二、课程纲要

（一）课程设计背景及理念

　　水墨画是中国画的一种，是我国传统的绘画形式，具有悠久的历史，至今已形成融合中华民族独特的文化素养、审美意识、思维方式、思想哲学观念的完整艺术体系，是中华民族传统优秀文化的一部分。其重神似胜于形似、重意境胜于场景的艺术特色非常适合小学生的进行美术表达。

当今，小学生每天都能从各类媒介接触到大量的视觉信息。把儿童水墨画作为小学阶段的学习内容引入校本课程，使学生从小接触、了解、继承传统绘画艺术形式，有利于继承和发扬中华民族的优良传统文化，提高学生的传统艺术修养。

（二）课程目标

1.总目标：

（1）通过水墨画教学，使学生了解中国传统绘画的悠久历史和伟大成就，认识水墨画的形式和艺术特色。

（2）学会如何分辨和运用墨色，懂得画面的构图处理和中国画的一般形式处理方式，能够了解和掌握基本的用笔和用墨方法。

（3）掌握基本的水墨画技法并能自觉地表现学生熟悉的事物，表达生活中的所见所想。

（4）能够鉴赏一部分优秀国画作品，养成一定的国画审美趣味。

2.具体目标：

（1）了解和掌握基本的握笔方法。能自如运用中锋、侧锋、逆锋等运笔方法。

（2）学会分辨并使用"墨分五色""皴擦点染"等用墨和用笔的技法，体会其在画面运用上产生的笔墨意趣。

（3）能自觉运用水墨画的用墨和用笔的技法表现生活中的所见所想，并以水墨画为媒介，关注和弘扬中国传统文化。

（4）体验和感受水墨之美，并通过水墨画的学习自觉关注中国的传统文化及文化现象。

（三）课程内容

表5-8 "水墨画"课程内容

学习阶段	课时	学习内容与要求	教学资源	教学方法	评价方法	目标
国画基础知识的学习与材料感知、技法体验	4	1.课题：文房四宝 课时：1课时 内容与要求：了解"文房四宝"的历史由来及价值、意义。 2.课题：墨分五色 课时：1课时 内容与要求：用纸张吸附的方法感受水墨交融的意韵，体验"墨分五色"。 3.课题：莲叶何田田 课时：1课时 内容与要求：能使用水墨的技法巧妙地利用美术的三要素进行构成。 4.课题：树 课时：1课时 内容与要求：用水墨画的方法画一棵树或者几棵树，用不同的墨色去表现树干和树枝	教材课件实物	讲授示范	自评互评	通过对水墨画的学习，了解国画的相关工具，会执笔，能用毛笔和宣纸表现小学生熟悉和喜爱的事物

欣赏大师作品，体会构成美，学习用墨用笔的基本技法	3	5. 课题：有趣的泼墨 课时：1课时 内容与要求：观察墨块形状展开想象，并用笔添画成完整的作品。 6. 课题：江南可采莲 课时：1课时 内容与要求：学习大写意与画荷花的基本技法。 7. 课题：丰收的季节 课时：1课时 内容与要求：欣赏林风眠的彩墨名作。创作一幅和秋天有关的彩墨画	教材 课件	讲授 示范 个别 辅导	自评 互评 展示	通过欣赏、感受水墨的线条韵味和留白之美，初步掌握用笔法，能用线条和块面组织画面
向大师学画	6	8. 课题：大师吴冠中 课时：1课时 内容与要求：欣赏吴冠中的中国画，体味画家作品中的构成与对比之美。 9. 课题：青花瓷 课时：1课时 内容与要求：通过欣赏和了解青花瓷，利用国画的画法创作纹饰。 10. 课题：国画大师林风眠 课时：1课时 内容与要求：了解林风眠的生平以及他对当代中国画的贡献。对自己最喜欢的作品进行临摹。 11. 课题：学画小鸟 课时：1课时 内容与要求：学习林风眠画鸟的简单笔法，尝试用水墨画画一只或几只小鸟。 12. 课题：诱人的葡萄 课时：1课时 内容与要求：深入学习水分控制的适度，并尝试画出藤的线条节奏	教材 课件 视频	示范 辅导 展评	自评 互评 师评 展示	通过对中国文化、艺术，大师作品的分析，学习用彩、墨自我表达，学习基础的国画技法，初步尝试创作
根据诗歌、民间传说、生活体验等资源进行创作练习	5	13. 课题：白毛浮绿水 课时：1课时 内容与要求：根据诗中的描绘，画一画心中的大白鹅。并初步尝试"以画写诗"。 14. 课题：画老鼠 课时：1课时 内容与要求：学习用没骨法画动态的老鼠，并在适当的地方写一句有趣的文字。 15. 课题：海底世界 课时：1课时 用水与墨、彩与墨的交融，来画一画印象中的海底世界。 16.课题：水墨都市 课时：1课时 尝试用大写意的方法画一画高楼林立的都市	教材 课件	示范 辅导 讲评	自评 互评 师评	通过对已有知识的素材积累，运用水墨画的技法，创作水墨画；培养关注生活的审美习惯与审美情操

（四）课程实施

课程分为上、中、下3个学段，内容设置包括"造型、表现""欣赏、评述"和"综合、探索"3个领域。教材采用横开本，分设"小知识""学习建议""技法提示"等板块，从相关知识、技法技巧等方面对学生的学习做出提示。

1.活动对象：建议以自主报名和择优的形式招收学员。

2.活动时间：建议每周1次，每次不超过1小时。

3.基本学习方式：作品评述、自主探究、技法练习。

4.学习阶段：

①国画基础知识的学习与材料感知、技法体验。

②欣赏大师作品，体会构成美，学习用墨和用笔的基本技法。

③通过对中国文化、艺术，以及对大师作品的分析，学习用彩、墨自我表达，学习基础的国画技法，初步尝试创作。

④根据诗歌、民间传说、生活体验等进行创作练习。

（五）课程评价

对学生的评价采取过程性评价和终结性评价相结合的方法，结合学生的出勤、平时学习的认真程度、团结协作、学习成果、参与活动的态度、创新精神和实践能力的发展水平、终结性测评等情况做出综合评价，分为优秀、良好、合格3档。

1.学生上课出勤及课堂表现评价：教师每堂课都要根据学生出勤情况及学生在学习过程中的表现，如态度、积极性、合作参与状况等给予学生评价，评价分A（优秀）、B（良好）、C（合格）3个等级。

2.期末，教师采取适当的方式，结合成果或作品、获奖情况等进行评价，各小组成员对于作品进行组内互评，分A、B、C、D这4个等级，成绩优异者颁发证书。

3.在期末总评时，①②两项评价等级累加评出优秀、良好、合格3个等级。等级标准如下：优秀，达到8个A以上；良好，A、B累加总数达到10个；合格，A、B、C累加总数达到8个。

三、教材示例

图5-21

四、教学案例

（一）案例缘起

中国的青花瓷器历史悠久，并随着岁月的变迁而不断丰富着造型与用料。青花瓷在现代生活中也较多见。本课采用介绍青花瓷发展历史的方式，引导学生自主探究、归纳总结出青花瓷在不同历史时期所产生的变化与特征；利用大量的图片丰富学生的审美体验，引导学生探究青花瓷的器型并结合所学过的内容，用对称剪纸的方式创作器型、以国画的形式表现纹饰。

（二）案例描述

1.童眼赏古瓷

教师取出实物花鸟纹青花瓷罐，介绍这个器皿是其收藏的罐子，并提问谁能说出它的名字。学生踊跃发言："哦，我家里也有这样的罐子""这是青花瓷""我们家的饭碗是青花瓷"……学生一起探讨青花瓷这个名字的由来。教师引出青花瓷的概念。

教师介绍"2005年7月12日，伦敦佳士德举行的拍卖会上，"元青花鬼谷子下山图罐"以1400万英镑拍出，折合人民币约2.3亿元。高昂的价格引发了学生阵阵惊呼。"'鬼谷下山'的故事出自《战国策》，说的是战国时期，燕国和齐国交战，为齐国效命的孙膑为敌方所擒，他的师傅鬼谷子前往营救，率领众人一行下山的故事。这一尊青花瓷器距今已有700多年的历史了，却依然精美如初。"教师补充介绍。

教师的介绍激发了学生的好奇心，激起学生进一步探索的兴趣。以著名的鬼谷下山图罐为引，有助于拓展学生的课外知识，使其初步接触文物的概念，并形成对文化遗存的珍惜意识，为以下对青花瓷发展脉络的欣赏营造良好的气氛。

2.纵向探究，追根溯源

"青花瓷始见于唐代，但是唐代的青花并非是成熟的青花瓷，现存数量较少。到了宋代，青花瓷并没有得到较好发展，因此宋青花现存的仅有残片。元代是青花瓷发展的成熟期，元代的青花瓷纹饰较多为花鸟纹和历史人物纹，比如我们刚才看到的鬼谷子下山图罐，纹饰层次繁多。明代是青花瓷发展的鼎盛时期，尤其以永乐、宣德年间的青花最富盛名。到了清代，康熙年间的青花瓷工艺水平达到顶峰，并以青花色阶最受推崇，而乾隆后期开始慢慢走向衰弱。"

简单介绍青花瓷发展的历史脉络后，学生在音乐和图片双重审美的体验中自然而然地汲取知识，丰富青花瓷相关的文化背景，认识到青花瓷在中国瓷器文化中的地位，有利培养他们独特的审美趣味。

了解了青花瓷的历史之后，学生有了更多的感受和不同的思考。接下来的"鉴宝"环节中，学生踊跃分辨唐、元、明、清四朝的青花瓷器并总结出了它们各自的特征。

"唐代的造型有点像外国的瓷器，表面比较粗糙，花纹很简单""元代的瓷器看起来花纹的层数很多，每一层占的比例不一样，中间层的面积最大，花纹很多样""明代的看起来很大很重，构图很饱满""清代的看起来很精致，而且青花的青色像墨分五色一样有浓有淡"……学生们纷纷畅所欲言。随后，教师用简单的语言归纳青花瓷复杂的历史变迁。

3.横向比较，自由创作

教师与学生一起探讨不同造型的青花瓷器的具体名称，学生说"有碗、花瓶，还有像药罐形状的瓷器"。教师出示图片和相应名称：葫芦瓶像葫芦，玉壶春瓶开口大脖子细肚子大，高足杯底下有个高高的脚可以用手握……在教师的启发下，学生用对称法剪出自己喜爱的器型，并将白色的宣纸器型贴在16开的黑色卡纸上。

上述环节引导学生探究器皿的造型，并联想到用对称剪纸的方法快速剪出器型。这一环节的主要任务为器型的探究，然而器皿名称的简单提及可拓展学生对器皿的实际用途乃至精神领域的想象和思考，引导其领略中国瓷文化的典雅和精致。

4.探究纹饰，国画青花

经过欣赏比较，学生归纳总结主体纹饰按题材可大致分为几种类型：缠枝花卉、花鸟纹、山水纹、龙凤纹、博古纹等。

教师示范的时候用酞青蓝画上主体纹饰，提醒学生注意控制水分并尽量体现出色阶变化。教师出示辅助纹饰图片，简单介绍基本分类后继续示范添加辅助纹饰。学生纷纷尝试作画。很快，一尊尊景美的青花瓷器跃然纸上。

（三）案例研究价值

（二）中的案例属于欣赏评述与造型表现相结合的教学内容，需要在教学环节中展开多层次多维度的教学设计。本课从当下文物热，文化遗存被社会重新认识、珍视的实际现状出发，使学生通过剪剪、贴贴、画画等活动，体验了创作乐趣，并且在轻松随意的氛围中学习了青花瓷的相关知识，对民族优秀文化有了进一步了解。此外，本课也涉及了美术与历史文化、美术与市场等方面内容相结合的学习活动。比如，本课利用水墨与青花瓷文化上互为接洽的一种微妙联系，将国画和瓷器两者看似毫不相干的领域在相同的文化语境下进行并置，并对传统艺术在当代艺术现实之下的发展和应用进行了简单的探讨和反思。

五、课程开发与实施的研究价值

本课程以融合欣赏、感受国画美为切入点，使学生通过不同阶段的学习逐步了解中国画的悠久历史和发展脉络，主动探索中国画背后的人文背景和精神气质。课程本着"为促进学生发展而进行评价"的思想，在每次课后展示全班学生的水墨创作作品，鼓励学生互相学习、拓宽思路，表达自己创作思路，抒发内心的感受，让自己体验的快乐与同伴分享。教师点评时注重对学生参与热情以及在自主、探究学习过程中的表现性评价，注重学生对水墨之美的感受程度及对创作手法运用能力的评价，使学生在学习、探索中国传统艺术的过程中真正爱上中国文化。

天性&传统　以陶载艺

——"童趣陶艺"课程案例

2018年杭州市精品课程

撰稿人：王　坤　课程负责人：吴聪慧

研发团队：蔡红霞　王　坤

一、课程简介

教育在传承中华优秀传统文化中具有不可替代的基础性和奠定性作用。2012年，杭州长江实验小学就在省规课题引领下深化课程改革，尝试将传承优秀传统文化作为课程重构的重要内容之一。2014年，学校投资建设陶瓷专用教室，在开展多年社团活动的经验基础上，正式开设陶艺课程。

"童趣陶艺"作为杭州长江实验小学校本课程，是在原有教材基础上的拓展开发，是更适合学生体验的陶艺课程。首先，内容选择上，"童趣陶艺"课程选取符合学生身心发展规律的题材，尊重学生的体验、感悟；其次，成型技法上，从基础的捏塑成型扩展到多种成型方式的结合，丰富学生艺术创作的多样性；再次，课程体验上，学生完整参与整个陶艺工序的过程，包括如何上釉、整改、烧制、后期处理等；最后，作品表达上，尽可能保留学生原有的稚拙之美。

二、课程纲要

（一）课程设计背景及理念

一个国家、一个民族的强盛，总是以文化兴盛为支撑的。没有文明的继承和发展，没有文化的弘扬和繁荣，就没有中华民族伟大复兴"中国梦"的实现。中华优秀传统文化是习近平总书记在党的十八大以来治国理念的重要来源。作为承载教育重任的义务教育阶段也应该重视传统文化教育。所以，一所学校应该有自己的文化，更应该有自己的文化立场。而这些必须要通过课程这个媒介输送给学生。

陶瓷艺术是我国的文化瑰宝，它源远流长，以物载道，蕴含着深厚的中华文化精神。陶艺文化引入校园，能使学生了解、感受传统文化，进而使文化得以传承发扬。将传统文化扎根在学生的心中，让学生以新的思维方式和创新理念，重新认识和挖掘优秀传统文化中的精髓和美学情感。

（二）课程目标

1.学习基础童趣陶艺成型技法

点：学习泥球成型方式，创作以点塑型的陶艺作品。

线：学习泥条成型方式，创作以线塑型的陶艺作品。

面：学习泥片成型方式，创作以面塑型的陶艺作品。

综合：运用点线面的美术基础知识，结合陶艺的3种基本成型方式，互补工艺技法，对陶艺创作进行综合探索。

色彩：学习釉彩和釉料相关知识，对陶艺作品进行色彩加工。

2.在掌握基础技法，尝试各种陶艺材料、工具等基础上，了解童趣陶艺的基本表达方式，参与创作、尝试创作、学会创作，个性地表达自己的情感和思想，从而感受到创作带来的喜悦和成功。

3.增强想象力、创造力、动手能力，同时培养爱劳动、讲卫生、节约材料的良好习惯。

4.参与陶艺学习、制作、欣赏的同时，感受中国优秀传统文化的魅力，使学生产生强烈的爱国情感。

5.通过合作分享知识与快乐，激发美术创作意识，提高发现问题、解决问题的能力，加强美术素养，促进学生全面、整体发展，并使其形成对自然、社会、自我之间内在联系的整体认识。

（三）课程内容

"童趣陶艺"课程不是单一的技艺学习课程，而是在传承优秀传统文化的背景下，为帮助学生了解、体验、感受传统文化，选择手作陶艺为载体实施的一门体艺拓展类课程。课程设计注重童趣，第一学期主要以了解陶瓷艺术的历史及学习陶艺基本技法为主，第二学期则更多地侧重于运用综合技法表现不同的文化内涵。具体内容设计见表5-9。

表5-9　“童趣陶艺”课程内容

<table>
<tr><th>学期</th><th colspan="15">内容</th></tr>
<tr><td rowspan="2">第一学期</td><td>有趣的泥巴</td><td>泥球变菠萝</td><td>不一样的大公鸡</td><td>垒个土墙比一比</td><td>我心中的宝塔</td><td>刺猬来了</td><td>小小竹筏漂起来</td><td>花与花盆交朋友</td><td>长肌肉的花瓶</td><td>雄伟的长城</td><td>百变萝卜</td><td>仙人掌变形记</td><td>可怕的鳄鱼</td><td>大象乐园</td><td>穿衣裳的泥巴</td></tr>
<tr><td colspan="6">欣赏
泥球成型</td><td colspan="5">泥条成型</td><td colspan="2">捏塑成型</td><td>实体掏空</td><td>上釉烧制</td></tr>
<tr><td rowspan="2">第二学期</td><td>螃蟹爬呀爬</td><td>小鱼游呀游</td><td>学做老窗户</td><td>狮子张大口</td><td>我做自行车</td><td>梅花瓶</td><td>最结实的城堡</td><td>荷花满池塘</td><td>龙舟划起来</td><td>自创火车头</td><td>百变的桥</td><td>杯碗盘瓶</td><td>青花图案</td><td>临摹彩绘</td><td>泥巴汇</td></tr>
<tr><td colspan="6">泥片成型</td><td colspan="5">综合探索</td><td>拉坯成型</td><td>釉下彩</td><td>釉上彩</td><td>欣赏展示</td></tr>
</table>

（四）课程实施

授课对象：全校学生（自主报名）。

授课规模：25人左右。

授课时间：60分钟/次。

授课次数：2个学期，每学期15次。

授课准备：

场地：陶艺教室。

材料：陶泥、瓷泥、混合泥等。

设备：木质小工具、转盘、拉坯机、泥片机、练泥机、窑炉等。

其他：纸巾、洗手液、护手霜等。

（五）课程评价

陶艺是综合性很强的学科，应从学生进步的过程、努力程度、时间与创新、自评与他评等多方面评价，促使学生学会自主学习、注重实践。

1.自评与他评

重视学生的自我评价，帮助学生树立信心，使学生发现自我、学会反思、自我改进。同时创造更多师生、生生互评的机会，促进共同发展。

注重过程性评价和终结性评价。评价不仅仅只看结果，更重要的是使学生在学习的过程中能在自己原有的基础上有所提高。

由于陶艺的多样化、个性化，理应弱化评价的甄别功能，以鼓励为主，肯定学生的进步和发展，使评价起到反馈调节、展示激励、反思总结、积极导向的作用。如表5-10所示：

表5-10　"童趣陶艺"评价表

童趣陶艺评价表		
姓　名	自评	他评
备注：用一两句话写出真实的感受即可，可以是陶艺兴趣方面，也可以是陶艺技能方面，或者是合作能力等		

2.展示与交流

（1）结合"校园布置""教育超市"等活动平台，展示与义卖学生作品，传播非物质文化遗产传承与保护的理念。

（2）结合学年展示活动，举办作品展览、创造学校艺术长廊，鼓励性参加陶艺大赛等。并鼓励学生将作品带回家，运用于生活，与父母亲人分享。

三、教材示例

图5-22

四、教学案例

（一）案例缘起

竹筏，又称竹排，用竹材捆扎而成，是有溪水的山区和水乡的水上交通工具，常见于我国长江以南地区。它有着悠久的历史，在船舶发展史上有自己的地位。竹子的粗端做筏头高高翘起，细端做筏尾平铺水面。竹筏历来是江南水上的重要运输工具。同时，古朴原始的小竹筏也构成江南水乡独具特色的景致。本课重点引导学生在了解竹筏历史文化背景下，用陶艺来制作独一无二的竹筏；学习竹筏的历史，认识陶艺的制作工具、基本的制作方法，体会陶土的魅力，激发创作欲望。图片欣赏、视频演示、教师演示、小组研讨等手段让学生学习和初步掌握陶艺造型手法——泥条成型法，并学会用泥条成型法制作竹筏。通过图片欣赏，把学生带入陶艺的天地里，去感受陶艺作品的美，体会艺术创作的乐趣，提高学生的艺术修养，激发其创作的热情。

（二）案例描述

教师播放视频。"小竹排，顺水流，鸟儿唱，鱼儿游。两岸树木密，禾苗绿油油。江南鱼米乡，小小竹排画中游。"教师提问："同学们，你们看到了什么？大家知道竹筏是怎么组成的吗？"教师边展示图片边介绍竹筏用捆扎而成，小筏用5—8根竹，大筏用11—16根。一般的竹筏长约三丈，宽数尺。有的竹筏上会用竹片稻草装饰成一个U型的顶棚用于遮阳或避雨。"你们知道竹筏最早出现在什么时候吗？教师接着讲解中国悠久的航海及造船的历史。

教师出示学生玩泥巴的图片，让学生产生共鸣，激起学生最初的兴趣。教师亲自拿起泥巴，进行练泥和把玩，随手捏出个小动物、小杯子，让学生感受初步的制陶乐趣。教师问：通过玩泥巴，你体会到什么了吗？说说泥巴有什么特点，要怎么玩它才能让它听话呢？学生一个个举手回答。教师总结：陶艺作品的表现方式很多，泥巴的可塑性也很强，这就是泥巴的魅力所在。

那如何用泥巴来制竹筏呢？"学生互相讨论、互相交流后举手申请汇报自己的观点。教师对学生的汇报进行简单总结后，引入制作竹筏的具体方法。通过欣赏，启发学生打开思路。学生可以按兴趣自主选择，开阔视野，提升造型能力，以便在设计中采用更加灵活、适合自己的方法。

教师引导学生思考设计方案。"你想设计一个什么样的竹筏？""制作中你将采用什么创意手法？"可以在整体造型上产生动感，也有可以采用镂空、添加等手法，使得作品富于变化。学生相互谈谈自己的设计意图，让其他同学看看是否可行，有哪些可以借鉴或是需要修改的地方。学生动手进行实践操作，教师提出制作要求：用泥条成型的手法制作竹筏，形式要新颖，竹筏要坚固、有自己的创作风格。学生认真创作，创作完成后教师为作品进行拍照作品欣赏可以激发学生的创作欲望，有助于学生对陶艺产生持久的兴趣，为以后进一步学习打下基础。

拍好的照片通过大屏幕展示，全班欣赏评价。对于比较突出的作品，进行展示，通过实物投影展示细节部分。教师着重表扬鼓励学生的特色创作意图，同时也指出部分作品的不足之处，并和学生一起探讨修改意见。教师展示了许多优秀的陶艺作品，这让学生感受泥塑的多样性，以及泥塑作为艺术语言能让学生自由地表达内心，关注身边的美好，感受中华民族的优秀文化。

（三）案例研究价值

在《小小竹筏漂起来》一课中，不仅是简单的陶艺教学，而且引导学生在了解竹筏历史文化背景下用陶艺来制作独一无二的的竹筏；不仅是陶艺技法的学习，更是让陶艺影响学生的物质文化和精神文化，启发学生热爱生活，追求理想。在陶艺课上学生会自觉地戴上围裙有序地走进陶艺教室，每个陶艺小组都有自己的活动区域。组长会在活动之前组织学生把小组所需的工具、陶泥等准备充分。对于竹筏的制作，所有组员进行交流讨论，分享设计意图。这样的陶艺活动有助于学生养成良好的学习习惯，提高学生合作学习的能力。在陶艺创作时，每个同学不知不觉地调动自己所有的积极性，每个人的想象力、创造力被发挥到了极致。在制作过程中，学生没有丝毫的倦意。与其说学习陶艺，倒不如说是学生的娱乐享受，可见兴趣才是最好的老师，而老师只能是一个参与者、引导者、组织者。

五、课程开发与实施的研究价值

《义务教育美术课程标准》指出"教师可以根据自己的个人专长、学校的教学条件及学生的具体情况，创造性地使用教材。"长江实验小学陶艺特色课程的实施，不仅顺应了课程改革的教育理念，而且还有利于开发陶艺校本教材，丰富学校美术学科内容；更有利于陶艺校园文化特色的创建。自开设了陶艺特色课程后，学校开辟了陶艺艺术长廊，将学生的陶艺作品进行创意组合，布置校园长廊，展示特色文化，将陶艺的美发挥到极致。这一件件陶艺作品闪耀着孩子们智慧的光芒和对真善美的追求。

开设陶艺课，不仅能充分锻炼、提高学生的想象力和创造力，还能让学生充分了解陶瓷文化，拓宽学生文化视野，增强他们的民族自尊心和自豪感。陶艺课程，同时还是一门集雕塑、绘画艺术于一体的艺术课，有助于培养学生动手能力和创造能力，调动学生的思维想象力、审美情趣，让他们从中获得创作的乐趣。

蕊冷寒香　墨痕豆蔻

——"摹写大师走进国画"课程案例

2017年杭州市精品课程

撰稿人：徐　悦　课程负责人：徐　悦

一、课程简介

为重拾工匠精神，传承国画文化精粹，培育少儿美术素养，推动国画传统文化的交流，杭州市景成实验学校开展了"国画进校园"活动，并于2007年设立"摹写大师走进国画"课程。课程旨在引导学生通过细心观察大师作品、动手实践绘画，让学生热爱美术并提高艺术修养，提升眼界，丰盈精神，促进学生全面发展。

"摹写大师走进国画"课程遵循"一年普及，二年提高，三年见效"的目标，普及国画基本知识，促使师生赏画、爱画、会画，激发学生尊重历史、敬畏文化的核心价值情感，结合学生自主发展的需求和学校校园文化特色，通过教育方式的创新来培育国画特色课程的教育品牌。课程开设以后，在学生和教师的共同努力下，优异的成绩不断涌现，许多学生在省、市、区的美术类比赛中获奖，在校园艺术节和文化展示中也获得了众多家长的好评。该课程每年被评为景成实验学校最受欢迎的课程之一，并且被评为区级和市级精品课程。

本课程在内容选择上选取适合中小学生的经典作品，通过在校园展示的方式来增加学生日常接触国画的频率。学校让教师参加相关专业培训，学习国画的基本理论与教学方法。在教学实施过程中，教师紧扣国画教学特点规律，明确阶段应知应会内容，注重实践体验与兴趣培养，力求让学生掌握国画基本技法，切实提升"赏画的能力""赏画的热情"与"'画画'的本领"。教师也具备教具开发能力和教案设计能力，设计符合学生特点的教案，让本课程的教案更加规范和适合学生学习特点。

学校启动"国画进校园"活动，把国画课程纳入校本课程，并根据学生年龄特点与学段课时计划逐步培养国画苗子。设立学生国画社，开辟教学第二课堂，通过国画橱窗展、国画专题展、知识竞赛、名家进校园、学生展示等活动形式，探索艺术教育路径，活化学生艺术课堂，阶段入学组织、实施、呈现"国画进校园"的成果。我们还为不同年龄段的学生准备了适宜的课程，做到了真正的深入人心。测量考评体系中，把国画列为学校综合评估与学生美术考试的内容。同时，把国画文化列入学校特色创建范畴，建设好杭州市第一批非物质文化遗产（国画教学）传承基地。

二、课程纲要

（一）课程设计背景及理念

我校是2006年建立的，位于杭城最北部，学生以城郊结合为主。加之刚建校之初交通不方便，周边培训班也少，家长对学生的艺术培养不是那么重视。为了更好地把我校学生培养成具有艺术修养的全面发展的学生，2007年成立了"摹写大师走进国画"课程，与美术学科知识进行有效整合。

课程旨在培养学生临摹画家画作的技能，使学生从中感悟到画家的创新力量和工匠精神。而学生通过学习画家的这种积极态度和绘画技法，从内心深处感受到绘画带来的骄傲与满足，并从中产生出自信，继而对美术产生浓烈的兴趣。通过培养学生艺术修养来带动家长对艺术的重视，促进家校的联合互动，从而形成北部艺术文化。"摹写大师走进国画"课程目前已经成为我校的一个金牌课程。

（二）课程目标

1.研究学生国画的特性，开发具有校本特色的课程结构与内容体系，建构一套符合小学生年龄特点的国画教材。

2.学生在自我实践中体会到中国画的韵味，受到传统文化的熏陶，培养学习兴趣和创造能力。

3.探索有利于小学生积极学习国画的教学过程与方式。更新教师的教育观、学生观和价值观，提高教师的艺术修养、教育教学技能和科学研究能力。

（三）课程内容

本课程在编制过程中紧密围绕提升学生的欣赏水平和国画技法这一目标，对美术教材进行拓展和延伸，并从学生自主发展的角度选择适合学生观赏体会的国画作品。在观赏中国传统绘画的过程中，教师可以更好地帮助学生了解中国的历史进程。在教学各个阶段，教师引导学生走进美术馆看作品或影像资料，宣传国画中蕴含的爱国主义精神和民族传统美德，搭建国画学习实践的平台，促进国画的传承与发展。课程内容的大体安排如表5-11所示。

表5-11　课程内容目录

教学时间	教学内容	每周课时	每周社团训练
一个月	第一章　国画艺术概述 第一节　国画的起源 第二节　何为国画 第三节　国画改革的背景	1课时	3课时
一个月	第二章　国画艺术的发展 第一节　国画的发展 第二节　国画的分类	1课时	3课时
一个月	第三章　国画艺术基本知识 第一节　国画流派艺术 第二节　国画的技法 第三节　每个朝代著名大师	1课时	3课时
一个月	第四节　国画知识 第五节　国画经典作品介绍	1课时	3课时
一个月	第四章　国画艺术的体验 第一节　笔墨技法	1课时	3课时
一个月	第二节　国画构图	1课时	3课时
两个月	第三节　如何落款	1课时	3课时
一个月	第五章　国画经典名著技法赏析	1课时	3课时
一个月	第六章　学习杭州著名大师画法	1课时	3课时

（四）课程实施

实施时间：每周2次，每次1.5小时，安排在下午放学后。

学员选拔：通过网络报名、自主报名和现场筛选确定学员。

实施过程：

1.资料收集、讲授国画基础内容。

在课前组织学生收集国画相关资料，了解国画相关内容，可以课前制作视频，以微课形式播放，让学生对国画有初步了解。

2.鉴赏作品，引导学生欣赏审美。

艺术的学习离不开对优秀作品的鉴赏，国画学习更是如此。学生在日常生活中见到优秀国画作品的机会不多，导致他们普遍认为国画也以画的像不像来评价。但其实国画的审美并不是以单一的"像"为标准的，它更多的强调了一幅作品的意境。所以教师要主动帮助学生建立起一套正确国画审美标准。

3.技法学习，整合现代艺术形式。

绘画中的技法也是国画的一个重要组成部分，如果学生不能掌握技法的话，即使再有灵感，也无法创作出一幅优秀的国画作品。此外，学生也要结合现代艺术形式，让国画更加多元，符合现代审美。

（五）课程评价

1.学生的测试

该课程的测试可以从学生对国画的审美和学生的绘画水平两个方面来着重考查。

2.学生的评价

在课程结束时给学生留出时间进行自我评价和小组评价。

3.学生的展示

通过举办各种活动让学生的作品得到充分展示。艺术节上作品展示方式可以是静态的，也可以是动态的。通过静态的作品布置，让学生作品得到更加直观的展示和评价，也可以和校园越剧社团、舞蹈社团联合展演，进行生动活泼的动态展示。

三、教材示例

10 菊花

小知识

菊花，在中国古代被视作"君子之花""隐者之花"。菊花不仅有飘逸的清雅格调、华润多姿的外观，幽幽袭人的清香，而且具有"握颖凌寒飘""秋霜不改条"的内质，其风姿神采，成为温文尔雅的中华民族精神的象征，菊花也被视为国粹，自古受人爱重。

名家作品欣赏

南宋朱宗邵《菊丛飞蝶图》　　　　　明代徐渭《秋菊图》

吴昌硕的《菊花图》

清代八大山人《菊》　　　　　齐白石的《菊花蜻蜓图》

图5-23

四、教学案例

（一）案例缘起

在"摹写大师走进国画"这门课程上，学生通过向大师学习，能掌握国画的技能技法，学习艺术大师的精神，进入艺术的大门。本节课的目的很明确：一是要通过对优秀国画作品的欣赏来引发学生对中国优秀传统文化的敬仰之情；二是要通过绘画技法的教学，让学生更好地体会国画之魅力。本节课以画菊为例来分析如何让学生通过临摹大师画作掌握国画技法。

菊花，在中国古代被视作"君子之花""隐者之花"。菊花不仅有飘逸的清雅格调、华润多姿的外观、幽幽袭人的清香，而且具有"擢颖凌寒飙""秋霜不改条"的内质，自古受人爱重。学生在课本里也接触到很多描写菊花的诗句，如"凌寒自行，依然自行""采菊东篱下，悠然见南山"等，对菊花傲然霜骨品质有了一定的认识和感知，并且在校园、植物园里对菊花的外形也有一定的认识。课前，教师也组织过学生外出写生菊花，但从写生结果来看，让学习国画技法不久的学生直接对菊花进行写生，难度比较大。所以，就需要通过欣赏并临摹大师的作品，以达到更快掌握画菊技法的目的。学生通过摹写大师学习画菊花，除了是对传统水墨画技艺的传承，也是对菊花坚韧精神和品格的一种继承。学生以这种临摹的方式创作的作品质量要远远高于以写生方式获得的作品。实践证明，这种临摹的方式的确可以让学生更加高效地掌握国画的技巧。

（二）案例描述

1.品一品

课堂上教师出示一杯菊花茶，让学生从味觉上先感受菊花，接近菊花，了解菊花。然后出示一株菊花的实物，让学生直观感受一株菊，让学生边看实物边分析菊花的结构，看出菊花花瓣是层层叠叠的。学生自由发言，阐述自己观赏过哪些种类、哪些颜色的菊花。学生对菊花颜色纷纷踊跃发言，但是他们大多不知道菊花的具体姿态该如何形容与描绘。

2.赏一赏

教师在引发学生求知欲之时，再让学生观看一段菊花的视频。学生可以看到更多不同品种菊花的形状。接下来，出示国画大师们的作品。学生对比实物来分析大师的作品和实物的相同和不同的地方。这时候学生能发现大师画的菊花结构会更具概括性，有的用点来表现，有的用线来表现。

3.摹一摹

接着，教师让学生分组讨论：点和线各需要注意哪些问题？画家画中的墨色变化有哪些？造型变化时要注意什么？花瓣如何变化？每一层花瓣位置该如何摆？学生在摹写大师的过程中边摹写边讨论，通过探讨、实验逐步解决问题。

表5-12　分组讨论表

点和线注意问题	墨色的变化	造型变化	花瓣方向的变化	每一层花瓣位置的经营
疏密、方向、留白	浓淡干湿变化	不能太圆	从中心往两边扩散，下面花瓣多点，上面少一些	二三层花瓣的位置在两片花瓣之间

通过第一次摹写解决菊花的基本结构和用线、用墨后，对大师作品进行二次摹写。在这次摹写中，让学生更加深入学习画家所用的技法，感受每位画家笔下不同气质的菊花，让他们明白原来画出一朵菊花有那么多讲究。

4.议一议

从南宋朱宗邵《菊丛飞蝶图》中，我们可以看到南宋画家描绘的是一组盛开的菊花，花分黄、白、蓝、紫四色，构图上繁密但有秩序，气质富贵更显典雅，蝴蝶上下翻飞，为画面增添了动感，花瓣、叶片勾染精致并有立体感，画史上称为"描染精邃、远过流备"。学生在摹写这位大师的画作时，学习画家关于丛菊位置方面的处理方法；学习色彩的渲染，以让菊花更加具有立体感；学会添加小动物能让画面更加有动感，设色的典雅可以让画面更加灵动。

从明代徐渭《秋菊图》可以看出，画家用大写意的手法淋漓尽致地表现菊花。他笔下的菊花花头昂立，菊叶垂聚，花朵簇拥，生机勃勃。菊叶以大笔刷写，挥洒自如，旁依竹子，竹梢低垂，与菊花相呼应，菊竹下称叶草，姿态俊逸，笔墨干湿相合，一气呵成。通过对徐渭的画的摹写，学生学习写意画菊，用笔的大胆和张力，菊花和菊叶方向的处理，添加合适的物体对菊花的衬托，感受到画家笔墨畅淋潇洒的画面气质。

从齐白石的《菊花蜻蜓图》中看到，画家笔墨简约，意蕴丰润，具有红花墨叶的风格，墨色酣畅淋漓具有生机，用线虚中带实，画面力度与情趣兼备。在摹写当中，学生学习画家的红花墨叶风格，领域齐白石作品画面独特的生活趣味。

通过这一堂课，从观察菊花、喝菊花茶、看菊花视频、探讨菊花的多种画法、研究画家的艺术精神，每一个步骤都可以牢牢地抓住学生的心理，让他们乐在其中，愿意主动参与进去。

（三）案例研究价值

在"蕊冷寒香"这节拓展课中，我们可以看到每一个画家的艺术风格都截然不同，通过画家不同情绪与风格的表达，让欣赏者能够从作品中感受到不同的特点与思想。不同画家笔下的菊花，或娇艳，或雅致，或冷峻野逸，或笔力雄厚，正是画家不同的艺术风格，赋予了菊花不同的含义与表达。同时，学生又从中学到不同画家的绘画技巧与绘画风格，了解作者的生平经历，了解不同时代的不同特征，使他们认识到对同一事物可以有完全不同的看法与感悟。历史的车轮缓缓撵过，留下的是无数代表不同时代的艺术作品，通过对多位画家进行研究，对他们的作品进行分析，学生对艺术的了解更深，有利于提高他们的审美品位，让他们在未来有更好的表达。只有这样，学生才能更快地形成自己的艺术体系，表达出自己对事物独到见解。课堂一改过去"填鸭式"的教学模式，教师在这里只起到领路人的作用，通过学生自主的探索学习，使他们发自内心地去欣赏国画，他们在课堂上流露出的那种探索精神正是我们所提倡的新式教育所期待的。通过激发学生自己的主观能动性，学生更快地走进国画的大门，他们畅游在国画的世界中，感受艺术的无穷魅力。

五、课程开发与实施的研究价值

从古到今，无论是帝王还是文人，没有谁能够永久存在，但是其创作的作品却可以长存。艺术课堂将这些大师的画作完完整整、彻彻底底地摆在学生面前。通过研究、讨论与分析，我们能够更加清楚地认识到画家思想的深刻性和艺术性。它能穿透岁月，突破时间。这些经验，经过了时间的考验，来到了我们面前。每一个笔触、每一个转折，在画家的画作里都映射出大思想、大智慧，而我们能做的就是从他们的画作里得到总结与反思，在描摹的过程中体会创新精神和工匠精神，并在现代社会生活里加以灵活运用。

本课程的出发点就是让学生能够在摹写当中体验大师创作的画中的情感，并且能更加快速地学习、借鉴大师的绘画技法，形成自我的艺术语言，产生新的艺术感悟和理念。国画艺术家们也是从模仿再到自身创作，学生刚开始接触这种传统艺术，必然要先以模仿与欣赏为主。学生通过摹写大师的画作，可以对国画有更多的感悟与体验，在模仿中对作品能进行全新的解读，将自己的个人情感融入其中。在创作过程中，学生能够感受到不同大师的截然不同的艺术风格与情绪，从而对作品有更多的感悟；同时，还有利于融合成自己的风格，让自己在未来有更为高超的技巧，在不断汲取中从"工匠"走向"艺人"。

第六章

——————

义务教育阶段实践活动类课程的
精品示例

　　课程作为教育的重要形式和载体，总是随着时代环境的变迁，不停地进行着改变和重构。随着国际化进程的加快，各种技术突飞猛进，对人的各方面的要求也越来越高，这是时代快速变革带来的巨大挑战。因此，我们必须要教给学生能够适应"快速更迭社会"的能力和技能，因为他们将来所生活的环境、所面对的挑战是我们无法想象的。

　　实践活动类课程是为开阔学生视野、发展学生特长、激发学习热情、落实学校特色，由教师、学生共同参与并开发的校本学习课程资源，通过组织各种自主、合作、探究学习活动，最终实现学生的共同发展、个性发展。

　　实践活动类课程在内容的设计上分为"主题活动类"和"劳动实践类"。

　　主题活动类课程的内容设计注重与学生的真实生活进行联结，与学生所处生活时代进行联结，与学生未来可能会经历的社会变革进行联结。主题活动类课程的地点不局限于校内，更强调扩大课程的外延，博物馆、大学、运河边都是学习的场域。

　　主题活动类课程的学习方式也更能体现深度学习的特点：研究性、项目式、游戏化、创客式、表达式，等等。本章节选取了5个主题活动类课程案例：有帮助学生建立健全人格的"心晴剧场"课程；有培养学生社会责任的"环保品之行"课程；有引导学生珍爱生命的"小交警实践营"课程；有提升学生审美情趣的"口琴博物馆·小小代言人"课程；有激发学生国家认同感的"礼·宾"课程。这些别出心裁又因地制宜的课程带给我们许多启示。作为课程开发者，要能够走进学生心中，读懂学生内心，在学校课程总架构的基础上满足学生的需要和兴趣。

　　"劳动实践类"课程的学习方式强调具身认知，注重学生的独特体验、主动探究、多样实践。劳动的形式不拘泥于传统意义上狭义的劳动，劳动实践类课程选取了5个案例：有把中国民间非物质文化遗产盘纸艺术和学生大胆想象设计相结合，引导学生动手创造的"亲近盘纸"课程；有引导学生通过编程解决生活实际问题的"App Inventor安卓手机编程课程"；有结合学校美育特色，融合3D创新技术变革美术教育模式的"玩转3D"课程；有以纸绳为基本材料，融合其它艺术创作的"创意纸绳"课程；有引导学生动手实践，在劳动中培养合作、奋斗、创新、奉献精神的"鲁班课堂"课程。

　　劳动实践类课程的实施，使得学生学的样貌，教师教的状态，学校管理的样态发生了极大的改变。学生在劳动实践类课程中找到了兴趣、发现了乐趣、形成了志趣，自我价值得到了实现。同时，积极向上、专注拼搏等优势心理得到开发，促成了学生的主体性发展。教师教学方式也发生了转变。

　　总的来说，实践活动类课程最大的优势在于促成了个性化、差异化的教学方式，使教师成为课程的设计者、开发者、实施者，使其能够深度理解课程、再造课程、实施课程，成为课程的主体生成者、创造性转换者、有效的实施者；学校从"知识本位"上升到"立德树人"，从"社会需求"转向"教育供给"。实践活动类课程程开辟了立德树人的新载体，开启了整体协同的新机制。

戏剧入心 青春还晴

——"心晴剧场"课程案例

2018年浙江省精品课程

撰稿人：郑懿茜 课程负责人：郑懿茜

一、课程简介

青春中学以培养"有人生梦想、品质学习、健康人格和成长幸福感的学生"为目标，进行拓展性课程的统筹规划。其中，青春健康课程群以统筹德育课程为基础，以解决学生青春期面临的实际问题为目标，提升学生的心理素质，塑造学生健全人格。

图6-1 学生课堂演绎"定格照片"环节

"心晴剧场"课程是青春健康课程群的课程之一，融合教育戏剧构建课堂，以主题模块化的拓展性课程开展初中心理健康教育的发展性辅导，能够满足学生青春期阶段的道德心理发展需求。教育戏剧让学生在戏剧实践中达到学习目标。课程的每个模块根据教育戏剧课程特色，设计热身游戏、定格照片、照片故事和诗化反思4个环节来呈现。课程不要求学生进行完整剧本的创作，也不强调表演的技巧，而是更加关注学生在参与、分享和互动中，拓宽解决实际问题的思路，没有剧本约束，学生在戏剧游戏或即兴表演中能产生具象体验，学生通过观察学习、参与式体验，用集体的智慧解决问题，让价值观内化于心并外化于行。

二、课程纲要

（一）课程设计背景及理念

从小学跨入初中的大门是人生的一次转折，更多的学科、更难的教材、更快的教学速度……这些往往容易使学生新生产生焦虑、抑郁等负面情绪，并在身体健康、学业成就、群体活动、人际交往等多方面产生新的适应性问题，从而可能产生各种适应问题。除此以外，自我定位的着眼点逐渐从单一的学生视角转向了多重角度，表现为更加注意自己的个性，认为学习不是唯一的成长任务。同龄人之间的影响力增强，取代父母、教师的权威地位。伙伴关系的密切会伴随内心的丰富性和深刻性变化，而其变化和生理成熟有着一定的关系。

（二）课程目标

第一，激发和强化多重感官功能，融合品德、艺术等学科元素，提升学生对自身和外部环境的准确认识和敏感度，培养学生独到的观察力、感受力和理解力。

第二，拓展生活经历，使个体的经历和感受成为集体的共同经验和财富，促学生依靠自己和集体的智慧来解决困难，将正确思想观念和良好道德品质内化于心、外化于行。

第三，学习人际关系沟通技巧，在积极的、愉悦的又有教育意义的氛围中，学会聆听、尊重不同角色的表现，学习创造性地处理矛盾。

第四，培养团队合作精神。戏剧游戏强调团队成员间的协调配合，以此让学生学会在团队中发挥自己的作用和功能，同时尊重他人的意见和贡献。

（三）课程内容

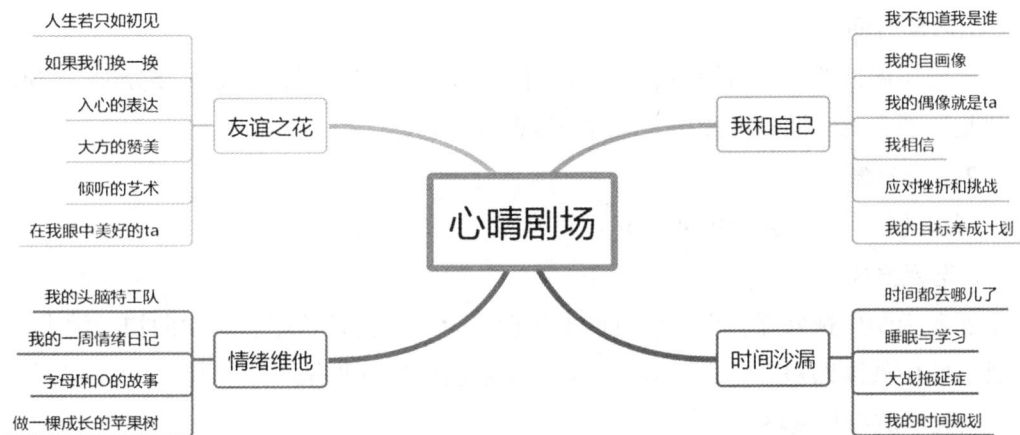

图6-2

此门课程教学的素材来源于学生日常生活中需要解决的问题，利用即兴表演和戏剧游戏等活动达成育人目标。课程共分为四个模块，模块主题分别为"友谊之花""情绪维他""我和自己""时间沙漏"。第一学期的课程内容鼓励学生积极与老师及父母进行沟通，建立良好的同伴关系；鼓励学生进行积极的情绪体验与表达，并对自己的情绪进行有效管理。第二学期的课程内容帮助学生加强自我认识，客观地评价自己；培养正确的学习观念，发展学习能力，改善学习方法。

表6-1　"心晴剧场"第一学期课时安排

第一学期			
主题	与国家/地方课程的关联	主要内容和目标	课时
导入		明确课堂规范，告知评价方式，破冰戏剧游戏；体验"定格照片"和"照片故事"。	2课时
友谊之花 蓝本/背景：《疯狂动物城》	《道德与法治》七上第4、5课；七下第2课；《人·自然·社会》第2、3、5、6、7课	同伴交往辅导主要涉及内容有：首因效应、换位思考、具体的赞美、有效的表达、倾听的艺术。增进学生的自我探索和了解别人，在自我调整和自我训练中，逐步发展出良好的人际交往能力，既保持个体的独立性，又成为团体中受欢迎的一份子。	6课时
		模块小结	1课时
情绪维他 蓝本/背景：《头脑特工队》《情绪效应》	《道德与法治》七下第4、5、7课	情绪调控辅导主要涉及内容有：认识情绪、接纳情绪、管理情绪、情绪表达。认识常见的情绪种类，正视正面和负面情绪及其对生活的影响，从与日常生活关系密切的活动中体验情绪的变化，调整和控制因负面情绪引起的行为转化。	4课时
		模块小结	1课时
总结		课程评价：我的收获与成长	2课时

表6-2　"心晴剧场"第二学期课时安排

第二学期			
主题	与国家/地方课程的关联	主要内容和目标	课时
导入		明确课堂规范，告知评价方式，破冰戏剧游戏；体验"定格照片"和"照片故事"。	2课时
我和自己 蓝本/背景：《我不知道我是谁》	《道德与法治》七上第3课	自我认识辅导主要涉及内容有：客观认识自己、发掘自己的优点、找准自我定位、应对挫折和挑战、不断完善自我。更加全面的认识自己的优势，以平和的心态接纳自己的弱项，积极正向的评价自我，在实践中尝试完善自我。	6课时
		模块小结	1课时
时间沙漏 蓝本/背景：《走一步，再走一步》	《道德与法治》七上第2课	时间管理和学习方法心理辅导，主要涉及问题有：学习习惯、学习规划、时间管理。了解自己的学习风格类型、学习习惯上的缺漏，剖析拖延的原因、场景，正确认识自己的优势，掌握初中阶段学习所应注意的事项。	4课时
		模块小结	1课时
总结		课程评价：我的收获与成长	2课时

（四）课程实施

1.活动时间

学校拓展性课程于每周一、周二、周四、周五下午开展，每课时45分钟。"心晴剧场"课程每学期每班按16个课时安排课程内容。

2.授课对象

课程的授课对象为七年级学生。

3.选课方式

课程为学生选修课。学校建有网上选课平台和学生评价平台，学期初，学生在选课系统中阅读课程简介，根据自己的需要来选择参与课程。

4.教学流程与策略

根据前期调查中学生反馈的实际生活问题和七年级学生的心理发展规律，分析学生发展的实际需求，确立课程主题模块。

根据教育戏剧的特殊课堂组织形式，编写课程教材和配套的学生活动手册。

每个模块由4个环节来呈现："热身游戏"根据主题选取适当的戏剧游戏活动或者道具作为导入；"定格照片"以静态动作展示生活片段中矛盾最为激烈的瞬间；"照片故事"以一段2—3分钟的分组情境表演构造处理矛盾的多种可能方法；"诗化反思"以绘画、朗诵、全班作文等方式反馈学生的课堂收获。

教师对学生的到课情况、课堂表现、作业上交情况等进行跟踪记录，生成过程

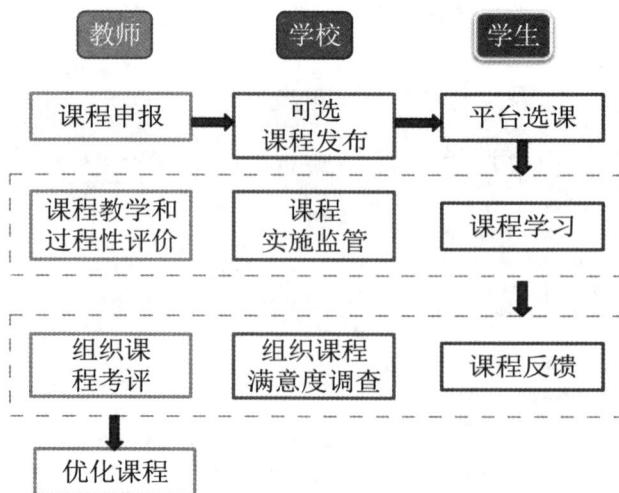

图6-3 "心晴剧场"课程管理和实施流程

性评价；教师收集并整理学生优秀作品。

（五）课程评价

1.评价成员多元化

课程评价由学生和教师两方面共同进行：教师负责每节课结束后的过程性评价；学生在每个模块学习结束后，根据评价要求进行组内互评。组内互评评价单如表3所示。

2.评价内容多样化

学生对自己本学期的学习成长与收获进行自评；同伴对本模块小组合作中学生的参与度、配合度、贡献力和表现力互评。

表6-3 组内互评评价单

项目	完全不符合	比较不符合	有点符合	比较符合	完全符合
1. 参与度 　能够全心投入课堂各类活动，包括全班活动和小组活动。					
2. 配合度 　认真参与小组的"定格照片"和"照片故事"展示，能尊重其他同学的意见，和小组搭档协商解决分歧。					
3. 贡献力 　在小组合作中真诚分享自己的故事，提出有建设性的操作方法或者能创造性的智慧解决问题。					
4. 表现力 　观察细致敏锐，展示形象生动，能通过自己的演绎带给小组搭档和全班同学思考。					

3.评价实施过程化

教师对每节课学生的综合表现进行打分，作为过程性评价，结合期末评价，按4∶6折算出学生的最终评价等第及学分。

4.评价反馈双向化

学生拓展性课程评定结果通过"综合素质评定反馈单"反馈，授课教师通过学生的课程教学满意度测评进行课程实施修订。

三、教材示例

心晴摹画

在最近一周的生活中，你碰见了哪些令你愉快的/生气的/伤心的/害怕的/厌恶的事情？

如果选择一个表情来记录这周中每一天的主要情绪体验，你会选择什么？请在活动手册的相应位置上画一画。

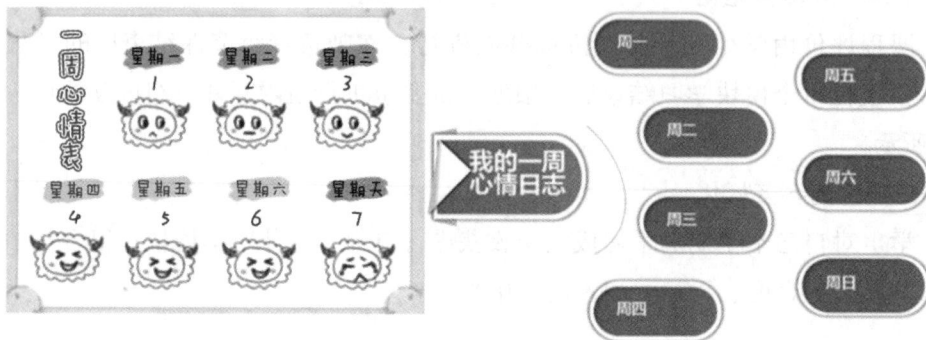

心晴灯塔

情绪ABC理论是由美国心理学家埃利斯创建的。埃利斯认为：正是由于我们常有的一些不合理的信念才使我们产生情绪困扰。

A（Antecedent）指事情的前因，C（Consequence）指事情的后果，有前因必有后果，但是同样的前因A，会产生不一样的情绪和

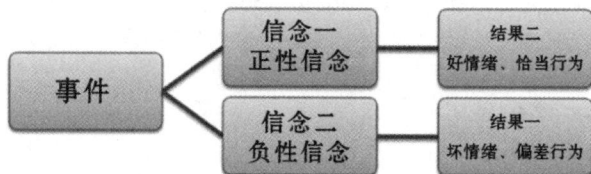

行为C1和C2。这是因为从前因到后果之间，一定会穿过一座桥梁B（Belief），这座桥梁就是我们对情境的评价与解释。同一情境（A）之下，不同人的理念以及评价与解释不同（B1和B2），所以会得到不同情绪和行为（C1和C2）。

心晴电影

请选择以下七天中的一天，通过语言和动作来表现你遇到类似事情时的心晴，并与大家分享，当时你的情绪体验如何？

◇ 星期一：我路过时听见两个在交谈的同学提到我的名字；
◇ 星期二：放学时下起了大雨；
◇ 星期三：体育课上老师说要测试800/1000米；
◇ 星期四：晚饭有一个菜是我爱吃的；
◇ 星期五：拿到了周测的试卷，分数及格；
◇ 星期六：培训班老师拖堂了许久；
◇ 星期日：原本计划好的家庭郊游被取消。

图6-4

四、教学案例

（一）案例缘起

在初中日常接待的个别辅导中，无论是重大心理危机还是一般心理问题，学生能够较为直接体察到的就是自己的情绪变化——生气、难受、焦虑、烦躁、沮丧等，它既是综合种种呈现给师生双方的结果，也是我们能够进行抽丝剥茧探索问题根源的抓手。

男生小飞因认为老师没有看到自己的努力，哭着跑来咨询室求助。班主任老师真的对他的进步视而不见吗？空椅子技术帮助他通过扮演班主任王老师，解开了心中的愤懑；女生小玉总认为自己好友的安慰"不走心"，当我们进行情境重现时，小玉却脱口而出和好友一模一样的话，她认识到当时好朋友说这番话时真正的心意。

看到心理咨询室中的角色体验助力学生解决问题的效用后，笔者思考，在心理课堂中是否能够引入这样的即兴扮演，帮助学生更好地认识情绪、觉察情绪、了解情绪，和情绪共处，以及正确应对情绪。

（二）案例描述

1.课堂公约

为了营造安全的课堂氛围，促进学生的积极主动参与，每节课的开始我们都要重复"投入、尊重、保密"的课堂公约。

2.热身游戏

"情绪维他"模块的热身游戏采用戏剧游戏"魔镜"，两名学生一组，面对面站立，轮流展示和扮演"魔镜"。学生不仅能够通过同学的扮演来回看自己的情绪，同时也能了解自己的情绪在他人眼中的样子。

3.定格照片

借用活动手册上的"一周心情表"来画一画，选择一个表情来记录相应日子的主要情绪，选择其中一个情绪和同组伙伴分享背后故事。小组成员通过协商，挑选出最想呈现的故事，决定每个成员在这个故事中扮演的角色、站位、表情和动作等。

定格照片通过小组的静态展示，人物关系和矛盾冲突可以得到具象展示。故事的提供者和小组成员既能够获得展示反馈，及时调整，做出更加准确的表达，也能够听到关于故事发展的更多可能性。其他学生能从展示的故事中，找到生活事件的影子，引起共鸣和共同探讨的兴趣。

4.照片故事

"照片故事"环节由全班学生挑选出最想共同探讨的一张"照片"，然后各组自行解读，展示定格瞬间前或后30秒内可能发生的故事。

在2016级学生的一堂课上，全班同学共同挑选的是体育课上发生的故事。男生姚靖（化名）最害怕每学期的1000米考试，某次在体育课练习时与老师发生了激烈的冲突，愤怒让姚靖举起拳头冲老师打了过去……

"照片故事"环节展现同一情境的不同认知所带来的不同情绪变化和事件结果。当堂课的3个小组分别展示了如下3个版本：版本1，姚靖被班主任批评后冷静下来，认为不应该采用暴力解决问题，向体育老师道歉；版本2，姚靖因打老师受到了纪律处罚，所以认为老师在刁难他，采用其他方式与老师继续对抗；版本3，姚靖在同学的劝解下认识到体育老师的苦心，主动化解了矛盾。

笔者将学生共同努力下得到的优化方案梳理成文字，此内容后期在学校元旦庆典、家长开放日、拓展课学术大讲堂展示等多种场合演出。原故事中的姚靖主动申请担任老师的角色。

5.诗化反思

学生在"诗化反思"环节对自己的模块学习收获进行小结和分享，发现在这一过程中自己能更快察觉自己的情绪，更平和地与情绪对话，有更多应对情绪的方式等。这本身也是赋能的过程，如此，学生将更有自信应对生活事件中自己的情绪变化。

（三）案例研究价值

情绪这个主题是这门拓展课的初心，课程"心晴剧场"之所以用"晴朗"的"晴"，正是因为晓莉同学在课程反馈中写道："希望大家从心理课教室离开时，都能够带上一份晴朗的心情。"

情绪具有一定的个性化和隐私性，要在课堂中深入探讨情绪会面临几个重要问题，一是如何在教室营造一个安全的环境，让学生愿意主动表达；二是如何能让学生更加直观、准确地观察到其他同伴的情绪，以便更好地共同探索；三是如何让个人的智慧成为全班学生共同的经验，让学生看到应对同一情况可以有很多可能性。引入教育戏剧的心理课堂，可以在这些方面起到相对独到的作用。

有别于戏剧教育的是，教育戏剧只是借用戏剧这种表达方式，作为情绪表现和改变的载体，其优势在于：

第一，课堂营造了一个虚拟"剧场"环境，身处其中会给学生带来安全感；每个小组都通过观察学习、互相鼓励，让每个人都参与其中，并为自己的团队做出贡献。"心晴剧场"教室环境布置见图4。

第二，立体画面的呈现给学生带来最直观的感受，"心晴剧场"像一个安全的实验室，能够重现尚待解决的问题，加入不同的"变量"，获得即时反馈，看到各种可能"结果"。

第三，对扮演角色的学生来说，他们有机会站在不同的角度对故事产生真切体验；对坐在周围观察的学生来说，他们能通过观察学习跳出以往的个人视角，从全局视角上回顾可能发生在自己身上或身边的故事，联系生活情境发现更多、更好的解决问题的方式。

图6-5　"心晴剧场"教室环境布置

五、课程开发与实施的研究价值

融合教育戏剧的课程教学形式是一种崭新的探索和研究，教师的主导作用在课堂中相对淡化，学生的课堂参与程度切实提高，在戏剧游戏或表演中具象体验是非、对错、矛盾、两难，课程具有以下价值和特色：

（一）教学形式新颖，具有强吸引力

教育戏剧虽融入了戏剧表演的一些元素，但并不要求学生完整创作一个作品演出，而是着眼于学生在参与开放的即兴表演和戏剧游戏的过程中的真实体验。没有既定剧本的约束，没有形体模仿的要求，不必评级或比赛，学生能够自由地展现最真实的自己。

（二）学科元素整合，激发多重感官

在教育戏剧的"舞台"上开展心理健康教育课，使课堂融合了品德、艺术等学科元素，体现课程整合的优势，激发和强化学生的多重感官功能，提升学生对自身内部和外部环境的准确认识和敏感度，培养学生独到的观察力、感受力和理解力。

（三）以学生为主体，应用同伴教育

教育戏剧的课程教学模式，将学生置于学习与探究的中心，创造一种积极、愉悦又有教育意义的氛围。每个模块的活动小组随机分配，学生可以和不同的同伴互相学习，在不同的团队中发挥自己的作用和功能，同时学会和不同类型的学生协调配合。

（四）情境来源学生，内化核心价值观

学生在戏剧游戏、故事讲述、情景演绎等活动中，充分调动已有的学习和生活经验，通过参与式体验，拓展自己的生活经历，收获共同的经验和财富。国家和社会的要求通过学生主动思考和探究实践，真正让学生内化于心并促使学生外化于行。

除了课堂分享外，学生还可通过心理微课比赛、教育戏剧联盟展示、学校家长开放日展示、元旦文艺汇演等一系列形式进行展示，增强对学校的归属感，收获更多来自同伴的认可，从强化社会支持方面促进学生的心理健康水平正向发展。

本课程获得浙江省第七届义务教育精品课程，杭州市第八届义务教育精品课程，在（原）下城区第45期教育学术大讲堂上进行课程展示，其中《在我眼中美好的ta》一课获得首届浙江省心理健康教育微课大赛二等奖，同名心理剧在杭州市首届家庭教育戏剧节获得最佳编剧奖。

守护地球 共建绿色

——"环保品之行"课程案例

2019年杭州市（原）下城区精品课程

撰稿人：陈文芳 课程负责人：张 媛

研发团队：陈文芳 王晓颖 史 丹 施美星

一、课程简介

"环保品之行"课程是杭州市刀茅巷小学着力研发的项目式实践活动拓展性课程，通过开展螺旋上升式环保主题的实践探究，引领学员了解掌握环保基本知识和技能，结合日常生活行为来悦纳绿色生活理念，内化绿色生活方式，乐享绿色生活品质，将绿色生活的概念辐射到更广阔的天地。课程通过项目式实践体验活动，由易至难层层推进，引导学员了解与环保相关的基础常识，端正对待环境教育的基本态度，养成环境保护的良好习惯；帮助学员从其生活环境中选择感兴趣的主题和内容，注重对环境的感受和体验，引导学员形成较强的环境意识、环境道德品质和行为规范；在潜移默化中更加热爱生活，学会健康而愉悦地、自由而负责任地、智慧而富有创意地生活。既实现自身知行转变，提升自身的能力素养，又增强社会责任感，产生一定的社会效应。

二、课程纲要

（一）课程设计背景及理念

刀茅巷小学多年来致力于环保事业的传承和延续，更以创建"浙江省绿色学校"为契机，将"绿色"与"环保"有机融合，着力构建环境教育系列课程，"环保品之行"课程是学校重点开发与实施的绿色环保系列拓展性课程。

本课程以"守护生态地球，共建绿色环境，同享品质生活"为核心主题，旨在通过螺旋式项目实践体验活动，培养学生知识与技能、态度与情感等领域目标，引导其形成较强的环境意识、环境道德品质和行为规范，树立知环境、爱环境、卫环境、创环境的思想，既实现自身知行转变，提升自身的能力素养，又增强社会责任感，产生一定的社会效应，最大程度地发挥绿色环保教育的作用。

（二）课程目标

通过绿色环保基础知识的学习，了解基本环境保护常识，由易到难、由简至丰、层层深入，在潜移默化中形成较强的环境意识、环境道德品质和行为规范。

通过多样化渠道、灵活的方法来实践体验项目式环保主题活动，学习运用科学有效的方式保护环境，践行绿色品质生活，并从中选择感兴趣的主题和内容开展小专题研究，提升团队合作能力和实践探究能力。

在生活中学以致用，乐享绿色生活品质，能够健康而愉悦、自由而负责任、智慧而富有创意地生活。

（三）课程内容

本课程内容由浅入深、循序渐进，活动设计遵循小学中高年级的年龄特点、认知规律和思维特征，在认识环保重要性的同时，形成更为系统的绿色环保知识体系；培养学生的创新精神、实践能力、合作能力、质疑能力；引导教师、学生关注环境问题，在潜移默化中培养热爱大自然、保护地球家园的高尚情操和对环境负责任的精神，做出积极参与保护环境的行动。

表6-4　环保品之行课程内容安排表

课程	项目主题	活　动	内　容
环保品之行	绿色常识	初识绿色学校	了解绿色学校的理念、标准，对照学校和自己的生活找到优势和不足，制订计划
		认识各种环保标志	通过图片介绍各种环保标志，意识到并能够基本理解我们所面对的不同类别的环保问题
		我们的绿色节日	通过环保相关节日的介绍，让学生意识到环保所面临的各种各样的问题，进一步提升环保意识。并开展环保手工制作活动
		自然保护区	了解自然保护区的定义以及存在意义，并开展相关话题的讨论与分享
		杭州的噪声	通过杭州噪声功能区划图的解读，了解杭州噪声功能区划，并通过噪声监测感受环境噪声的变化
	袋暖杭州	垃圾分类	了解杭州的垃圾分类，并开展废物利用手工制作活动
		拯救绿树	介绍一次性筷子从产生到最后作为垃圾处理的全部过程，理解少用不用一次性筷子的环保价值和意义
		我的生活	构想、设计、实践属于自己的绿色生活
	五水共治	河道篇	从自己身边的水开始，发现我们如何参与"五水共治"；通过杭州河道水生植物的介绍，让大家了解水生植物对河道的贡献
		海洋篇	阅读《来喝水吧》绘本，了解海洋污染；通过袋暖杭州行动让我们行动起来减少塑料污染
		行动篇	通过开展"五水共治"实践体验活动，感悟保护河道的真谛
	自主发展	我的绿色畅想	了解杭州的垃圾分类，开展废物利用手工制作

（四）课程实施

从实施情况看，这门课受到了不少学生的喜爱。学员们听课专心致志，享受本课程带来的乐趣，在期末的拓展课程成果展示中，废物利用的环保作品可谓独树一帜，受到了师生及家长的称赞。

1.课程配套教材：自编教材《环保品之行》。

2.课程实践时间：本课程共计13课时，建议每周1课时，每课时约80分钟。

3.课程适用对象：小学三—五年级学生。

4.具体实施安排：在学生自主报名的基础上确定学员，每期课程均为小班授课，不超过30人。

5.课程师资配备：学校成立了综合实践活动课程实施小组。课程师资一方面是充分挖掘学校内部教师的潜能；另一方面是积极利用社区资源及社会资源，聘请相关专业技术人才。

（五）课程评价

1.评价原则

（1）强调课程评价的过程性。关注课程本身的体验性、操作性和实践性，关注学生在经历的过程中有新的生成和质疑，获得实际的体验和经验，在知、情、意上都有所收获。

（2）实现课程评价的多元化。教师、学生、家长、校外指导教师、社区居民等都是评价者，肯定学生与世界交往的多元方式。

（3）重视课程评价的反思性。无论是对课程还是对学生的评价，都不是为了评价而评价，而是要让学生通过自我反思，不断改进和提升，完善自我教育能力。

2.评价内容

（1）以课程学员为评价对象，评价指向知识、技能、情感、态度的提升和优化。

（2）以课程实施教师为评价对象，评价指向教师运用语言、动作、表情等细微化方式点评学生知识、实践、情感等方面的能力。

（3）以课程本身为评价对象，评价指向课程的教材、设计、实施、效果等课程评价表如表6-5所示。

表6-5　课程评价表

评价圈	课前准备	课堂表现	课后拓展
我对自己说			
同伴对我说			
老师对我说			

3.评价方法

（1）自我评价。学生建立自己的综合实践活动档案，深入地了解和肯定自己的能力，与同伴分享探索的体会及成功的喜悦。

（2）指导者评价。评价内容包括学生参与综合实践活动的态度、创新精神和实践能力的发展情况、学生对学习方法和研究方法的掌握情况。

（3）其他评价。对于学生表现及课程表现，除了学生自己评价，家长、同伴、社区居民、环保志愿者等评价主体也可以用文字、图片、星级等方式评定、鉴赏学生。

（4）综合评价。结合各年级环保特色章和各项荣誉称号评出优秀学员等。

三、教材示例

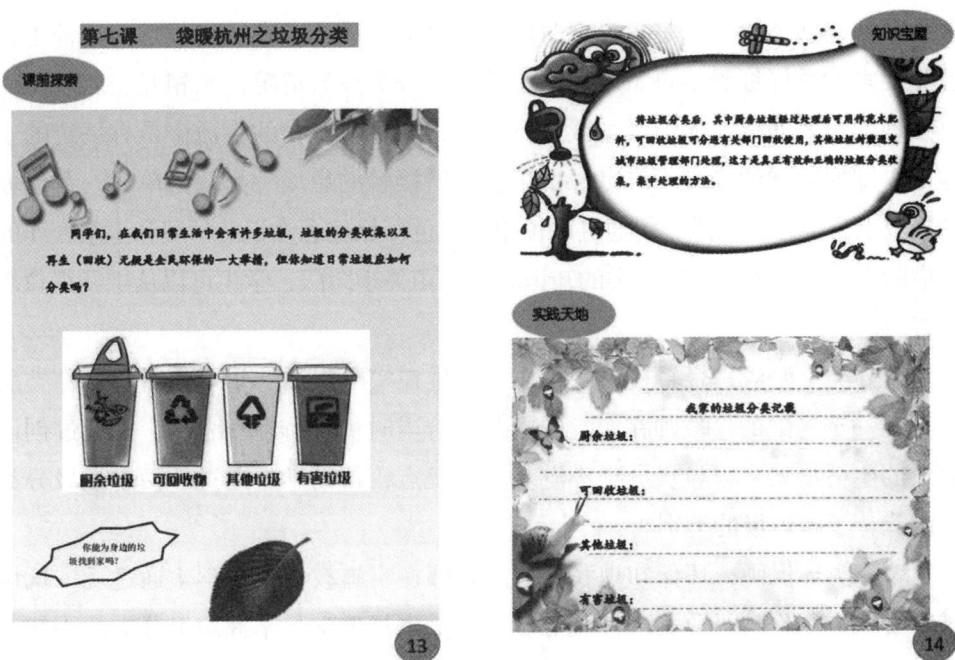

图6-6

四、教学案例

（一）案例缘起

学校以创建"浙江省绿色学校"为背景，始终践行"守护生态地球，共建绿色环境，同享品质生活"这一主旨。在课程内容教学上，学校结合学生对绿色环保生活已有的认知经验来层层深入构建课程内容，并通过理念学习和实践活动相结合的方式不断创新、拓展、深挖。在学生对基础绿色环保知识和生态常识进行学习之后，教师以"袋暖杭州"主题项目活动为中心，开展系列实践体验活动。

（二）案例描述

"袋暖杭州"课程项目式活动，从环保常识、生态常识的知识类学习，到回收利用生活中常见物品的小技能的习得，再到以"袋暖杭州超市行"为实践主题开展环保小袋、环保倡议书、环保便签本使用的绿色宣传活动，层层深入，其以"少用塑料袋、多用环保袋"为实践切入口，带领学生在绿色环保领域贡献自己一份微弱的力量。

1.绿色环保小知识，活学在身边

绿色环保小知识，垃圾分类学起来。垃圾到底可以分为哪几类，如何对不同的垃圾进行准确归类投放，是大家面对的一个难题。因此，在实施教学的过程中，教师首先要求学员仔细观察自家居住的小区垃圾分类投放情况，并相互交流、说一说自己发现的主要问题。如何对垃圾进行分类，学生在日常的生活中是有一定的生活经验的，即便这样的经验不丰富。由于学生所接触的垃圾种类较为单一，在垃圾分类的投放上也会存在困惑，但通过课程相关绿色环保理念知识的学习和小组合作的形式，借助交流分享关于垃圾分类的知识和识记相关小窍门，学生可以从中获得垃圾分类的智慧。

垃圾分类小游戏，轻轻松松会投放。学生在实际生活、学习中对垃圾种类的认知是存在一定局限的，教师在课堂中则会在恰当时机进行补充总结，并通过创设垃圾投放的生活场景，以垃圾分类小游戏为出发点，帮助学生通过一两个垃圾分类的相关游戏，了解垃圾的类别。

垃圾分类环保画，环保知识我宣传。教师在实施教学时让学生通过玩一玩垃圾分类小游戏，制作垃圾分类环保画等多种方法来帮助学员掌握垃圾分类的小知识和小诀窍。教师引导学生在日常生活中，有意识地对丢弃的垃圾进行分类投放。一个学生背后就是一个家庭，当每一个家庭行动起来，它的绿色环保力量则是惊人的。

2.回收利用小技能，妙用于生活

一棵绿树生产百双筷子，百双筷子回收利用变身环保小篮子。师生共同观看一次性筷子生产过程的视频，相互交流观看感受。学生在日常的观察中发现一次性筷子在使用一次以后就被人们抛弃在垃圾桶里。那么一次性筷子在使用完以后真的只能扔掉吗？还能不能有点别的用途呢？如果只能使用一次，那能不能不要再使用它了呢？这些疑惑盘旋在学生的脑海中。

为了解决疑惑，学生迅速集结合作小分队，开始头脑风暴，以表格、思维导图等形式交流分享重复利用一次性筷子的方法。为了能够践行自己的想法，学生开始收集一次性筷子，并且小组讨论设计关于一次性筷子的作品或重复再利用成为新资源的方式。在大家的努力下，一次性筷子变成了"自行车""环保小屋""小菜篮子""收纳箱"等各种各样的物品，重新焕发了价值光彩。

牛奶纸盒回收利用，化身一张张环保倡议书。在生活中，学生当中存在浪费纸张的现象，教师通过组织带领学生亲眼目睹并实践一张纸的生产过程，让他们从内心深处感受纸张的得来不易。那么，在家庭、校园中学员们又是如何践行绿色环保理念的呢？学生先清理、晾晒、折叠干净的牛奶纸盒等可回收物品，再由教师将牛奶纸盒送进工厂循环再加工。学生看着由牛奶盒变成的纸张，惊叹于牛奶盒的奇妙用途。在生活中，需要大家用善于发现的眼睛发现身边的点滴环保小奥秘。学生拿到环保纸张后，将自己的绿色环保小建议以小组的形式，总结整合在环保纸张上，一份份环保倡议书就这样诞生了。

3.环保小袋巧设计，"袋暖杭州"在行动

环保小袋，巧妙设计大变身。一只只朴素而有创意的环保小袋出现在杭城的街头，那是学生一针一线、一笔一划精心设计而成的。瞧，多有创意的环保小袋呀！有用旧衣物做成的，有用啤酒盖、树叶标签等物品做装饰，还有用一次性筷子制作而成的菜篮子形状的环保小袋……一只原本只能待在垃圾桶里的袋子，摇身一变，成了创意环保袋。

环保小袋，环保倡议在行动。学生开始尝试从课堂中走出来，走进社区、走进超市、走进大街小巷，用他们稚嫩的身躯诠释绿色环保的真谛。参与"袋暖杭州"超市行的学生通过组建小分队，开展"少用塑料袋 多用环保袋""袋暖杭州"超市行的环保公益活动。

小行动，大影响，环保不停歇。为了能够顺利践行"袋暖杭州"活动，低年级学生请来高年级学生传授秘诀，不仅确保了后期活动的顺利开展，还为绿色环保活动增添了新的意义。

三年级的学生是稚嫩的，从怯生生到勇敢迈出第一步，几个人手拉手组成了一支小小加油队，互相配合，互相打气，向路人发出倡议，请他们在倡议书上签下名字，之后送上环保小袋和环保便签本，倡议大家将环保落实到位。

每一次的"袋暖杭州"活动，每一张签满名字的宣传倡议书都代表着：环保，是我们一群人的事，我们一直都在绿色环保前行的路途上，从不曾停歇。学校"袋暖杭州"活动也在微信公众号中继续拉长它的活动轨迹。一期又一期，通过这个课程项目，借助这样一个活动平台，学生在每一次的活动中、每一次的环保实践中，有自己的体会和感悟。

（三）案例研究价值

"袋暖杭州"活动作为环保品之行课程的其中一个实践体验活动项目，其价值有三：第一，培养学生在学习绿色环保常识和生态常识的基础上，掌握绿色生活的基本能力，养成环境保护的良好习惯，从而引导学生从其生活环境中选择感兴趣的主题和内容深入研究、实践；第二，在这一项目课程的尾声给了学生一个开放的空间，鼓励他们去观察，去探索，去质疑，去讨论，去阐发属于自己的绿色想象，关注自己对于绿色品质生活的感受和体验，引导其热爱生活，关心绿色地球；第三，从这一项目活动的实践情况来看，这一项目活动受到了不少学生的喜爱，他们享受其中的乐趣，锻炼了自己的胆量，变得勇敢、自信、朝气蓬勃，并且激发了环保创意灵感，脑海中不断迸发出创新的思潮，助推绿色环保品格的形成。这一实践体验活动项目在校园中形成了一道绿色环保新风尚，并辐射周边社区、街道。

五、课程开发与实施的研究价值

"环保品之行"课程是一个项目式的实践活动课程，通过引领学生结合生活经验和生活行为来悦纳绿色生活的理念，乐享绿色生活的品质。

作为一个项目式的实践体验活动，它采用层层推进的方式来引导学生形成保护环境的意识、保护环境的道德品质和行为规范。一是让学员学会健康、智慧、负责且富有创意地生活。二是实现了学生自身绿色环保知行的转变，也在项目式实践体验活动中提升了自己发现问题、解决问题等各方面的综合能力。三是在实践绿色环保的过程中，身体力行，增强了学生的社会责任感，产生了良好的社会效应。

绿色环保生活是一种能被更多学生和成人认识、接纳的生活。因此，本课程在利用原有课程资源的基础上，一是不断丰富课程内容并增添符合时代生活的元素。二是根据学生的年龄特点更加精细化实施分层活动，让他们更乐于从现象追溯本质。三是不断扩大资源的引入和输出，借助社区、公益组织、家长等渠道引入更为丰富的实践项目；四是挖掘课程学习和课程成果的展示的平台，让更多的人共享课程资源，也让更多的人乐享绿色生活。

根植安全于心 呵护生命成长

——"小交警实践营"课程案例

2020年杭州市精品课程

撰稿人：赵 桦 张琪欣 课程负责人：赵秋红

研发团队：毛晓杭 余佶雯 董高华 赵 桦 张琪欣

一、课程简介

"小交警实践营"拓展性课程以生命安全教育为主抓手，开展一系列的安全教育课程。本课程作为学校重要的"根系"课程之一，以维护生命安全的高度，确保每个学生平安、健康长大。

从2008年课程启动至今，我们认真设计、修改、实践"根系"课程，促使每一个文龙娃的交通安全意识落地生根，提升每一个文龙娃的交通安全素养。十几年的时间，我们的课程为学生搭建了一个依托交通规则的安全成长体系，使他们不仅懂得保护自己，还懂得保护他人，让学生成为一个知安全、懂安全的人。我们在把握课程活动与目标的一致性，以及精准实施课程内容上，不断地推敲，反复完善，取得了一定的成效。

二、课程纲要

（一）课程设计背景及理念

在学校的课程体系架构中，我们把每一个学生比作一棵生命之树，以安全教育为根，以"行为习惯"养成教育为干，以开拓眼界实践活动为枝，以节日文化学会生活为叶，以经典阅读为阳光和水分，以学校的羽球文化为小树生长的青草地。我校将生命安全教育的着重点放在交通安全教育上。本课程作为学校重要的"根系"课程之一，以维护生命安全的高度，确保每个学生平安、健康长大。

（二）课程目标

"小交警实践营"课程以培养具有完善交通安全意识的文龙学子为目标，除了落实基础性课程外，还将课程与实践类活动相结合，旨在丰富学生学识，开阔学生视野，夯实学生对交通安全的认知基础，助力学生的学习能力发展。学校主要通过有机整合专题教育、德育活动、拓展实践等，将课程梳理成完善的、符合学生发展规律的课程体系，从知识学习、实践创新、责任担当等维度达成育人目标。

第一，通过小交警实践营课程凸显生命安全教育的重要性。在学生入学伊始根植交通安全意识，把好好走路作为行为规范养成教育的重要一课开启学习生涯。

第二，知道什么是道路和公共交通，初步了解道路交通安全法规，理解遵守道路交通安全法规的意义和重要性。

第三，了解交通安全常识教育，促进学生树立交通安全意识，提升交通安全文明素养。掌握道路通行的正确方法，在日常生活中能以实际行动遵守交通法规。

第四，学习交通安全法，积极参与交通安全宣传工作。通过小交警实践营系列亲子活动，携手家长共同参与相关社会活动，做交通安全的小使者。

第五，理解并尊重交警叔叔的执法工作。理解并感悟交通安全需要每个交通参与者的维护。

第六，促进学生养成良好的公共交通意识及行为习惯，积极有效预防道路交通事故的发生。

（三）课程内容

在课程内容的设计上，我们遵循学生的发展规律，在教学中带领学生从认知、提炼、成长、内化再到融会贯通。以一生带一家，让学生从学习者主动成为文明交通的宣传者和践行者，并通过趣味性与知识性相结合的实践活动建立课程与家庭的联系，进一步建立学生与社会的联系。

表6-6 "小交警实践营"课程内容

针对年级	课程内容	课时安排	教学目标
一年级	徒步走西湖	2	1.了解基本的交通状况,为知识学习打下基础; 2.感受道路交通的复杂性和多变性; 3.掌握基本的交通出行规则; 4.培养学生的交通安全意识,提高家庭的交通安全观念
	交通法规我遵守	2	1.了解安全出行的方法,懂得文明交通的行为; 2.感受文明交通在生活中的重要作用; 3.掌握基本的交通标志、交通信号灯的作用; 4.培养学生自我保护的意识和能力
二年级	交通安全我执行	2	1.了解基本的道路交通状况; 2.掌握具体的交通规则,学会正确宣传交通安全的方法; 3.培养学生的社会责任感,促进家庭对交通安全的重视
	公共交通我参与	2	1.了解公共交通的基本概念,规范出行习惯; 2.感受公共交通工具的特点; 3.掌握正确的乘车礼仪,学会基本应急逃生的方法
三年级	交通安全我宣传	1	1.了解不当的交通行为,明晰安全出行的概念; 2.学会避免交通事故的方法; 3.培养学生的应变能力,构建学生平安出行的意识,促进家校共育
三、四年级	我当"小交警"	3	1.了解常见的交通事故现象,明晰交通警察的基本职责; 2.感受交通警察工作的不易; 3.提高学生安全出行的意识,规范学生文明出行行为
四年级	交通安全在我心	4	1.巩固交通安全的基本知识; 2.学会创作交通安全宣传作品的方法; 3.激发学生参与交通安全宣传活动的积极性。建立学生与社会的联系,加大社会对交通安全的关注度
五年级	学做交警手势操	2	1.深入了解交通法规,明确交警手势语言; 2.感受交通状况的复杂性和交警手势的重要作用; 3.学习掌握8个交警手势,创编交警手势操; 4.提高学生自觉遵守交通法规的意识
	交通标志我认识	1	1.了解常见的交通标志; 2.感受交通标志在生活中的重要性; 3.掌握交通标志的含义,学会辨析交通标志的方法; 4.加深学生对交通标志的印象
六年级	制作交通安全棋	3	1.巩固已学交通安全知识; 2.学会制作交通安全棋的方法; 3.培养学生的合作意识,学以致用,促进学生学习能力的发展

（四）课程实施

"小交警实践营"拓展性课程根据学生的年龄特点开展不同内容教学针对一年级的全体学生开展普及教育；二至六年级设立"小交警"小分队，分年段、分重点落实课程内容。同时，以各年级小分队的活动带领全年级学生交通素养的提升。

（五）课程评价

在"小交警实践营"拓展性课程的教学中，我们将诊断性评价、形成性评价和总结性评价相结合，实施多样的评价方式。

诊断性评价是在教学活动开始前，对学生学习准备程度做出鉴定，以便采取相应措施使教学计划顺利、有效实施。形成性评价是在教学活动过程中，考查学生的课堂收获，关注学生的实践活动投入程度。总结性评价是在教学活动结束后，以预先设定的教学目标为基准，对评价对象达成目标的程度做出评价。

三、教材示例

图6-7

分 享 体 会

一年级的同学们，我们"小交警实践营"来到了交警指挥大队，参观了交警指挥官，观看了铁骑队交警叔叔们的骑行表演。让我们一起来回顾一下那些精彩瞬间吧。

和大家一起分享你的感受。

二、交通安全，我宣传
虽然我们的交通规则很完善，但是还是有很多人不遵守交通规则，你知道这是为什么吗?

我有宣传小妙招

图6-8

四、教学案例

（一）案例缘起

本案例选自区级精品拓展性课程"小交警实践营"中的第三课《交通安全，我要先行》，通过校内课堂教学和校外实践教学相结合的活动形式，开展的理论与实践相结合的教学活动。

（二）案例描述

2019年9月27日上午，杭州市文龙巷小学全体二年级学生、学生家长以及教师来到西湖景区交警大队上《交通安全，我要先行》一课。

1.活动前指导

活动前一天即2019年9月26日，二年级班主任在各班开展了一堂简短的活动指导课。课上，教师针对参加实践活动的注意事项以及实践活动的过程对学生进行教育和指导，让学生在实践前对课程的学习目的和实践内容有一个大致的了解。

指导课上，教师把第二天学生及学生家长不在学校集合，而是自行前往交警大队的通知传达给学生，告诉学生交通安全课从大家出家门的那一刻起就已经开始了。学生要在出发前确定自己前往交警大队的交通方式，是乘父母驾驶的电动自行车，还是步行亦或是自驾小型轿车。同时，教师要求学生出发前要充分了解出行的交通规则，在自行前往交警大队的路上严格遵守这些交通规则。

指导课后，教师布置回家作业，要求学生在课外搜集交通安全知识，并把自己认为最重要的，与自己以及身边人最息息相关的10条交通安全知识记录下来，制作成交通安全宣传卡。

2.活动进行时

（1）参观交警指挥室。该环节通过实地参观的方式，让学生切实地了解交警指挥室内交警的日常工作内容，如指挥调度岗、交通控制岗等；了解交警指挥室中设施设备的工作原理，如交通信号灯控制系统、道路监测控制系统等。

（2）交警叔叔小课堂。该环节通过交警传授交通安全知识，学生知识内容更系统、更全面，给学生留下更深刻印象。向交警提问的环节，培养了学生的交流表达意向和表达能力。

（3）铁骑队骑行出警。向学生介绍铁骑队交警的基本配置与工作内容，知道"交警铁骑队"是交通管理中"最快的双腿、最强的大脑"，并向学生展示铁骑队的交警是怎样出警的。

（4）学生和家长共同宣誓。铁骑队表演结束后，学生和学生家长回到交警大队正门，在交警的指导下，共同承诺："我承诺认真学习交通安全知识，严格遵守行人交通法规，严格遵守乘车交通法规，做好文明出行行路人。"

3.活动感想与自我评价

将分享体会作为课程的导入环节，一方面帮助学生回顾了活动内容，另一方面也营造了课堂良好的交流氛围。

4.交通安全，我宣传

（1）说一说：该环节从寻找不遵守交通规则的原因出发，引导学生根据原因思考解决办法，锻炼学生发现问题、思考问题、解决问题的能力。

（2）演一演：该环节为课后的社会实践活动做铺垫。

（3）小组交流：学生分小组讨论该如何向群众宣传交通安全的重要性。该环节在实施过程中要注意指导学生先确定宣传对象，可以是爸爸妈妈、小区的叔叔阿姨，也可以是主要交通路口的行人等，不同的宣传对象决定不同的宣传方式。接着，学生通过讨论，将吸引人的宣传方法记录到《小交警实践手册》当中。

5.交通安全，我监督

教师在课后布置以上两项实践活动：

（1）观察并评价家人：学生根据实践手册中的表格观察家人在一周内是否存在违反交通规则的行为，并记录下来。

（2）调查小组观察道路情况：学生成立调查小组，并作为"小交警志愿者"，在家附近的主要交通道路观察并记录违反交通规则的行为，同时向违反交通规则的行人宣传交通安全的重要性。

《交通安全，我要先行》一课的教学内容全部结束后，教师根据活动评价表以自我评价、小组成员评价、教师评价等途径，对学生活动过程中各方面的学习成果进行评价。

（三）案例研究价值

1.课前知识积累，课后知识运用

《交通安全，我要先行》的教学案例体现出拓展性课程不仅仅是课堂上的学习，也是课堂前的知识积累，更是课堂后的知识运用。

课前重视知识积累，如第一课时"走进交警大队"，课前便要求学生初步查找交通安全相关知识、交警叔叔的工作内容，明确自己要采用怎样的交通方式前往交警大队，是乘父母驾驶的电动自行车，还是步行亦或是自驾小型轿车。除了以上几点学生在课前需要自主学习，最重要的是学生还要充分了解自行前往交警大队的路上该遵守哪些交通规则。又如第二课时，课前要求学生巩固从第一课时"交警叔叔小课堂"环节中学到的交通安全知识，同时还要在课外收集其他的交通安全知识，并把自己认为最重要的，与自己以及身边人最息息相关的10条交通安全知识记录下来，制作成交通安全宣传卡。

课后重视知识运用，如第一课时"走进交警大队"中，有"学生和家长共同发表安全交通承诺誓言"这一活动环节，课后要求学生认真学习交通安全知识，严格遵守行人交通法规、乘车交通法规，做好文明出行行路人，还要监督家人一同维护交通安全。又如第二课时，课后建议学生穿上"交警服"做一名"小交警"，维护街道、马路的交通安全，向行人宣传交通安全知识。

2.课本资源+媒体资源+网络资源

课程资源是课程建设的基础，其合理的开发和有效的利用是课程目标达成的必要条件。因此，在"小交警实践营"课程开发阶段，学校教师同时开发了课本资源《小交警实践手册》与媒体资源"小交警微课堂"。教学过程中，也要求教师利用一切可利用的资源，为拓展性课程教育教学服务。

除了教材课本资源以及视频媒体资源这两种教师可利用的教学资源外，"小交警实践营"课程还要求学生会利用课外网络资源自主查找、整理资料。以《交通安全，我要先行》一课为例，课前要求学生通过网络工具搜集交通安全相关知识。虽然该课面向二年级学生，但教师鼓励学生与小组成员合作或与家庭成员合作，自主体验，促进学生对问题解决形成更完善的认知。

五、课程开发与实施的研究价值

加强中小学生交通安全教育具有重要的现实意义。交通安全教育属于素质教育的重要内容，法律对此做了明确规定，使中小学生的交通安全教育成为社会和学校的法定义务。

加强中小学交通安全教育具有重要的社会意义。有事故统计表明，九成以上交通事故由不文明交通行为引发，我国每年因交通事故死亡人数在10万人以上，平均每天死亡多达300人。疾病预防健康促进委员会的一项调查显示，中国0—14岁的儿童意外伤害死因中，交通伤害位列第二。中小学生交通活动的路线虽不复杂，但是每日数次往返通行于学校和家庭之间的街道和公路，让中小学生成为参与交通活动比较频繁的群体。再加上受到判断能力、行为支配和心理素质等因素的影响，中小学生群体极易诱发交通安全事故。

"小交警实践营"拓展性课程以遵循学生的发展规律为基础，包含知识性的课程内容，开设创造性的教学形式，拓展趣味性的课程活动，以调动学生的学习积极性，让学生在成长道路上，不断地成为课程的获益者。

"小交警实践营"除了是一门知识学习型的"他教"课程，更是一门实践探究型的"自教"课程。课程包含丰富多彩的实践活动内容，有利于培养、激发和发展学生的兴趣爱好，开发学生的潜能，促进学生个性、特长的形成和发展。如"交通安全，我监督"活动中，学生形成调查小组观察并记录违反交通规则的行为，同时向行人宣传交通安全的重要性。这项活动既能达到培养学生发现、分析和解决问题能力的目的，更使学生形成与他人交流的积极态度和基本能力。

埙篪古风　润泽童年

——"口琴博物馆·小小代言人"课程案例

2020年杭州市精品课程

撰稿人：方　莉　课程负责人：张　媛

研发团队：方　莉　李轶萍　陈文芳

一、课程简介

杭州市刀茅巷小学是一所口琴艺术特色学校，从1998年成为中华口琴学会中小学教育基地开始，始终坚持"口琴进课堂"的器乐教育实践研究。2008年，学校建成了国内首家口琴博物馆。多年来，学校凭借口琴特色办学的深厚积淀，以口琴博物馆为契机，构建促进学生全面而有个性发展的课程体系。同时着眼学生需求，开发了"基于口琴的小学生琴艺教育课程群的构建与实施"课题。琴艺教育课程群的设置以"让音乐润泽童年，让艺术丰盈梦想"为理念，分"七彩音符""天籁之音""埙篪古风""创意之园""梦想摇篮"五大板块，开设"口琴入门""口琴与礼仪"等20余门课程，并根据发展与需求不断衍生新课程。

"口琴博物馆·小小代言人"课程就是"埙篪古风"板块中，由口琴与礼仪衍生而来的课程。基于特色口琴课程，结合口琴博物馆这一特有平台，为推广校园口琴文化，展现校园口琴艺术，宣传口琴博物馆而精心打造。从建馆后的"礼仪与讲解"课程到"小小代言人"课程，经历了一次次修改、调整和完善。随着课程的不断实施，学生先后接待了来自日本、韩国、新加坡等世界各地及国内各地的口琴爱好者近万人。除了担任小讲解员、小导游，学生还在各类艺术节、口琴节中担任小主持、小礼仪，在担任博物馆线上App的虚拟讲解员等。本课程旨在通过多样化的实践活动，使学生提高琴韵知礼意识，规范琴韵守礼行为，提升琴韵礼仪涵养和讲解能力。为学校代言，激发学生对家庭、学校、家乡的热爱之情。

二、课程纲要

（一）课程设计背景及理念

基于学校传统口琴特色及口琴博物馆这一场馆资源，学校早期开设了"讲解与礼仪"社团，为博物馆接待和宣传培养小讲解员。随着课程实践的深入，学校在原有课程基础上设计规划了"口琴博物馆·小小代言人"课程，希望学生在学习校园琴韵礼仪、讲解员知识，了解学校口琴渊源和博物馆历史的同时，不仅能在各种来访接待中担任小讲解、小导游，还能挖掘能力特长，担任小主持、小礼仪等，培养综合素养，同时拓宽活动渠道，走出校园，走向社会，为学校代言。本课程的学习，不仅能规范礼仪、锻炼口才，更能培养能力、形成自信，激发学生的自豪感和归属感，激发学生对学校、家乡的热爱之情。

（二）课程目标

通过学习，深入了解学校与口琴的历史渊源，了解口琴博物馆的历史沿革及展区内容，激发对学校、对家乡自豪感、归属感和热爱之情。

通过学习，普及琴韵礼仪知识及讲解员礼仪规范，培养知礼守礼意识，提升琴韵礼仪涵养和琴韵讲解能力。

通过理论与演练螺旋递进的学习方式，培养学生的礼仪、口才、讲解、写作、表达、设计等多方面能力，锻炼胆量，提高自信，培养学校文化宣传的小小代言人。

（三）课程内容

"口琴博物馆·小小代言人"课程内容如表6-7所示。

表6-7 "口琴博物馆·小小代言人"课程内容

教材内容		内容简介
上篇	第一讲 刀茅与口琴的渊源	介绍学校与口琴的历史渊源，及学校口琴课程内容
	第二讲 口琴博物馆的历史	介绍口琴博物馆历史及各场馆整体认识
	第三讲 校园礼仪概述	学习一些基本的校园礼仪
	第四讲 讲解员礼仪概述	学习并讨论基本的讲解员礼仪及要求

	教材内容		内容简介
中篇	第五讲	走进口琴博物馆（一）展区 A、B	学习了解口琴博物馆 A、B 展区的主要内容、珍贵藏品等，并尝试介绍其中一个展区
	第六讲	着装礼仪与实践	学习着装礼仪，并结合 AB 展区进行模拟演练实践
	第七讲	走进口琴博物馆（二）展区 C、D	学习了解口琴博物馆 C、D 展区的主要内容、珍贵藏品等，并尝试选择一个展区讲解实践
	第八讲	仪态礼仪与实践	学习仪态礼仪，并结合 CD 展区进行模拟演练实践
	第九讲	走进口琴博物馆（三）展区 E、F	学习了解口琴博物馆 E、F 展区的主要内容、珍贵藏品等，并尝试选择一个展区讲解实践
	第十讲	举止礼仪与实践	学习举止礼仪，结合 E、F 展区进行模拟演练实践
	第十一讲	走进口琴博物馆（四）展区 G、H	学习了解口琴博物馆 E、F 展区的主要内容、珍贵藏品等，并尝试选择一个展区讲解实践
	第十二讲	语言礼仪与实践	学习语言礼仪，结合 G、H 展区进行模拟演练实践
下篇	第十三讲	口琴博物馆场景综合演练（一）	结合八大展区模拟实践，进行完整参观路线和讲解词设计，互动演练
	第十四讲	口琴博物馆场景综合演练（二）	结合八大展区模拟实践，进行完整参观路线和讲解词的设计，互动演练
	第十五讲	博物馆 App 虚拟讲解员录音实践	博物馆 App 虚拟讲解员征集，虚拟录音实践 PK
	第十六讲	博物馆 App 虚拟场馆校外实践	学习使用和宣传博物馆 App，进行校外实践

（四）课程实施

活动时间：每周一下午拓展课时间，每次课2个课时，每学期共16课时。

课程对象：三—五年级学生。

选课方式：学生自主选课报名，每期招收25人左右。

授课地点：教室、口琴博物馆及其他实践场地。教室进行理论知识的学习、交流、讨论和设计，口琴博物馆及其他场所进行实践操练、模拟演练等。

课程实施：本课程实施的内容主要包括讲解员各类礼仪和学校口琴与博物馆的

历史介绍等。课程的实施将理论介绍与实践演练交叉融合、交替跟进。结合教材上、中、下3篇，本课程分3个阶段有序实施和推进。第一阶段为课程入门，初步了解学校口琴及口琴博物馆的历史，了解简单的礼仪知识。第二阶段为课程实践，了解学校口琴博物馆8个展区的内容及藏品特色，并结合礼仪知识进行实践演练。第三阶段为综合拓展，结合前两个阶段的学习，加以综合运用和拓展提升，锻炼学生的礼仪、口才和讲解等多方面能力和素养。学生在实践中挑战自我，形成自信，培养能力。

在后期规划中，将逐步丰富课程内容，补充拓展和完善，并针对不同年段和学情进行分层，如为"初级班""高级班"。同时不断创新，搭建平台培养能力，如借助口琴博物馆线上App，开展讲解词评比、虚拟讲解PK、优秀口琴曲选拔等活动，激励学生积极成为口琴博物馆"线上代言人"。还可以走出校园，开展宣传实践、展演活动，向更多人宣传学校、宣传口琴、宣传口琴博物馆。不断深化拓展，让学生提升在礼仪、讲解等能力的同时，锻炼思维、写作、演讲、主持等多维度能力，朝着多元发展的"全人"教育目标推进。

（五）课程评价

第一，严格实行考勤制度，做好签到记录和课堂教学评价。具体见表6-8。

表6-8　学员课堂评价表

	日期		日期		日期		日期		总评
	出勤	表现	出勤	表现	出勤	表现	出勤	表现	
学员1									
学员2									
……									

第二，加强课程实施的形成性评价。设计多元实践活动，如"我与口琴的故事"征文、"参观路线"设计、App录音评比、微信直播等，做好评价记录。

第三，做好课程实施的终结性评价。期末结合学生综合表现评选优秀学员并颁发"小小讲解员"证书，激发学员的积极性和荣誉感。

第四，发挥多维评价功能，除了师生评价、生生互评，还可以发挥家长评价、社会评价及来访者评价等。

三、教材示例

第七讲 走进口琴博物馆（二）
—— 展区 C & D

展区简介

C区 墙上为大家展示了一件中国古老的乐器，它就是中国古代的笙。它也是口琴的祖先呢！1777年，欧洲的一位旅行家来到中国，把中国的一支笙带到了欧洲。欧洲的一位钟表医根据笙的原理发明了原始的口琴，后来，德国的另一位钟表匠在这个基础上加入了吸音。才使口琴的音阶完整起来。口琴在德国盛行后，传到了日本，后来，从台湾去日本的留学生也学会了吹奏口琴，并把口琴艺术带回中国。就这样，口琴在中国盛行开来。请大家看这一把口琴。这就是口琴博物馆的宝贝，它的价值8万元人民币，现在已经绝版了。

镇馆之宝——德国HOHNER的口琴
这是口琴博物馆的"镇馆之宝"——这是一把现已绝版的德国和来的低音贝司口琴，1930年由中华口琴会收藏。HOHNER公司总部有世界上最大的口琴博物馆，他们希望能拥有自己这把口琴，以丰富博物馆，据说当初想以8万美元的价格收购这把琴，可当时的所有者——上海中华口琴会不同意出售，他们认为与其卖琴换钱，不如让更多的人认识口琴，了解口琴的历史，爱上口琴，爱上音乐。当得知杭州市刀茅巷小学要建口琴博物馆之事，一致决定把这把珍贵的口琴赠送给博物馆。于是，这把琴来到了这里，成了博物馆的镇馆之宝。

2008年11月1日，口琴博物馆开馆之际，德国HOHNER公司特意派代表来到博物馆。当看到口琴被完好地保存，他们感到很欣慰，并主动拿出三把口琴赠给博物馆，这三把编号为968、6062、3467的口琴是带着身份证来的，这份德文版的保险证明了这三把琴当时的价值。

"镇馆之宝"哦！

D区 D区为大家展示的是来自世界各地的口琴。这里展示的各种各样的口琴，都是口琴爱好者以及口琴生产商们友情赠送给我校的。这里展示的最长的口琴，有一个人的手臂那么长。最小的口琴只有大拇指这么长。这里还有很多有趣的口琴呢，同学们可以来仔细观看，挖掘你的"最爱"哦！

互动交流

同学们，了解了口琴博物馆C、D两个展区后，你有了哪些认识呢？从中又有一些什么想法呢？和你的小伙伴交流一下吧！

探索历史

同学们，你们知道口琴的演变历史吗？请通过学习，与你的同桌一起讨论并绘制一份简单的口琴演变图吧！（可以用思维导图哦！）

场馆寻宝

同学们，知道了口琴博物馆里珍藏着那么多"宝贝"，大家有没有一种迫切的心情，想赶紧进入博物馆去"寻宝"，找一找我们的"镇馆之宝"，寻一寻那些造型奇特，大小不同的口琴呢？让我们一起走进博物馆，寻找你心中的最爱吧！

解说实践

同学们，参观了C、D两个展区后，你比较感兴趣的是哪个展区呢？你最喜欢的是哪一个藏品呢？假如你就是博物馆的"小小代言人"，您想怎样来介绍和宣传我们的博物馆呢？请选择C、D两个展区中的一个，来介绍一下吧！

1. 同学们可以在《学习活动册》上先写一写，起草一份解说词。
2. 结合自己的参观体验，先说一说，练一练。
3. 要试说给你的小伙伴们听一听吧。

活动评价

自我评价：☆☆☆☆☆
同伴评价：☆☆☆☆☆

图6-9

四、教学案例

（一）案例缘起

"口琴博物馆·小小代言人"课程中篇从第五讲到第十二讲，分别由"走进博物馆"四个篇章和着装、仪态、举止、语言四大礼仪穿插交替进行。本课为第七讲《走进博物馆（二）》，即探索博物馆展区C和D。学生经过上篇四讲和《走进博物馆（一）》的学习，初步了解学校与口琴的渊源及口琴博物馆的历史，也对讲解员礼仪有了基础认识。本课将带领学生走进口琴博物馆最重要、最精华的C、D展区，去了解口琴的起源与发展，认识各种类型、种类的口琴，发现珍贵藏品及背后的精彩故事，寻找心中的"最爱"。通过学习，学生为最喜欢的展馆、藏品做解说，学写解说词，学做小小解说员，为博物馆代言。

（二）案例描述

1.头脑风暴，热身导入

课前，教师和学生一起回顾上次课参观和学习的博物馆A、B展区。大家简单地说一说A、B展区中有哪些内容，交流给自己留下最深的印象或者最感兴趣的藏品等，轻松的氛围激起学生对博物馆的热情。然后，教师提出："今天，我们将一起走进博物馆C、D展区，来了解口琴的起源与发展，同学们还会看到很多珍贵的口琴藏品，认识各种类型的口琴。相信今天的博物馆之旅一定会给大家带来无限乐趣"。

老师接着提问："同学们知道口琴的由来吗？"学生结合自己的了解和从课外各种渠道收集的信息，小组内先讨论，然后派代表说一说关于口琴的认识。

2.口琴历史，导图演示

学生经过头脑风暴和小组讨论、汇报交流，初步了解了口琴的相关知识。教师让学生打开书本（教材第20页），通过自主阅读，来了解口琴的发展历史，画一画感兴趣的内容。然后，同桌交流对口琴发展历史的认识。最后，教师总结：口琴其实源于中国，数千年前被称为"笙（Shēng）"。它是一种由竹簧片发声的乐器，在传统音乐中占据重要地位。18世纪后期，笙传入欧洲。19世纪，欧洲乐匠们开始尝试用金属簧片来代替笙中的竹簧片。大约在1820年，一名年轻乐匠打造出了第一支采用金属簧片的口琴（当时称为Aura）。大约在1825年，欧洲人Richter发明了现代口琴的雏形。后来，另一位钟表匠Matthias Hohner通过拜访学到了口琴的制作工艺，也开始做起了口琴生意。口琴又传回了中国。

教师请学生结合所学，仔细回忆口琴的发展历程，在第21页的"探索历史"板块，用思维导图的形式画一画口琴演变图，并分享交流。

3.认识口琴，参观交流

教师布置任务："故事中有一个钟表匠名叫Hohner，他就是后来德国HOHNER公司的创始人。在我们博物馆中就有一个"镇馆之宝"，德国HOHNER口琴。大家想不想去认识一下呢？同学们先自主阅读，了解"镇馆之宝"和背后的故事，再小组交流。"

老师说道："除了"镇馆之宝"，在C、D展区中还有来自德国、日本、中国台湾各地的口琴。你们想知道最长的口琴有多长？最小的口琴有多小吗？下面，就让我们一起去博物馆看一看吧！"师生一起参观展区。教师指引学生找一找"镇馆之宝"，介绍口琴种类及用途。学生边参观，边记录、拍照。参观后，可以小组讨论新的发现，分享参观感言等。

4.设计解说，评选代言

参观博物馆以后，教师引导学生思考：作为学校的小主人，你想怎样来介绍和宣传我们的博物馆呢？选择C、D两个展区中感兴趣的展区或最喜欢的几件藏品，设计解说词并介绍。学生在《活动手册》上设计解说词，然后同桌相互点评、相互修改。

解说词设计好以后，请学生上台演示，并评一评谁是"最佳代言人"。教师总结："今天我们了解了口琴的发展历史，也认识了很多口琴，相信大家一定有很多收获。感兴趣的同学可以课后再去仔细地参观博物馆，也可以上网搜索，了解更多关于口琴的知识，还可以将了解的口琴知识、博物馆展区介绍给爸爸妈妈或小伙伴们。"

（三）案例研究价值

"口琴博物馆·小小代言人"课程旨在培养学生"代言人"的基本素养和能力。作为刀茅学子，从一年级开始学习口琴，每天在悠扬的琴声中拉开学习的序幕。那么，学生是否知道口琴的起源与发展历史？是否知道口琴有着不同种类与功能呢？"口琴博物馆·小小代言人"课程转变了枯燥机械的讲解词背诵模式，更注重培养学生知识内涵、能力素养，使学生做一名有思想的代言人。

1.丰富知识内涵

引导学生通过学习，了解和掌握口琴的发展历史。首先设问答疑，调动学生原有知识储备，然后引导自主学习、探寻答案，在交流的基础上进行知识拓展和补充。最后引导学生用思维导图画一画口琴演变图，加深认知。在学习、交流和梳理的过程中，丰富知识内涵。

2.开阔视野眼界

在了解口琴的演变历史时，少不了要介绍一位钟表匠Matthias Hohner和"镇馆之宝"—— 一把德国HOHNER公司现已绝版的低音贝司口琴。其中还有一个耐人寻味的故事：这把绝版口琴没能被德国HOHNER公司高价收购，反而来到刀茅，成了

"镇馆之宝"。HOHNER公司在开馆之际，特派代表前来参观，还赠送了三把带有身份编号968、6062、3467的口琴。学生在参观了解这些口琴及背后的故事时，增长了见识，开阔了视野。

3.培养思维想象

学习过程中，教师多次设疑设问，引发学生思考，鼓励大胆交流。同时设计多项学习任务，如通过口琴演变历史的学习与交流，利用思维导图设计"口琴演变图"；结合参观设计展区解说词，并与同伴交流，互相修改点评；等等。这些活动给学生创造独立思维和想象的空间，培养其自主设计和个性展示的能力。

4.升华情感态度

教师让学生着重思考了两次：一次是学习和了解了博物馆的"镇馆之宝"后；一次是参观了博物馆C、D两个展区后。教师让学生谈一谈自己的想法和感受，目的是引发学生情感共鸣，调动学生作为小主人的骄傲和自豪，培养学生对学校的归属感和自豪感。

五、课程开发与实施的研究价值

学校秉承蔡元培先生"易简得理"办学理念，持之以恒践行口琴艺术教育。自2008年建成国内首家口琴博物馆后，学校便开设了"讲解员"课程，为博物馆对外接待培养讲解员队伍。随着课程实施与发展需要，学校对课程目标和未来规划进行了调整和完善。2017年调整为"口琴博物馆·小小代言人"课程，2018年编制了《小小代言人拓展课程教材》和《活动手册》，让课程实施更规范化、科学化。

近年来，口琴博物馆接待了一批又一批来自世界各地的参观者、来访者，代言人担负起礼仪接待和讲解工作，落落大方的身影、礼貌友好的态度、口齿清晰的讲解，还有优美动听的琴声受到了来访者的一致好评，也成为校园里一道亮丽的风景。2017年，学校口琴博物馆被评为"（原）下城区十大创新实验室"，2018年被评为"浙江省创新实验室"，2019年被评为"社会资源国际旅游推荐示范访问点"。

"口琴博物馆·小小代言人"课程的实施，培养了一批又一批"小小代言人"，他们用自己的言行，让更多人了解学校特色，了解口琴博物馆。2019年，口琴博物馆App上线，以科技的创新开拓口琴课程新领域，借助线上网络平台，让更多人了解刀茅口琴和口琴博物馆。我们也将继续探索口琴拓展课程的发展，借助口琴特色办学的深厚积淀，让每一位学子都能发展个性、展现特长，感受身为刀茅学子的骄傲和自豪。

经历青蓝　礼遇世界

——"礼·宾"课程案例

2019年杭州市（原）下城区精品课程
撰稿人：魏　榕　课程负责人：魏　榕
研发团队：娄屹兰　虞　佳　谢晨辰

一、课程简介

杭州市青蓝青华实验小学自2006年开始，就成立了"青蓝礼宾队"，主要承担迎接来宾、介绍校史、传播文化等重要任务。经过前期的尝试探索，学校于2015年开设了"礼·宾"校本课程，以"全员＋个性""线上＋线下"的方式对三、四年级的学生进行系统培养。通过校内、校外联动学习，线上、线下"双线"学习，以"学习传统文化""培养优雅文化""解说校园文化"和"了解世界文化"为单元主题，在全员性学习的基础上进一步探索实践，要求学生能够通过社团微组织这一平台扎实理解传统文化，明晰青蓝校园文化，了解世界礼仪文化，能够养成标准仪态举止，锻炼良好口才。

二、课程纲要

（一）课程设计背景及理念

"礼·宾"课程依托学校省规课题"经历伴随成长：青蓝学子素养培育的载体设计与实施"，凸显体验、经历在学生成长过程中的作用。本课程既有面向三、四年级全体学生的全员学习内容，也有针对社团微组织成员的个性化培优学习内容。全员性学习内容，贯穿2个学年共4个学期，将礼宾内容整合进语文、数学、英语、科学、道德与法治、美术、体育、音乐学科，激发学生对礼宾学习的兴趣，引导学生初步了解相关知识。全员学习内容安排见图6-10所示。

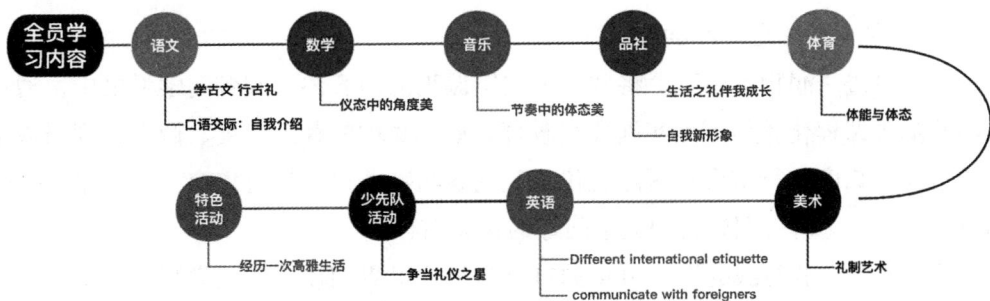

图6-10

（二）课程目标

通过礼宾课的文化学习，了解我国礼仪文化的相关内容，同时了解部分国外礼仪，认识礼仪文化的差异，感悟我国礼仪文化的博大精深，激发学生爱国主义热情，增强学生归属感、认同感。

通过礼宾课的解说练习，引导学生了解校园文化，同时帮助学生锻炼口语表达能力，使每个学生愿意表达、善于表达，培养具有良好口才的新时代青蓝学生。

通过礼宾课的行为培养，帮助学生养成良好的行为规范，并使之能够融于每个学生的日常生活中，培养具有优雅举止的学生。

通过礼宾课的实践活动，帮助学生在团队合作中养成责任感与担当意识，培养具有强烈责任和担当意识的学生。

（三）课程内容

表6-9 "礼·宾"课程内容

（四）课程实施

1.学习方式

（1）跨学科的全员性学习。

课堂渗透"润物无声"。将"礼·宾"课程的内容渗透到各门学科之中，通过不同的基础课程化整为零地实施礼宾教育。如礼宾中的鞠躬角度、微笑弧度与数学中的角度、弧度进行整合；国际礼仪相关内容与英语口语进行整合，以便学习基本的英语口语，了解各国语言中关于问好的相关内容。

活动渗透"我行我秀"。每年的11月21日"世界问候日"，举行"经历一次高雅生活"的活动。当天所有学生都身着正装，经历一天绅士与淑女的生活。举办"礼仪擂台赛""青蓝礼仪日""童年有你"等活动。

社团渗透"力学笃行"。通过参加社团，学生了解有关基础礼仪和仪态礼仪的知识，具备丰富的个人涵养和积淀，熟练掌握青蓝文化，运用中国文化，了解世界文化。使学生初步具备运用以上知识的能力，能够在言谈举止中有所体现。

（2）基于兴趣的个性化学习。

在面向全员的基础上，青蓝小学基于部分学生的兴趣爱好需求，制订了个性化学习目标，针对部分学生设计的个性目标是通过社团微组织、实践等方式达成。每位学生在校6年都能够经历2年的"礼·宾"课程学习。

（3）融入日常的真实性学习。

"礼·宾"课程内容分三大板块、九大模拟场景，课程根据不同内容创设不同情境。将学生所学内容与真实的生活情境相联结，使学生对所学内容产生兴趣，用积极的动机去学习新知识，实现学习方式的转变，培养学生的多项能力。

2.实施方式

（1）活动安排。

面向全员的实施方式：

①授课次数：三、四年级共11次。分别为：道德与法治2次、语文2次、数学1次、英语2次、音乐1次、体育1次、美术1次、少先队活动1次。

②授课时长：45分钟。

③授课场地：各班教室。

面向社团微组织的实施方式：

①授课次数：32次/学年。

②授课时长：90分钟。

③授课场地：专用教室、校内墙画、文化展厅、校史馆及校外橱窗。

（2）教学模式。

校内教学主要采用教师讲授示范、学生小组讨论、实地模拟、感知训练、案例讨论等方式，配合丰富完善的课件资料包，将校内资源利用率最大化；校外则侧重对社团微组织成员展开教学，我校与浙江育英职业学院航空分院进行合作，定期举办专题讲座、校外礼仪培训活动，我校还积极参与省市区各种接待颁奖活动，通过接待任务提升学生礼宾水平，借助实践活动提升学生综合素养。

学校还利用网络教学资源将学习延伸至课外，每学年设置了4次面向全员的线上课程，让学生的课外学习有章可循，激发学生主动学习的兴趣，进而促进礼仪素养的内化。

（五）课程评价

"礼·宾"课程是一门理论与实践并重的课程，它涵盖了多方面的知识技能。既注重学生的理论知识学习，也关注学生口语交际能力和行为仪态规范，更重视学生的团队合作能力和责任担当意识。

表6-10　"礼·宾"课程评价表

项目	要素	综合评定	自评	生评	师评	总评
参与态度	纪律	我能够按时上课下课，能够专心听讲、积极回答问题并认真思考。				
	历史传承	课堂上所讲的传统礼仪知识我已经都掌握了，我还能创造性地讲给其他人听。				
礼仪知识	学校文化	在学习学校文化的过程中，我已经清楚掌握了我们学校的文化，我热爱学校，我还能介绍学校。				
	国际理解	我清楚地知道世界上其他国家的一些礼仪、风俗、习惯，能够讲解出他大部分国家的风土人情。				
整体形象	基本礼仪	无论是课堂上还是课堂外，我都能够根据课堂上所讲授的知识整理好自己的仪容仪表；能够正确地站、走、坐、蹲。				
	团队合作	我能照着课程中其他人的感受，并试图把大家团结起来，我总是能够起到一个连接大家的作用，同学们也都非常喜欢听我的。				
个体素养	表达能力	我能够清晰、准确、简洁地表达清楚我内心的想法，在向来宾讲解校园时，我能声音响亮、目光直视地进行讲解。				
	沟通能力	我能够清楚、准确地表达自己的意愿，能理解不同人的不同需求，并向他们进行反馈。				
	应变能力	无论发生什么事，我总是能沉着、冷静地想到解决方法，并且和其他人商量沟通、最终解决问题。				

项目	要素	综合评定	自评	生评	师评	总评
参与态度	纪律	大部分时候我都能按时上下课，听讲时可以认真思考，并有选择地参与。				
	历史传承	我掌握了大部分中国传统礼仪知识，能简单说一些内容给其他人听。				
礼仪知识	学校文化	我已经理解我们学校的校园文化，并能讲解学校的一部分内容。				
	国际理解	我记住了一部分国家的礼仪、风俗、习惯，能够与他人分享部分国家的风土人情。				
整体形象	基本礼仪	在课堂上，根据老师讲解的知识，能够完成仪容仪表的整理，并且能够按照老师要求的标准进行站、走、坐、蹲。				
	团队合作	我能够尝试和同学们合作，共同解决问题，在团队中我有自己要写的搭档，我愿意和同学们合作。				
个体素养	表达能力	我能够主动、大胆地说出内心的想法，在校园活动中，我能流畅、顺利地完成自己所承担的部分。				
	沟通能力	我能够主动说出我的想法，并且能和其他人正常沟通，解决他们提出的问题。				
	应变能力	在发生意外之外的事情时，我能利用自己的经验，结合课堂上学过的内容，经过思考，尝试解决问题。				

过程与目标结合起来评价，结合课堂提问、课后作业、情境测验、模块考核等手段，加强实践性教学环节的考核，并注重平时分。评价方式通过自评、生评、师评的顺序，最后得到总评。完成全部课程后可以获得一张解说证。强调理论与实践一体化评价，注重引导改变学生学习方式。强调课程结束后综合评价，注重考核学生所拥有的综合水平。在学校日常接待任务中，进行过程性、形成性评价。

三、教材示例

第一节　仪容仪表

仪容仪表指人的外表、外貌，这在与他人日常交往的过程中起着非常重要的作用，每一个人的仪容仪表都会引起对方的特别关注，并且会影响对方对自己的整体评价。

那我们应该怎样做才能得到对方较高的评价呢？

1.注意着装

(1) 在正式场合下，我们需穿学校统一的礼宾服装，衣服、鞋子、裤子或者裙子需要保持干净整洁，重要情况可以化淡妆。

(2) 在普通场合下，我们要穿着合适得体的服装，不穿奇装异服，不戴首饰，不化妆。

因为服装是体现我们自我形象的重要标准，所以不管是在什么场合，我们都应该做到定期清洗服装，如有破损需要及时修补，我们要时刻保持衣着整洁清爽，要求衣着无异味、无异物、无异色，如果一件衣服上遍布了油渍、汗渍、油漆，那给人的第一印象就不太好了。

2.注意笑容

笑容是一种可以令人感到愉快的面部表情，它可以营造出一种温馨融洽的交往氛围，可以说笑容是人们交往的润滑剂。保持微笑有什么作用呢？

(1) 笑容可以展现良好的心境，表明自身愉悦、乐观的态度，这样也会产生吸引别人的魅力；

(2) 笑容可以让自己充满自信，让自己呈现出一种不卑不亢的态度，这样容易使对方产生信任感，自己的意见也更容易被人所接受；

(3) 笑容可以展现出真诚和友善，面带微笑反映出自己心地坦荡，真心实意地与人交往可以让对方在交往中自然放松，显得别人亲切感；

(4) 笑容在我们日常礼宾接待的过程中，笑容能够创造和谐的气氛，让被接待对象倍感愉快和温暖。

上图这张图是我校青蓝蓝在G20时接机献花的照片，阳光灿烂的笑容很有感染力，现在请你把最真诚的微笑展现给你的同学。

图6-11

四、教学案例

（一）案例缘起

"礼·宾"课程以"双线交叉"实施（见图6-12），既注重三、四年级所有学生的浸润式培养，又注重部分学生个性化培育。面向部分学生设计的个性目标是通过社团活动、实践活动等方式达成。我校与浙江育英职业学院航空分院进行合作，定期举办专题讲座、校外礼仪培训活动，并积极参与省市区各种接待颁奖活动，通过接待任务提升学生礼宾水平，借助实践活动提升学生综合素养。此案例为2018年我校与育英职业学院合作开展的成果。

图6-12　"双线交叉"个性化实施

（二）案例描述

上午篇

前期培训。在校园中，礼宾队历来为一道独特的风景线。为提升学生素养，开阔他们的视野，11月9日上午，学生走出校门，走进位于下沙的浙江育英职业技术民航航空分院，学习了一回专业的礼宾知识。下午，我校成为东道主，邀请育英的老师和志愿者学生走进青蓝小学一起参与了为期半天的课程。

航空知识我知道。空乘行业可以说在现如今服务行业中礼仪礼宾方面做得比较突出，因此，学院老师为礼宾队队员准备了生动有趣的空乘知识小讲堂。

空乘知识小讲堂。身着职业装的未来空姐、空少向队员们演示了职业化的仪容仪表，从站、走、坐、蹲四种姿势入手，展示了空乘行业中的常用职业礼仪。一抹抹标准的微笑、一个个规范的动作引来队员们的阵阵惊呼。该环节的主要目的就是希望通过专业人士的示范，帮助礼宾队员们更好地完成今后的接待迎宾任务。

救生衣穿戴大比拼。接下来的环节是"学习穿救生衣"，队员们都知道救生衣的位置，但很少有人了解救生衣的用法，于是空姐、空少们亲自示范，详细地讲解了穿救生衣的每一个步骤。这个环节的学习实践，目的就是希望礼宾队员们在今后的解说中做到细致、有条理、有耐心。

登上飞机实战演练。在这个环节中，航空分院为礼宾队队员们准备了人手一张的"登机牌"，并且系统地讲解了如何从登机牌上获取相关信息。随后，队员们在空姐空少的引导下进行登机。空姐空少规范的接待、引导姿势深深吸引了青蓝礼宾队的队员们。如何引导、弯腰几度最好、如何一边微笑一边引导，这都成为队员们今后需要注意的问题。在接受了空姐、空少的服务后，队员们也扮演了一回服务人员，将自己之前所学的礼仪姿势展示了出来。

下午篇

当日下午，育英的部分教师和志愿者学生走进校园，跟我校礼宾社团的成员们共同活动。

礼仪展示。经过系统的训练，我校学生能够以端正的"四姿"迎接来宾，我们向育英职业学院的客人展示了礼仪基础。

校园解说。校园解说是课程中很重要的一个部分，借助这次机会，学生带领客人参观学校，参观了我校的校外橱窗、特色墙画、校史馆、文化展厅。学生耐心细致、大方积极地解说了校园文化和景观特色。

专业指导。育英的教师和志愿者学生还对我校学生展开了指导，介绍时的手势、回答问题时的眼神、引导客人的站位，这些平时学生做得不够完美的地方，在指导下得以改进、完善。

活动评价总结。当天的活动结束之后，课程负责教师对学生进行了一个简单的评价和总结。结合整个课程的评价、本次活动的任务单，对学生进行了形成性、表现性的评价。

（三）案例研究价值

1.校内外联动扩充教学资源

传统的课堂教学将教学地点限制在学校内，通过单纯的教师讲解进行单方向的知识输出。而本课例将校内外资源打通，实现小学与大学的联动教育，使得学生了解小学以外高一级学府的教学教育内容，以更丰富的资源促进学生的进步与发展。

2.真实情境促进学习成效

"礼·宾"课程始终坚持让学生在真实情境下学习，学生只有真正融入到真实的环境中，真正参与到探究实践中，真正和相关联的人沟通交流才能最直接地提高能力和素养。

3.课程浸润培养多种素养

（1）激发学生对礼宾的兴趣。本课例让学生走出校园，学到了许多传统课堂上学不到的航空领域知识，这一段经历将成为他们学生时代一段难忘的回忆。相信通过此次活动，学生对礼宾接待的学习兴趣将会大大增强。

（2）塑造学生的形体美。未来的空乘专业人员系统地展示了站、走、坐、蹲四种礼宾姿势，学生在专业人员的指导下，对自身存在的问题进行了反思和总结，从而更好地塑造了学生的形体美。

（3）锻炼学生的口语表达能力。未来的空乘人员和学生的互动非常多，学生敢于表达也乐于表达内心的想法和疑问，从而提高了口语表达能力。另外，空乘人员耐心、专业、细致的回答也在潜移默化中影响着学生。通过此次活动，学生在口语表达上也得到了锻炼。

五、课程开发与实施的研究价值

（一）擦亮了学校"经历伴随、打造没有围墙"的学校品牌

"礼·宾"课程作为学校拓展性课程群的主干课程，作为课堂教学的延伸，创设多种载体，实现理论与实的结合。课程有利于巩固了课堂学习的内容，也提高了学生对礼宾的兴趣，从而使我校课程更丰富多彩，成为一大特色。因此，课程也得到了家长的一致认可，成为学生最喜爱的课程之一。"礼·宾"课程成了青蓝小学的一张金名片。

（二）培养了一群谦逊有礼、谈吐优雅的青蓝学子

青蓝小学一贯坚持"经历伴随成长"这一大背景，所有课程设置的终极目的都是学生的长足发展，"礼·宾"课程作为其中的一环，旨在通过一系列的学习引导，锻炼学生的口语交际表达能力，让每一位青蓝学子成为谦逊有礼、谈吐优雅的新时代少年。

（三）助推了一批敢于创新、勇于实践的优秀教师

教师作为课程的开发者和引领者，也是不可或缺的存在，"礼·宾"课程的开发与实践，助推他们完成了从教学型向研究型教师的转型和蜕变。教师经过长时间的思考、设计、讨论、修改、再整合，最终将"礼·宾"课程推向学生群体。

用爱守护　逆行在身边

——"亲近盘纸"课程案例

2018年杭州市精品课程

撰稿人：赵　洁　课程负责人：张　媛

研发团队人员：陈文芳　陈文菊　方　莉　王晓颖　赵　洁

一、课程简介

杭州市刀茅巷小学在"以生为本，问题导向，特色办学"理念的指导下，构建促进学生全面而有个性发展，满足学生自主选择和多元发展的课程体系（"236"课程体系）。其中拓展性课程结合学校实际，将"知识拓展、体艺特长、实践活动"3门类课程有机组合为3个系列——基本素养、综合能力、口琴特色，6个模块——人文积累、行为习惯、体艺特长、实践活动、艺术素养、技能训练。

"亲近盘纸"课程是我校开设的拓展性课程之一，这门课程把中国民间的非物质文化遗产盘纸艺术引进校园。盘纸艺术是通过卷曲、捏压形成原始设计形象的一门折纸艺术；以专用的工具将细长的纸条一圈圈卷起来，成为一个个小"零件"，再将形状各不相同的小零件组合创作，形成不同的画面；通过学生大胆的想象设计，利用各种卷法、捏法表现出千姿百态，富有立体感的动、植物或人物形象。

"儿童的智慧在他的手指尖上。"由于材料准备较容易，很多学生都非常喜爱盘纸活动。但光有好的材料是不够的，还需要好的创意。盘纸是一个神秘而又美丽的王国，充满了智慧与乐趣的挑战。当快乐和智慧一并收获的时候，生活就变得更加生动有趣了。心灵之美在指尖的流露就是纸艺，快来享受这里宁静的快乐吧！

二、课程纲要

（一）课程设计背景及理念

开展盘纸课程有利于传承和发扬非物质文化遗产，也能够启迪学生智慧，将彩色的纸条变成一个个平面或立体的作品。目前，"亲近盘纸"课程已经有非常多的优秀作品，各种形式的活动深受好评，在2018年获得杭州市精品课程，学生作品多次获得杭州市（原）下城区艺术节比赛奖项。

在新一轮国家基础教育课程改革的促动下，依照我校的课程总体规划方案，结合前期对学生的调查了解，我校自主设计研发了一系列拓展性课程，"亲近盘纸"便是其中一门美育课程。本课程是以纸的自身颜色搭配及纸张独特的肌理效果为基础元素，运用类似于中国传统技艺"盘扣"的手法，使用牙签、镊子、小棒等手工艺工具，将纸经过细致的"盘、编、剪、搓、捏、折、压、粘"等手法，组合完成一幅幅精美的图画，最后拼成精巧立体的工艺品。小学生想象力丰富，根据他们的能力特点，本课程对古老质朴的盘纸技艺进行了改变和延伸，帮助学生提高动手能力，提高他们对生活的热爱、对美的无限追求。课程融入了童趣元素，既保留了盘纸原有的神韵，又更贴近学生的兴趣。

（二）课程目标

通过盘纸课程的实施，让学生了解盘纸技艺的起源、发展及盘纸技艺的相关常识，为学生提供动手动脑的实践机会，提高学生审美能力，促进学生身心发展，培养德艺双馨的人才。

通过盘纸课程的学习，使学生熟练掌握水滴卷、紧卷、松卷等多种盘纸技艺中的基本卷法，让学生体会盘纸古老的艺术美学。

通过观察、思考、实践掌握盘纸的技艺，小组合作设计并完成较为复杂的项目盘纸作品，培养学生对美的观察力、感受力和判断力，感受中华传统文化的内涵，激发民族自豪感，从而完善学生良好的个性心理和完美的人格。

（三）课程内容

"亲近盘纸"课程根据内容分为基础技艺、整合创编、拓展项目3个单元。详见表6-11。

表6-11 "亲近盘纸"课程内容

单元		单元内容	单元目标
基础技艺	基础入门	神奇的盘纸艺术	1. 了解盘纸起源、意义及人文关系； 2. 掌握盘纸的基本手法及卷法
		盘纸基本技法	
	渐入佳境	万紫千红总是春	1. 掌握盘纸的简单堆叠方法； 2. 体会盘纸作品的奇妙，初步感知盘纸的美
		留连戏蝶时时舞	
		奇妙的动物王国	
整合创编	平面盘纸	快乐 ABC	1. 初步掌握一副完整盘纸作品的制作方法； 2. 初步感知盘纸作品的美
		雪花精灵	
		芭蕾女孩	
	立体盘纸	五彩缤纷的盘纸画	1. 进一步熟练掌握盘纸的制作方法； 2. 深入欣赏美的锻炼与创造美的打磨
		生机勃勃的盘纸树	
		古色古香的盘纸扇	
拓展项目	组合盘纸	欢乐六一	1. 掌握盘纸的项目学习，培养学生将其他学科知识融入项目的能力； 2. 让学生了解自己的优势，将自身能力更好地发挥到项目中，创造美的作品
		十二生肖	
		喜迎新年	
		用爱守护	
		爱我家乡	

（四）课程实施

本课程从2014年3月开始实施，在每周一下午校本课程开展的时间，与其他课程一起实行走班制授课，一年级以线上亲子课程形式开展，二年级以普及课形式开展。2014年和2015年，在盘纸工艺大师的带领下，"亲近盘纸"课程组进行早期调研，校外特聘指导老师组织小范围尝试。调研后，2016年和2017年本校教师团队加入，正式在全校选拔学生，亲近盘纸课程正式全面实施。在课程实施中，除教师的统一讲授之外，每节课都有师生一对一地示范和讲解。课程实施至2018年的时候，我校保留初级班的同时，成立盘纸精英班。2018年，该课程获杭州市精品课程。2018学年第二学期我校开设整合课程，至今整合课程已产生了非常多的优秀作品。2019学年我校增加盘纸的项目学习，引入学校其他课程经验，将盘纸作品艺术升华。2020年新冠肺炎疫情期间，我校未停止"亲近盘纸"课程教学，将课程从线下转到线上。突破时空限制，每一位参与课程学生都能感受技艺和美学的体验。

（五）课程评价

1.评价原则

（1）强调课程评价的过程性。关注课程本身的体验性、操作性和实践性，关注学生在学习过程中有新的生成和质疑，获得实际的体验感和经验，在知、情、意上都有所收获。

（2）实现课程评价的多元化。教师、学生、家长、校外指导教师、社区居民等都是评价者，肯定学生与世界交往的多元方式。

（3）重视课程评价的反思性。无论是对课程还是对学生的评价，都不只是为了评价而评价，而要让学生通过自我反思，不断改进和提升，完善自我教育能力。

2.评价内容

（1）学习态度（课前材料及工具准备情况、课堂听讲情况）。该部分由学生自评和教师星级评定。

（2）作品完成情况（每次课程的作品完成质量）。该部分由学生自评、同伴互评。

（3）个人成长袋（课程结束后学生把与课程相关的资料搜集整理，制作成个人成长袋）。该部分以展示交流为主。

（4）优秀作品展示。评选出的优秀作品在每年学校新年音乐会期间进行校园巡展，让全校师生都能欣赏学生的佳作。

表6-12　盘纸课程评价表

评价内容	评价方式				
技能	自评				
	互评				
态度	自评				
	互评				
作品	自评				
	师评				

（4）以课程本身为评价对象，评价指向课程的教材、设计、实施、效果等。对于课程知识的学习、课程活动的实践，学生是最有发言权的。因此，对于课程教材、内容设计、实践活动和实施效果，我们采用学生问卷调查和采访相结合的方式获取反馈，由此不断完善课程的开发与实施。

3.评价方法

（1）自我评价。学员建立自己的综合实践活动档案，深入地了解和肯定自己的能力，与同伴分享探索的体会及成功的喜悦。

（2）教师评价。评价内容包括学生参与综合实践活动的态度、创新精神和实践能力的发展情况，学生对学习方法和研究方法的掌握情况。

（3）其他评价。对于学生表现及课程表现，除了学生自己进行评价，家长、同伴、社区居民、环保志愿者也可以用文字、图片、星级等方式评定学生表现。

（4）综合评价。课程结束后，根据成长袋制作情况和评价园的评价情况，评出课程优秀学员，以"盘纸技能章"奖励；并给6优同学"盘纸代言人"称号，4–5优同学"盘纸小工匠"称号，1–3优同学"盘纸小能手"称号。

三、教材示例

图6-13

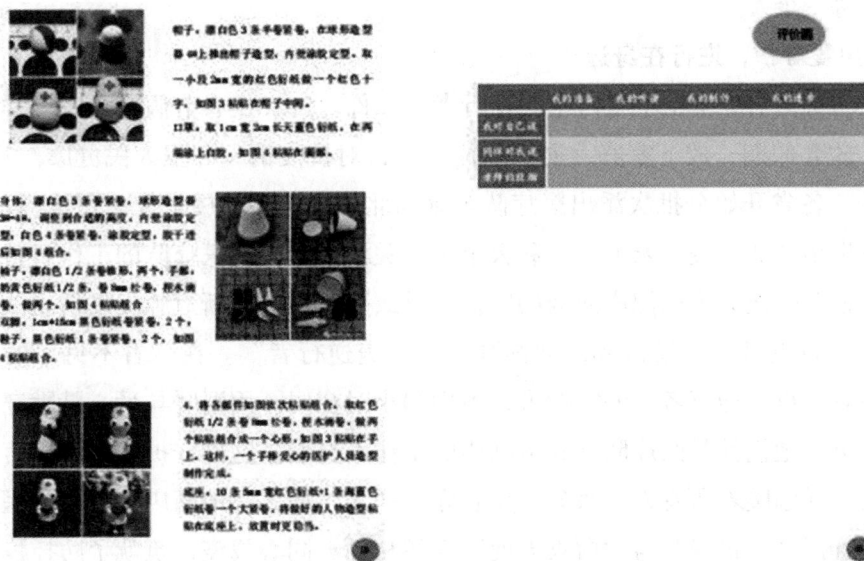

图6-14

四、教学案例

（一）案例缘起

"亲近盘纸"课程作为我校开设的校本课程，本着学生能力和学生兴趣相结合的原则，有效地培养了学生动手、合作、探究、创新的能力，较好地促进了学生的个性发展及特长培养，是我校着力研发和实施的美育类课程。这门课程是把中国民间的非物质文化遗产盘纸艺术引进校园，让学生具有欣赏美、创造美的个性艺术修养的同时，促进学生的全面发展。结合2020年"防疫"这一热门话题，教师以"用爱守护"这一主题为中心开展系列实践体验活动。经过大胆创新，精心设计，一个个赏心悦目的作品呈现出来，彰显着学生的奇思妙想。有的作品意境广阔、含义深远；有的作品色彩丰富，寄托着对医护人员的美好祝福……

（二）案例描述

"用爱守护"课程项目式活动，以"感恩——生命的意义"为主旨，借助课程项目式教学让学生通过了解"身边小事""武汉加油"等事迹感知大爱和小爱，感受有形与无形之手的守护，懂得感恩；在教师带领下描述动人故事，打开学生的视野，促进进一步感受生命的意义；项目式的层层深入学习，以"武汉加油"为实践切入口，带领学生懂得感恩、尊重生命、提升生活幸福感，进而将这份感悟传递给身边的每一个人。

1.用爱守护，逆行在身边

教师组织引导学生小组讨论"逆行者"事件。2020年春节假期，有一群"逆行者"，放弃假期，放下家庭，逆行前往湖北，对抗疫情，守卫人民健康。从1月27日开始，各省开始分批次派出医疗队奔赴湖北开展医疗救援工作。1月28日起，都市快报推出《战"疫"家书》，和大家一起关注援助湖北医疗队的工作日常，记录那些在临床一线为人民健康而战的医护人员故事。在抗击新冠肺炎疫情主战场，医务人员夜以继日、连续奋战，被称赞为"最美逆行者"。在"看不见"的战疫一线，还有一群"逆行者"的守护人，他们24小时在岗，用温暖与爱心默默守护着医疗队队员，他们就是医疗队员驻地酒店的工作人员们。这群守护者，不多言语，却像家人一样温暖着所有人。医务工作者守护病人生命，驻地酒店人员守护医护人员起居，这群"守护者"与"白衣天使"守望相助、同心战疫，筑就了防控疫情的云南赤壁情。

2.新颖教学，创意制作

项目体验式教学，培养学生的创新思维。在盘纸教学过程中，教师将学生的兴趣、需要放在首位，鼓励学生发挥自己的创造力，自主选择合作伙伴，让他们的个性有更好的发展。

体验式教学的方法多种多样，教师要根据学生的学情进行分析，创设体验情景，找到可以帮助他们自己感悟探究的方法。例如在教授制作盘纸人物时，利用多媒体观察医护人员人物图片，一起分析讨论人物特征、色彩、神态等。

教师帮助学生改变原有的单纯接受的学习方式，在开展有效学习的同时，引导学生通过自主讨论参与学习活动，获得亲身体验，逐步形成一种在日常学习与生活中喜爱质疑、乐于探究求知的心理倾向。

3.传承发展，自我创造

任何一门艺术都会有传承和发展，盘纸是非物质文化遗产，师生在教学过程中继承总结前人优秀的经验，再加入自己的思维想象进行发展创造。

多手段教学，打好基础。盘纸艺术的制作方式比较简单，但也存在一些需要学生注意的地方。在教学过程中，教师借助微课演示解决制作难点，重点过程和步骤可以放大局部，更加清晰、直观。

信息技术，运用自如。学生在制作完成盘纸作品后，用视频分享的形式，介绍制作过程中的重要环节，用小剧场展演"用爱守护"。

（三）案例研究价值

"用爱守护"作为"亲近盘纸"课程中的一个美育活动项目，其价值有三点：一是形成绿色生活的基本理念，学会使用工具的方法，从而引导学生从其生活环境中选择感兴趣的主题和内容深入研究、实践；二是创设开放的想象空间，鼓励学生去观察，去探索，去质疑，去讨论，去阐发属于自己对守护的想象；三是项目式的盘纸创作学习活动，受到了不少学生的喜爱，他们享受项目学习的乐趣，不仅锻炼了动手能力，还激发了创意灵感。

课程学习中，学生通过独特视角和表现手法，描绘出对爱的认知、对美的体验，也充分发挥了丰富的想象力，努力成长为全面发展的明德少年！

五、课程开发与实施的研究价值

"亲近盘纸"课程是一个项目式的美育活动课程，引领学生结合生活经验和创作行为来感受生命的理念，乐享生活幸福品质。作为一个项目式的美育体验活动，它采用层层推进的方式来引导学生形成感恩父母、感恩国家、感恩社会的理念，学会尊重生命、热爱生活。

在网络课程资源的基础上，教师不断丰富"亲近盘纸"课程内容并增添符合时代生活的元素。根据学生的年龄特点更加精细化实施分层活动，针对一、二年级的学生开展亲子课和普及课程，针对三—六年级的学生进行整合创编及拓展项目学习。在整个课程的学习中，学生技法的提升是非常明显的，学生的能力和素养也在悄然进步。

从实施情况看，这门课受到不少学生的喜爱，每次选课的人数都超过预设人数。学生在课堂上表现得专心致志，乐趣，在期末的课程成果展示中盘纸课程的作品可谓独树一帜，受到了师生及家长的称赞。

分工协作　项目开发

——"App Inventor安卓手机编程"课程案例

2017年浙江省精品课程

撰稿人：许　璐　课程负责人：许　璐

研发团队：李　洁　张　岚　林晓瑛

一、课程简介

杭州观成实验学校根据《浙江省中长期教育改革和发展规划纲要》（2010—2020）的内容及精神，结合学校自身的办学定位和学生成长需要，在前期课程改革实践探索的基础上，制订了校本拓展性课程——"1＋X"课程。

"1"课程指国家基础性课程，涵盖"思品、社会、语文、英语、数学、科学、信息、体育、音乐和美术"等基础性课程，它们是必修课程，也是培养学生核心素养的重要课程。

"X"课程指围绕基础性课程补充、延伸而来的拓展性课程。它们根据学生的个性化发展需求及学校的发展需要而开设，是学生成长和成才的选修课程。开设的课程数量将根据每个学年的具体学情而定。

"App Inventor安卓手机编程"课程依附于"1＋X"课程体系，隶属于"数学与科技"类。通过该课程的学习，学生会开发解决生活问题的应用程序。学生以实际应用为载体，按照"任务描述—开发前的准备工作—任务操作—任务总结—自我实践"的环节组织学习。从可视化组件到非可视化组件，从多媒体到传感器，从变量到列表再到微数据库等，每课之间的知识与技能紧密相扣、循序渐进，学生不仅可逐步体验软件工程的编程思想，更能完成从学习到模仿、从模仿到自主创作的转变。该课程提高了学生的动手实践能力，增强了学生的研究力和思维力，反过来，对于英语、数学、科学和信息技术课程的学习也有很大的帮助。

该课程本着"信息时代，由我做主"的精神，深受学生欢迎。该课程被评为杭州市第八届义务教育精品课程，同时还被纳入第六届浙江省义务教育精品课程。杭州观成实验学校是App Inventor全国中学生挑战赛优秀组织单位，也曾荣获杭州市第一届"发现杯"中国青少年编程挑战赛优秀组织奖。学生积极参加比赛，获奖无数。另外，许璐老师以此课程为核心，延伸创建"创客空间——观成超体创客坊"。

教师根据本校学生学习能力及特点开发校本教材。利用微课的形式，课堂以项目制为主，学习小组自定程序主题，展开讨论和编程学习。学生不仅会编写游戏，更会开发解决生活问题的应用程序。该课程不仅为学生提供了学习、交流、展示的平台，也有助于他们提高观察力，提升发现问题和解决问题的能力。

二、课程纲要

（一）课程设计背景及理念

随着5G网络的推广应用以及智能手机等移动互联网设备和终端的普及，安卓技术得到了越来越多的推广普及和应用，"全民安卓"时代已经来临。学校作为传播知识、培养人才的重要场所，必须紧跟时代发展趋势。

观成实验学校是一所民办学校，除了学校硬件设备先进、教育资源相对丰富以外，在生源方面，观成学子普遍具有较强的学习、动手操作能力。同时，初中毕业后，有一部分学生将来会出国留学，初中阶段让他们接触App Inventor编程的学习能为他们申请出国"添砖加瓦"。

（二）课程目标

通过本课程的实施，将学生的学习方式从被动转化为主动，让学生体会学习与生活的紧密结合。从采集需求到体验App来引入项目，从制订计划到分工合作来研发项目，从内测到路演来展示项目。希望这样一个完整的探索过程能够激发学生思维火花和探索冲动，将创造性思维慢慢变成思维习惯，同时提高他们的综合素质，助力未来的学习和发展。

（三）课程内容

表6-13　"App Inventor手机编程"课程目录

课时	课题	教学知识点
第1课	Hello AI	1. 了解 AI 的启动过程和熟悉界面 2. 掌握 AI 的设计过程 3. 掌握将工程文件导入项目的方法，了解 USB 调试程序、打包 APK 并到手机的过程
第2课	Hello cat	1. 掌握新建工程文件的方法 2. 掌握基本组件按钮、标签和多媒体的音效组件的使用方法 3. 了解加速传感器的使用
第3课	猜谜语	1. 掌握文本框、密码框的使用方法 2. 掌握"如果……那么"地条件判断的使用方法 3. 掌握打开和关闭屏幕的方法
第4课	摇一摇抢红包	1. 掌握随机数的获取 2. 了解全局变量的概念 3. 掌握合并文本的使用
第5课	笔者的跳绳计时器	1. 了解通知组件的使用 2. 掌握全局变量的使用 3. 掌握计时器的初级使用
第6课	会说话的时钟	1. 了解文本语音转换组件使用 2. 掌握计时器组件高级应用 3. 掌握加速传感器的使用
第7课	我的摄像机	1. 掌握水平布局组件的使用 2. 了解摄像机、视频播放器的使用 3. 掌握通知的使用 4. 掌握视频播放器组件的使用
第8课	我的朗读练习机	1. 掌握文本的比较方法的调用 2. 掌握录音组件的使用 3. 掌握按钮组件的状态设置
第9课	我的绘画板	1. 掌握画布上写字的方法 2. 掌握画布上画线的方法 3. 掌握画布上圆点的绘制方法 4. 掌握画布上画笔颜色和粗细的改变
第10课	我的照片涂鸦	1. 掌握图片精灵的使用 2. 掌握画布的拖曳操作和单击操作 3. 掌握画布的保存
第11课	我的游戏弹砖块	1. 掌握画布组件的使用 2. 掌握加速度传感器的三个方向 3. 理解画布上的 X 坐标和 Y 坐标
第12课	我的综合应用1	1. 设计程序的功能描述 2. 完成程序的界面设计 3. 完成程序的逻辑设计
第13课	我的综合应用2	1. 设计程序的功能描述 2. 完成程序的界面设计 3. 完成程序的逻辑设计

学校教师撰写了《App Inventor手机编程学习手册》。课程共设置13个课时。每一节课学生将以实际应用为载体，在教学设计中每个教学任务都按照"任务描述—开发前的准备工作—任务操作—任务总结—自我实践"的流程。从可视化组件到非可视化组件，从多媒体到传感器，从变量到列表再到微数据库，等等，每课之间的知识与技能紧密相扣、循序渐进，学生不仅可逐步体验软件工程的编程思想，更能完成从学习到模仿，从模仿到自主创作的转变。有了如此引导，学生能更好地自主展开深入研究。

（四）课程实施

学生通过手机端选课的形式，选择一门自己喜爱的"X"课程。其中，App Inventor手机编程课程为最火爆的课程之一，通常需要"抢课"。本课程针对七年级学生，一周开设一次，地点在计算机教室。同时，教师需要为学生配备编程用的安卓手机。结合学习手册和网上资源，利用微课的形式，以项目制为主，学习小组可自定手机应用程序主题，展开讨论和编程。学期末，每位学生邀请同伴来体验他们小组的成果，有些手机应用程序甚至还被免费发给家长和学生使用。

（五）课程评价

为了体现公平、公正、客观的原则，所有参与课程学生均参与成绩评定，采用自评、互评相结合的考评形式，成绩分为三部分：平时成绩占50%、成果展示占30%、比赛成绩占20%。

学校会对照评价量表（见表6-14）给出相应学分，并下发结业证书。

表6-14　课程评价量表

平时表现			成果展示			比赛表现		
评价指标	自评	互评	评价指标	自评	互评	评价指标	自评	互评
课程参与度			表现力			比赛参与度		
合作参与度			展示形式			获奖等级		
任务完成度			程序功能					
1.每节课参与度占40% 2.合作参与度占40% 3.独立完成任务占20% 该项总分50分			1.表现力占40% 2.展示形式占20% 3.程序的功能占40% 该项目总分30分			1.积极参加各类比赛占20% 2.各类等级获奖占80% （依据不同等第奖给分） 该项目总分20分		

三、教材示例

第2课 基本组件的使用——Hello cat

任务描述

　　一般编程语言的学习都是从"Hello World"开始，本课将创建一个"Hello cat"应用。当用户点击屏幕或者摇晃手机后会发出猫叫声。通过这个程序了解 App Inventor 制作程序的具体过程和熟悉组件的使用。当然，经过一定的修改可以让这个程序变得更有趣。

　　在 App Inventor 开发环境中，组件是用来创建 App 的基本元素，就像菜谱中的原料。通过本课 App 的设计任务了解按钮、音效、加速度传感器组件的基本事件和方法。

　　组件是 App 设计中的基本元素。要让程序实现某个功能，就需要在组件设计界面中先将相应的组件添加到 App 中，然后切换到逻辑设计界面，拼接组件的事件与方法的代码块，从而实现 App 的功能。

认识组件

　　组件面板中分类罗列了 App Inventor2 所支持的所有组件，组件类别分是用户界面、界面布局、多媒体、绘图动画、传感器、社交应用、数据存储、通信连接、乐高机器人等组件。组件的使用方法非常简单，只需用鼠标选中某一组件将其拖动到工作面板中即可。

　　本课使用的是按钮、音效和加速度传感器组件。

　　按钮组件在"用户界面"类中，将它拖至设计区后显示的是一个小矩形，可以在组件列表中修改该组件的名称，还可在组件属性中修改它的长度、宽度、图像、按钮文本（注意区分组件名称）以及文本的大小、颜色、对齐方式等。用户界面组件主要用于程序的外观设计，所以需力求简洁、美观、布局合理。

　　媒体类和传感器类中的组件无论放在哪里，它都出现在预览窗口的底部，并被标记为"Non-visible components（非可视组件）"。非可视组件在应用中发挥特定作用，但不会显示在用户界面中。音效组件属于"多媒体"类，加速度传感器组件属于"传感器"类。你可以在组件属性中修改音效的源文件以及间隔时间，可以修改加速度传感器的敏感度等，和按钮组件的属性有明显的不同。

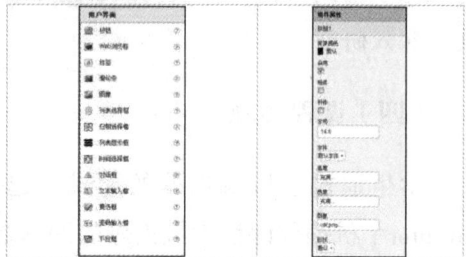

模块化程序设计

　　模块化程序设计的基本思想是将一个大的程序分解成若干个小的功能模块进行设计。每个模块有自己相关的指令，功能相对独立，可以被其他程序调用。模块化的优点是便于理解、调试和维护。

　　在 App Inventor 里，各个模块按功能被分设在不同的类别中，而且用不同的颜色加以区分。用模块拼接的方式代替了繁琐的程序代码编写，降低了安卓应用程序开发的难度。

事件与方法

　　事件是触发指令执行的特有的动作，如按钮的被点击、长按；也可以是一个程序传递回来的信号，比如时间到、拍摄结束、播放结束等。事件的内部往往包含一段指令，当事件触发时执行这些指令。在 App Inventor 中事件常用土黄色的代码块表示。

　　方法通常是一个或一系列的指令，并且完成一个动作，如音频播放、照片拍摄、显示告警信息等，一般用紫色的代码块表示。

图6-15

四、教学案例

（一）案例缘起

　　学生A的爷爷已经70多岁了，老花眼并且记忆力不好，经常忘记吃药，有时候甚至忘记回家的路；学生A和小组成员最近经常看到老人走丢的新闻……于是学生A和小组成员进行了小调查，他们除了寻找市面上较流行的老年人专用软件以外，还特地对比了老年机。老年机的优点是待机时间长、音量大、键盘字体大，有紧急呼叫功能，但老年人综合性软件几乎没有。于是，他们计划开发一款适合老年人使用的功能更全面的软件。

（二）案例描述

　　学生A和小组成员根据前期整理的需求，寻找市面上能够解决类似问题的App并试用。多次试用后，归纳反馈这些App的优、缺点。对于优点，学生可记录学习，为后续程序编写做储备；对于缺点，可摒弃，避免自己犯同样的错误。这样一个完整的体验过程既能在无形中给学生提示，又能激发他们在程序设计上的发散性思维。

学生A和小组成员结合需求和试用相关App后的反馈，组建项目组。项目小组合作中，美工和技术同样重要。确定小组成员和分工后，学生确定小组的方向、项目现状分析、项目设计框架、进度安排、人员分工等。项目组成员根据需求的采集和App体验反馈制订项目开发计划，如表6-15。

表6-15 安卓手机应用项目开发计划表

一、开发方向及背景	很多有孝心的年轻人也会给老年人购买智能机，于是使用智能手机的老年人也越来越多。但是，一般老年人的智能手机装的最多的软件是放大镜，仅仅智能放大字体。其他软件对老人来说一般都是摆设，用处比较小
二、项目现状分析	有老年人专用软件，但功能较单一。至今没有集老人需要的日常功能于一身的软件
三、项目设计框架	1. 打电话发短信：可以一键拨打120急救电话，以及添加手机中的联系人，快速拨打电话或者发短信 2. 定位导航：可以定位老人所处位置，及时为老人导航，更可以及时保存几个常用地的位置，帮助迷路老人找到自己的家 3. 计步或吃药提醒：可以记录老人一天的运动量以及消耗的能量，也可以定时提醒老人该吃药了 4. 备忘录：可以提前把待办事项记录到备忘录中，以便及时收到提醒。 5. 上网：贴心的提供语音查询，可以让老人轻松自在地浏览网页
四、进度安排	按钮等图片处理合计60分钟，界面设计合计30分钟，逻辑设计合计300分钟。
五、人员分工	梅瑞贤主攻逻辑设计，陆天一主攻界面设计

项目组成员填写《安卓手机应用项目开发计划表》之后按照计划执行。在这个过程中，学生是主体，他们分工、讨论并合作，教师起到观察和辅助的作用，观察学生在整个过程中的知识运用能力、美工和技术能力、合作精神等。整个环节学生都在主动参与、自主学习，这样可以很好地培养他们的自主学习能力以及规划安排能力。

当项目组初步完成安卓手机应用的开发后，首先进行的是内测，即项目组成员内部测试。测试过程中，比较创建的手机应用和当初制订的计划，找到应用待完善的地方，并记录下来，逐渐完善该应用。这就考验了组员的协调和取舍能力，最终产生新的灵感。

项目组根据项目内测反馈表对手机应用进行多次修改、测试，直到调整得较为理想为止。最终进行路演展示交流（如图6-16）。项目组还可以根据在路演环节时收到的评价对手机应用再次修改。当然，老师也要对每一组的综合情况做出评价。最终，项目组正式发布本组手机应用的公测。这不仅能丰富学生的知识，提高学生的总结能力，同时也大大提高了他们的产品展示能力，加强了他们自信心。

图6-16

学生A和学生B的"易乐逸"只是其中一个优秀案例，其他的案例还有很多：比如有的为了支持妈妈种植物创建了"自然空间"，有的为了同班同学能在校诗词大会上胜出编写了"与诗为伴"，有的为了帮周围的同学分析成绩创建了"Live S+"。

（三）案例研究价值

通过本案例的实践和探索，笔者对于同一样本，采用不同时段，不同的教学方法来开展App Inventor课程有了新的体验和认识。前期采用普通教学法，当前采用真实需求项目教学法。通过对比发现，当前阶段学生对该课程的兴趣和学习主动性明显上升，对手机应用有更多的创意，效果越来越好。这对激发学生学习兴趣和提高学习能力起到举足轻重的作用，同时有助于提高学生在"1"课程也就是必修课程上的自主学习能力和学习兴趣。

五、课程开发与实施的研究价值

（一）推进编程教育

"少儿编程"四个字出现在人们视野中的次数越来越多，有关政策也接连出现。同时，信息技术省编教材七年级下册出现了算法和数据结构，八年级上册就开始要求学生学习python编程。App Inventor安卓手机编程采用的是图形化编程界面，轻松易上手，这为学生学习python编程打下坚实基础。

（二）提高信息素养

App Inventor安卓手机编程课程采用的是项目式学习的方式，相当于模拟了程序开发公司从产品开发到产品上市的完整的过程，不仅培养了团队协作能力，同时能够提高学生信息素养，为其今后走向社会打好基础。

让思维可见　让创意有形

——"玩转3D"课程案例

2018年杭州市精品课程

撰稿人　鲁　亭　课程负责人：鲁　亭

研发团队：达柯文　何晓蓉　裘怡群

一、课程简介

　　天水小学作为一所传统的具有美术办学特色的学校，多年来以"灵性朴实 快乐创造"作为全体师生艺术教育的发展心路，鼓励学生将丰富美感作为艺术提升突破口，学会欣赏和善于表现。"让每一个学生用美表达自己的理解、希望和梦想"，是需要不断丰富创建平台、优化烘托载体的。"玩转3D"课程作为一项创新性技术课程，结合学校的美术特色，变革了美术教育的原有模式，形成了新的教育思路。

　　"玩转3D"课程，首先是要让学生了解、喜欢并学会运用3D打印，让看似简单的"玩"更具魅力，这不仅仅是在技术层面上的推进，更是对传统美术和信息技术教育的突破。其次，从"玩"字深入，是需要学生有各种经验体验和感悟的，例如色彩、结构、材质、几何空间概念、机械操作原理，甚至是生活常识等，培养了学生的构思、创意、设计意识。3D打印技术是从平面思维到立体思维的拓展，学生将自己的创意、想象变为现实，有助于发展学生动手和动脑的能力，培养学生的创新思维。

二、课程纲要

（一）课程设计背景及理念

　　3D打印技术是一种通过数字模型将二维信息内容转化为形象、立体的三维实物模型的快速成型技术。3D打印作为新兴技术融入教育领域，在2016年、2017年《地平线报告》中，3D打印被认为是基础教育中的六大技术之一，将在未来几年进入主流应用，带来教学、学习和研究领域的变革，帮助学生快速实现他们的创意想法。

义务教育阶段教育已经开设"设计·应用"课程，其学习目标是让学生了解"物以致用"的设计思想。中小学阶段的设计意识培养是设计教育的萌芽，是整个素质教育、基础教育的重要组成部分，对培养创新人才具有重要的意义。3D打印课程注重的是让学生亲身体验从无到有的设计、开发过程，提升学生动手能力，提升创意、创新能力，从而提高科学素养。

（二）课程目标

1.启蒙小学生的设计意识

从学生的想法到模型设计、打印出实物，3D打印使学生能够做到想到什么、建模什么、打印什么，打通了想象空间、虚拟空间和实体空间。3D打印的"设计即生成"决定了它是培养学生设计意识、创新能力的创新载体。

2.培养小学生的发散性思维

培养学生形成设计意识和提高学生动手能力是义务教育阶段设置"设计·应用"课程的主要目的。创新能力培养的核心是要教会学生运用科学的方法去思考、去创新，用全新的建模方式进一步演绎学生的学习成果，增加学生立体和空间的想象学习。

3.规范3D打印的学习

为了满足各个年龄段学生对3D打印创新教育的需要，需要设置不同难度的课程。从最基础的软件基本功能的使用，到建立创意模型，这是一个循序渐进的过程，我们把培养设计意识作为3D打印课程体系的高级目标，规范3D打印的学习过程。

（三）课程内容

"玩转3D"教材共2册，每册6单元，每单元为3-4课时，培养学生创客的空间想象能力、创新思维能力和创造设计能力，激发学生的表现欲望，用全新的建模方式，演绎学生的学习成果。

表6-16　"玩转3D"四年级校本教材总目录

单元名称及课时	教学内容	教学重难点
第一单元　初识3D 2课时	1.3D打印的起源、推进、现代运用； 2.配套的3D打印机介绍； 3.3D打印初步体验	从网上下载模型，并用3D打印机打印

续表

单元名称及课时	教学内容	教学重难点
第二单元 3D 软件的初体验 4 课时	1. 认识 3D 建模软件——犀牛； 2. 三视图与三维坐标； 3. 透视图与视图的变换	了解视图的基本概念
第三单元 几何形体的拼组——呆萌雪人建模 4 课时	1. 简单形体的合理应用； 2. 设计呆萌雪人的建模途径； 3. 创建雪人模型； 4. 打印设计的雪人模型	打印支撑结构的设置
第四单元 平面曲线的挤出——花样笔筒设计 3 课时	1. 认识平面曲线挤出建模方法； 2. 建模笔筒设计； 3. 打印笔筒	1. 构建笔筒筒身； 2. 完成笔筒建模
第五单元 自由曲线的绘制——漂亮挂坠设计 2 课时	1. 任意曲线图形的创建与编辑； 2. 巧用对齐工具，创建挂件挂环； 3. 多段曲线的拼合，创建爱心挂件	1. 能够画一段复杂的曲线造型； 2. 掌握镜像工具
第六单元 强大的布尔运算——游戏骰子的设计 3 课时	1. 理解布尔运算的概念； 2. 布尔运算工具； 3. 创建游戏骰子	掌握布尔运算工具的使用方法

表6-17 "玩转3D" 五年级校本教材总目录

单元名称及课时	教学内容	教学重难点
第一单元 放样工具的运用——艺术杯子设计 3 课时	1. 理解放样建模的概念； 2. 认识放样建模工具； 3. 用放样工具，建模杯子	掌握放样建模方法
第二单元 几何形体的变换——可爱小马设计 3 课时	1. 认识几何形体变形工具； 2. 建模可爱小马； 3. 调整小马身体各部件位置	熟练运用缩放工具
第三单元 文字工具的妙用——立体班牌设计 3 课时	1. 认识文字物件工具； 2. 立体班牌的建模； 3. 借力 word 软件，创建特殊符号模型	能够运用文字物件工具建模
第四单元 成形建模的旋转——可爱梨子设计 3 课时	1. 初步认识平面图形旋转成形建模方法； 2. 分析确定旋转样条曲线与旋转轴； 3. 旋转成形，创建梨子	掌握平面图形旋转成形的建模方法
第五单元 拼装模型的起步——活动汽车设计 3 课时	1. 了解拼装模型； 2. 活动汽车结构的设计； 3. 直插式连接结构的设计要求	能够设计使用直插式连接结构的拼装模型
第六单元 模型的整体打印——可翻盖盒子设计 4 课时	1. 翻盖盒子结构分析； 2. 转轴式连接结构设计要求； 3. 翻盖盒子的建模	能够使用转轴结构设计活动关节

（四）课程实施

活动时间：本课程活动时间为每周一下午2∶30—3∶30，共40个课时。

课程对象：四、五、六年级学生。

选课方式：通过学生自主报名。

教学流程与策略：

"玩转3D"基于设计意识培养的教学目的，在教学过程中采取"设置项目主题→构思原创点→设计原创图→3D建模打印→陈述创意精华→作品评价改进"（见图6-17），借此培养学生的设计意识。

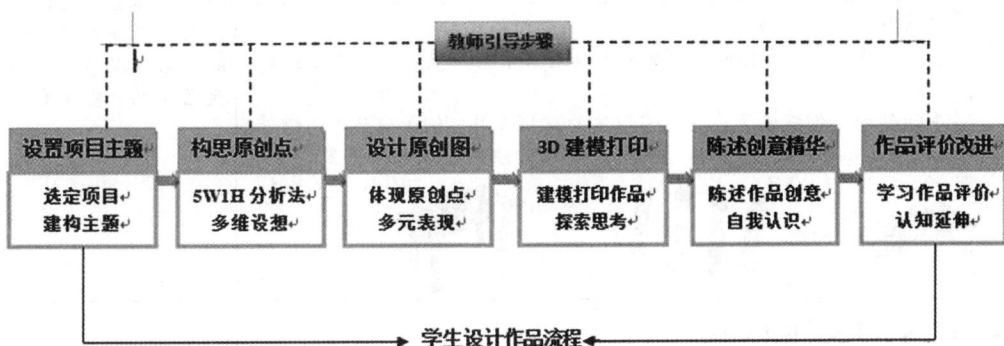

图6-17

（五）课程评价

课程建立有效的评价模式，主要针对学生在课堂上完成的作品进行评价，通过学生自评，或者教师、学生互评，引导学生从实用性、美观性及环保性等多个维度来评价作品。3D打印作品评价表见表6-18。

表6-18　3D打印作品评价表

作品名称	适用性 30分	创新性 30分	美观性 20分	可行性 20分	总分 100分

学生评价方式包括过程评价（占40%）和结果评价（占60%）。过程评价包括出勤率+3D作品评分；结果评价是课程结束考试时的3D作品评分。3D作品评分从可行性、创新性、适用性、美观性等方面综合评分。

三、教材示例

表6-19　四年级第三单元"几何形体的拼组——呆萌雪人建模"（第一课时）

学习目标	▷ 能够在犀牛软件中创建球体、圆锥、平顶锥体等几何形体 ▷ 掌握几何形体简单拼组的建模方法	
课时任务	呆萌雪人建模	设计意图： 巧妙运用基本几何形体，学生在不同组合中体验不同设计效果，充分发挥学生的拓展性思维，并与生活经验紧密联系

一、简单形体，无限创意

在3D建模中，许多有趣的模型都可以由若干个简单的立体图形组合而成。

犀牛软件向我们提供了许多几何形体的建模工具，例如球体、圆锥等。本节课，我们将通过简单组合这些几何形体的方法来创建一个可爱的雪人

二、设计呆萌雪人的建模途径

通过观察我们发现，雪人是由多个几何形体拼组而成的——构成雪人头和身体的是两个球体，雪人的帽子是一个平顶锥体，雪人的鼻子是一个圆锥体，而雪人的眼睛则是由两个小球体组成的

部位	效果图	几何形体名称	数量
身体		球体	1
头部		球体	1
帽子		平顶锥体	1
眼睛		球体	2
鼻子		圆锥体	1

其中，构成雪人身体和头部的两个球体是整个模型的主干部分，其余各部件都可以看作是附着在主干上的"附属部件"。

因此，在建构顺序上，应该先创建雪人的身体和头部，然后再创建构成雪人的其他部件

设计意图：
让学生理解整体和局部的关系，并会在创作运用，在完善的思辨中，寻求最佳效果

"先主干后附属"的建模方法有什么好处？你还有更好的建模策略么？

四、教学案例

（一）案例缘起

2015年，学校建立"3D打印设计屋"创新实验室，在五年级信息技术课和社团选修课中开展3D打印课程教学，对3D打印的课程开发进行了积极的探索。随着学生学习的深入，在学习3D建模软件的中、后期，往往需要以主题性较强的项目用来巩固3D打印软件的方法和技巧，但针对这些主题性项目，更需要学生的创意设计，这让很大一部分学生开始犯难了：很多的学生对如何设计作品没有头绪，不知道从哪些方面入手，仅能从其中的一两个因素考虑，或者是先去网络搜索相关的产品图片进行模仿。

同时，学校的美术课和3D打印课的教师发现，在美术教学中，如涉及设计领域的课程学习时，学生虽已有一定的造型概念，但在创意表达时，也仅仅是以制作手工或者画画为主，并没有产生真正的功能上的设计，其创新想法是否有效可行，是否科学合理，大多没有经过验证。

基于以上问题的思考，课程组决定借鉴美术领域中"设计·应用"课程，将美术课中的设计课和3D打印课程相结合，编入"玩转3D"校本课程中。

（二）案例描述

通过前期对教材的学习，学生已经掌握了3D建模的基本技能，在此基础上，教师会结合其他学科，设置项目式的主题，让学生有目的地去设计作品，从而提高他们的想象力和设计意识。

本案例结合了浙江美术出版社小学五年级下册"设计·应用"领域里的"椅子设计"，为了让学生能更好的创作出有意思的作品，把"椅子设计"这一课设置成2课时，先让学生通过美术课，寻找原创点，再通过电脑把自己的创意用3D建模软件模拟出来，让技术和创意能够切实可行。

在教学过程中采取"设置项目主题→构思原创点→设计原创图→3D建模打印→陈述创意精华→作品评价改进"的流程，借此培养学生的设计意识。

1.设置项目主题

上课伊始，教师就用丰富的图片和大量的视频，让学生感受生活中各式各样的椅子，并让学生思考这些椅子的创意和优点是什么。然后又让学生通过肢体表演，引导学生回忆生活中使用椅子的熟悉场景，让学生自主发现现在使用椅子不便的问题，可以提供一些常见椅子的案例让学生思考，启发学生用多元化的视角，从不同的角度去仔细观察分析。

2.构思原创点

（1）运用5W1H分析法，让学生学会多维设想去思考问题。

在教学过程中利用学生感兴趣的生活用品、玩具、学具等，适时创设具有趣味性、探索性的教学情境，引入教学内容。原创点是学生最原始、最初的创意。针对原创点，教师引导学生从功能、形状、材料等方面进行思考，并在设计实践中加以体现。构思原创点是培养学生设计意识的关键步骤和体现。

5W1H分析法针对事物提出以下6个方面的问题：Why——为什么设计这件产品，设计目的是什么？Who——是谁使用？When——什么时候使用这件物品？Where——什么地点使用这件物品？What——这件物品有什么功能？How——如何实现物品的功能，用什么造型？

（2）通过学生的讨论和思考，建立以椅子为中心的5W1H思维导图（见图6-18），让学生能够把5个分散的点相连接。

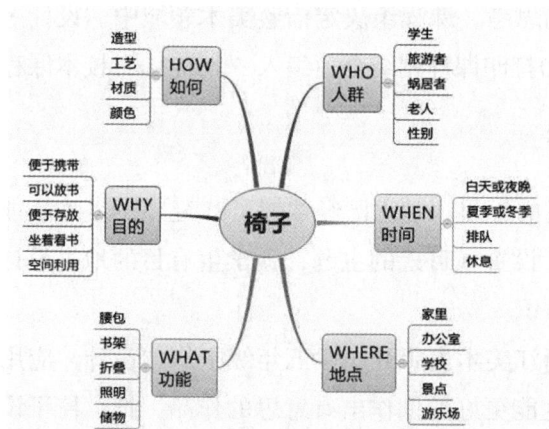

图6-18　5W1H思维导图

3.设计原创图

设计原创图就是学生根据自己的原创点进行更深一层次的思考和探究，设计原创图在整个设计流程中起到承上启下的作用，它能把学生的原创点记录下来，让他们在电脑建模时，有目的、有计划地根据自己的设计稿一步步将自己的想法立体化。

4.3D建模打印

学生根据原创点的设计思路和原创图，在三维设计软件中创建三维模型，把空间的想象变为数字模型的过程，是实现3D打印的重要环节。3D建模是3D教育的核心要素，是体现 3D 教育水平高低的重要因素。

表6-20

功能	学生画的草图	三维软件建模的模型
折叠椅子		
腰包椅子		

5.陈述创意精华

每个作品都具有自己独特的创意灵魂，因此对作品创意的陈述是十分重要的。

表6-21

折叠椅子	椅子通常在不适用的情况下会成为占用空间的摆设，如果椅子收纳起来之后也能发挥作用，那将是两全其美的事。这是一款衣架椅子，以动物可爱的造型融入到椅子设计中，将动物元素设计成衣架的挂钩，这款设计将折叠椅和衣架的功能巧妙地合二为一
腰包椅子	这是一款腰包与凳子一体化的便捷式座椅，适用于在世博会或者其他大型活动排队时使用。腰包有两个形态，当两侧的两片往下翻时，成为凳子，可供人们休息，往上翻时，可以携带在人们的身上哦！凳腿是有弧度的，携带在人身上刚好适合腰围呢，最重要的是腰带不仅可以成为调节腰包的松紧，还可以固定凳子呢！

6.作品评价改进

课程建立有效的评价模式，通过学生自评或者师生、生生互评，引导多个主体从实用性、美观性及环保性等多个维度来评价作品，有助于学生真正理解设计的意义。学生之间的交流和分享，会引发新一轮的创新和创意，使作品不断优化。为此，教师提出如下几个问题：（1）产品设计了哪些功能；（2）产品能否有效地满足用户的需求；（3）产品使用时是否安全；（4）是否可以改进设计。

（三）案例研究价值

"玩转3D"课程，是一门新型的拓展性课程。本课程借鉴"设计·应用"的课程理念，注重培养学生的创新精神和设计意识，在3D打印教学中通过让学生搜索、分析、解决实际问题，再进行模型设计、打印，形成对课程知识的理解，发挥学生的主观能动性和创新思维。"玩转3D"课程培养学生的创新精神是一个很有价值的研究方向。

本案例侧重于培养学生的设计意识，重点要改变学生的思维方式，学会用5W1H的思维方式去创造设计椅子。通过本案例的实施研究，学生能按照教师引导的思维方式进行思考，打破了教师讲、学生听的传统学习方式，让学生成为学习的主体，学生积极主动地参与思考，提出问题，充分发挥了学习主动性和创造性，提高了在学习中解决问题的能力。

五、课程开发与实施的研究价值

通过开展"玩转3D"课程，天水小学建立创新实验室，入选《杭州市中小学创新实验室优秀案例集》，于浙江教育出版社宣传推广。2017年，学校"3D打印设计屋"被评为"（原）下城区十大创新实验室"，同时还荣获（原）下城区精品社团。

学生方面，有助于学生掌握新型技术及思想理念，并且能够在设计作品和使用打印设备的过程中，提高自身的设计意识和动手能力；有助于学生的全面发展和个性发展。

教师方面，有助于教师不断提高自身的业务水平，紧跟新技术新科技的步伐，丰富自己的知识储备，成为一名成长型教师和专家型教师。

同时，该课程的开发与实施为各个学科教学丰富了个性化工具，有利于其制作类、设计类教学环节的实施。

随着3D打印技术的不断发展和改进，以及国家对它的支持，将来3D打印在教育领域一定会发挥出更大的价值，期待更多的教师和学生能加入3D打印与教学的研究中。

"纸"尖艺术　"绳"彩飞扬
——"创意纸绳"课程案例

2020年杭州市精品课程

撰稿人：潘燕莉　课程负责人：潘燕莉

研发团队：金　仙　史　云　金姗姗　江丹丹

一、课程简介

"创意纸绳"课程源于学校的全国红领巾优秀社团——巧手社，2015年纳入学校"蓝韵"课程（即拓展性课程）规划体系，定位为面向小学三、四、五年级学生的体艺特长类课程。课程组教师根据学校拓展性课程总目标"传承传统文化，播撒智慧种子，奠基幸福人生"，从学生的兴趣需要出发，结合中、高段学生年龄特点，编制课程纲要，开发校本教材。"创意纸绳"是一门以纸绳为基本材料的手工艺术课程，是在纸绳艺术的基础上，融合其他艺术创作的方式来设计、制作独特的纸绳作品。课程内容分为基础篇、提高篇和创意篇3个部分，关注技法，关注创造，关注生活态度与情趣，旨在培养学生"以匠艺之心，品生活之美"。本课程还涉及美术、几何、算术、科学、语文等多门学科知识，在潜移默化中培养了学生综合运用多学科知识的能力，以及探究能力、合作精神，促进学生多元智力发展。

二、课程纲要

（一）课程设计背景及理念

纸绳和编织都是我国古老的民间艺术，具有悠久的历史和传统的民俗文化。纸绳艺术主要通过捻、卷、盘、编、拼贴组合，完成一系列精美绝伦的艺术作品，取材容易，价格低廉，制作较简单，安全系数高，适合小学生操作和实践。目前纸艺教学在我国义务教育阶段较普遍，但是内容多以技法为主，缺乏创造性。盘扣是中华民族经过长期的劳动实践和生活积累所形成的传统民间手工艺，制作工艺包括盘、包、缝、编等多种手法，在样式设计和颜色搭配方面极为讲究，体现了设计者高超的技巧和惊人的创造力。然而，随着工业文明的迅速发展以及人们生活方式的改变，盘扣同许多其他传统技艺一样，渐渐被人们忽视和遗忘。纸绳艺术与盘扣艺术在历史渊源、制作材料和制作工艺上都有相通之处，可以在"融创"中传承。

（二）课程目标

通过鉴赏纸绳编织工艺作品，初步了解编织工艺的产生、发展及其与人们生活的关系，并从编织工艺独特的文化背景中感受劳动人民的审美创造精神。

通过自主学习、小组合作与交流等方式掌握纸绳编织基本的捻、盘、编、织、结等技法，探究纸绳编织的特性，不断积累对纸编工艺尝试体验的技能经验。

结合非遗传统手工艺——盘扣技艺，能根据实用功能和审美要求，进行有创意地构思和设计，创造富有个性的纸编作品，树立现代、后现代的创作观念。

尊重、热爱民族优秀传统文化，学会运用编织工艺的程序和思维方式解决学习和生活中的问题，在纸绳创编实践中涵养工匠精神。

（三）课程内容

本课程的教学内容主要以自编校本教材为主，其他参考资料为辅。自编教材《创意纸绳》由基础篇、提高篇和创意篇3部分组成，基础篇以教学纸绳的捻、编、盘、贴技法为主，探究纸绳艺术的基本特性；提高篇则精选中国民间编织工艺中与纸编相关的内容，根据与日常生活密切相关的事物设置各个主题，积累纸编工艺的技能经验；创意篇目前主要引入制作材料、制作工艺与纸绳有异曲同工之妙的非遗传统手工艺——盘扣技艺，根据实用功能和审美要求，进行有创意地构思和设计，创造出富有个性的纸编作品，进一步提高艺术素养，感受优秀传统文化的魅力。教材内容编排遵循小学生身心发展特点，结合生活经验，尊重个体差异，注重实践与探究，由易渐难、循序渐进。在实际教学中，教学进度和主题也可以根据实际状况进行调整和二次创编。课程总共25个课时，以学年为单位，分2个学期完成教学。

表6-22　"创意纸绳"自编教材节选（创意篇）

课时	标题	内容标准	活动与探究
第二十一课	纸绳与盘扣（一）	了解非遗文化——盘扣的用途和历史，欣赏各类盘扣艺术作品，感受盘扣艺术与纸绳艺术的相通之处	尝试用线条设计几种盘扣图案。搜集盘扣相关资料，进一步了解盘扣的历史和发展
第二十二课	纸绳与盘扣（二）	欣赏以汉字为造型的盘扣作品：一字扣、万字扣、吉字扣、喜字扣、寿字扣等，了解其制作工艺及文化内涵	尝试用纸绳艺术表现一至两种汉字造型的传统寓意盘扣，探索寓意当代美好生活的汉字盘扣
第二十三课	纸绳与盘扣（三）	欣赏以花草为造型的盘扣作品：梅花扣、桃花扣、菊花扣、树叶扣等，了解其制作工艺及文化内涵	尝试用纸绳艺术表现一至两种花草形态的盘扣，探索更为丰富的植物盘扣花样
第二十四课	纸绳与盘扣（四）	欣赏以动物为造型的盘扣作品：凤凰扣、孔雀扣、蝴蝶扣、乌龟扣等，了解其制作工艺及文化内涵	尝试用纸绳艺术表现一种动物形态的盘扣，探索更为丰富的动物盘扣花样
第二十五课	纸绳与盘扣（五）	欣赏当代生活中的盘扣之美，如手包、窗帘、靠枕、纸盒、请帖等，感受民族艺术的魅力	用心观察生活，打破传统理念，尝试用所学方法在现有的材料与技巧上进行创作，延展盘扣的用途，让美装点生活

（四）课程实施

学生以走班形式自主选课形成固定教学班级，总人数限定在 10—30 人。活动时间根据学校拓展性课程总体安排，统一在每周一下午第二节课，每次活动1个小时。有固定的活动场所。同时借助整合校内外多方合作力量，并以课程活动和作品展示营造独特校园文化，有效落实和推进课程建设。

（五）课程评价

本课程的评价开放、灵活，方法多样，过程性与终结性相结合，重视个性化评价。特色如下：

第一，与传统节日相结合，进行展示性评价。

该课程把传统节日庆典与学生主题创作相结合，指导学生以作品的形式传达情感，不仅获得其他人的认可和评价，还获得成功的体验，提高了学习的积极性，也体现了评价主体的多样化。

第二，鼓励学生参加比赛活动，进行奖励性评价。

根据体艺特长类课程的特点，为了积极引导学生参加各类比赛，激发竞争意识，提升参与热情，故设置了奖励性评价，根据不同级别的奖项进行相应的加分。

第三，课程终结性学生评价表见表6-23所示。针对期末创编作品，进行终结性评价。

表6-23 "创意纸绳"课程终结性学生评价表

姓名   班级   日期

作品名称（ ）	得分标准	得分（满分100分）
编织技法	是否熟练综合运用几种编织技法（20分）	
色彩运用	色彩搭配是否协调、巧妙运用（10分）	
肌理效果	编织的肌理效果及其与主题表现是否呼应（20分）	
做工精致程度	手工制作精致与否（10分）	
主题造型创意性	主题是否鲜明，造型的创意表现（40分）	

第四，综合全面考查情况，进行等级评价（总评分100分制）。

课程学习结束后，则对学生学习情况进行全面的考查和认定。主要以出勤、日常表现（看过程性评价）、终结性考查（创作作品分数）、获奖情况等方面按比例评估出其量性分数。综合评价分＝过程性评价30%＋展示性评价20%＋终结性评价50%＋奖励性评定分。根据分值仿照工匠等级评定"纸绳大师"（15%），"纸绳专家"（20%），"纸绳巧匠"（30%），"纸绳新秀"（35%）。

整个评价过程，遵循公平、公正、公开的原则，注重学生的过程体验，以鼓励为主，适当提出相应建议，旨在让学生有愉悦的体验和获得成功的自豪感。

三、教材示例

图6-19

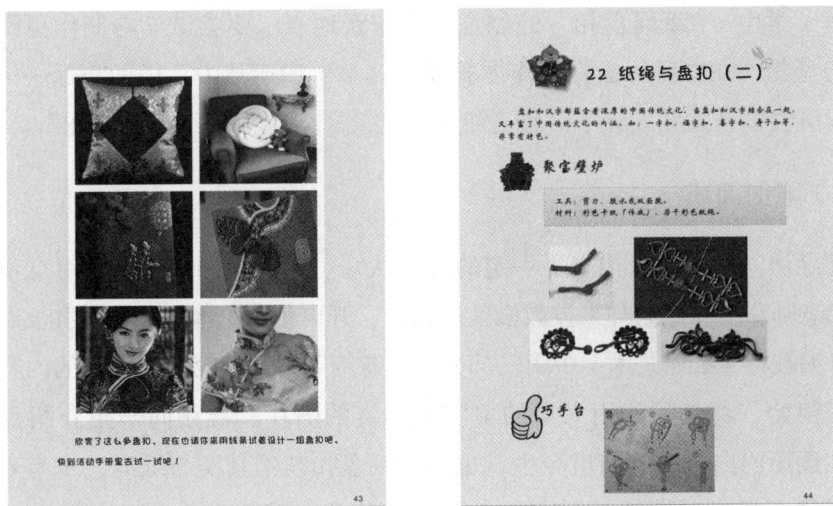

图6-20

四、教学案例

（一）案例源起

1.从学生纸绳艺术作品得到的发现

学生A的太奶奶是一个民间盘扣艺人，她六七岁时就开始学习制作盘扣，学生A小时候穿的好多衣服都是她太奶奶手工缝制的盘扣棉麻服装。耳濡目染，具有传统民族特色的盘扣形象已深深烙在学生A的脑海中。于是，在"我行我秀"纸编课上，学生A别出心裁地用纸绳表现了古老的中国盘扣。可是在伙伴评价中，大部分同学表示学生A的作品仅仅是简单的纸绳盘编，缺乏创意。尽管学生A对自己的作品进行了介绍，然而因为其他同学基本不了解盘扣，所以对这样的纸绳盘扣艺术依然无法理解与欣赏。这样的教学现场，引发了课程组成员的思考：纸绳艺术与盘扣艺术在历史渊源、制作材料和制作工艺上有一定的相通之处。若将盘扣艺术和纸绳艺术相融合，将盘扣从传统的风格、功能和形式中抽离出来，从材料、形态、配色等方面进行大胆改变，不断创新盘扣的表现形式，拓展盘扣艺术的应用领域、增加趣味性与现代感，可以将盘扣这项濒临灭绝的"非遗"传统技艺进行创意化的保护，从而让"非遗"走进校园课程，走向大众生活，得到更好的传承和发展。

2.参观非物质文化遗产主题馆的启发

基于以上思考，课程组成员联系了当地的非遗展览馆，并带领学生前去参观。学生一边细细欣赏一件件精美绝伦的手工艺品，一边静静聆听工作人员的娓娓讲述，不时为中华传统文化、传统手工艺的博大精深发出阵阵惊叹。参观完毕，学生终于理解了学生A"纸绳盘扣"的创意，并雀跃地表示要尝试学习制作更漂亮、更有创意的盘扣。在之后的盘扣制作体验课上，学生痴迷其中，乐而忘返……由此，课程组成员尝试开发并设计了"创意纸绳"之"创意篇——纸绳与盘扣"。

（二）案例描述

通过寻访，学生对盘扣有了一定的直观认知。课程组请"非遗传习交流中心"的葛金娣老师和冯海燕老师来校教学生做盘扣，开启创意纸绳之中国盘扣文化之旅。这也是自编教材《纸绳艺术》中第三部分"创意篇"中开篇第二十一课的内容。

上课伊始，葛老师就用大量的史实和丰富的图片、视频向学生介绍盘扣的历史。学生逐渐明白盘扣的前世今生，也感受到盘扣艺术其实与纸绳艺术有着相同的渊源，都源于远古时期的结绳文化。在学生欣赏、感叹之际，冯老师追问："其实古代的时候并非就只有盘扣这一种扣子，石材、金属、琉璃等材料都可以做得很精美，为什么中国人却对绳子结成的祥条情有独钟呢？请同学们大胆猜想一下。""工艺方便、材料容易找。"在同学们七嘴八舌的讨论中，冯老师做了小结：中国人对盘扣的喜爱归根结底是源于结绳文化……两位老师的引导，不仅让学生知道了盘扣的历史，更让他们深切感受到盘扣与纸绳等传统手工艺中所蕴藏的深厚的民族文化内涵，进一步激发了学生对传统文化的热爱和对传统手工艺的学习兴趣。

"那么盘扣是不是一件只能用来怀恋的老古董呢？"冯老师话题一转，将学生的视角引到了"盘扣的今生"："盘扣作为传统服装中的扣子，早已成为中华民族的文化符号，它多样的造型，精美的工艺得到了众多人的关注。带着浓重中国风情的盘扣，成为时装周上的常客，逐渐在国际舞台上释放活力、展示魅力。"欣赏着一张张国际时装周的照片，学生又深深为中国传统文化的魅力感到自豪。

"盘扣的应用不仅出现在服装，还出现在多种物品上。在生活中，你是否也见到过盘扣的身影呢？请大家仔细看看冯老师身上有什么盘扣饰品？"冯老师在同学们面前优雅地转了个圈。"盘扣挂坠！""盘扣耳环！""冯老师的手包上也有盘扣！"学生激动地叫起来。"是啊，盘扣发展到今天，有的已经脱离了实用的功能，而作为一个造型表现的方法美化着我们的生活。"说完，葛老师又拿出一件件用盘扣装点的物品——手包、靠枕、纸盒、窗帘扣、请帖等。"哇！太美了！"学生一边感叹，一边轻轻触摸，再一次真切感受民族艺术的恒久魅力，领略古老盘扣的勃勃生机。"喜欢吗？同学们，传统不是重点，而是我们创新的起点，希望同学们以后可以更深入地传统的中国文化，将其融入日常生活中。"在了解盘扣的前生今世的基础上，葛老师带领学生亲身体验盘扣文化，并开始教学生尝试制作简单的盘扣。学生或通过看视频、看示意图，或通过教师指导、同学帮助，都学会了编制盘扣结，成就感满满，还兴致勃勃地想要继续学习制作完整的盘扣。葛老师趁机鼓励大家："学习制作盘扣，可以从最为基础的四方扣开始。当然，我们还可以自己设计盘扣图案，用纸绳来表现精美的盘扣艺术。课后，大家可以继续去搜集盘扣相关资料，进一步了解盘扣的历史和发展。"

（三）案例研究价值

1.了解非遗文化之盘扣的历史

非物质文化遗产，是各种以非物质形态存在的与群众生活密切相关、世代传承的传统文化表现形式。作为非遗文化之一的中国盘扣，融入学校拓展性课程，是保护和传承"非遗"的很好的窗口。本案例将盘扣的历史展现给学生，就是希望他知道，了解，然后喜欢，路径清晰明确，既是非遗保护的必由之路，也是一切文化形态走向大众化的必由之路。

2.欣赏非遗文化之盘扣的现在

通过欣赏现当代盘扣的存在形式，认识非遗文化在生活中的位置、作用、意义，感受非遗文化的勃勃生机，并继承和发扬非遗文化，从而意识到学习制作纸绳盘扣是一件非常有意义的事情。

3.继承非遗文化之盘扣的制作

在教师的课程教学下，学生亲身体验、尝试制作，这一过程不仅是对盘扣的真实认识，同时继承了"非遗"文化。有心的学生还会将盘扣文化传播给身边的人，让"非遗"文化更广泛地得到保护和继承。

4.发扬非遗文化之盘扣的新生

在课程的学习过程中，学生通过制作各种不同的盘扣，对盘扣产生了独到的见解和认识，有些学生会结合盘扣在生活中的某些用途，用特别的方式呈现出来，这便是一种盘扣文化的新生。通过认识更多的"非遗"传承人，学生更深刻地认识到非遗也是有活力与生命力的，非遗保护是有意义的，要做一个小小的非遗文化传承人，让非遗展现出恒久魅力，焕发出时代风采。

五、课程开发与实施的研究价值

（一）传承民族文化，推进课程改革

"创意纸绳"作为小学生体艺特长类型的一门拓展性课程，从学生的年龄特点和发展需求出发，充分发挥学生学习的主体性、积极性和参与性，体现课程改革的基本理念。以纸为材料开展编织工艺教学，通过对传统编织工艺的传承、改造、创新，让传统编织与时俱进。盘扣与纸绳艺术在文化起源、技艺特点上有许多相通之处，把纸绳艺术与盘扣艺术相融合，能让中国优秀传统文化得以传承和创新。

（二）发掘个性潜能，培植工匠精神

"创意纸绳"教学注重动手能力的培养，让学生掌握基本的盘编技法，更重要的是通过自主、合作、探究教学模式，促进以"创意纸绳"为兴趣视角的多元化自主发展，在创编过程中培养学生综合运用多种知识开展实践的能力，培植精益、创新、专注的工匠精神，并能以工匠情怀对待其学习与生活。

（三）积累经验成果，持续开发课程

通过"创意纸绳"课程研究与实践，不断累积课程开发经验与成果，为该课程的持续发展以及后续校本课程开发提供宝贵的经验和参考资料。

木工实践　锤炼匠心

——"鲁班课堂"课程案例

2018年杭州市精品课程
撰稿人：傅　熠　江安婷　课程负责人：钟家虹
研发团队：傅　熠　江安婷　邓　颖　顾冬冬　倪　婷

一、课程简介

风帆中学作为一所公办中学，一直致力于学生的个性发展。目前学校的社团活动已经逐步向课程化方向发展，教师在指导活动的实践中，积累素材，编制适合本校学生的教材。目前，学校已打造多个精品课程。

我校"扬帆成长课程"由劳动教育类课程、德育活动类课程、人文素养类课程、科学探究类课程、健康生活类课程、艺术修养类课程组成。"鲁班课堂"于2017年9月成立，属于校本课程中的劳动教育类课程。基于我校"在尊重中选择，在选择中成长"的课程理念，"鲁班课堂"的课程设计正是对理论课堂的衍生，也是对多学科的重新整合，从而发展学生核心素养。学校每学期开设12节课，每节课时长为1小时左右。

"鲁班课堂"整合劳动教育与美育教育，旨在让学生动手实践，在劳动实践中获得教育，让学生认识到劳动不分贵贱，培养合作、奋斗、创新、奉献的劳动精神。"鲁班课堂"本身便是以匠心精神为宗旨，以传统手艺为目标，培养学生敬业、专注、钻研、精益求精的工匠精神的校本课程。从了解中国传统木工技艺、工艺与生活的结合、美学价值欣赏与设计等方面开始，综合初中阶段的语文、科学、美术、信息技术等多学科知识，以计算、实践操作、情境写作、绘画设计、制作短视频等多种途径，深入理解中国劳动人民的智慧内核与传承工匠精神的重要性。将工匠精神转化为学生生活与学习的内在力量，树立钻研求实的态度，学会为人处事的方法，释放、增强青少年的想象力和创新意识，培养他们敢于挑战自我与超越自我的意识。在出力流汗、接受锻炼、磨炼意志的过程中，培养学生正确的劳动价值观和良好的劳动品质，使其更好地成长为优秀的自己。

截至目前该课程所获荣誉有：

2015年时任浙江省省委宣传部部长的葛慧君女士曾莅临我校指导木工社团；

2018年第十届杭州市精品课程；

2019年（原）下城区副区长李都金莅临我校指导参观木工教室与课堂；

2019年"鲁班课堂"展台，参加杭州市科技节开幕式展示；

2019年"鲁班课堂"成为（原）下城区第二课堂素质教育体验点。

二、课程纲要

（一）课程设计背景及理念

劳动，是人类最基本的实践活动。教育与生产劳动相结合是社会主义教育的一项基本原则。强劳动教育是全面贯彻党的教育方针的有机组成部分，是素质教育中重要的教育内容。《大中小学生劳动教育指导纲要》强调身心参与，注重手脑并用；继承优良传统，彰显时代特征。学校结合基本情况，开设特色选修课程"鲁班课堂"，"鲁班课堂"是一门以体验木工劳动和感悟木工文化为内容，培养学生敬业、专注、爱钻研、追求精益求精的工匠精神的特色课程，将工匠精神转化为学生学习的动力，使学生的学习更加刻苦，学习力明显提高，想象力和创新意识得到前所未有的开发和释放。

（二）课程目标

通过对中国传统工匠故事的了解与古诗词的学习，增加对中国历史与传统文化的认识。

通过木工技能的实践练习以及小组竞赛，提高动手能力的同时，体悟匠人敬业、精益、专注、创新等品质。

通过学习草图大师软件，初步接触3D打印，提高自身的想象力与创造力。

通过历史、数学、科学等知识的学习与实际应用，激发对语文、数学、科学等学科的学习兴趣，提升学习能力。

（三）课程内容

表6-24 "创意纸绳"课程终结性学生评价表

章节	课时数	课时	课时计划
第一章 初识鲁班 匠人 本色	3	第1课 鲁班是谁 何谓匠人	1. 了解鲁班与木结缘的成长背景与学艺经历 2. 细数创造发明，热爱使然（如工具——钻、刨子、铲子、曲尺、墨斗等） 3. "为墨子所屈""有眼不识泰山"等典故，教育弟子的理念与传承
		第2课 初见木材　木之奥秘	1. 木材的分类、性质、防护 2. 人造板材简介
		第3课 欣赏木制品 了解榫卯工艺	1. 欣赏古代木制品，品味工艺之美 2. 能说出榫卯结构的原理和特点
第二章 古今传承 走近 木艺	4	第4课 干一行爱一行 敬业 方能乐业	1. 理解工匠精神的敬业内涵 2. 掌握木工技能——划线技巧，制作七巧板
		第5课 执着专注细致 心态 能力守恒	1. 理解工匠精神的专注内涵 2. 掌握木工技能——刨削技巧，制作笔筒
		第6课 干一行专一行 秉承 精益求精	1. 理解工匠精神的精益求精内涵 2. 掌握木工技能——锯割技巧，制作榫头
		第7课 勇于创新　守正出新	1. 理解工匠精神的创新内涵 2. 掌握木工技能——凿削技巧，制作榫眼
第三章 木与生活 木艺 发展	3	第8课 木家装，倡导返璞 归真的自然生活	1. 悠久的木文化 2. 工艺精湛的木家具 3. 传统的家具工艺 4. 木工实践——制作板凳
		第9课 木景观，彰显古典 园林的美学价值	1. 中国园林的木景观 2. 园林的美学设计 3. 园林的美学价值
		第10课 木建筑，尊重因地 制宜的生活选择	1. 木建筑结构 2. 特色的木建筑 3. 窗的意象与审美 4. "长在木窗上的窗花"创意设计与制作
第四章 3D 之窗 立志坚守	2	第11课 3D 之窗 透过小孔看 世界	1. 了解什么是3D打印，3D打印的用途与优点，认识 SketchUp Pro v8 草图大师软件 2. 学习与熟悉草图大师的基本操作 3. 尝试设计家中布局
		第12课 梦想照进现实，初 心萌发	1. 实地走访家具博物馆等 2. 书写感悟，交流报告，何谓匠心 3. 学生作品展览，颁发结业证书
第五章 课外实践 文 化探究	4		1. 探究一：走访森林公园，记录与采取木材样本 2. 探究二：走访家具城等，了解木与生活的联系 3. 探究三：实地观览手工艺博物馆，采访手工艺者，体味初心 4. 探究四：杭州桐庐深澳游学，探索木工文化

本教材的内容遵循初中生身心发展特点编排，在实际教学中，教学进度和主题可以完全按照自编教材的顺序，也可以根据实际状况进行调整和二次创编。

（四）课程实施

课程内容由学做木工转变到探寻木工中的数学与科学，体味木艺中的文化与美学；从模仿木工技能，到以体验木工技能为基础、渗透多学科内容的STEAM课程。课程目标随之改变，从培养学生动手能力和对木工的兴趣，变为能够运用科学知识理解并参与影响自然界，使学生具有使用、管理、理解和评价技术的能力；培养学生对技术工程设计与开发过程的理解能力；使学生具有发现、表达、解释和解决多种情境下的数学问题的能力。

形式上，第一，课程教室将打造成未来场馆，展示学生的劳动实践成果，用于面向校内与社会外界的交流展示。第二，为了更好的记录和推广，教师带领学生利用新媒体技术，开设相关方面的抖音号，用相机等设备记录课程内容与木艺作品制作的过程；通过剪辑与制作影音短片，宣传我校特色课程的木工文化，以提升关注热度，增强学生创作热情。第三，大师引领，专业指导。聘请相关方面的传统手工艺人作为本课程的专业导师，定期开设讲座，进行一定的专业技术指导。第四，课程体系成熟后，我校将"鲁班课堂"作为校本课程进行研发，面向初一、初二学生，完成课程学习。

（五）课程评价

1.评价指标

《大中小学生劳动教育指导纲要（试行）》中强调身心参与，注重手脑并用，让学生热爱劳动，崇尚劳动，树立劳动最光荣的观念。基于此，课程评价指标分为操作考核和思想考核。操作考核是体验木工制作活动的主要考核方式，具体内容分为三个方面：工具使用情况、木工技能的掌握情况、完成的速度与质量。思想考核内容包括：学生的劳动态度和劳动表现，主要看是否热爱劳动、尊重劳动成果。

2.评价方式

课程活动内容的多样性决定了课程方式评价的多样性，结合本课程的特点，评价方式主要包括每课评价和阶段性评价，口述评价与实际操作评价，考察与实践活动评价。

每课评价和阶段性评价，设立评级册，随堂考查知识、技能、学习态度，每单元内容学习结束后有对应的阶段性评价。口述评价与实际操作评价相结合，全方位培养学生说、写、做三位一体的综合能力。

3.评价主体

评价主体多元化。新课程标准强调参与与互动、自评与他评相结合。劳动课的实践性、技术性也决定了劳动课的评价不能实行"一言堂"做法，应该让学生、家长参与，实行民主化的评价。因此，课程采用学生个人自评、生生互评、教师评价等多元主体参与的评价方法。

三、教材示例

（二）做做手工

任务：制作榫头。

工具与材料：细线框锯、木锉刀、美工刀、直角尺、笔、砂纸。

制作过程：

1、榫头划线

首先在其边缘上划线标示榫头长度——榫肩线，然后用直角尺划出榫头的宽度——通常为木料厚度的三分之一，榫头位置居于木料的中央。

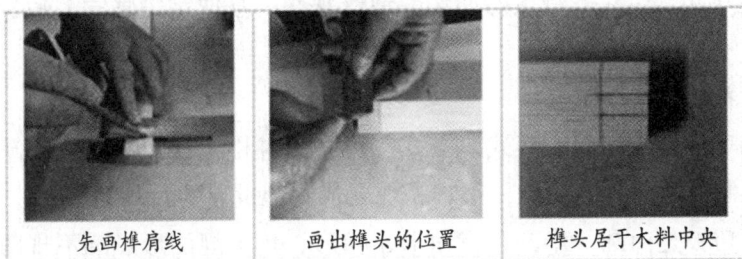

| 先画榫肩线 | 画出榫头的位置 | 榫头居于木料中央 |

2、榫头划线

加工顺序是先锯榫颊，再锯榫肩。首先，在木料周围划出榫肩线和榫颊线，并将榫颊线引到木料顶端端截面上，然后，将工件端面向上固定好，在用木框锯锯沿榫颊线锯割，至榫肩线停锯，不能超过榫肩线停锯。

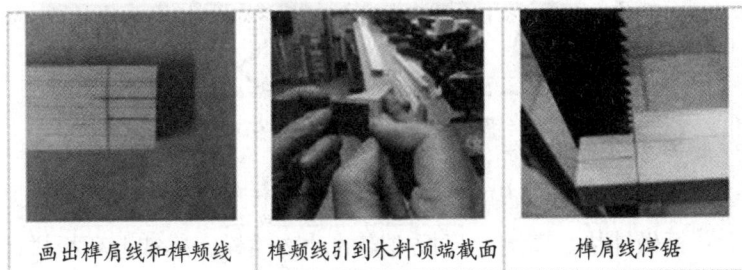

| 画出榫肩线和榫颊线 | 榫颊线引到木料顶端截面 | 榫肩线停锯 |

锯榫头要注意：锯线要落到废料一侧，锯半线，留半线，榫头必须正好适合榫眼。

图6-21

四、教学案例

（一）案例缘起

学校的金卫强老师喜欢木工工艺，熟练掌握基本的木工技艺，坚持钻研，乐于传授学生，于是开设了木工相关社团。随着社团活动的深入，逐步形成"鲁班课堂"拓展课程。

本课从学生的兴趣与生活实际入手，以适合学生发展、提高技能素养的实践活动——七巧板的制作，帮助学生在学习实践活动中获得知识，提高学生的动手实践能力。建构主义理论认为学习过程是学习者主动建构知识的过程。教学中，运用小组合作式教学，从调动学生兴趣和提高动手能力入手提出问题，让学生在观察、对比、分析中获得对问题的认知，提升动手实践能力。教学中形成师生交流、平等和谐的课堂氛围。

（二）案例描述

1.创设情境，导入概念

教师展示作品图，学生观察图片，猜测七巧板拼凑的动物模样，感知七巧板拼接的魅力。唤起学生对七巧板的回忆，通过观察图片使学生感受七巧板的神奇，激发学生学习七巧板的欲望。

教师接着介绍：

传统七巧板分为蝶式、燕式、方式三类，三种样式三角形太多，缺少圆形。因而影响和限制了它的拼图功能，很难表现现代有形世界的新画面。

现代七巧板是由圆、半圆、三角形、梯形、角不规图形、圆不规图形组成的，如图6-22所示。它的外观看似简单，实则与传统的七巧板大不相同，拼装起来奥妙无穷，创造天地无限广阔。

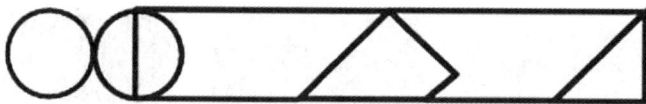

图6-22　现代七巧板

让学生进一步了解了七巧板的发展历史，知道传统七巧板和现代七巧板的区别，为制作现代七巧板做铺垫。猜测七巧板拼凑的动物模样，感知七巧板拼接的魅力。

2.结合数学，绘设计图

教师让学生结合视频教学，在一块300mm×40mm的木长条绘制出七巧板设计加工图。学生每人一块木长条，自己绘制设计加工图。一件好的作品要有好的创意，优秀的设计思想是学生重要的基本素质。

3.制作七巧板，实践生成

在教师的指导下，学生按照取料、划线、锯割、锉削、砂磨5个步骤，完成七巧板的制作。在取料、划线等实践过程中，学生的动手能力得到提高。木材的划线与长度的测量等步骤都需要极高的专注力，能磨炼学生的细心与耐心。

4.动手动脑，玩转七巧

教师请学生利用七巧板拼出简单的几何图形。学生通过小组合作，用多种方式拼出三角形、长方形、平行四边形、正方形、梯形、五边形、六边形感受图形之美。学生可以与同伴交流各自的拼图过程，从不同的角度谈经验，教师及时予以鼓励。在拼图的过程中，使学生学会观察思考，对拼图活动进行经验总结，学会理性思考，为之后的拼图活动做铺垫。

5.故事欣赏，想象拓展

尝试用七巧板拼成一个寓言故事《守株待兔》。进一步引导学生发挥想象力和创造力，同时也为课后作业做铺垫。

（三）案例研究价值

本案例依据技术课程理念，以学生的兴趣和生活实际入手展开教学，在教学中立足于学生的"做中学"和"学中做"。每位学生通过观察、对比、分析、设计、制作等活动获得丰富的操作体验，提高技术素养。

学生是学习的主人，也是课堂的主人。在课堂教学中选取生活中常用七巧板的设计与制作，通过一个个技术问题的探究，将知识转化为产品，强调学生心智技能与动作技能的结合，做到理论与实践的统一，享受创造的乐趣。

尊重学生的认知，以问题引导贯穿整个教学过程，步步启发学生的思维，让学生乐于接受，形成师生交流平等、和谐、亲切的学习氛围，使教学重点突出，难点得以突破。

木工作为一种立体几何艺术，能让学生运用各种工具和材料发现美、创造美。在活动中渗透着学习和运用其他领域的经验，对学生的动手能力和空间想象力等都起到很好的促进作用。案例提倡学生自主、自由、快乐地参与，也有利于锻炼培养学生专注、坚持、自主、有序、探究的工匠精神。

五、课程开发与实施的研究价值

首先，课程的核心目标是培养学生的工匠精神。我们坚持把匠人精神贯穿于课程的实施过程中。在上课学习与劳动创作中体悟敬业、专注、钻研、精益求精等精神。学生在体验木工活动前，首先通过学习古今工匠的优秀事迹，感受工匠精神。课程实施过程中，定期组织学生到古村落、手工艺活态馆等地游学，了解木工文化，体验木制过程，学习工匠精神。

其次，课程的实施方式是跨学科学习，综合语文、科学、数学等多种学科的知识，开阔学生视野，增进其对知识的理解，提升学生的综合能力。"鲁班课堂"是一个集语文、历史、信息等多学科为一体，能培养设计、合作、计算、审美等多种能力的课程，培养的是面向未来具有核心素养的学生。

再次，课程的延伸层面是组织开展系列课外实践活动，不再以单一的形式，而是通过整体性的实地感知，让学生明白知识的学习可以与生活相融合，从生活中探究文化。课程主要开展了以下几个实践活动：

木工实践体验活动。学习木工工具的使用方法和木工基本技能的操作方法，根据学生手册进行练习，练习过程中有专业教师指导。学生在实践体验过程中，遇到困难，勤于思考、勇于钻研、敢于实践，追求精益求精，从而掌握划线、锯割、刨削、凿削等木工技能，体悟成为一名合格工匠的基本准则。

森林公园寻木之旅。学生经课堂学习，在掌握木材知识的基础上，在教师带领下去往杭州半山国家森林公园、杭州西山国家森林公园、浙江大奇山国家森林公园等多个国家森林公园，走访大自然，明白树木生长的规律以及人与自然的关系，并以小组为单位，通过拍照、绘画、取材等方式，制作相关木材的小报并展览汇报。

木工文化游学活动。教师带领学生前往深澳古镇等地开展"漫步古村落，探寻木文化"游学活动。教师提前联系当地讲解员，便于学生了解深澳村落发展历史与古建筑民居的保存情况。学生观察民居中体现精湛木雕手艺的梁架、门窗木雕等，有线雕、浅浮雕、深浮雕等，理解雕刻图案的美学思想与实际意义，如吉祥花卉、神仙瑞兽、忠孝节义等。学生思考村落古建筑的布局以及屋檐、排水沟、水缸的设计意图，感悟古建筑实用性与美观性的和谐统一，追求人与自然的发展共生。

探访京杭大运河手工艺活态馆。教师引导学生了解现代工匠精神的传承与发展现状，集中探讨以刀剪、油纸伞、绸伞和扇子为主的传统手工艺，以及其在现代艺术中的创新发展，形成保护和传播此类非遗历史和文化价值的使命感。学生采访手工艺人的学成经历与专业素养，领悟工匠精神内核；制作"现代工匠精神的传承与发展"相关调查问卷，统计数据，总结传承手工艺的重要性。